Vincent Goulet | Christoph Vatter [Hrsg.]

Grenzüberschreitende Informationsflüsse und
Medien in der Großregion SaarLorLux |
La circulation transfrontalière des informations
médiatiques dans la Grande Région SaarLorLux

© Titelbild: fotolia.com

Die Deutsche Nationalbibliothek verzeichnet diese Publikation in
der Deutschen Nationalbibliografie; detaillierte bibliografische
Daten sind im Internet über http://dnb.d-nb.de abrufbar.

ISBN 978-3-8487-2234-1 (Print)
ISBN 978-3-8452-6327-4 (ePDF)

1. Auflage 2015
© Nomos Verlagsgesellschaft, Baden-Baden 2015. Printed in Germany. Alle Rechte, auch
die des Nachdrucks von Auszügen, der fotomechanischen Wiedergabe und der Übersetzung, vorbehalten. Gedruckt auf alterungsbeständigem Papier.

Inhalt

Grenzüberschreitende Informationsflüsse und Medien in der
Großregion SaarLorLux. Einleitung   7
Vincent Goulet und Christoph Vatter

*Teil 1: Journalistische Praxis und Mediennutzung in der
Großregion*
Première partie : Les pratiques médiatiques – contenus et usages

La proximité à l'épreuve des frontières.
Les faits divers dans la presse quotidienne payante de la Grande
Région   21
Vincent Goulet

La presse gratuite comme vecteur d'une métropolisation
transfrontalière ?   79
Christian Lamour

Twitter, un média pour la communication transfrontalière des
événements locaux ? Une approche empirique exploratoire   105
Thilo von Pape und Michael Scharkow

Nutzungsweisen digitaler Medien in der grenzüberschreitenden
Mobilität lothringischer Pendler nach Luxemburg   125
Corinne Martin

Inhalt

Teil 2: Medien und Institutionen
Deuxième partie : Institutions et médias

Une communication par et pour les travailleurs frontaliers ? Regards sociologiques sur les périodiques édités par deux collectifs de travailleurs frontaliers autour des frontières françaises de l'est   185
Philippe Hamman

Vie et mort d'une association transfrontalière de journalistes. Le cas de l'Interregionale Presse/Presse Interrégionale (IPI)   233
Bénédicte Toullec

Die Pressekonferenz in Deutschland und Frankreich – eine interkulturelle Herausforderung für die grenzüberschreitende Medienkommunikation? Journalistische Praktiken und Kommunikationsinstrumente am Beispiel der Großregion   283
Christoph Vatter

Nationale Abgeordnete, transregionale Abgeordnete? Mobilisierung und politische Repräsentation der Großregion in den Hauptstädten Berlin und Paris   305
Martin Baloge und Nicolas Hubé

Autorinnen und Autoren   331
Contributeurs

Grenzüberschreitende Informationsflüsse und Medien in der Großregion SaarLorLux.
Einleitung

Vincent Goulet (CREM-Université de Lorraine) und Christoph Vatter (Universität des Saarlandes)

Medienkommunikation muss heute in transnationalen und transkulturellen Zusammenhängen gedacht werden und ist somit von globalen Verflechtungen und Transferprozessen geprägt. Neben ökonomischen Aspekten ist Medienkommunikation darüber hinaus aber auch Teil kultureller Dynamiken und bietet Anknüpfungsmöglichkeiten für kulturelle Identitäten auf global-transkultureller wie auch auf lokal-regionaler Ebene. Auf letzterer nehmen insbesondere die Massenmedien Zeitung, Radio und Fernsehen, aber auch online-Medien eine zentrale Rolle ein und tragen zur Ausbildung einer Öffentlichkeit im Habermas'schen Sinn bei. Grenzüberschreitende Räume stellen in diesem Kontext eine besondere Herausforderung dar. Das Verhältnis zwischen Medien, Grenzen, Region und Identität steht im Zentrum des vorliegenden Bandes. Am Beispiel der Großregion SaarLorLux, der Region mit der größten grenzüberschreitende Mobilität in der Europäischen Union, untersuchen die Autorinnen und Autoren die Bedingungen für die grenzüberschreitende Verbreitung von Informationen in den Medien. Sie arbeiten dabei Hürden für die grenzüberscheitende Medienkommunikation heraus, zeigen aber auch Chancen für die Ausbildung eines interregionalen Medienraums in der zwischen Deutschland, Frankreich, Luxemburg und Belgien gelegenen Grenzregion auf.

Die Großregion SaarLorLux ist eine von mittlerweile mehr als einhundert „Euroregionen" oder „Euregios"[1], die sich als privilegierte Räume und Vorreiter des Aufbaus eines gemeinsamen Europa verstehen. Zu ihr gehören mit dem Großherzogtum Luxemburg ein Nationalstaat, die fran-

---

1 Eine Gesamtliste wurde von der Arbeitsgemeinschaft europäischer Grenzregionen erstellt: http://www.aebr.eu/de/mitglieder/mitgliederliste.php [1.07.2015].

zösische *région* Lothringen[2], die deutschen Bundesländer Rheinland-Pfalz und Saarland sowie die belgische Region Wallonien mit ihren beiden Sprachgemeinschaften (Französische Gemeinschaft Belgiens und Deutschsprachige Gemeinschaft Belgiens). An der Schnittstelle zwischen dem germanischen und romanischen Kulturkreis gelegen, wird sie vielfach als „Laboratorium Europas" oder „Europa im Kleinformat" bezeichnet. Aus wissenschaftlicher Sicht stellt sie ein sehr komplexes grenzüberschreitendes Forschungsfeld dar, das von vielschichtigen Lebensrealitäten geprägt ist. Aufgrund der Verflechtungen zwischen mehreren Maßstabsebenen vom Mikro- (dem lokalen Raum) über das Meso- (den interregional-grenzüberschreitenden Raum) bis zum Makro-Level des nationalen und europäischen Raums ergeben sich eine Vielzahl möglicher geographischer wie auch thematischer Zugänge zur Erforschung grenzüberschreitender Phänomene. Allen offiziellen Verlautbarungen zum Trotz, bleiben in der Großregion vielfältige Grenzen und Grenzziehungen in sehr lebendiger und wirkungsmächtiger Art und Weise bestehen und rekonfigurieren sich entlang verschiedener Trennlinien; manchmal erschließen sich diese eher einfach wie zum Beispiel im Fall von administrativen, sprachlichen oder nationalstaatlichen Grenzen, manchmal sind sie eher schwer ersichtlich, wie z.B. im Falle sozialer, kultureller oder mentaler Grenzen, die sich zwischen städtischem und urbanen Raum, metropolen Zentren und ihren Peripheren oder auch kulturellen Praktiken und Konsumgewohnheiten neu konfigurieren. Demgegenüber steht eine stetig wachsende Zahl von institutionellen Instanzen der mehr oder weniger intensiven grenzüberschreitenden Kooperation. In dem hier betrachteten Kooperationsraum der Saar-LorLux-Region können etwa zwei Städtenetzwerke, QuattroPole[3] und Tonicités[4], ein gemeinnütziger Verein, die Euroregion SaarLorLuxRhein[5], sowie mit dem eher lokal agierenden Eurodistrict Saar-Moselle[6] und dem Interreg Programm Großregion zwei Europäische Verbünde für territoriale

---

2 Ab 2016 soll Lothringen im Zuge der französischen Territorialreform mit den Regionen Elsass und Champagne-Ardenne zur gemeinsamen Region ALCA (Alsace – Lorraine – Champagne-Ardenne) zusammengeschlossen werden.
3 Luxemburg – Metz – Saarbrücken – Trier.
4 Luxemburg – Esch-sur-Alzette – Longwy – Arlon – Metz – Thionville.
5 Gemeinnütziger Verein luxemburgischen Rechts, in dem 80 Kommunen bzw. Gebietskörperschaften aus Belgien, Deutschland, Frankreich und Luxemburg zusammenarbeiten.
6 Zum Eurodistrict gehören der Stadtverband Saarbrücken, die beiden „communautés d'agglomérations" Forbach und Sarreguemines sowie fünf benachbarte „commu-

Zusammenarbeit (EVTZ) sehr unterschiedlicher Natur verzeichnet werden.

Diese komplexen institutionellen Strukturen führen zu einer gewissen Unübersichtlichkeit einer im Grunde auch nur unscharf abgrenzbaren grenzüberschreitenden Region, in der die Protagonisten und Institutionen der grenzüberschreitenden Zusammenarbeit jedoch darum bemüht sind, sie als möglichst homogenes Gebilde oder doch zumindest exemplarisch für eine starke ökonomische, politische und kulturelle Integration darzustellen. Dabei wird auch der Aspekt einer gemeinsamen Identität hervorgehoben, manchmal unter Rückgriff auf eine Neulektüre der Geschichte, die eine „geteilte Vergangenheit" unterstreicht, beispielsweise durch das fränkische „Mittelreich" oder „Lotharii Regium" (frz. Lotharingie) (Kmec, 2010). Die Bedeutung der immer noch wirkungsmächtigen Grenzen werden, ebenso wie deren Verschiebungen und ihr Funktionswandel, demgegenüber häufig unterschätzt oder sogar geleugnet, zumindest aber durch die zwischen Integration und Kooperation oszillierenden Diskurse überlagert (Clément 2010; Kmec 2010).

Medien wie die Presse, regionale Radio- oder Fernsehsender nehmen in einem Raum wie der Großregion SaarLorLux eine Schnittstellenfunktion ein. Denn sie spiegeln nicht nur geographische oder politische Raumkonstruktionen wider, sondern beziehen sich auch auf mentale Vorstellungen von Räumen. Diese sozialen Repräsentationen beruhen wiederum nicht nur auf der alltagskulturellen und sozialen Praxis und Erfahrung der Menschen, sondern auch auf medialen Repräsentationen. Im Wechselspiel zwischen Abbild sozialer Praktiken und kultureller Identitäten auf der einen Seite und interregional-grenzüberschreitendem Forum mit Orientierungsfunktion, z.B. als Medienöffentlichkeit, auf der anderen wohnt den Medien ein großes Potenzial als Motor für die weitere Integration der Großregion inne. Inhaltsanalysen legen jedoch nahe, dass in den traditionellen Medien des hier betrachteten Raums, v.a. in der Presse, die Abbildung von grenzüberschreitenden Kultur- und Freizeitangeboten sowie in geringerem Maße des grenzüberschreitenden Arbeitsmarkts thematisch dominieren (zur Nieden 2006). Als selbstverständlicher Teil der lokal-regionalen Berichterstattung in allen Gesellschaftsbereichen spielt die Großregion dagegen kaum eine Rolle und der grenzüberschreitende Informationsaustausch

---

nautés de communes" in Frankreich; er umfasst somit insgesamt etwa 600 000 Einwohner.

in den Medien bleibt insgesamt recht gering. Den Zeitungslesern präsentiert sich vielmehr ein stark fragmentierter Raum, in dem im Wesentlichen die urbanen Zentren im funktionalen Kern (ESPON 2010) der Großregion entlang der deutsch-französischen Grenze und um Luxemburg die Berichterstattung dominieren (Wiermer 2013). Fragt man nach den Bedingungen einer grenzüberschreitenden, „großregionalen" medialen Öffentlichkeit, so kann man Parallelen zu den Modellen einer europäischen Öffentlichkeit ziehen, die zwischen der Ausbildung einer gemeinsamen europäischen Öffentlichkeit einerseits und einer Transnationalisierung von Teilöffentlichkeiten in den einzelnen Mitgliedsstaaten unterscheiden, in denen vermehrt europäische Themen diskutiert und Standpunkte aus anderen Ländern miteinbezogen werden. Letztere Perspektive, die sich in der Diskussion um eine europäische Öffentlichkeit weitgehend durchgesetzt hat, spiegelt sich auch in den Gegebenheiten der Großregion SaarLorLux wider. Hier können Tendenzen zur „Großregionalisierung" der national-regionalen Öffentlichkeiten der Teilregionen von SaarLorLux festgestellt werden, wenn auch zu einem relativ geringen Grad, während die Entstehung einer gemeinsamen, grenzüberschreitenden Öffentlichkeit eher die Ausnahme zu sein scheint, die sich in Ansätzen allenfalls an Beispielen wie den Debatten um das nahe der Grenze gelegene marode französische Atomkraftwerk Cattenom konturiert, die jedoch von den Medien der Großregion in der Regel in nationale *frames* eingebettet werden.

Es ist also eine gewisse Diskrepanz zwischen vielschichtigen alltäglichen grenzüberschreitenden Lebenswelten und sozialen Praktiken, wie sie vor allem im funktionalen Kern der Großregion bestehen, und der eher geringen Zirkulation von Medieninformationen festzustellen. Die Medienkommunikation in Grenzräumen wie SaarLorLux scheint von vielfältigen Grenzziehungen und –verschiebungen sowie Barrieren und Hindernissen gekennzeichnet zu sein, insbesondere sprachlicher und kultureller Art, aber auch in Bezug auf journalistische professionelle Praktiken, Mediensysteme und –institutionen, die weitgehend vom nationalen Kontext bestimmt sind.

Es gilt in der Erforschung des grenzüberschreitenden Medienraums jedoch auch, zum einen Potenziale der grenzüberschreitenden Berichterstattung aufzuzeigen und zum anderen Beispiele für die Ausbildung medialer Interkulturen jenseits national geprägter Praktiken und Strukturen herauszuarbeiten. Vor allem unter neueren Akteuren in der Medienlandschaft der Großregion ist eine konsequentere Einbeziehung grenzüberschreitender Berichterstattung zu beobachten, wie z.B. der Fall der Luxemburger Gratiszeitung *L'essentiel* zeigt, die sich auf die Grenzpendler als Leser einstellt. Seit Herbst 2014 endet auch die Wetterkarte im Fernsehprogramm des Saarländischen Rundfunks nicht mehr an der Landesgrenze und zeigt so eine grenzüberschreitende Lebenswelt auf. Als mediale Interkulturen können hybride Mischformen journalistischer Praktiken und medialer Formate bezeichnet werden, die Grenzen und kulturelle Unterschiede vor allem als kreatives Potenzial und Möglichkeit zum Lernen verstehen, um neue Wege jenseits der nationalen Ausgangskulturen zu entwickeln, um sich an eine grenzüberschreitende Öffentlichkeit wenden. Sie zielen im Sinne einer Grenzüberwindung (Wessler / Averbeck-Lietz 2012) auf einen neu entstehenden Kommunikationsraum ab, in dem die Wirkmacht staatlicher und kultureller Grenzen gegenüber anderen Vernetzungen an Bedeutung abnimmt. Projekte wie die deutsch-französische Jugendzeitung *Extra*, die gemeinsam von der *Saarbrücker Zeitung*, dem *Républicain lorrain* und dem *Tageblatt* (Luxemburg) erstellt wird, sind zwar maßgeblich politisch und institutionell motiviert und getragen, tragen jedoch auch zum interkulturellen Austausch zwischen Medienmachern bei und können die Kenntnisse über die journalistische und mediale Praxis jenseits der Grenze fördern. Trotz der 2014 vom Saarland ausgerufenen „Frankreichstrategie" (Staatskanzlei 2014; Landesregierung 2015), die neben verstärktem Austausch auf eine deutsch-französische Zweisprachigkeit abzielt, und einer geplanten „Deutschlandstrategie" für Lothringen mögen mehrsprachige Medienangebote auch weiterhin nur schwer am Markt bestehen können; Potenziale könnten allerdings in online-Medien oder auch einer deutsch-französischen Musik-Welle im Radio bestehen.

Zu den Beiträgen dieses Bandes

Der vorliegende Band dokumentiert die Ergebnisse von Studien aus dem interdisziplinären und internationalen Forschungsverbund Infotransfront zu grenzüberschreitenden Informationsflüssen in den Medien der Großregion (2010 bis 2014). Infotransfront führte ein deutsch-französisch-luxemburgisches Team aus Medien- und Kommunikationswissenschaftlern, Soziologen, Geografen, Kultur- und Politikwissenschaftlern der Université de Lorraine, der Universität des Saarlandes sowie der Universitäten Paris I, Strasbourg, Hohenheim-Stuttgart und Luxemburg zusammen. Die individuellen Projekte der Forscherinnen und Forscher gehen der Rolle der Medien in der Großregion nach. Sie zeigen auf, wie Medien über die immer neu zu definierenden nationalen, kulturellen und sozialen Grenzen hinweg ausstrahlen können, weisen andererseits aber auch nach, dass die die Medienkommunikation maßgeblich von diesen Grenzen geprägt wird. So erweisen sich die nationalen Grenzen zwar kaum noch als Barrieren für die Mobilität von Arbeitnehmern, zum Einkaufen oder auch für kulturelle und Freizeitaktivitäten, was sich auch in der medialen Berichterstattung darüber widerspiegelt. Gleichzeitig orientieren sich die regionalen Medien und ihre Berichterstattung jedoch noch maßgeblich an den nationalen Grenzen, die insbesondere dann massive Barrieren für die Zirkulation von Informationen in den Medien bilden, wenn es sich um sprachlich-kulturellen Grenzen, wie zwischen dem deutschsprachigen und dem französischsprachigen Raum, handelt. Die Studien im Rahmen von Infotransfront möchten einen Beitrag zum besseren Verständnis dieser sozialen, wirtschaftlichen und kulturellen Faktoren leisten, die grenzüberschreitende Kommunikation in den Medien befördern, einschränken oder verhindern. Das vorliegende Buch knüpft an das unter dem Titel *Mediale Felder und Grenzen in der Großregion SaarLorLux und in Europa* (Goulet / Vatter 2013) veröffentliche Werk an, in dem die Forschergruppe Infotransfront das Thema in einen breiteren, deutsch-französischen und europäischen Kontext gestellt und grundlegende theoretische Fragen wie die nach dem Nutzen des Bourdieu'schen Konzepts des medialen Felds („champ médiatique") in grenzüberschreitenden Räumen im Dialog mit externen Wissenschaftlerinnen und Wissenschaftlern diskutierte.

Die Texte im ersten Teil des vorliegenden Bandes sind der journalistischen Praxis und der Mediennutzung in der Großregion gewidmet. Vincent Goulet (Metz) untersucht das Genre der „faits divers" in der Tagespresse der Großregion. Diese Textsorte, die vermischte Meldungen wie Stör- oder Polizeimeldungen umfasst, scheint mit ihrer Fokussierung auf Unfälle, kleine (und größere) Katastrophen sowie Kurioses in der unmittelbaren regionalen Nachbarschaft auf den ersten Blick privilegiert dafür zu sein, um auch über die nationalen Grenzen in der Region auszustrahlen. Goulets Analyse von Tageszeitungen aus den verschiedenen Gebieten der Großregion SaarLorLux, die er durch Interviews mit verantwortlichen Redakteuren der Blätter ergänzt, zeigt jedoch, dass auch in diesem Bereich Grenzen eine stärker trennende als verbindende Wirkung haben, die u.a. durch ökonomische Faktoren, eine stark nationale Prägung der Mediensysteme sowie der damit verbundenen journalistischen Praktiken erklärt werden können.

Christian Lamour (Luxembourg) befasst sich in seinem Beitrag mit dem Fall der Gratispresse in Luxemburg. Er diskutiert die Beziehungen zwischen Presse, städtischer Metropole und Grenzen und zeigt auf, wie die Luxemburger Gratiszeitungen an übergeordneten Prozessen, die allen Metropolen gemein sind, teilhaben und durch die Berücksichtigung der Wohnregionen der Pendler aus Belgien, Deutschland und Frankreich die nationalen Grenzen erweitern bzw. transzendieren. Am Beispiel der Berichterstattung in *L'essentiel* über die Rolle der Kirche in der luxemburgischen Gesellschaft legt Lamour aber weiterhin dar, dass die Gratispresse auch in spezifische politische und soziokulturelle Prozesse Luxemburgs eingebunden ist.

Die Möglichkeiten der online-Medien zur grenzüberschreitenden Kommunikation untersuchen Thilo von Pape und Michael Scharkow (Hohenheim-Stuttgart) mit einer Analyse zur Twitter-Nutzung. In ihrer Auswertung eines umfassenden Korpus an Twitter-Nachrichten gehen die Autoren der Frage nach, inwiefern der Micro-Blogging Service für Hinweise auf Veranstaltungen jenseits der Grenze genutzt wird und somit als Indikator für Grenzmobilität in der Freizeit dienen kann. Ihre Untersuchung zeigt deutlich, dass der Austausch von „tweets" über die deutsch-französische Sprachgrenze sehr beschränkt ist und auch zwischen den Netzwerken französischsprachiger und deutschsprachiger Autoren kaum Kontaktpunkte bestehen. Darüber hinaus diskutieren sie aber auch Grenzen des Ansatzes und eröffnen Perspektiven für die weitere Erforschung der grenzüberschreitenden Kommunikation mit dem Dienst Twitter.

Der Beitrag von Corinne Martin (Metz) fragt nach der Mediennutzung von lothringischen Pendlern, die auf dem Weg zur Arbeit täglich die französisch-luxemburgische Grenze überqueren. Ihre Interviewpartner geben einen lebendigen Eindruck davon, wie sie auf ganz unterschiedliche Art und Weise mit den großen Herausforderungen umgehen, die sich für die Nutzung mobiler Medien wie Smartphones und Tablet-Computer beim Überqueren der nationalen Grenzen und den damit einhergehenden Verlust des „Heimatnetzes" ergeben. Martin fragt weiterhin nach dem Zusammenhang zwischen medialer und kultureller bzw. sozialer Praxis und arbeitet drei verschiedene Gruppen heraus, die sich durch den Grad der funktionalen Trennung zwischen Wohn- und Arbeitsort sowie die damit verbundenen Integrationsstrategien unterscheiden.

Im zweiten Teil liegt der Schwerpunkt der Beiträge vor allem auf der institutionellen Perspektive grenzüberschreitender Medienpraxis sowie auf

Verbindungen zwischen Engagement in der Großregion und nationaler Politik.

Der Soziologe Philippe Hamman (Strasbourg) analysiert zwei Zeitschriften, die von Interessenverbänden für französische Grenzgänger in das Saarland und Rheinland-Pfalz bzw. in die Schweiz herausgegeben werden und damit direkt die alltäglichen Herausforderungen der Pendler thematisieren. Er arbeitet die zentralen Themen heraus, für die diese Vertretungen ihre Mitglieder mobilisieren möchten, und setzt diese mit der Berichterstattung in der regionalen Tagespresse darüber in Beziehung, so dass Spezifika wie z.B. die Bezugnahme auf den europäischen Integrationsprozess und auch Ansätze der Entstehung einer grenzüberschreitenden europäischen Öffentlichkeit hervortreten.

Die Aufsätze von Bénédicte Toullec (Nancy/Rennes) und Christoph Vatter (Saarbrücken) befassen sich mit Herausforderungen in der Arbeit von Journalisten in Grenzregionen. Toullec arbeitet die zentrale Rolle des IPI (Interregionale Presse / Presse Interrégionale) heraus, einer Institution, die u.a. die Funktion einer „interregionalen Presseagentur" einnahm und die sich für den Abbau von Hürden aufgrund unterschiedlicher nationaler Journalismuspraktiken und Mediensysteme sowie für den Austausch zwischen Journalisten in der Großregion einsetzte, ehe das IPI 2010 aus finanziellen Gründen aufgelöst wurde. Politischer Wille und institutionelle Unterstützung bei der Vernetzung von Journalisten stellen, so ihr Fazit, einen entscheidenden Faktor für grenzüberschreitende Informationsflüsse in den Medien dar, die durch informelle Netzwerke, die sich um Fortführung der vom IPI begonnen Arbeit bemühen, nur in begrenztem Maße geleistet werden können.

Von der Annahme ausgehend, dass die geringe Verbreitung von Informationen über die Nachbarregionen u.a. auch aus länderspezifischen Kommunikations- und Medienpraktiken resultiert, untersucht der Beitrag von Christoph Vatter (Saarbrücken) die Rolle von Pressekonferenzen in der grenzüberschreitenden journalistischen Praxis der Großregion. Er versteht Pressekonferenzen als von vornehmlich kulturspezifischen beruflichen Praktiken geprägte Dispositive und fragt, inwiefern sie im anderen Land Barrieren oder zumindest eine Herausforderung für die grenzüberschreitende Medienkommunikation darstellen. Auf Grundlage von Interviews mit Journalisten zeigt er Tendenzen kultureller Stile auf, insbesondere im deutsch-französischen Vergleich, und bilanziert, dass Berichterstattung von jenseits der Grenze für viele Journalisten mit großem Engagement und Mehraufwand verbunden ist und dass das Potenzial für eine interkulturell-grenzüberschreitende Presse- und Öffentlichkeitsarbeit in Grenzräumen längst nicht ausgeschöpft zu werden scheint.

Die Politikwissenschaftler Nicolas Hubé und Martin Baloge (Paris) fragen schließlich nach der Rolle der Großregion SaarLorLux in der Tätigkeit der Abgeordneten aus dem Saarland bzw. Lothringen in den nationalen Parlamenten in Paris und Berlin, insbesondere in Bezug auf die Kontakte zu Medien. In ihrer Analyse stellen sie fest, dass sich die Parlementarier auf nationaler Ebene nur in einem geringen Ausmaß für die Großregion einsetzen und dabei meist die nationale Perspektive (gegenüber einer grenzüberschreitend-„großregionalen") dominiert. Unter Bezugnahme auf Bourdieu führen die Autoren aus, dass die verschiedenen politischen „Unterfelder" auf lokaler, regionaler und nationaler Ebene auch voneinander relativ unabhängige politische Märkte implizieren, so dass der Einsatz für den transregionalen Raum der Großregion, die zudem nur einen geringen politischen Institutionalisierungsgrad besitzt, für viele Abgeordnete wenig rentabel erscheinen mag. Perspektiven für eine stärkere Präsenz der Großregion auf nationaler Ebene sehen die Autoren vor allem in einem „bottom-up"-Prozess durch lokale Mandatsträger und einer weiteren interregionalen Verflechtung.

Auch wenn der vorliegende Band nicht den Anspruch erhebt, die Medienlandschaft der Großregion SaarLorLux mit ihren grenzüberschreitenden Informationsflüssen und Kontaktbereichen vollständig zu erfassen, schließen die Ergebnisse des Forschungsverbundes Infotransfront an die eher ernüchternden Resultate anderer Studien an. Denn in der Bilanz zeichnet sich ab, dass von einem gemeinsamen, grenzüberschreitenden Medienraum auch in einer Region mit einer hohen Grenzmobilität und intensiven historischen wie aktuellen Verflechtungen in vielen Feldern nur in sehr geringem Maß gesprochen werden kann. Darüber hinaus zeigen die Beiträger auch Ansätze und Potenziale für den Ausbau eines gemeinsamen Medienraums auf, z.B. in neueren Bereichen wie der Gratispresse und den online-Medien oder auch in der Ausbildung von Journalisten und PR-Verantwortlichen. Deutlich wird aber auch, dass die Schaffung geeigneter Rahmenbedingungen und Anreize durch Medieninstitutionen und Politik entscheidende Faktoren für die weitere Entwicklung der grenzüberschreitenden Medienkommunikation und -öffentlichkeit darstellen. Auf Seiten der Zivilgesellschaft kann dieser Prozess gefördert werden, wenn die interregionale Integration – nicht nur im Mediensektor – als Pfeiler des eigenen Selbstverständnisses und Zukunftsperspektive in einem europäischen Rahmen aufgefasst wird.

Die Veröffentlichung dieses Bandes war nur durch die Unterstützung und den Einsatz zahlreicher Institutionen und Personen möglich. Der Dank der Herausgeber gilt zunächst den Autorinnen und Autoren für die konstruktive und reibungslose Zusammenarbeit. Das Buch hätte ohne die gemeinsame Arbeit in den vergangenen Jahren im Forschungsverbund Infotransfront, der einen immer anregenden und fruchtbaren Austausch in der Forschergruppe, aber auch mit anderen Wissenschaftlerinnen und Wissenschaftlern aus Deutschland, Frankreich und Luxemburg ermöglicht hat, sicher nicht realisiert werden können. Zu danken ist vor allem auch der *Maison des Sciences de l'Homme de Lorraine,* die das Projekt Infotransfront aufgenommen und das Forschungsprogramm über fünf Jahre auch finanziell (mit Mitteln der Région Lorraine) gefördert hat; insbesondere Sandrine D'Alimonte hat Infotransfront als kompetente Ansprechpartnerin mit großem Engagement begleitet. Unterstützt wurden die Aktivitäten von Infotransfront darüber hinaus außerdem durch das interdisziplinäre Zentrum für Deutschlandstudien und -forschung (CIERA), die Deutsch-Französische Hochschule, das Städtenetzwerk Quattropole, das Centre de Recherche sur les médiations (CREM) der Université de Lorraine und die Universität des Saarlandes. Zu danken ist weiterhin den Übersetzerinnen Sonja Malzner und Katja Schlangen sowie den Hilfskräften an der Juniorprofessur für Interkulturelle Kommunikation der Universität des Saarlandes, insbesondere Alicia Holzschuh, für ihre Unterstützung bei der redaktionellen Vorbereitung des Manuskripts und David Steinacker für seine hilfreiche und konstruktive Mitarbeit im Rahmen seines Praktikums im Infotransfront-Team. Schließlich danken die Herausgeber der Europäischen Akademie Otzenhausen und der ASKO EUROPA-STIFTUNG für die Aufnahme der Publikation in die Schriftenreihe „Denkart Europa".

Bibliographie

Clément, Franz (2010): „La construction sociale du territoire de la Grande Région : une confusion entre les concepts de collaboration et d'intégration", in: *La construction des territoires en Europe, Luxembourg et Grande Région : avis de recherche,* Gaëlle Crenn / Jean-Luc Deshayes (Hg.), Nancy: Presses universitaires de Nancy, 29-42.

ESPON (2010): *METROBORDER. Grenzüberschreitende polyzentrische Metropolregionen.* Zielgerichtete Analyse 2013/2/3. Abschlussbericht 31/12/2010, http://www.dat.public.lu/publications/documents/metroborder/metroborder_final_report_de.pdf

Goulet, Vincent / *Vatter*, Christoph (Hg.) (2013): *Champs médiatiques et frontières dans la „Grande Région" SaarLorLux et en Europe. Mediale Felder und Grenzen in der Großregion SaarLorLux und in Europa*, Saarbrücken: Universaar.

Landesregierung des Saarlandes (2015): *Feuille de route Frankreichstrategie 2015/2016*, Saarbrücken, http://www.saarland.de/dokumente/ressort_finanzen/Feuille_de_route.pdf

Kemc, Sonja (2010): „Les constructions discursives de la Grande Région", in: *La construction des territoires en Europe, Luxembourg et Grande Région : avis de recherche*, Gaëlle Crenn / Jean-Luc Deshayes (Hg.), Nancy: Presses universitaires de Nancy, 43-62.

Staatskanzlei des Saarlandes (2014): *Eckpunkte einer Frankreichstrategie für das Saarland*, Saarbrücken, http://www.saarland.de/dokumente/res_stk/D_Eckpunkte_Frankreich-Strategie_210114.pdf

Wessler, Hartmut / *Averbeck-Lietz*, Stefanie (2012): „Grenzüberschreitende Medienkommunikation. Konturen eines Forschungsfeldes im Prozess der Konsolidierung", in: *Grenzüberschreitende Medienkommunikation*, Hartmut Wessler / Stefanie Averbeck-Lietz (Hg.), Baden-Baden: Nomos, 5-18.

Wiermer, Patrick (2013): „Die Nachrichtengeografie des Saar-Lor-Lux-Raums – Zentrum und Peripherie der Großregion", in: *Champs médiatiques et frontières dans la „Grande Région" SaarLorLux et en Europe. Mediale Felder und Grenzen in der Großregion SaarLorLux und in Europa*, Vincent Goulet / Christoph Vatter (Hg.), Saarbrücken: Universaar, 125-166.

Zur Nieden, Peter (2006): *Wahrnehmung von Nachbarschaft in der Großregion SaarLorLux durch Bürger und lokale Medien am Beispiel von QuattroPole*, Trier: Fachbereich Geographie, http://www.quattropole.org/media/download-532ac3255aa49

Teil 1: Journalistische Praxis und Mediennutzung in der Großregion

Première partie : Les pratiques médiatiques – contenus et usages

La proximité à l'épreuve des frontières.
Les faits divers dans la presse quotidienne payante de la Grande Région

Vincent Goulet (CREM-Université de Lorraine)

1. Introduction

Rubrique journalistique peu légitime, objets culturels relativement peu étudiés par les scientifiques, souvent produits de manière rapide et non réflexive par les journalistes, les faits divers donnent un éclairage précieux sur les sociétés qui les produisent (Kalifa 1995, Sécail 2010). Leur production déborde le monde journalistique, dans la mesure où la façon dont ces « ruptures de la règle » sont racontées est révélatrice des modes de production culturelle d'une société et du système de valeurs partagé par un groupe. Dans une certaine mesure, comme toute production culturelle à forte circulation sociale, le fait divers est un « reflet des modes de pensée collectifs » (Petitjean 1986 : 48).

Les faits divers sont également un des vecteurs de la construction des groupes, des « identités » ou « destins partagés » : ils écrivent la chronique des heurs et malheurs des membres de la « communauté », signalent les épreuves subies par les proches. En ce sens, les faits divers sont fortement liés à la notion de proximité, une notion faussement évidente qui engage, en fait, tout un système de valeurs et de rapports au monde. La frontière est un révélateur de la complexité de cette notion de proximité : si l'expérience de la proximité est un des fondements de la constitution du groupe, cette expérience ne prend sens qu'avec l'expérience de l'altérité, qui n'est pas tout à fait l'inverse de la proximité. La frontière, symbole de l'altérité, est le terme complémentaire de la proximité, avec lequel il fonctionne dialectiquement, rappelant que la proximité n'est pas naturelle mais relationnelle.

La Grande Région, avec ses multiples frontières administratives, linguistiques, culturelles et sociales est un terrain privilégié pour observer ce rapport dialectique entre proximité et altérité au prisme des faits divers. Nous nous sommes ainsi demandé quels étaient les effets des frontières nationales sur la production et la circulation de ce type de nouvelles, en questionnant l'usage des langues mais aussi les habitudes professionnelles des journalistes et les différentes représentations sociales des normes de conduite. Inversement, mieux comprendre les conditions de la circulation des faits divers dans la Grande Région a permis de mettre au jour certaines caractéristiques de cet espace médiatique particulier, notamment les faibles interactions entre les espaces de production médiatique nationaux ou régionaux. En arrière-plan, car ce n'était pas son objet principal, l'étude de la (faible) circulation des faits divers dans la Grande Région, associée à une perspective comparative, peut également renseigner sur les fonctions symboliques et anthropologiques de ce genre journalistique.

2. Présentation de l'enquête

Le point de départ de la recherche est la question suivante : le traitement des faits divers par la Presse Quotidienne Régionale payante (PQR) de la Grande Région contribue-t-il à construire un espace transfrontalier des nouvelles et par là à rapprocher les populations voire à produire une « identité transfrontalière »? La circulation des faits divers est-elle susceptible de participer à la construction d'une « communauté de destin » à l'échelle de la Grande Région?

2.1. Les quotidiens étudiés

Le choix de la PQR a été fait parce que ces journaux sont les médias les plus exhaustifs concernant l'actualité d'un territoire (au contraire de la presse audiovisuelle, beaucoup plus limitée par ses moyens d'investigation et par l'espace éditorial disponible). Les quotidiens régionaux sont aussi les mieux diffusés dans la population et les plus enracinés dans les territoires. Pour la PQR, la « proximité » est fondamentale, elle construit son rapport à son public dans l'activation de cette catégorie. Plutôt que les sites internet, nous avons étudié les versions « papiers » de ces titres parce que l'organisation de l'espace éditorial, la mise en page, la taille des photographies, etc., apportent des informations sur le traitement et la valeur donnée aux faits divers. De tels indicateurs sont beaucoup plus difficilement exploitables sur le web, la navigation en ligne brouillant très rapidement ces repères spatiaux et les critères de hiérarchisation.

Pour les cinq régions étudiées (la Sarre, l'ouest de la Rhénanie-Palatinat, le Grand-Duché du Luxembourg, la province belge du Luxembourg et la Moselle), nous avons sélectionné les titres en situation de monopole ou les plus largement diffusés : le *Saarbrücker Zeitung* (édition de Sarrebruck), le *Trierischer Volksfreund* (édition de Trèves), le *Luxemburger Wort* (ce journal a une seule édition à la fois locale, régionale et nationale, c'est le titre dominant au Luxembourg), *l'Avenir* (édition « Province du Luxembourg », titre non monopolistique mais le plus lu dans cette région) et enfin le *Républicain lorrain* (édition de Thionville)[1].

Ces cinq titres ont des aires de diffusion calées sur des territoires politiques et institutionnels qui ne se recouvrent pas. Leurs taux de pénétration dans leur zone de diffusion sont relativement proches (environ un exemplaire payant pour 7,5 habitants)[2].

2.2. Définition du « fait divers »

Parce que ce « genre journalistique » n'est pas bien déterminé, ni considéré de la même façon dans chaque pays européen, un effort préalable de « définition provisoire » permettant la « construction de l'objet » s'impose. Fondamentalement, le fait divers rend compte de la dimension non contrôlable du monde. C'est un événement inattendu, qui fait irruption dans le cours habituel des existences. Infraction à la règle, il perturbe « l'ordre des choses ». Le fait divers est une « catastrophe », ce qui veut dire en grec « retournement », « renversement ».

Deuxième trait essentiel, le fait divers cause des dommages : une ou plusieurs personnes pâtissent de l'événement. Ce type d'événement « porte atteinte » à quelqu'un (à son intégrité physique ou morale, à sa vie, à sa fortune, etc.). Il n'y a pas de fait divers sans victime. Indicateur, témoin ou rappel de la précarité de l'existence, le fait divers est un « désastre » qui rappelle la mort au cœur de la vie.

Enfin, troisième caractère, surtout pour les faits divers les plus largement médiatisés, la cause de l'événement reste souvent inconnue ou incompréhensible : dérèglement naturel, accident, malchance, dérèglement

---

1 Je remercie les documentalistes et journalistes des cinq journaux qui ont bien voulu faciliter l'accès aux documents et permis la constitution du corpus.
2 Pour une présentation plus détaillée des journaux, voir notre rapport complet disponible en ligne (http://www.infotransfront.msh-lorraine.fr/).

psychologique occasionnel (« coup de folie », « crime passionnel ») ou comportement récurent qui met son auteur en dehors de l'humanité (le « monstre », le « fou furieux »). Au fond, le fait divers témoigne de l'irrationnel, il relève du destin tragique et injuste.

Pour les professionnels français de l'information, la rubrique des « faits divers » regroupe les catastrophes, les accidents, les crimes et délits, les curiosités et les éventuelles « manifestations du merveilleux ». La rédaction de ces « papiers » (en particulier les faits criminels) est souvent confiée à des journalistes spécialisés appelés « faits-diversiers ».

Si le mot existe en France et en Belgique, il est inconnu dans la presse de langue allemande, ce qui entraine quelques difficultés pour s'assurer des conditions de comparabilité. La rubrique « fait-divers » n'existe pas, même si certains journalistes sont spécialisés dans les comptes rendus du tribunal ou le traitement des infractions à l'ordre moral ou naturel du monde : *das Unglück* ou *die Unglücksfälle* (malheur, malchance), *der Krimi* (tout texte ayant rapport avec des affaires criminelles), *das Blaulicht* (le gyrophare de la police ou des pompiers), *der Unfall* (accident), *die Katastrophe*... Peter Wiermer, journaliste et géographe allemand, auteur d'une étude sur la géographie des nouvelles dans la Grande Région, a construit (en s'appuyant sur les travaux de C. Hermann) une catégorie proche des faits divers, appelée les „dérangements" : « les *Störungen* sont les annonces des événements qui ont un caractère de catastrophe ou de crise. Ces crises peuvent être comprises comme des dérangements, des ruptures de l'ordre social, qui sont produits par des accidents, des problèmes de circulation, des affaires judiciaires ou des crises d'ordre général »[3]. Cette définition est intéressante mais englobe un périmètre plus large que celui compris par cette étude, par exemple les « crises générales » (« *allgemeine Krisen* ») au périmètre indistinct (par exemple un incident à la centrale nucléaire de Cattenom, située en Moselle à une encablure du Luxembourg et de la Sarre) comme les fermetures d'usines (« *Arbeitslosigkeit* ») ou les problèmes mineurs de circulation (Wiermer 2008 : 59-64). Nous nous sommes tenus à une définition plus « tragique » du fait divers, bien perçue

---

3 „Störungen sind Meldungen von Ereignissen, die Katastrophen- oder Krisencharakter haben. Dabei sind Krisen als Störungen einer gesellschaftlichen Ordnung zu verstehen, die zum Beispiel durch Unfälle, Verkehrsprobleme, Gerichtsfälle oder allgemeinen Krisen erzeugt werden." P. Wiermer (2008) s'appuie ici sur la définition de Caroline Hermann, *Im Dienst der örtlichen Lebenswelt – lokale Presse im ländlichen Raum*, Opladen 1993.

par David Steinacker, le stagiaire allemand qui a participé à cette enquête : dans les informations relevant du « fait divers », il y a toujours un « moment fatidique » (« *es ist immer ein schicksalhafter Moment darin* »), une irruption du destin, le fait divers est une « *Schicksalsgeschichte* » (une histoire de destin) et non un simple dérangement du cours des choses.

On pourrait se demander pourquoi les Français rassemblent ces moments difficiles dans un genre et parfois une rubrique, alors que les Allemands les présentent comme de simples « nouvelles » (*Nachrichten*) parmi d'autres. Dans ce dernier cas, la rupture de l'ordre naturel ou social est banalisée, considérée comme une nouvelle parmi les autres informations générales, tandis qu'en pays francophone, elle serait mise en valeur (mais aussi isolée, compartimentée et finalement mise à distance) par la façon dont elle est classée. On constate cependant que ces articles se situent à peu près aux mêmes endroits dans le cours des journaux francophones ou germanophones : premières pages pour les petites brèves cocasses relevant du divertissement, pages des informations internationales, nationales, régionales ou locales selon leur importance et leur lieu d'origine. Nous verrons toutefois que les faits divers n'ont pas tout à fait la même portée dans les deux cultures journalistiques, en particulier celle de « rappel en creux de la norme » à partir d' « interventions modalisatrices et évaluatrices » (Petitjean 1986 : 70).

2.3. Construction du corpus

Les cinq journaux étudiés ont été dépouillés sur une période de 15 jours, entre le 16 et le 30 juin 2011, de façon à recenser et analyser chaque article (bref ou long) relevant de la définition adoptée du fait divers. L'étude d'un corpus médiatique impose de rappeler une remarque méthodologique préalable : l'analyse de corpus est une forme de lecture qui diverge fortement de celle du « lecteur ordinaire », qui peut être plus superficielle, rapide, fragmentée, en tout cas guidée par des objectifs de connaissances ou des intérêts bien différents que ceux du chercheur. Les lectures « ordinaires » varient selon les types de publics et les contextes de lecture et ne sont jamais aussi exhaustives ou systématiques que cherche à l'être la lecture « scientifique ». Ainsi on ne peut déduire aucune « réception réelle » directement de l'analyse de contenu (Krieg-Planck 2000).

Autre difficulté : quelques événements sont parfois délicats à intégrer dans la catégorie. Toutes les infractions à la règle ou entorses contingentes à « l'ordre des choses » peuvent-elles être considérées comme des faits divers? On a ainsi retenu le cas d'un employeur qui ne paye pas ses salariés (*Républicain lorrain* 20110616-Page0307) : il s'agit d'une forme de délinquance qui relève du fait divers. En revanche, on a écarté des articles traitant de l'affaire Colonna, un indépendantiste corse accusé d'avoir tué le Préfet Erignac (*Luxemburger Wort* 21. Jun. W_Z_06_07) : quoi qu'on pense de cet assassinat, il relève du crime politique et non du fait divers. Autre cas délicat, celui d'une vaste opération de police pour contrôler le taux d'alcoolémie des conducteurs de la région wallonne (*l'Avenir* du 20 juin, p. 7 : « 177 conducteurs en état d'ivresse »). Dans ce cas, c'est l'action de la police qui révèle une infraction massive mais l'article a été retenu, car en relation directe avec la catégorie particulière de faits divers que sont les accidents de circulation.

Le fait divers ne relève pas toujours de l'accident, de la pure coïncidence interprétable par elle-même, comme a pu le prétendre Roland Barthes (1964)[4]. La frontière entre le fait divers et le problème de société est mince, l'un pouvant être traité avec les mots de l'autre. Rien n'échappant au social, tout fait isolé peut être considéré (reconstruit) comme fait social. Ce qui est justement en jeu dans la labellisation « fait divers », ce sont des frontières conventionnelles posées entre le normal et l'anormal, le licite et l'illicite. Comme toute représentation ou norme, le fait divers doit être scientifiquement appréhendé comme un fait subjectif ayant une valeur à prétention socialement objective.

Par exemple, *l'Avenir* du 18 juin annonce en « Une » : "Vols en cascade dans les commerces arlonais" et reprend en page 2AL : "On est obligé de s'armer pour se défendre". Ces vols relèvent du fait divers mais sont traités comme un fait de société, avec un point de vue normatif assez transparent. À l'autre bord du spectre idéologique, les incidents et tensions dans les prisons, rapportés par le *Républicain lorrain* (20110625-Page0310) sont également constitués en fait de société : à la prison de Maxeville, près de Nancy, une petite algarade entre surveillants et détenus a lieu le jour d'une manifestation de surveillants pour dénoncer le manque d'effectif. Le fait est « monté en épingle » pour appuyer la légitimité de la manifestation syndicale. Dans ces deux cas, les articles ont été retenus, ces articles s'ap-

---

4 « Le fait divers est une information totale, ou plus exactement, immanente; il contient en soi tout son savoir : point besoin de connaître rien du monde pour consommer un fait divers; il ne renvoie formellement à rien d'autre qu'à lui-même » (*Structure du fait divers*).

puyant sur des ruptures de la norme, même s'ils relèvent aussi d'une implicite montée en généralité politique ou idéologique.

Socialement construits, certains faits divers ne sont possibles que parce qu'un cadrage général, tout autant culturel, social que médiatique, rend certains faits remarquables. Les affaires de plagiats universitaires qui ont eu lieu en Allemagne en 2011 en sont un exemple. Après l'affaire Karl-Theodor zu Guttenberg, ministre de la défense poussé à la démission après avoir perdu son titre de docteur, la révélation de nouveaux plagiats sur des plates-formes internet de vérification (comme VroniPlag) a mis en difficulté deux parlementaires européens, Silvana Koch-Mehrin et Jorgo Chatzimarkakis, tous les deux cités par le *Luxemburger Wort* et le *Trierischer Volksfreund* durant la période étudiée. En France de telles affaires sont inconcevables, non seulement parce que la tolérance à la « tricherie universitaire » semble plus forte, mais surtout en raison du moindre prestige du monde académique qu'en Allemagne.

Au-delà de la question de la norme sociale, reste également posée celle du statut scientifique du dérèglement. L'infraction à une norme, en particulier lorsqu'elle est culturelle, ne présuppose pas que cette dernière soit une loi intangible. Il se pourrait même que l'infraction contribue à l'équilibre global du système (la vie des prisons en est un exemple connu, puisque qu'une relative paix social ne peut y être obtenue que par des consentements à différentes infractions au règlement). Ces considérations anthropologiques dépassent le cadre de ce texte, qui se limitera à la définition sociale commune de la rupture de la norme et de sa représentation dans les récits de faits divers.

3. Etude comparative du traitement des faits divers

Avant d'aborder le traitement des faits divers spécifiquement transfrontaliers, nous avons cherché à saisir comment les cinq quotidiens étudiés rendaient compte de ces effractions à l'ordre du monde[5]. Pour approcher ces différentes « cultures du faits divers », nous nous appuierons sur exploitation quantitative du corpus puis une analyse qualitative des « Unes ».

---

5 Le lecteur pressé, ou déjà familier de la presse quotidienne de la Grande Région, pourra survoler cette partie de mise en contexte pour se rendre directement à l'analyse des faits divers transfrontaliers.

3.1. Approche quantitative et géographique

Un simple comptage indique une présence bien plus importante des faits divers dans la presse francophone, en particulier, dans le *Républicain lorrain*.

Graphique 1 : Nombre et répartition de l'origine géographique des faits divers par titre[6]

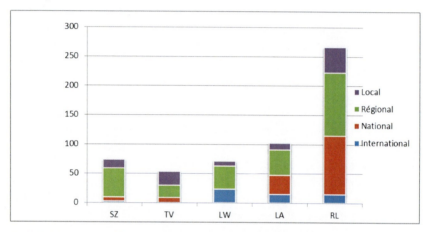

Période 16 au 20 juin 2011 (dépouillement total de tous les cahiers).

On remarque qu'une part très importante des faits divers publiés par le *Républicain lorrain* et *l'Avenir* ont eu lieu non pas dans l'espace local de l'édition, ni même celui, régional, de la zone de diffusion du titre, mais dans l'espace national, voire à l'étranger. Ces deux titres ont donc, en quelque sorte, élargi leur zone de collecte pour publier un plus grand nombre de faits divers dans leurs colonnes, ce qui explique partiellement la différence numérique globale entre les cinq titres.

---

6 Note pour le *Luxemburger Wort'* : Etant donné la petite taille du Grand-Duché du Luxembourg, les pages nationales et régionales se confondent pour les faits divers. Nous avons pris le parti, pour construire le graphique, de les compter exclusivement en "Régional". Par ailleurs, la distinction entre « Régional » et « Local » n'est pas toujours très claire chez le *Wort'*, les pages « Landeschronik » étant publiées dans le cahier « Lokales ».

3.2. Les faits divers en « Une »

La présence de faits divers en première page du journal est un indicateur de l'importance qui est donnée par la rédaction à ce genre de nouvelle, ou plus exactement, de l'anticipation par la rédaction des centres d'intérêts supposés des lecteurs. La stratégie de mise en page de la « Une » est d'autant plus cruciale pour les journaux dont le taux d'abonnement est faible. En cas d'une forte proportion de vente au numéro, l'équilibre économique du titre peut dépendre de l'attractivité de sa présentation en kiosque.

Graphique 2 : Nombre et origine des faits divers en « Une » par titre

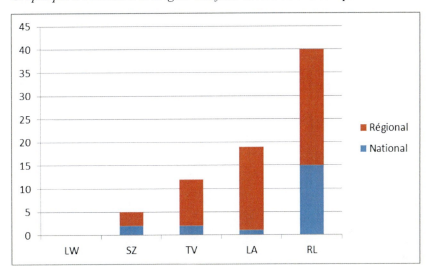

La présence en « Une » des faits divers est en rapport avec le volume global de faits divers par chaque titre, à l'exception du *Luxemburger Wort*, qui n'en publie aucun en première page. Un rapide panorama du traitement en « Une » des faits divers par titre permet de mieux donner une idée de la ligne éditoriale de chacun d'eux.

Saarbrücker Zeitung

En couverture du cahier central, on ne remarque aucun gros titre de fait divers et seulement 5 appels de « Une », principalement sur la colonne de droite, avec un style très factuels, sans aucune dramatisation :

L'exemple suivant [SZR-29-06-2001-A1] contient deux appels de « Une » (cas unique sur la quinzaine) qui restent relativement discrètes, l'une concernant une suspicion de plagiat universitaire d'une personnalité politique ayant un lien assez lâche avec la Sarre (*„Chatzimarkakis muss um Doktortitel bangen"*) et l'autre une noyade d'un adolescent dans un lac sarrois (*„16-Jähriger ertrinkt im Losheimer Stausee"*).

Illustration 1 : Saarbrücker Zeitung du 16 juin 2011

En revanche, on trouve beaucoup plus de faits divers en « Une » du cahier régional (« Saarland/Region ») : 28 articles ou appels d'article. La « Une »

du cahier régional est aussi une page « normale » à fort contenu informatif (ce qui est souvent le cas des « Une » de la presse germanique), avec des articles assez développés mais au ton factuel et mesuré (incendies, noyades, accidents). Comme en France, des appels de « Une » en colonne de droite renvoient à des articles détaillés de faits divers. La « Une » du troisième cahier, le cahier local, comporte moins de faits divers, une douzaine de petits accidents ou actes de délinquances mineurs.

Ainsi, si les faits divers ne sont pas exposés en « Une » du journal (qui se vend surtout sur abonnement), ils sont cependant très bien mis en valeur dans les différents cahiers, bien hiérarchisés en fonction de leur importance et origine géographique, avec une priorité donnée à l'information locale ou régionale.

Trierischer Volksfreund

La présence des faits divers est plus marquée sur la « Une » du quotidien de Trèves, avec trois gros titres en couverture du cahier central (deux titres sur un bébé abandonné dans une cabine téléphonique et un transporteur routier accusé d'« esclavagisme »). Ces deux gros titres sont accompagnés de sous-titres qui restent très factuels et informatifs et un seul est accompagné d'une photographie (voir exemple ci-dessous, un plan large de la cabine téléphonique où a été retrouvé le bébé abandonné. La présence d'un enfant en vélo au premier plan suscite une légère dramatisation : insouciance de l'enfant alors que le bébé aurait pu ne pas survivre à cet abandon). Des brèves ou appels de « Une » sont également visibles en « Une » (souvent colonne de droite, au nombre de 8 durant la période), signés des seules initiales du journaliste ou des trois lettres *red* pour « rédaction ».) La localité où a eu lieu l'événement n'est pas toujours indiquée.

En bas de « Une » sont occasionnellement publiées des brèves anecdotiques, cocasses ou édifiantes, ayant lieu en Allemagne, piochés dans les dépêches d'agences (rubrique « *Na so was* ») : un couple reçoit des explosifs pour leur mariage, une femme fait conduire un enfant de 9 ans sur ses genoux et provoque un accident. Ces brèves sont les équivalents des « Insolites » publiés par le *Républicain lorrain* en page 2, qui lui n'hésite pas à les chercher à l'international. Le ton est cependant beaucoup plus moralisateur dans le quotidien palatin.

Vincent Goulet

Illustration 2 : Trierischer Volksfreund du 21 juin 2011

Les « Unes » du cahier local « Trierer Zeitung » (le second cahier du *Volksfreund* est celui de l'édition locale, les pages régionales étant intégrées au cahier central) ont publié 10 faits divers : des brèves (principalement sur la colonne « *Nachrichten* ») et un seul long article (à propos d'incendies volontaires).

Bien que diffusé à 95% sur abonnement, le *Trierischer Volksfreund* conjugue une bonne exposition des faits divers à une certaine retenue, une économie de moyens pour annoncer ce type de nouvelle.

Luxemburger Wort

La visibilisation des faits divers par le journal de référence luxembourgeois est proche de celle du quotidien sarrois : Aucune présence en « Une » (ni gros titre, ni appel de « Une »), en revanche, forte exposition en « Une » du cahier « Lokales » (accidents de la circulation, incendies, procès, délinquance).

Illustration 3 : Luxemburger Wort du 20 juin 2011

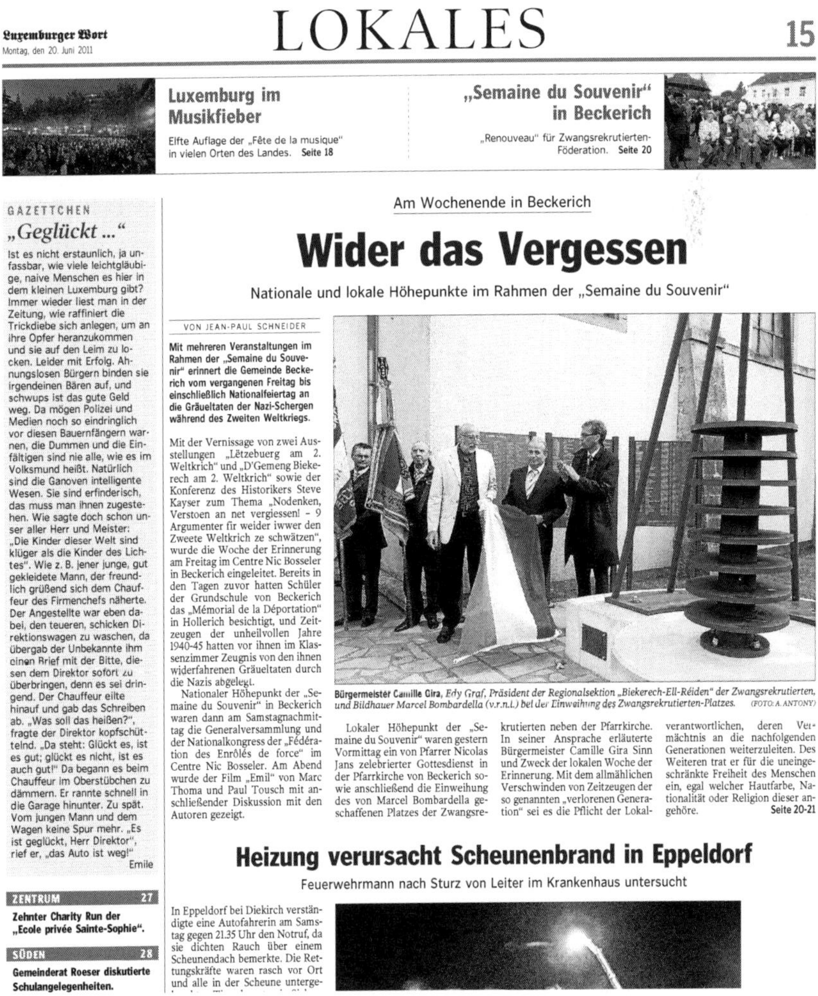

Luxemburger Wort
Montag, den 20. Juni 2011

LOKALES

15

Luxemburg im Musikfieber

Elfte Auflage der „Fête de la musique" in vielen Orten des Landes. Seite 18

„Semaine du Souvenir" in Beckerich

„Renouveau" für Zwangsrekrutierten-Föderation. Seite 20

GAZETTCHEN

„Geglückt ..."

Ist es nicht erstaunlich, ja unfassbar, wie viele leichtgläubige, naive Menschen es hier in dem kleinen Luxemburg gibt? Immer wieder liest man in der Zeitung, wie raffiniert die Trickdiebe sich anlegen, um an ihre Opfer heranzukommen und sie auf den Leim zu locken. Leider mit Erfolg. Ahnungslosen Bürgern binden sie irgendeinen Bären auf, und schwups ist das gute Geld weg. Da mögen Polizei und Medien noch so eindringlich vor diesen Bauernfängern warnen, die Dummen und die Einfältigen sind nie alle, wie es im Volksmund heißt. Natürlich sind die Ganoven intelligente Wesen. Sie sind erfinderisch, das muss man ihnen zugestehen. Wie sagte doch schon unser aller Herr und Meister: „Die Kinder dieser Welt sind klüger als die Kinder des Lichtes". Wie z. B. jener junge, gut gekleidete Mann, der freundlich grüßend sich dem Chauffeur des Firmenchefs näherte. Der Angestellte war eben dabei, den teueren, schicken Direktionswagen zu waschen, da übergab der Unbekannte ihm einen Brief mit der Bitte, diesen dem Direktor sofort zu überbringen, denn es sei dringend. Der Chauffeur eilte hinauf und gab das Schreiben ab. „Was soll das heißen?", fragte der Direktor kopfschüttelnd. „Da steht: Glückt es, ist es gut; glückt es nicht, ist es auch gut!" Da begann es beim Chauffeur im Oberstübchen zu dämmern. Er rannte schnell in die Garage hinunter. Zu spät. Vom jungen Mann und dem Wagen keine Spur mehr. „Es ist geglückt, Herr Direktor", rief er, „das Auto ist weg!"

Emile

ZENTRUM 27

Zehnter Charity Run der „Ecole privée Sainte-Sophie".

SÜDEN 28

Gemeinderat Roeser diskutierte Schulangelegenheiten.

Am Wochenende in Beckerich

Wider das Vergessen

Nationale und lokale Höhepunkte im Rahmen der „Semaine du Souvenir"

VON JEAN-PAUL SCHNEIDER

Mit mehreren Veranstaltungen im Rahmen der „Semaine du Souvenir" erinnert die Gemeinde Beckerich vom vergangenen Freitag bis einschließlich Nationalfeiertag an die Gräueltaten der Nazi-Schergen während des Zweiten Weltkriegs.

Mit der Vernissage von zwei Ausstellungen „Lëtzebuerg am 2. Weltkrich" und „D'Gemeng Biekerech am 2. Weltkrich" sowie der Konferenz des Historikers Steve Kayser zum Thema „Nodenken, Verstoen an net vergiessen! – 9 Argumenter fir weider iwwer den Zweete Weltkrich ze schwätzen", wurde die Woche der Erinnerung am Freitag im Centre Nic Bosseler in Beckerich eingeleitet. Bereits in den Tagen zuvor hatten Schüler der Grundschule von Beckerich das „Mémorial de la Déportation" in Hollerich besichtigt, und Zeitzeugen der unheilvollen Jahre 1940-45 hatten vor ihnen im Klassenzimmer Zeugnis von den ihnen widerfahrenen Gräueltaten durch die Nazis abgelegt.

Nationaler Höhepunkt der „Semaine du Souvenir" in Beckerich waren dann am Samstagnachmittag die Generalversammlung und der Nationalkongress der „Fédération des Enrôlés de force" im Centre Nic Bosseler. Am Abend wurde der Film „Emil" von Marc Thoma und Paul Tousch mit anschließender Diskussion mit den Autoren gezeigt.

Bürgermeister Camille Gira, *Edy Graf, Präsident der Regionalsektion „Biekerech-Ell-Réiden" der Zwangsrekrutierten, und Bildhauer Marcel Bombardella (v.r.n.l.) bei der Einweihung des Zwangsrekrutierten-Platzes.* (FOTO: A. ANTONY)

Lokaler Höhepunkt der „Semaine du Souvenir" waren gestern Vormittag ein von Pfarrer Nicolas Jans zelebrierter Gottesdienst in der Pfarrkirche von Beckerich sowie anschließend die Einweihung des von Marcel Bombardella geschaffenen Platzes der Zwangsrekrutierten neben der Pfarrkirche. In seiner Ansprache erläuterte Bürgermeister Camille Gira Sinn und Zweck der lokalen Woche der Erinnerung. Mit dem allmählichen Verschwinden von Zeitzeugen der so genannten „verlorenen Generation" sei es die Pflicht der Lokalverantwortlichen, deren Vermächtnis an die nachfolgenden Generationen weiterzuleiten. Des Weiteren trat er für die uneingeschränkte Freiheit des Menschen ein, egal welcher Hautfarbe, Nationalität oder Religion dieser angehöre. **Seite 20-21**

Heizung verursacht Scheunenbrand in Eppeldorf

Feuerwehrmann nach Sturz von Leiter im Krankenhaus untersucht

In Eppeldorf bei Diekirch verständigte eine Autofahrerin am Samstag gegen 21.35 Uhr den Notruf, da sie dichten Rauch über einem Scheunendach bemerkte. Die Rettungskräfte waren rasch vor Ort und alle in der Scheune unterge-

Les faits divers, très souvent illustrés de photos spectaculaires (incendies, véhicules accidentés) sont donc mis en valeur mais exclusivement dans le cahier local. On constate dans le journal une forte séparation entre la « Une » nationale et internationale (qui s'adresse d'abord aux élites du pays) et la « Une » locale (destinée aux abonnés et aux « lecteurs ordinaires » d'un titre régional).

L'Avenir

Le quotidien *l'Avenir*, comme les autres quotidiens populaires francophones de Belgique qui sont tous aussi des régionaux et en forte concurrence, utilise intensément les faits divers en « Une ». Les cinq gros titres relevés en « Une » durant la période ont un caractère de proximité et sont volontiers présentés de manière dramatisée : accentuation de la gravité de la situation (« vols en cascade »), utilisation de la figure de comble (« tuée devant l'école de son fils »), jugement de valeur sur le prix de la vie et le sens de la mort (« ils ne sont pas morts pour rien », à propos d'un accident de la circulation qui a tué deux jeunes gens).

Les appels de « Une » sur la colonne de droite sont quasi quotidiens, parfois au nombre de deux, alors que l'espace éditorial est restreint sur la première page de ce journal. Les titres emploient volontiers le ton du mystère (« Un incident d'origine suspecte », « Un jeune policier jouait avec son arme »), ou du suspens (« Un corps retrouvé dans l'Ourthes »). En recourant à l'émotion, voire au pathos (« Hommage à David, chargé d'émotion », « Maman tuée », « Son mari poignarde l'instit à l'école »), le journal cherche à mettre en valeur et à dramatiser les faits divers. Les photographies sont cependant relativement peu utilisées.

Illustration 4 : L'Avenir du 23 juin 2011

Ex : 23 juin 2014

En revanche, sur la « Une » du cahier local, les faits divers sont assez rares : seulement 2 gros articles et 4 appels de « Une ».

Républicain lorrain

En couverture du cahier général, le quotidien lorrain n'a publié que deux gros titres en « Une » avec photo (saisie de cigarettes de contrebande sur l'autoroute, le 16 juin, violences lors d'une fête de quartier dans la vallée de la Fensch, le 27) mais il affiche systématiquement des appels de « Une » : au moins deux par jour, sur la colonne de droite, en « pavé » au-dessus du titre, ou sur la partie gauche de la page. Ces appels de « Une » renvoient principalement aux pages « Région » ou éventuellement aux pages « France » – s'il n'y pas de fait divers en région. La localité est systématiquement indiquée quand le fait divers a lieu dans la région.

L'écriture des titres est plutôt factuelle mais utilise très souvent des détails dramatisants : « porte meurtrière » (comme si on pouvait attribuer une intention à un objet) ; « pistolet sur la tempe », « agressé à la batte de base-ball », « braquage à la kalachnikov » (en sollicitant l'imaginaire, notamment cinématographique, le titre dramatise le fait) ; « sexagénaire torturée », « corps calciné » (vocabulaire de l'horreur) ; « collégienne tuée pour une histoire de cœur », « gériatre fraudeur », « une bande attaque la fête » (utilisation de la figure du comble) ; « tué par balle », « mort suspecte d'une sexagénaire » (amplification et conjecture : ce peuvent être de simples accidents et non des meurtres comme cela est suggéré).

Les appels de « Une » sur colonne de droite indiquent généralement le nom du journaliste qui écrit l'article en pages intérieures. L'auteur de l'article auquel le lecteur pourra se référer est ainsi clairement identifié et mis en valeur. La photographie est abondamment utilisée, de manière systématique en cas de gros titre, mais également dans les « cartouches ».

Illustration 5 : Républicain lorrain du 16 juin 2011

Comme dans *l'Avenir*, la présence des faits divers est moindre en couverture du cahier local : seulement 8 faits divers en « Une » de l'édition de Thionville (qui relèvent parfois aussi du « social » : cas du personnel non payé à Cattenom).

L'analyse des « Unes » des différents quotidiens de la Grande Région laissent apparaître de grandes différences de traitement des faits divers. Le *Saarbrücker Zeitung* et *Luxemburger Wort* sont bâtis sur le même principe : pas de fait divers en « Une » générale mais une forte exposition en première page du cahier « Régional ». Ce choix éditorial peut s'expliquer par leur position centrale dans leur champ médiatique respectif : ces deux titres couvrent des capitales, la capitale d'un pays pour le *Wort*, la capitale d'un *Land* pour le *Saarbrücker Zeitung*. De ce fait, leur « Une » générale privilégie les informations nationales et internationales ou encore les événements considérés comme « sérieux » au plan régional. Quotidiens de référence, ils se doivent de hiérarchiser de façon rigoureuse l'information en fonction des catégories dominantes dans les cercles du pouvoir politique et économique.

Au contraire, la position du *Trierischer Volksfreund* et de *l'Avenir* (édition Luxembourg) sont périphériques dans leur champ médiatique (une circonscription de Rhénanie-Palatinat pour le premier, une province rurale de la Wallonie pour le second). Titres « provinciaux », ils donnent une plus grande exposition aux faits divers en première page du cahier général comme en cahier local. Le facteur économique (taux d'abonnement et besoin d'avoir une « Une » attractive en kiosque) n'est ainsi pas le principal facteur explicatif : avec 95 % d'abonnés, le *Trierischer Volksfreund* a une politique de valorisation des faits divers en « Une » assez proche de celle de *l'Avenir* qui ne fait que 75 % de ses ventes sur abonnement.

Le cas du *Républicain lorrain* est plus complexe : il pourrait être considéré comme le titre de la « capitale » de la Région Lorraine (dont la préfecture et le siège du conseil régional est Metz) et tenir de ce fait une certaine centralité. Cependant, son traitement en « Une » des faits divers est très proche de celle de la presse périphérique. Ceci est explicable par la très forte structuration de l'espace médiatique français sur le modèle de l'organisation institutionnelle nationale, avec la prédominance de Paris sur le reste du pays. L'échelon régional est de moindre importance et ne parvient pas à structurer pleinement la ligne éditoriale du *Républicain lorrain*. De plus, un autre quotidien, *l'Est républicain*, publié à Nancy et dans le Sud de la Lorraine vient fragmenter l'espace régional – la rivalité entre Metz et Nancy, qui toutes deux prétendent au titre de « capitale de la Lorraine », est un obstacle de plus à la constitution d'un champ médiatique régional autonome. En conséquence, le *Républicain lorrain* (qui doit, comme *l'Avenir*, réaliser 25 % de ses ventes en kiosque) met en valeur les faits divers régionaux ou nationaux en « Une » générale, sans beaucoup les valoriser sur la première page du cahier local.

3.3. Types et thématiques des faits divers

Après l'analyse des « Unes », explorons l'ensemble des faits divers publiés sur la période pour tenter de dresser un panorama des « infractions à l'ordre du monde ».

Les faits divers condensés

Ce type de fait divers regroupe les brèves et articles courts qui sont généralement écrits selon une focalisation externe (information réduite au factuel). L'énonciation est toujours monodique. Leur répartition géographique varie fortement selon les titres :

Graphique 3 : nombre et répartition géographique des faits divers condensés par titre

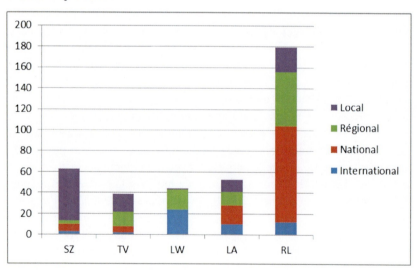

Les faits divers condensés internationaux sont présents dans les titres francophones et luxembourgeois, très rares dans les quotidiens régionaux allemands étudiés. Il s'agit principalement des faits marquants ou exceptionnels (un « cannibale », un violeur en série, etc.), particulièrement insolites (un homme meurt d'une crise cardiaque en violant une femme au Texas) ou ayant une résonnance avec un événement grave (baleine irradiée à la suite de la catastrophe de Fukushima).

Les faits divers condensés nationaux ne sont présents en grand nombre que dans *lAvenir* et surtout *le Républicain lorrain* (plus d'un fait divers sur trois publiés par ce journal sont des brèves ou des courts articles de portée nationale). Au contraire, la presse quotidienne régionale allemande se désintéresse totalement de ce genre de nouvelle. Pour le *Luxemburger Wort*, il est difficile de distinguer les niveaux national et régional (ils ont ici été regroupés dans la rubrique régionale afin d'assurer une meilleure comparabilité avec les autres titres). Tandis que *l'Avenir* met en avant des actes de délinquance (commune ou routière), des accidents ou des faits plus cocasses (un taureau en fuite abattu, un collectionneur d'excès de vitesse), le *Républicain lorrain* fait en quelque sorte « feu de tout bois » pour alimenter le stock de faits divers : il rapporte crimes (meurtres, viols, vols avec violence), cas de pédopornographie, suicides familiaux et disparitions d'enfants ou d'adolescents, morts accidentelles (noyades, accident avion de tourisme), petites catastrophes naturelles (vent violent ou incendie dans le Sud de la France) et incendies. Peuvent aussi être évoquées des questions normatives aussi différentes qu'un PV pour port du Niqab, l'arrestation de gendarmes « ripoux », les affaires Karachi, Médiator ou Georges Tron, des cas d'appareils médicaux défectueux et dangereux ou du droit du travail bafoué. En quinze jours, le *Républicain lorrain* publie ainsi 92 faits divers nationaux condensés, ils sont présentés pêle-mêle et parfois difficilement compréhensibles sans connaissance du contexte.

Les faits divers condensés régionaux et locaux sont bien représentés dans tous les titres (en particulier dans le *Saarbrücker Zeitung* qui traite des faits divers de proximité en privilégiant ce format). Ces événements mineurs, qui n'ont d'intérêt que par leur caractère de proximité avec le lecteur (petits accident de circulation, incendies, cambriolages, dégradations...), sont particulièrement bien adaptés à la presse régionale. Ainsi, à l'exception du *Républicain lorrain*, qui fait preuve d'une sorte de « dérèglement des repères géographiques », le fait divers condensé est traité selon la « règle journalistique » du « mort-kilométrique » et renforce le positionnement du titre et de la zone géographique qu'il couvre par rapport à la nation et au monde.

Les faits divers expansés

Les faits divers expansés se développent selon la logique du récit. Ils peuvent avoir une énonciation monodique mais la norme est plutôt l'énonciation polyphonique, avec plusieurs instances qui contribuent à raconter l'histoire. Le travail d'écriture journalistique est plus poussé, ce qui en fait des articles plus riches à analyser, avec la possibilité d'en saisir les arrières plans culturels ou normatifs.

En troisième partie de ce texte, nous chercherons à comprendre les styles propres aux différents journaux, les façons différenciées des rédactions de réunir les éléments d'informations. Ces différences culturelles et rédactionnelles pourront sans doute contribuer à expliquer la faible circulation transfrontalière des faits divers. Pour l'heure, nous ne limiterons à quelques données de cadrage qui permettront de mieux prendre la mesure de cette faible circulation.

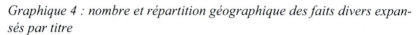

Graphique 4 : nombre et répartition géographique des faits divers expansés par titre

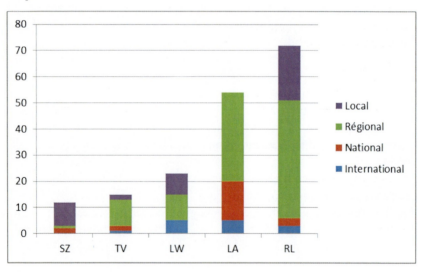

Aucun titre ne traite souvent et longuement des **faits divers au niveau international**. Les quelque articles recensés concernent tous des pays européens. Il s'agit principalement d'un crash aérien (celui d'un avion russe, survenu dans une période de faible actualité), des intoxications dues à la bactérie E.colie en France et en Allemagne, de « l'affaire DSK » et de l' « Euromanif » au Luxembourg (qui sera traitée un peu plus loin dans le cadre de l'information transfrontalière).

Les faits divers nationaux sont aussi rarement traités en profondeur que les internationaux, à l'exception de *l'Avenir*, pour qui la Wallonie semble être à la fois la nation et la région principale d'appartenance. La situation est assez proche de celle du Grand-Duché du Luxembourg qui est à la fois un Etat et une région. Dans le cas de la Wallonie et de la province belge du Luxembourg, une véritable frontière est marquée avec la Flandre, dont le journal ne fait presque jamais mention.

Les faits divers expansés d'envergure régionale et locale sont les plus intéressants à étudier dans cette perspective contrastive. Ils sont relativement peu nombreux dans la presse germanophone, et garde souvent un ton factuel et distancié. Dans le *Luxemburger Wort*, les seuls articles de faits divers développés sont des comptes rendus d'audience (où le travail de narration est facilité par celui de l'instruction et le déroulement du procès). Cependant, même dans ce cas où les témoins se succèdent à la barre, l'énonciation est très rarement polyphonique. Dans les deux pays francophones, on constate une plus grande fréquence des formes développées. Ce sont des récits plus amples, souvent polyphoniques, avec des indications normatives, voire une émotion affichée en Wallonie.

Tableau 1 : Répartition des faits divers locaux et régionaux expansés par thématique et par titre

	L'Avenir	Républicain Lorrain	Luxemburger Wort	Saarbrücker Zeitung	Trierischer Volksfreund
Bagarres	6	13	2	1	0
Noyades	1	1	0	3	0
Mœurs	2	1	1	0	1
Vols avec ou sans agression	4	10	1	3	0
Drogue	4	5	1	0	2
Mortels circulation	4	0	3	0	0
Crimes (meurtre, viol, torture)	2	10	1	1	0
Violence conjugale familiale	3	1	1	0	1
Incendies accidentels ou volontaires	4	3	1	1	1

	L'Avenir	*Républicain Lorrain*	*Luxemburger Wort*	*Saarbrücker Zeitung*	*Trierischer Volksfreund*
Malversations	3	6	1	0	4
Accidents et divers	1	9	4	1	5
TOTAL	*34*	*59*	*16*	*10*	*14*

L'intérêt marqué pour les faits divers locaux par la presse francophone se traduit par un traitement approfondi de ceux-ci sur toutes les thématiques disponibles. Au contraire, la presse germanophone se concentre sur certains thèmes : les accidents de la circulation pour le *Luxemburger Wort*, des affaires relativement peu violentes pour le *Trierischer Volksfreund* (affaire du bébé abandonné ou de malversations) ou, au contraire, prédilection pour les affaires de délinquance au *Saarbrücker Zeitung* (souvent sous forme de compte rendu de tribunal).

L'usage des faits divers apparaît directement dépendant de la position du journal dans le champ médiatique, de la structuration des différents champs médiatiques nationaux et de l'organisation politique et institutionnelle des différents États concernés. Ce sont aussi des nouvelles qui permettent à la fois de hiérarchiser l'espace, notamment dans l'articulation du social et du géographique : les faits divers donnent une certaine valeur sociale à certains lieux et contribuent fortement à structurer le territoire couvert par le journal. En ce sens, le faible nombre de faits divers transfrontaliers relevés est l'indice d'un territoire « grand régional » qui peine à exister.

4. Les faits divers transfrontaliers

Les faits divers transfrontaliers peuvent être considérés comme une catégorie hybride entre fait divers international et fait divers régional ou local. Devant cette difficulté de classement, toutes les rubriques des journaux ont été dépouillées. Malgré ces précautions, peu de faits divers transfrontaliers ont été recensés dans les cinq quotidiens (28 articles en tout sur les 15 jours). Un nombre surprenant par sa faiblesse, alors que les zones frontalières sont connues pour avoir une position interstitielle favorable aux trafics illicites (contrebande et drogue) et à l'organisation d'actes de délinquance (en passant la frontière administrative, les délinquants profitent des délais plus longs de transmission des signalements entre polices nationales).

Graphique 5 : Nombre et répartition par titre des faits divers transfrontaliers

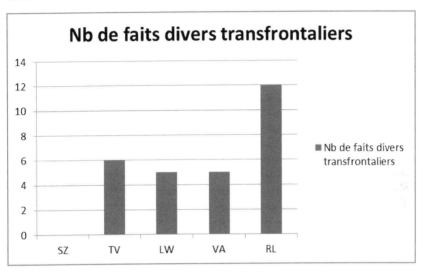

Ce faible nombre est même inférieur aux résultats d'une étude quantitative réalisée sur le mois de janvier 2008 par Patrick Wiermer sur 15 000 articles des éditions locales de six quotidiens de la Grande Région (dont quatre titres communs à nos deux corpus : *Luxemburger Wort, Saarbrücker Zeitung, Trierischer Volksfreund* et *Républicain lorrain*). Selon les tableaux qu'il a bien voulu nous communiquer, 350 articles relevant du genre « faits divers » (au sens où nous l'avons-nous-même construit) font mention dans les six quotidiens d'une localité située au-delà de la zone de couverture des journaux concernés. Lorsque l'on retranche les mentions incidentes et « neutralise » la frontière entre Sarre et Rhénanie-Palatinat, et surtout lorsque l'on compare les chiffres à périmètre équivalent (l'étude de P. Wiermer englobant toutes les éditions locales), les deux corpus montrent que le genre « fait divers », quand il est transfrontalier, apparait peu exploité par la presse quotidienne régionale.

4.1. Etudes des faits divers transfrontaliers par titre

Ce faible nombre des éléments recueillis permet de réaliser une étude qualitative du corpus et de renseigner le positionnement de chaque titre par rapport à ses voisins de la Grande Région.

Saarbrücker Zeitung

Aucun fait divers ayant eu lieu dans la Grande Région n'est rapporté. Bien que Sarrebruck soit très proche des villes françaises de Forbach et Sarreguemines, son caractère de ville centre et de capitale de *Land* semble la dispenser d'aller chercher en dehors des frontières régionales des faits divers. L'attention à ce type de nouvelle est focalisée sur la Sarre, avec une publication dans les cahiers locaux. Seule la découverte d'un bébé abandonné dans une cabine téléphonique à Trèves (de l'autre côté de la frontière du *Land*) a fait l'objet d'un traitement plus développé. En janvier 2008, P. Wiermer avait relevé dans les onze éditions locales du *SZ* quelques faits divers transfrontaliers en Wallonie et en Lorraine (principalement des accidents de la route) et 8 concernant le Luxembourg. La Sarre, telle qu'elle est représentée par son journal quotidien, apparait être une île peu concernée par les épreuves subis par ses voisins.

Trierischer Volksfreund

Sur la période, six articles concernant des faits divers transfrontaliers sont publiés : deux concernent une blessée (de nationalité belge) à « l'euro-manifestation » syndicale du 22 juin à Luxembourg, trois articles concernent la délinquance en bande organisée (avec des prévenus allemands et luxembourgeois), un dernier rapporte un grave accident de circulation à la frontière luxembourgeoise. Dans ce dernier cas, alors que tous les éléments sont réunis pour composer un « bon fait divers » (deux enfants blessés, intervention d'un hélicoptère, conducteur fautif en état d'ivresse), il en est resté à l'état de *Polizeimeldung* (communiqué de police) et n'a pas été suivie les jours suivants par la rédaction. L'une des deux affaires crapuleuses (trafic de drogues) est traitée à partir de dépêches de l'agence allemande DPA; l'autre, plus colorée (le procès d'une bande de « Hells Angels » pour trafic de drogue), est couverte d'après les comptes rendus d'audience du procès ayant lieu à Trèves. Signé par les initiales du journaliste, cet article laisse transparaître un jugement normatif (ce « Rockerband est connu pour sa violence ») et produit un récit détaillé des arrestations, en valorisant les citations du procureur qui parlent d'une longue et « remarquable enquête », avec des informateurs infiltrés). Hormis la présence de certains prévenus luxembourgeois, le cadrage du papier reste local. En définitive, le caractère transfrontalier de cette affaire dépend bien plus de la coopération policière entre l'Allemagne et le Luxembourg que de l'activité propre de la rédaction du journal. La Wallonie et la Lorraine ne sont pas présentes dans cette rubrique, très peu fournie. Dans son étude, P. Wiermer n'avait compté dans les éditions du *Volksfreund* que 9 faits divers transfrontaliers durant tout le mois de janvier 2008, dont 4 au Luxembourg, 3 en Lorraine et deux en Wallonie.

Luxemburger Wort

Le traitement des faits divers transfrontaliers du titre dominant luxembourgeois est très proche de celui du quotidien de Trèves. Peu intense (quatre articles recensés), ils concernent le même genre de nouvelles : le procès des « Hells Angels » (écrit à partir du site internet du *Trierischer Volksfreund* et de dépêches d'agence), l'annonce de l'arrestation d'un jeune mineur, suspecté d'avoir causé plusieurs incendies à Trèves (nouvelle sans lien direct avec le Luxembourg), ainsi que deux autres faits divers, qui ont eu lieu en zone frontalière, et qui sont le résultat direct de la coopération policière entre le Luxembourg et la Belgique (un appel à témoin pour un meurtre et un accident de la circulation où le responsable a pris la fuite).

Au final, le principal journal luxembourgeois de langue allemande semble plutôt tourné vers la région de Trier et la Belgique que vers la Lorraine. Le recensement de P. Wiermer en janvier 2008 indiquait la même orientation géographique mais donne un nombre plus important de faits divers transfrontalier évoqués par le *Wort* : 10 en Rhénanie-Palatinat, 11 en Wallonie, 8 en Lorraine et 6 en Sarre.

L'Avenir

Le quotidien wallon n'a publié que cinq faits divers transfrontaliers (dont un concernant « l'euromanif » du 22 juin, dans laquelle une syndicaliste belge était impliquée). Tout comme les journaux précédents, il s'agit de communiqués de police sous forme d'appel à témoins (suite à un vol à main armée dans les Ardennes françaises à proximité de la frontière belge) ou de comptes rendus de tribunaux dont les procès ont eu lieu en Belgique. Le premier concerne un vol en bande organisé de bouteilles de bière (les chapardeurs ont aussi volé de l'essence aux stations-services du Grand-Duché mais l'article ne se focalise guère sur cette dimension transfrontalière), le second concerne des faits de violences conjugales (le prévenu habite en France mais l'article en fait à peine état et n'indique pas s'il s'agissait d'un couple « binational »). Enfin un article de taille moyenne, plus proche du fait de société que du fait divers, traite des problèmes de voisinage engendrés par les *coffee shops* à Maastricht. Les autorités de la ville souhaiteraient les transférer vers la frontière belge, estimant que plus de la moitié des consommateurs viennent de Belgique, de France ou d'Allemagne. Le débat est vif entre communes belges périphériques et la ville néerlandaise de Maastricht. Mais il ne s'agit pas véritablement d'un fait divers et concerne une autre Euro-région, la Meuse-Rhin…

Au final, le journal de la province belge du Luxembourg manifeste un grand désintérêt pour les faits divers transfrontaliers ou ayant lieu de l'autre côté de la frontière. Comme remarqué lors de l'analyse globale du traitement de cette rubrique, le journal semble d'abord être axé sur la Wallonie, son territoire de référence.

Républicain lorrain

On a pu recenser 12 faits divers transfrontaliers sur les 258 faits divers publiés par ce quotidien durant la période. La proportion reste modeste. 11 sont publiés en page « Région », avec les autres faits divers, qu'ils soient développés ou simplement mentionnés. Ces information transfrontalières concernent principalement le Luxembourg, où vont travailler chaque jour près de 100 000 salariés lorrains. Ces résultats sont cohérents avec les chiffres de P. Wiermer pour le mois de janvier 2008 : 17 faits divers pour le Luxembourg, 5 pour la Sarre, 4 pour la Rhénanie-Palatinat et 2 pour la Wallonie.

L'attention pour le Grand-Duché peut être « gratuite », avec cinq articles sans lien direct avec la Lorraine. Trois brèves rapportent des petits faits divers anecdotiques : lors d'un contrôle routier, un policier luxembourgeois se fait écraser le pied par une voiture; un homme ivre tombe d'un pont sur les berges de l'Alzette; arrestation d'un agresseur au couteau qui avait dépouillé sa victime à un guichet automatique à Luxembourg-ville. Ces brèves, très factuelles, sont placées en colonne de droite, au même niveau que les nouvelles du même ordre ayant lieu localement ou dans les régions limitrophes. Le lendemain de la fête nationale luxembourgeoise (qui a lieu le 23 juin), le *Républicain lorrain* rend compte brièvement de plusieurs incidents qui ont émaillé les festivités (« Fête nationale luxembourgeoise agitée ») et remarque les embouteillages sur l'autoroute et à Metz, provoqués par les Luxembourgeois venus faire du shopping en France ce jour de congé.

Un sixième article, plus développé, concerne de manière indirecte les Mosellans (20110624-Page0305). Mis en valeur par une trame grise et un titre dramatisant (« Alerte »), il signale une pollution persistante des eaux rivières luxembourgeoises (présence de PCB dans les cours d'eau et dans la chair des poissons), alors que la saison de la pêche vient d'être ouverte. Un communiqué des autorités luxembourgeoises prévient des risques et recommande de ne pas consommer les poissons pêchés. Les eaux n'ayant pas de frontières, on peut penser que les pêcheurs mosellans sont également concernés, mais il n'est pas fait mention de la qualité de l'eau en France.

Trois brèves que l'on pourrait qualifier de « luxembourgo-lorraines » rapportent un accident de la route (décès d'un Mosellan au Luxembourg), un crash d'un avion de tourisme (décès de trois résidents luxembourgeois de nationalité française), un incendie sans gravité à un poste frontière entre les deux pays. La présence de ces faits divers luxembourgeois est explicable par la relation capitalistique et éditoriale qui lie le *Républicain lorrain* avec *le Quotidien*, un titre francophone du groupe luxembourgeois Editpress, concurrent du groupe Saint-Paul qui édite le *Wort*.

Les faits divers tournés vers l'Allemagne sont beaucoup plus rares : disparition d'un homme à Sarreguemines (mise en place d'un dispositif transfrontalier de recherche avec coopération entre sarroise et française), un vol avec violence d'un couple d'Allemands résidant en France. Le compte rendu de tribunal est détaillé et les énonciations polyphoniques dramatisantes (le procès a lieu aux assises de Metz) mais le papier n'insiste pas sur l'aspect franco-allemand et ne dit rien de l'origine de ce couple, ni de l'éventuel caractère transfrontalier de l'affaire. Un seul article concerne la Belgique, l'appel à témoin transfrontalier suite à un meurtre, qui a été également publié par *l'Avenir* et le *Luxemburger Wort*.

Ces 11 faits divers sont traités de manière factuelle, à partir de communiqués de police (ou des autorités sanitaires). L'attention porté au voisin n'entraine pas d'enquête de l'autre côté de la frontière. Lorsque le caractère frontalier est notable, cet angle journalistique n'est pas exploité, ce qui montre combien le réflexe « frontalier » n'est pas incorporé dans les pratiques journalistiques.

Un seul fait divers transfrontalier a fait l'objet d'un véritable traitement journalistique. Il est digne d'une tragédie grecque : une famille mosellane a durement bataillé pour récupérer le corps d'un de ses enfants retrouvé noyé dans un cours d'eau au Luxembourg. Le 18 juin 2011, la nouvelle fait la « Une » (« Le corps de Jacques Baillard enfin rapatrié ») et parle d'un « bras de fer » entre une famille et les autorités luxembourgeoises. L'article en pages intérieures détaille l'affaire.

Illustration 6 : Républicain lorrain du 18 juin 2011 (page 03-09)

Le ton est empathique, la journaliste française se solidarise avec la famille contre la lenteur et l'inhumanité des autorités luxembourgeoises : « douloureuse épreuve de force », « dure bataille », « pourquoi faire simple quand on peut faire compliqué? », « choc pour la famille », « incompréhension », permettre de l'enterrer « dignement », etc.

Retrouvé mort dans la Moselle, « piégé dans une écluse », Jacques Baillard avait été autopsié et enterré sous X à Schengen. On a mis du temps à le retrouver et l'identifier, sa famille voulant croire qu'il était parti pour St-Jacques de Compostelle. La mère du défunt doit se soumettre aux tests ADN pour prouver la filiation (elle en est « très éprouvée »). La procédure est longue et se conclut par un refus d'exhumer pour des « motifs sanitaires ». La logique de l'État s'oppose aux devoirs funéraires de la famille, on n'est pas loin d'Antigone. La famille organise une manifestation au cimetière de Schengen (« devant le tas de terre retournée qui sert de tombe à Jacques ») et devant la mairie de Remerschen (où le corps a été retrouvé). La journaliste laisse entendre en fin d'article que la mobilisation « a sans doute pesé sur la nouvelle décision du Luxembourg ».

Ce fait divers transfrontalier est plutôt construit sur l'opposition entre les deux pays (ou plus exactement sur le conflit entre une famille endeuillée et un État froid et inflexible) que sur l'identité commune. Il touche aux fondements anthropologiques de la vie sociale (l'importance des rites funéraires et l'hommage que les êtres humains doivent rendre à leurs défunts), mais aussi des conceptions sanitaires différentes entre les pays. La différence nationale vient révéler les antagonismes entre logiques familiales et sanitaire et administratives.

4.2. Une étude de cas : la manifestation de la Confédération Européenne des Syndicats au Luxembourg le 21 juin

Cet événement est révélateur des limites des rédactions des titres étudiés pour traiter d'un fait divers frontalier, qui pourtant pouvait avoir une résonnance politique et sociale.

À l'appel des syndicats de salariés européens, environ 15 000 personnes ont manifesté contre l'austérité budgétaire imposée par les gouvernements et la commission européenne. L'événement est à la fois européen et transfrontalier : européens car le cadre est celui de l'Union et que l'appel est celui de la CES. Transfrontalier parce que la majorité des manifestants viennent des régions limitrophes : Belgique, Lorraine, Allemagne avec, bien sûr, une forte présence des salariés luxembourgeois. Cette manifestation a donné lieu à un fait divers, connu quelques jours seulement après l'événement : une syndicaliste belge assure avoir été blessée par un tir de balle en caoutchouc de la police luxembourgeoise, alors que les sources policières présentent cette blessure comme occasionnée par un pétard.

Le *Luxemburger Wort* se fait prudemment l'écho de cette affaire naissante : l'interrogation domine (« Schuss bei Euro-Protest? »/ « Tir à l'Euro-manif? ») et la parole est longuement donnée à la police luxembourgeoise qui déclare ne pas utiliser de lanceur de projectiles en plastique lors de ce type de manifestation. Son porte parole « ne comprend pas comment cette femme peut affirmer cela ».

L'Avenir, lui, n'émet cependant pas de doute sur la nature de la blessure de la syndicaliste (il titre « Balle en caoutchouc et pas pétard ») mais ne s'attarde pas sur ce fait.

Le *Républicain lorrain* ne parle pas de cet incident, ni le *Saarbrücker Zeitung*. Le *Volksfreund* de Trèves se contente de le signaler.

Une semaine plus tard, l'affaire revient dans la presse suite à la plainte de la syndicaliste blessée. On observe une « circulation circulaire » médiatique de cette nouvelle : un article avec photo est publié sur le site web de la *Dernière Heure*, le grand quotidien francophone belge populaire (avec un titre choc : « une balle de 9 mm en pleine manif »), puis il est repris par le site du gratuit luxembourgeois *L'essentiel* et le *Tageblatt*, journal de référence « de gauche » du Grand-Duché du Luxembourg (avec un titre plus prudent : « Schoss die Polizei auf Demonstranten? » / « La police a-t-elle tiré sur des manifestants? »). La proximité idéologique explique sans doute cette reprise, ces deux journaux font partie du groupe Editpress, lié au parti socialiste luxembourgeois tandis que la manifestante belge fait partie du syndicat socialiste FGTB. L'article du *Tageblatt* détaille la controverse, la police luxembourgeoise niant toujours avoir utilisé ce type d'arme.

Dans les régions limitrophes, seul le *Trierischer Volksfreund* se fait l'écho de ces développements (« Verwirrung und verletzte Demonstrantin » – « Confusion et manifestante blessée »), reprenant l'article du *Tageblatt* qui reprenait celui de la *Dernière Heure* via le site internet de *L'essentiel*. Au final, aucune enquête complémentaire n'est menée par aucun des journaux quotidiens de la Grande Région sur cette affaire. La syndicaliste wallonne porte plainte à Lüttich, en Belgique, les premières expertises médicales ont également lieu en Belgique, une enquête interne à la police luxembourgeoise est annoncée et le temps que les autorités belges et luxembourgeoises se mettent en contact, l'affaire disparait de l'agenda médiatique.

On constate dans ce cas particulier une circulation transfrontalière de l'information par la presse, mais par simple « reprise », sans que les sources puissent divulguer l'information au niveau « grand-régional » ni que les journalistes des différents pays puissent véritablement s'en saisir et enquêter sur les faits ou obtenir des précisions sur des faits gênants pour les autorités En d'autres termes, l'absence de dynamique journalistique transfrontalière empêche l'émergence « d'affaires ». Pourtant, ce (possible) fait divers transfrontalier avait les propriétés requises pour intéresser tous les quotidiens de la Grande Région.

Numériquement peu nombreux, les faits divers transfrontaliers apparaissent globalement être écrits sans relief : de simples brèves, communiqués de police, reprises de dépêches ou synthèses d'article de journaux voisins, quelques comptes rendus d'audience traités de façon routinière. Le manque d'enquête se traduit par une absence de narration et donc de construction d'un cadre de perception commun. Pourtant, si l'on regarde l'ensemble des faits divers locaux publiés par les cinq quotidiens sur leur zone de couverture, beaucoup avaient des caractéristiques susceptibles de permettre leur bonne circulation internationale. Le potentiel d'histoires pouvant intéresser un large public transfrontalier dans la Grande Région apparait important, ce qui rend plus étonnant encore le faible nombre de faits divers « inter-régionaux » recensé.

4.3. Ces faits divers qui auraient pu être transfrontaliers

Beaucoup de faits divers traités par les cinq titres étudiés ont toutes les qualités du « bon » fait divers : événements spectaculaires ou chargés d'émotion, présence « d'enfants innocents » parmi les victimes, affaires particulièrement sordides ou au contraire cocasses. Alors que certains journaux comme le *Luxemburger Wort,* le *Républicain lorrain* ou encore *l'Avenir* publient des faits divers ayant lieu à l'international, sans que leur pertinence soit toujours évidente, des informations à forte « *newsworthiness* » avaient lieu au même moment chez les proches voisins.

Le *Saarbrücker Zeitung* a par exemple publié deux faits divers particulièrement marquants, qui n'ont eu aucun écho des autres côtés de la frontière. Le premier concerne la noyade d'un adolescent dans un lac artificiel (« Tragischer Unfall am Losheimer See", SZR-29-06-2011-B1). Ce type d'information est généralement prisé par la presse régionale qui cherche à régulièrement rappeler les règles de sécurité aux abords des plans d'eau. Dans la même période, le *Républicain lorrain* avait annoncé à deux reprises des noyades de plongeurs en Provence-Côte d'Azur. Ce même journal et *l'Avenir* avaient également publié une brève sur un accident de canyoning en Savoie, *l'Avenir* avait en outre apporté une noyade d'un enfant dans une piscine municipale à Braine-l'Alleud, dans la banlieue de Bruxelles. Ici, visiblement, l'information, bien plus proche et tout aussi tragique, n'a pas passé la frontière nationale et linguistique.

Autre fait divers remarquable, un accident de bus scolaire qui fait l'objet d'un long feuilleton dans le quotidien sarrois : le conducteur de l'autocar, âgé de 72 ans, a eu une crise cardiaque ou une rupture d'anévrisme en conduisant. Plusieurs enfants ont été blessés et le conducteur décède sur place. Un peu plus tard, sa famille demande que son accident soit considéré comme un accident du travail, ce que les assurances refusent. Une polémique commence, sur la nature de cet accident, alors que l'âge avancé du conducteur, auquel on a confié de jeunes adolescents, n'est remis en cause par personne (« Busunfall mit Kindern und 72-jährigem Fahrer », SZR_18062011_B1; SZR_20062011_B1; SZR_21062011_B1; SZR_29062011_B1; SZR_30062011_B1). Malgré une photographie spectaculaire, ce fait divers ne sort pas de la Sarre.

Illustration 7 : Saarbrücker Zeitung du 18 juin 2011, page B01

La découverte d'un bébé abandonné dans une cabine téléphonique à Trèves dont nous avons déjà parlé était également une information à fort potentiel émotionnel. Elle n'a pas passé la frontière allemande. Il est vrai que le cadrage retenu par le *Trierischer Volksfreund* est moins le drame de la pauvreté ou de l'abandon d'enfant que la question de savoir pourquoi la mère n'a pas utilisé le « Babyklappe », le dispositif anonyme et sécurisé d'abandon sous X alors en vigueur en Allemagne (21 juin 2011).

Dans un tout autre registre, humoristique, une brève du *Saarbrücker Zeitung* du 17 juin aurait pu être reprise par la presse francophone pour moquer l'esprit de discipline allemand : un cycliste de 82 ans, engagé par erreur sur une autoroute, a roulé plus d'une heure sur celle-ci pour rejoindre la prochaine sortie « parce qu'il ne voulait pas rouler à contresens ».

Beaucoup de faits divers publiés par *l'Avenir* auraient pu intéresser le lecteur ou la lectrice de la Grande Région et n'ont pas été repris : pollution des eaux de baignades (bactérie type E. coli) dans deux endroits habituellement propres et très proches des frontières luxembourgeoise et française (Virton), des faits crapuleux dont l'auteur n'a pas été identifié et qui pourrait être un ressortissant des pays voisins. D'autres faits divers assez remarquables touchent l'univers scolaire, une préoccupation centrale pour les parents de tous pays : un enseignant qui « incite ses élèves à la débauche » (le 17 juin) ou encore une institutrice qui se fait poignarder par son conjoint dans son école à Arlon (le 27 juin). Le « double mortel » de Bouillon, par son caractère dramatique et la publicité donnée aux repentir du coupable (le 23 juin) aurait pu être traité au-delà du Luxembourg belge. Enfin, dans la catégorie « fait divers humoristique » on pourrait citer le procès d'un sympathique anarchiste qui vit en autarcie et cultive son cannabis, dénoncé par les cambrioleurs qui avaient volé sa récolte (le 30 juin, titré : « Dans le fou le plus total, il cultive son chanvre bio. Autarcie, potager bio, anarchie, bordel universel, législation floue : lui, il tire son plant... de cannabis pour ne rien payer à la mafia de Maastricht. »).

Le *Républicain lorrain* avait quelques histoires à bon potentiel : de nombreuses affaires de drogues dans la vallée de la Fensch, un cas de violence urbaine grave à Uckange (dont il sera question en détail plus loin), la mort d'un jeune homme de 16 ans lors d'un accident de la route près de Longwy, ou un cas de violence et torture sur une personne âgée, agressée par celui-là même à qui elle avait donné l'hospitalité, à proximité immédiate de Sarrebruck (le 21 juin).

Enfin, on peut noter que le cas de la famille qui s'est battue pour récupérer le corps de leur fils retrouvé noyé au Luxembourg (*Républicain lorrain* du 18 juin) n'a même pas été évoqué par le *Luxemburger Wort*...

Le nombre de faits divers suffisamment intéressants, d'un point de vue journalistique, pour faire l'objet d'un traitement transfrontalier apparait donc important. Il existe bel et bien un « potentiel » pour faire circuler les informations et participer à la construction d'un « destin partagé », mais ce potentiel reste très peu exploité. Malgré son caractère émotionnel, le fait divers ne semble pas être pour les cinq journaux étudiés un thème porteur pour l'information transfrontalière, contrairement à celui des transports, de l'économie, de l'emploi et dans une moindre mesure de la culture. L'étude de corpus permet d'observer une production journalistique, c'est-à-dire la réalisation par des professionnels de l'information des attentes supposées de leurs publics. Cet horizon d'attente est perçu par la rédaction grâce au taux d'abonnement, les ventes en kiosque, les éventuelles études de lectorat ou les interactions directes entre journalistes et lecteurs. Sans faire une étude qualitative et quantitative approfondie des récepteurs, on ne peut connaitre l'intérêt potentiel des lecteurs et lectrices pour les faits divers transfrontaliers, ce type de nouvelles n'étant (pour le moment) pas reconnu dans le paysage médiatique.

Pour l'heure, l'image de la Grande Région que donnent ses quotidiens payants est donc celle d'une zone compartimentée où chacun semble vivre de manière parallèle, sans se préoccuper des malheurs ou incidents de ses voisins. Il s'agit maintenant de comprendre les causes de ce manque de circulation inter-régionale des faits divers.

5. Les causes de la faible circulation des faits divers

L'analyse de contenu a été complétée par des entretiens avec certains journalistes des titres étudiés de façon à esquisser une analyse structurelle des pratiques journalistiques dans la Grande Région.

5.1. Des rédactions peu orientées vers le transfrontalier

La première cause du peu de traitement des faits divers transfrontalier est la focalisation de chaque rédaction sur sa propre zone de diffusion. La « proximité » est en quelque sorte confondue avec le lectorat lui-même, le journaliste de PQR ressentant avant tout la mission de tendre un miroir au lecteur, de se cantonner à ses préoccupations immédiates, à son territoire vécu le plus quotidien.

Le rédacteur en chef de la *Saarbrücker Zeitung* le reconnait sans peine : un fait divers peut passer la frontière si un Sarrois ou la police allemande sont impliqués ou encore s'il y a une véritable interaction entre France et Allemagne. Mais son journal est sarrois et s'adresse d'abord à des Sarrois :

> Ce qui est transfrontalier au sens propre du mot, c'est quand un Français fait quelque chose en Allemagne, ou inversement, là ce sont des choses auxquelles on prête attention. C'est tout à fait normal : on est un journal sarrois, qui est lu en Sarre. La Sarre est le point central de notre travail, pour le reste nous avons un bureau à Berlin, pour les affaires concernant le gouvernement fédéral, mais pour le reste nous sommes très fortement dépendant des agences de presse.[7]

Le découpage territorial de la presse quotidienne payante est organisé en zones qui ne se chevauchent pas, chaque titre couvre un ensemble population/territoire exclusif et compartimenté. Les difficultés économiques de la presse, qui se traduit par des rédactions générales et locales aux effectifs toujours plus réduits – et donc un surcroît de travail pour les journalistes restants – ne permet pas de nouer des contacts au-delà de sa zone de diffusion.

La responsable de la locale de Thionville du *Républicain lorrain* souligne à quel point ses conditions de travail sont difficiles :

> On rame, on se tue un peu à la tâche. C'est une course contre la montre. Parfois, je n'ai même pas le temps de lire mon propre journal[8].

Un des journalistes de cette locale, bilingue et très bien introduit au Luxembourg et en Allemagne, a été muté au Luxembourg, dans un « bu-

---

7 « Was im wahren Sinne des Wortes grenzüberschreitend ist, weil ein Franzose etwas in Deutschland tut, oder ein Deutscher etwas in Frankreich, oder weil einem Franzosen etwas in Deutschland passiert, oder umgekehrt, das sind die Sachen, die natürlich stärker im Fokus stehen. Es ist also ganz normal: Es ist eine saarländische Zeitung, sie wird im Saarland gelesen. Das Saarland ist der Hauptmittelpunkt unserer Arbeit, was darüber hinaus ist... haben wir zwar in Berlin ein Büro, für Sachen wie Bundespolitik, aber was darüber hinaus geht, sind wir natürlich sehr stark auf Nachrichtenagenturen angewiesen. » (Entretien avec P. Herbst, 26 septembre 2012.).
8 Entretien avec Laurence Schmitt, le 13 septembre 2012.

reau européen » nouvellement créé et destiné à envoyer des informations à l'ensemble du groupe EBRA[9]. Pour la responsable de Thionville, c'est une sorte de « triple peine » : elle perd un poste, un journaliste avec la compétence biculturelle, et doit désormais envoyer un autre membre de l'équipe au Luxembourg quand la direction lui demande de couvrir une info de portée locale ou régionale. Depuis le départ de ce journaliste bilingue, une francophone suit l'actualité luxembourgeoise (à partir de *L'essentiel* et du *Quotidien*) et un jeune pigiste allemand fait des portraits de transfrontaliers ou des articles d'actualité froide (économie, social, un peu de culture). Le temps et les moyens manquent pour couvrir l'actualité « chaude » au niveau frontalier, et donc les faits divers. Pour cette rubrique, la locale de Thionville emploie deux « faits diversières » qui travaillent en binôme une semaine sur deux. En cas d'absence de ces deux rubricardes, c'est un autre journaliste de la rédaction qui traite les faits divers. L'ampleur de la tâche interdit toute investigation hors de la zone de la locale.

Le responsable de la locale d'Arlon de *l'Avenir* a le même sentiment d'une détérioration des conditions de travail depuis le rachat du titre, il y a cinq ans, par le groupe Corelio qui a des exigences de rentabilité. Peu peuplé, le Luxembourg belge est néanmoins très étendue, avec 14 casernes de pompiers, 6 zones de police, 3 arrondissements judiciaires (et autant de parquets), une zone de protection civile. La « tournée », l'appel de ces sources trois fois par jour, représente déjà plus d'une heure de travail quotidien en moyenne.

La barrière de la langue

La barrière de la langue, ressentie par la plupart des journalistes, est un obstacle supplémentaire, à la recherche d'information de l'autre côté de la frontière. La responsable de la locale de Thionville du *Républicain lorrain* ne parle pas allemand, tout comme la journaliste désormais chargée de couvrir l'actualité transfrontalière. Depuis le départ du journaliste bilingue au bureau luxembourgeois, personne ne parle correctement l'allemand. Le responsable de l'édition Luxembourg de *l'Avenir* lit suffisamment l'alle-

---

9 Le groupe EBRA contrôle une dizaine de quotidiens dans l'Est de la France.

mand pour comprendre les communiqués de presse publiés par la police. Il se fait traduire par des collègues luxembourgeois « si besoin ».

M. Herbst, le directeur de la rédaction, du *Saarbrücker Zeitung* reconnaît que le problème de compétence linguistique empêche l'échange d'informations par-delà les frontières et souligne les délais que suppose le passage d'une aire linguistique à une autre :

> L'échange de nouvelle n'est pas très intense au-delà des frontières. Il y a plusieurs causes à cela. L'une est le problème de la langue. La deuxième est que les autorités françaises et allemandes ne fonctionnent pas de la même manière. La troisième est qu'on est peu informé de ce qui se passe de l'autre côté... Du côté français aussi, il y a de nouveau cette barrière de la langue, peu de collègues du *Républicain lorrain* peuvent téléphoner avec le service de presse de la police allemande, c'est sûr. Cela joue un rôle pour beaucoup de questions... Et cela est vite dépassé. Déjà, cela doit être des informations importantes. Quand on les lit dans le *Républicain Lorrain*, elles sont déjà passées depuis au moins deux jours. Alors on ne peut plus en parler.[10]

Les informations locales qui ne sont pas relayées par les agences de presses internationales circulent trop lentement à travers les frontières pour être reprises. Le directeur de la rédaction ne sait d'ailleurs pas combien de ses journalistes parlent le français, et suppose que bien peu sont suffisamment à l'aise pour téléphoner aux autorités ou à la police française.

Le secrétaire général de la rédaction, M. Tritz, confirme le peu de pratique du français des journalistes de son journal[11]. Il y voit un problème d'éducation, avec le recul de l'apprentissage du français, selon lui, « l'anglais attire plus ». Le recrutement des journalistes au *Saarbrücker Zeitung* se fait au niveau de l'État fédéral et pas seulement en Sarre (où le français

---

10 „Der Nachrichtenaustausch ist nicht intensiv, über die Grenze hinweg. Das hat viele viele Ursachen. Eine Ursache ist das Sprachproblem. Die zweite Ursache ist, dass französische und deutsche Behörden unterschiedlich vorgehen. Der dritte Unterschied ist, dass wenig über die Grenze hinweg informiert wird... eh... Auch auf französischer Seite gibt's umgekehrt wieder eine Sprachbarriere, also auch beim *Républicain lorrain* können nicht so viele Kolleginnen und Kollegen mit einer Polizeidienststelle telefonieren, klar. Das spielt für viele Fragen eine Rolle... Und... manches ist dann auch nicht mehr aktuell eh... Etwas muss schon sehr wichtig sein. Wenn wir es schon im *Républicain lorrain* gelesen haben, ist es schon vor zwei Tagen passiert... Also bis wir darüber sozusagen berichten können, nicht. " (P. Herbst, entretien du 26 septembre 2012).
11 Entretien du 26 septembre 2012 avec A. Tritz, secrétaire général de la rédaction du *Saarbrücker Zeitung*.

reste toutefois plus appris que dans les autres *Länder*). Ils constatent que les journalistes francophones partent à la retraite et que les jeunes journalistes francophones se font rares. La situation est identique en Lorraine où les journalistes germanophones partent à la retraite.

Le manque de réseau transfrontalier

Pour contourner cet obstacle de la langue, rien n'est fait pour développer un réseau d'informateurs au-delà de la frontière. M. Herbst pense que les faits divers ayant lieu en France peuvent éventuellement intéresser ses lecteurs mais il constate l'impossibilité d'en rendre compte :

> Cela s'explique principalement parce que nous avons en Sarre une excellente infrastructure : beaucoup de rédactions locales, beaucoup de collaborateurs, d'excellentes informations de la part de la police, nous n'avons pas cela en France. Nous n'avons en France aucun collaborateur. Nous ne recevons pas beaucoup d'éléments d'information des autorités, presque personne dans cette maison, moi compris, ne parle correctement le français, ce qui rend les choses difficiles. [...] Dans un cas de criminalité transfrontalière, on a une entrée par les autorités allemandes, mais généralement, on n'est pas bien informés de ce qui se passe à Forbach ou Metz.[12]

M. Tritz parle d'une relation plus forte entre les locales frontalières (par exemple celles de Sarrelouis en Sarre et Bitche/Sarreguemines/Boulay en Moselle). Il y a des relations personnelles entre journalistes, des échanges plus courants, mais sur des faits très locaux, qui du coup ne « montent » pas en pages régionales. Les « grands faits divers » passent par les agences de presse internationales (AFP, DPA) lorsqu'ils concernent Metz, Strasbourg ou autres. Entre le niveau hyper local et le niveau national ou international, il semble manquer le niveau inter-régional, celui propre à la Grande Région SaarLorLux.

---

12 « Das hat mehr damit zu tun, dass wir im Saarland eine ausgezeichnete Infrastruktur haben: Viele Lokalredaktionen, viele Mitarbeiter, ausgezeichnete Information durch die Polizei, und dass wir das aus Frankreich nicht haben. Wir haben in Frankreich keine Mitarbeiter. Wir bekommen nicht viel Material von Behörden, nicht jeder Mitarbeiter dieses Hauses – mich eingeschlossen – spricht perfekt Französisch, das macht es schwieriger. [...] Fälle von grenzüberschreitender Kriminalität, wenn die deutschen Behörden informieren, finden immer den Eingang hier, klar, weil wir dann ja gut informiert sind. Unser Problem ist, dass wir über Vorgänge in Forbach oder... in Metz im Regelfall nicht besonders gut informiert sind. ».

La proximité à l'épreuve des frontières

La logique de la production quotidienne contraint chaque journaliste à travailler dans l'urgence et sur son propre territoire, ce qui l'empêche de créer de véritables relations avec les collègues étrangers ou même de les entretenir quand elles existent. Ainsi, Saada Sébaoui, l'une des journalistes du binôme « fait divers » de Thionville, qui avait travaillé une quinzaine d'années auparavant dans l'édition luxembourgeoise du *Républicain lorrain* reconnaît n'avoir plus que des contacts très occasionnels avec ses anciennes connaissances du Luxembourg. Sa chef d'édition, Laurence Schmitt parle également de « coups de main ponctuels » avec des collègues luxembourgeois, notamment avec ceux du *Quotidien* (le journal francophone luxembourgeois dont le *Républicain lorrain* est co-actionnaire), notamment sous la forme d'envoi de « papier » ou de « tuyau » :

> Ça reste informel, c'est la personne, qui va me le donner. Quand le casino de Mondorf s'est fait braquer, Jean-Marie Martini [du *Quotidien*] m'appelle le samedi matin, en plus eux, ils n'ont pas de journal du dimanche, et il dit: "Ecoute, je ne suis pas à la rédaction, de toute façon y a pas de journal demain, t'auras un vrai scoop: le Casino s'est fait braquer!" Et voilà, quoi... Ç'aurait pas été lui, j'aurais pas eu l'info.

De manière générale, Laurence Schmitt se rend peu au Luxembourg et constate que spontanément, elle va plutôt passer ses congés dans les Vosges, « avec des amis qui viennent du Sud de la France » plutôt que dans la « Suisse luxembourgeoise » au nord du Grand-Duché ou dans la Sarre : « On peut aller facilement dans la Meuse... dans les Vosges... Aller au nord du Luxembourg, ce n'est pas un réflexe euh... spontané, hein? ».

Jusqu'au début des années 1990, Sarrebruck avait un rôle culturel important dans les relations franco-allemandes. Ce rôle a sensiblement diminué depuis la désignation de Berlin comme capitale de l'Allemagne réunifiée, ce qui a restreint les contacts entre journalistes français et allemands, comme le remarque P. Herbst :

> Auparavant, le Consulat général français à Sarrebruck avait une grande importance, avec une grande villa, de grandes fêtes... L'État français a réduit ses financements et le Consulat n'a plus la même importance qu'il y a 5 ou 10 ans... Donc, on est passé d'un gros Consulat dans un bâtiment significatif, avec des grandes fêtes à un petit Consulat, avec des petites fêtes... vous comprenez ? Cela compte.[13]

---

13 „Früher hatte das französische Generalkonsulat in Saarbrücken eine ganz große Bedeutung, eine große Villa, große Feste und eh... auch der französische Staat hat eh... immer weniger Geld zur Verfügung gestellt für die Repräsentanz im Saarland

Aujourd'hui, pour le responsable de la rédaction du *Saarbrücker Zeitung*, il n'est finalement pas utile ni rentable d'entretenir un réseau d'informateurs en France. Il se tient au courant des événements et faits divers importants de l'autre côté de la frontière par le biais des dépêches d'agence, qui ont une réputation de sérieux et de fiabilité. Le dépouillement des journaux l'a confirmé, chaque titre se réfère d'abord à son ou ses agences nationales : Belga pour *l'Avenir* (complété par le fil français de l'AFP), DPA et DAPD pour le *Saarbrücker Zeitung* et le *Volksfreund* (éventuellement complété par le fil germanophone de l'AFP), l'AFP pour le *Républicain lorrain*.

Le peu de reconnaissance du travail journalistique frontalier

Les directions générales des journaux n'ont aucune politique incitative pour motiver leur personnel à enquêter de façon transfrontalière. Laurence Schmitt explique que l'actualité transfrontalière n'est pas une priorité pour la direction, alors que ce pourrait être un avantage sur la concurrence.

> On n'a pas le temps de suivre l'actualité, on peut juste faire des focus. C'est un vrai regret et un vrai manque dans le journal de ne pas suivre l'actu au Lux et en Allemagne. Cela serait un plus pour le journal, d'avoir un point de vue français sur le Luxembourg. C'est différent que de lire la presse luxembourgeoise francophone. On ne peut pas faire de « couper/coller », les publics ne sont pas les mêmes.

Le surcroit de travail fournit par sa journaliste en charge du Luxembourg n'est pas récompensé par la direction, par exemple sous forme de prime ou de décharge de travail pour permettre des temps d'enquête plus longs (ce que réussissait à imposer le précédent journaliste bilingue).

Côté allemand, la situation est identique. M. Tritz reconnaît qu'il n'y pas de prime « compétence bilingue » et qu'être francophone n'est finalement qu'un « critère relatif » dans le recrutement du *Saarbrücker Zeitung*. Il estime qu'il dispose d'assez de personnel pour faire le travail frontalier

---

und dadurch hat der Generalkonsul der Republik Frankreich im Saarland heute nicht mehr die Bedeutung, die er noch vor fünf oder zehn Jahren hatte. Also, aus einem großen Konsulat, in einer repräsentativen Villa, mit großen Festen, ist ein kleineres Konsulat, mit kleineren Festen... verstehen Sie? das spielt ja auch häufig eine Rolle. ».

demandé. Ce n'est que si cette compétence venait à manquer qu'il pourrait y avoir une politique plus volontariste d'incitation.

La disparition en 2006 de l'association interrégionale des journalistes de la Grande Région (l'IPI)[14], l'absence de formation en journalisme transfrontalier en Lorraine sont des obstacles supplémentaires à la reconnaissance de compétences transfrontalières spécifiques. Celles-ci seraient pourtant d'autant plus nécessaires que les façons de travailler et d'écrire sont très différentes entre les différents pays, ce qui est une autre raison du peu de circulation des faits divers dans la Grande Région.

5.2. Les différences culturelles dans le traitement et la réception des faits divers

L'étude comparative de contenu menée en première partie a pu montrer des différences de traitement importantes selon les cultures journalistiques nationales. Si les thématiques sont les mêmes, les façons de les aborder et d'en rendre compte diffèrent fortement, ce qui rend plus difficile l'enquête transfrontalière comme la simple circulation des informations elles-mêmes, parce qu'elles sont « cadrées » selon des référentiels distincts.

Les rapports aux sources

En ce qui concerne les faits divers, les relations entre journalistes et autorités policières diffèrent considérablement entre mondes germanique et roman. Un journaliste français ou belge fait la « tournée » des commissariats, gendarmerie et pompiers, c'est-à-dire appelle une ou plusieurs fois par jour ces institutions pour connaitre les faits susceptibles d'être publiés. Au fil du temps, il noue des relations personnelles avec des officiers de police judiciaire ou des sapeurs-pompiers afin d'en faire des informateurs privilégiés. Ce réseau d'informateurs est propre à chaque journaliste et n'est pas mutualisé avec le reste de la rédaction. Sans être officielle, cette pratique est une base du métier en France et en Belgique. Le fait-diversier recueille ces informations en « off », et peut même se faire communiquer des copies de procès-verbaux issus de gardes à vue et d'interrogatoires po-

---

14 Cf. l'article de B. Toullec dans cet ouvrage.

liciers. « L'important est d'avoir les détails, qui peuvent rendre le papier vivant ou agréable », explique S. Sébaoui, qui a des informateurs dans la police qu'elle connait depuis 15 ans. Les carrières professionnelles entre policiers, gendarmes, magistrats et journalistes se font parfois en parallèle, ce qui permet de renforcer les liens au cours du temps, à condition que le fait-diversier reste sur la même zone de travail. Un véritable capital social est progressivement accumulé qui permet au journaliste d'enquêter plus vite, de bénéficier de « bons tuyaux » et de rendre ses articles plus humains et attractifs.

Illustration 8 : Républicain lorrain du 25 juin 2011 (page1703)

cambriolage à hayange
Les pieds nickelés très encombrés

Des écrans plats, ça encombre. C'est voyant aussi. Très. Au point d'attirer largement l'attention du quidam qui en observerait trois autres sortant d'un appartement, en soirée et les bras chargés de téléviseurs surdimensionnés.
Et quand le quidam porte l'uniforme du policier, il y a des chances pour que le déménagement un tantinet suspect tourne à l'interpellation éclair.
C'est la mésaventure sur laquelle ne manqueront pas de s'expliquer trois acolytes, dès lundi, devant le tribunal correctionnel de Thionville qui les jugera en comparution immédiate. Les faits manquent certes d'extrême gravité mais leurs auteurs sont plutôt du genre casier judiciaire fourni.
Leurs derniers hauts faits, jeudi soir, ont eu donc tôt fait d'aggraver leur cas. Vers 22 h 20, le trio, a en effet créé la surprise en se faisant surprendre les bras chargés, par les policiers de la BAC, quelques minutes à peine après avoir fait main basse sur deux écrans volumineux d'un propriétaire absent de son domicile. Téléviseurs qui jusque-là, occupaient toute leur place dans un appartement de la rue de la Gendarmerie à Hayange. Rue située, faut-il le préciser, face au commissariat de police de Hayange. Du grand art !
Respectivement âgés de 28, 36 et 37 ans, originaires de Nilvange et Hayange pour deux d'entre eux, le troisième se déclarant SDF, les trois hommes ont été aussitôt placés en garde à vue où ils ont reconnu les faits. Voler pour revendre et gagner un peu d'argent facile. Pas si facile que ça, faut croire.
À leur décharge, les pieds nickelés ont également reconnu avoir consommé beaucoup de bières durant l'après-midi qui a précédé le cambriolage de l'appartement. On comprend mieux.
Hier, après avoir été déférés, ils ont été placés en détention provisoire jusqu'à leur jugement ce lundi.

S.-G.SEBAOUI.

Dans ce court papier, le ton est humoristique et les malfaiteurs gentiment « chargés ». La culture populaire (les « pieds nickelés ») et la figure du comble (le vol a eu lieu « rue de la gendarmerie » et face au commissariat de police), la profusion des détails (rendue possible par la consultation du PV de police) sont mobilisés pour en faire un récit plaisant, où le narrateur apparaît omniscient : « Un fait divers de petites frappes, on peut l'écrire à condition de donner l'impression d'y avoir assister : dans ce cas, il me faut le PV. » S. Sébaoui raconte enfin que le magistrat qui a fait comparaitre les trois voleurs avait lu l'article et les avait appelés à son tour les « pieds nickelés » durant tout le procès. « Un fait divers, comme celui-ci, c'est de la rigolade », conclut-elle.

Les relations avec les autorités policières au Luxembourg et en Allemagne sont tout autre : l'administration a un « devoir de renseigner » (« *Auskunftspflicht* »), si bien que la police dispose de service de communication professionnalisé. Un porte-parole renseigne exclusivement la presse, un service de communiqué de presse met en ligne les informations qui peuvent intéresser le public. La plupart des brèves publiées par la presse sont ainsi des « coupés/collés » de ces bulletins.

Exemple luxembourgeois d'un communiqué de police : http://www.police.public.lu/actualites/bulletin_presse/index.html

> **Einbruch, 2 Täter gestellt [Cambriolage, deux personnes arrêtées]**
> **26.7.2011 00:06 Uhr**
> **Kayl, rue de Noertzange, Baustelle**
> Ein Zeuge meldete 2 verdächtige junge Männer bei den Containern. Sie flüchteten in unbekannte Richtung. Eine Streife konnte kurze Zeit später die 2 jungen Männer im Eingang von Kayl in der rue de Noertzange antreffen. Sie hatten einen Anhänger zwischen die Container abgestellt, in welchem sich Kabelrollen befanden.
> 3 Baustellencontainer waren aufgebrochen. Die Staatsanwaltschaft ordnete Protokollerrichtung und die erkennungsdienstliche Behandlung der 2 Männer an[15].
> *CI Esch/Alzette*

L'écriture des articles est influencée par ce mode de collecte de l'information. Très peu d'articles en Allemagne ou au Luxembourg font l'objet d'une enquête complémentaire par le journaliste, ce qui produit une énonciation monodique et distanciée.

Les communiqués de police sont par ailleurs souvent des appels à témoins, quit sont systématiquement relayés par les journaux, une pratique beaucoup moins fréquente en France.

Enfin, les journalistes germaniques privilégient les sources institutionnelles : le parquet, les pompiers, les services de secours (comme la DRK, la croix rouge allemande, le THW – Technisches Hilfswerk, l'équivalent de la Sécurité Civile française), mais aussi le porte-parole de la ville ou encore dans les cas graves le ministère de l'Intérieur du *Land*. En conséquence, le ton des faits divers allemands ou luxembourgeois est beaucoup plus proche de la communication délivrée par les autorités.

---

15 « Un témoin a signalé deux jeunes hommes suspects près de conteneurs. Ils ont pris la fuite vers une destination inconnue. Une patrouille a pu les retrouver peu de temps après à l'entrée de Kay dans la rue de Noertzange. Ils avaient installé une remorque entre les conteneurs, dans laquelle on a retrouvé des rouleaux de câble. 3 conteneurs de chantier avaient été ouverts. Le procureur a demandé l'ouverture d'une enquête et le traitement des fiches signalétiques des deux hommes. »

Vincent Goulet

Illustration 9 : Saarbrücker Zeitung du 29 juin 2011 (page B1)

Saarbrücker Zeitung

Saarland

Auf die 50 Meter entfernte Springinsel wollte ein 16-jähriger Junge aus Afghanistan schwimmen. Dabei ertrank er. FOTO: HEIKE THEOBALD

Tragischer Unfall am Losheimer See

16-jähriger Junge aus Afghanistan ertrinkt – Erster schwerer Badeunfall seit 30 Jahren

Am Montagabend ist ein 16-jähriger Flüchtlingsjunge aus Afghanistan im Losheimer Stausee ertrunken. Polizei und DLRG-Rettungsdienst sprechen von einem „tragischen Unglücksfall".

Von SZ-Mitarbeiterin
Heike Theobald

Losheim am See. Er wollte mit seinen Freunden am Montag das kühle Nass im Losheimer Stausee genießen, ein Sommertag, wie geschaffen für pures Badevergnügen. Doch für einen 16-jährigen Flüchtlingsjungen aus Afghanistan endete der Badespaß tödlich. Er ertrank, die Taucher des DLRG-Rettungsdienstes konnten ihn nur noch tot vom Grund des Sees bergen. „Wir gehen von einem tragischen Unglücksfall aus", sagte Polizeisprecher Georg Himbert. Nach Auskunft des Losheimer Beigeordneten Stefan Scheid ist es der erste schwere Badeunfall am Stausee nach 30 Jahren. Nach Angaben der DLRG sind im vergangenen Jahr im Saarland insgesamt drei Menschen ertrunken.

Der Flüchtlingsjunge, der seit einiger Zeit in einer Wohngruppe in Rheinland-Pfalz lebte, wollte mit einer Gruppe von neun Jugendlichen und zwei Betreuern seine Ferienfreizeit in Losheim am See verbringen. Am Montagnachmittag hielt sich die Gruppe im Strandbadbereich auf, zu diesem Zeitpunkt mit etwa 200 weiteren Badegästen, wie Scheid erklärte. Mit zwei Freunden wollte der 16-Jährige gegen 16.30 Uhr auf die etwa 50 Meter entfernte Springinsel in der Mitte des Sees schwimmen. Nach etwa der Hälfte der Strecke, so Himbert, sei der Junge umgedreht, wollte vermutlich zurückschwimmen. „Er war wohl nicht der geübteste Schwimmer", erklärte der Polizeisprecher. Dass er versuchte zurückzuschwimmen, sei den Freunden erst aufgefallen, als sie die Insel erreichten.

Am Strandbad kam er aber nie an, eine Suche nach dem Jugendlichen blieb erfolglos, seine Gruppe alarmierte die Seerettung und die Polizei. Wie der DLRG-Pressesprecher, Oliver Zangerle, erklärte, sei der Notruf um 18.25 Uhr eingegangen. Ein Boot mit zwei Rettungstauchern steuerte gleich den Bereich zwischen Strandbad und Springinsel an. „Um 19.05 Uhr haben wir den Jungen gefunden", sagte Zangerle. Die Polizei hat Ermittlungen aufgenommen.
„Wir können hier niemandem einen Vorwurf machen, es war ein Unglücksfall", schickte Himbert voraus. Bei hohem Besucherstrom falle nicht gleich auf, wenn eine Person verschwindet. Unter der Woche wird das Strandbad von einem Schwimmmeister der Gemeinde und der DLRG bewacht. Am

„Wir können hier niemandem einen Vorwurf machen."

Polizeisprecher
Georg Himbert

Wochenende übernehmen das DLRG und das DRK die Arbeit. Der Strandbadbereich, den es zu überwachen gilt, beträgt etwa 60 mal 60 Meter, das DLRG übernimmt darüber hinaus einen Seebereich von etwa 150 Metern, auf dem sie ständig Patrouille fahren. Der DLRG-Pressesprecher mahnt Badegäste dringend, sich ausschließlich im deutlich gekennzeichneten Wasserbereich aufzuhalten. „Und die Schwimmer sollten sich ihrer Fähigkeiten bewusst sein", sagte Zangerle.
Ein natürliches Gewässer sei immer gefährlicher als ein Schwimmbad. Die Tiefe des Gewässers ließe sich durch das trübe Wasser nicht gut erkennen, nur geübte Schwimmer, die sich sicher sind, sollten daher auch rausschwimmen. „Mutproben oder Alkoholkonsum bei hochsommerlichen Temperaturen sollte man sein lassen", riet Zangerle. Und eine weitere Gefahrensituation ist, wenn ein Badegast, ob jung oder alt, bei völliger Überhitzung ins kalte Wasser springt. Auch davor warnt das DLRG.

Cet article déjà cité qui traite de la noyade d'un adolescent dans un lac en Sarre donne un bon exemple de ce mode de traitement : rédigé par un pigiste, il est illustré d'une photographie qui montre les lieux du drame sous un jour avenant et rassure dès le sous-titre : il s'agit du « premier cas grave de noyade en 30 ans ». Le chapeau, informatif, met en avant l'analyse officielle de l'accident : « La police et les services de sauvetage parlent d'un « tragique cas de malchance » (« *tragischer Unglücksfall* ») ». Tout d'abord, l'article utilise la technique de dramatisation de la focalisation sur la victime : « Il voulait profiter avec ses amis de la fraicheur du lac artificiel de Losheimer, un jour d'été qui semble avoir été conçu pour le pur plaisir de la baignade », puis il enchaine sur la rhétorique du contraste (figure du comble) : « Mais pour le jeune réfugié afghan de 16 ans, le plaisir de la baignade eut une issue mortelle ». Après cette entrée en matière dramatisante, le récit devient plus neutre et factuel, en s'appuyant exclusivement sur les récits des sauveteurs ou encore sur des statistiques (transmises par un élu de la ville ou les services de secours). Le récit du contexte et du parcours du jeune noyé est confié à l'élu et non aux proches de la victime, comme aurait cherché à le faire un journaliste français. La suite du drame est racontée par un policier (avec deux amis, il veut rejoindre à la nage une ile, mais, à mi-chemin, il rebrousse chemin. « Ce n'était le nageur le plus entraîné ». Ses amis ne remarquent son absence que lorsqu'ils ont atteint l'île et ne le retrouvant pas, donnent l'alarme). Ensuite, le porte-parole de la Deutsche Lebens-Rettungs-Gesellschaft, un organisme de secours, raconte sobrement la découverte du corps. À aucun moment la parole ou le témoignage des proches n'est sollicité. Le porte-parole de la police cherche à écarter toute responsabilité des secours („Nous ne pouvons faire aucun reproche à personne. C'est un accident dû à la malchance ») et avance une série de justifications : quand il y a du monde (en l'occurrence 200 baigneurs) il est difficile de se rendre compte d'une disparition; la plage est surveillée par des maîtres-nageurs de la ville, de la DLRG ou de la Croix-Rouge allemande. L'article conclut par des conseils de prudence, détaille la zone qui est tenue d'être surveillée. Il est rappelé que ces zones de baignades naturelles sont plus dangereuses que les piscines, que les nageurs doivent bien connaître leurs limites physiques. Les « épreuves de courage » (« *Mutproben* ») et la prise d'alcool sont déconseillées par la voix du porte-parole de la DLRG qui prévient également des risques d'hydrocution par temps très chaud.

Au final, la journaliste donne exclusivement la parole aux autorités qui sont seules habilités à évaluer la nature et la gravité des faits. Il est fort probable qu'un traitement « à la française » de ce drame aurait cherché à pointer d'éventuelles responsabilités des pouvoirs publics (secours trop lents, absence de panneaux clairs avertissant du danger sur la plage, etc.) ou aurait cherché à comprendre, en interrogeant les amis, si une imprudence ne pouvait pas être imputable à l'un d'eux (par exemple la possibilité d'un « pari » entre adolescents). En s'en tenant au factuel et à la parole officielle, l'article de la *Saarbrücker Zeitung* évite au contraire toute polémique et cherche à prévenir toute recherche de culpabilité.

De telles différences de la façon d'enquêter sont connues des journalistes. Saada Séboui, qui a travaillé auparavant dans la locale luxembourgeoise du *Républicain lorrain* et connait bien le Grand-Duché, considère que la Luxembourgeois « n'ont pas la culture du fait divers » : « Ils s'en tiennent à ce que la police communique. Nous, on a la culture d'aller gratter... On risque toujours la violation du secret de l'instruction, eux, jamais. Ils sont très institutionnels, très dans les clous. » Elle se souvient qu'elle appelait la police et s'entendait répondre : « il n'y a pas lieu de vous donner plus d'informations. Vous avez eu le communiqué, nous n'en dirons pas plus. »

Pourtant, à son avis, les sujets de fait divers ne manquent pas : « En fait, le Lux, c'est bien crapuleux, avec des braquages de la Brinks sur l'aéroport Findel. Ou encore le Proc' général menacé de mort par l'Organisation du Temple Solaire ». Ses dix ans passés aux Luxembourg, de 1991 à 2001, ont été riches en rebondissement : « C'était haletant », témoigne-t-elle. Aujourd'hui, elle n'a guère plus le temps d'appeler le parquet du Luxembourg et depuis qu'il n'y a plus d'édition locale luxembourgeoise, les faits divers ayant lieu au Luxembourg ne montent plus « en Région », dans les pages centrale assemblées à Woippy/Metz.

Ce rapport différent aux sources produit un traitement contrasté des faits divers. Les articles sont en général moins longs dans la presse allemande ou luxembourgeoise (par exemple : seulement 9 articles moyens ou longs sur 33 en pages « Saarland » du *Saarbrücker Zeitung*, principalement des brèves et petits articles dans le *Luxemburger Wort*), alors que la presse francophone les développe plus en faisant un récit plus précis. L'énonciation est dans la presse germanique faiblement polyphonique, y compris dans les comptes rendus d'audience de tribunal où pourtant le dispositif invite à rendre compte de la diversité des points de vue.

Au contraire, les journalistes francophones utilisent beaucoup les témoignages (recueillis si besoin au moyen d'enquête de voisinage) pour donner du corps et de la chair à un papier. Dans un compte rendu de tribunal publié par le *Républicain lorrain* le 24 juin et intitulé « Morte par manque de soins » la narration polyphonique mêle propos du voisinage et sources policières : une dyade frère et sœur, qui vivait recluse à Mexy (une petite ville de Meurthe-et-Moselle), avait déjà attiré l'attention. Un jour, la femme âgée de 60 ans décède des mauvais traitements de son frère : En ville, frères et sœurs n'étaient pas inconnus. « Lorsqu'ils allaient faire leur course, à pied, on les évitait. Lui, on voyait qu'il n'était pas clair. Et elle, elle ne vous lâchait plus », regrette le voisinage. Un informateur policier de la journaliste conclut : « C'est un drame de l'indifférence ».

Les comptes rendus de tribunaux de *l'Avenir* évitent, comme la presse germanophone, le ton polémique. En revanche, ils utilisent une écriture empathique, un vocabulaire normatif et recourent fréquemment aux citations ou extraits de témoignages. Dans beaucoup d'articles, le journaliste adopte une position de surplomb qui va parfois jusqu'à l'omniscience. Les comptes rendus d'audience sont parfois noyés de bons sentiments et de regrets (battre sa coulpe afin de se racheter) : ainsi le pauvre Romain meurt d'une overdose au grand regret de ceux qui lui ont fourni de la drogue (25 juin), le chauffard en état d'ivresse qui a fauché deux jeunes amoureux promet de changer de vie et de faire de la prévention contre l'alcool au volant (18 juin et 23 juin : "Maxime et Sophie ne sont pas mort pour rien") : on perçoit ici la vision catholique du monde où ce qui compte ce n'est pas la faute mais la prise de position face à sa faute (le pêcheur repenti peut être « sauvé »).

Ainsi, la presse « romane » donne le premier rôle aux témoins et aux proches (le « petit peuple ») à l'inverse de la presse germanique qui se focalise sur les autorités (les « pouvoirs publics »). Cela est particulièrement visible en cas de « gros fait divers », comme ce fait de violence urbaine qui s'est déroulée dans la vallée désindustrialisée de la Fensch le 27 juin :

Vincent Goulet

Illustration 10 : Républicain lorrain du 27 juin 2011 (page 0305)

■ FAITS DIVERS   *à la cité sociale de fameck*

« C'était la panique, on a cru qu'on allait mourir »

La fête de l'association cap verdienne de Fameck a viré au cauchemar dans la nuit de samedi à dimanche. Une cinquantaine de personnes extérieures à la soirée a provoqué une bagarre faisant plusieurs blessés légers.

« C'est incroyable ! Je n'ai jamais vu ça », témoigne Luis Carvalho, un Fameckois. « C'est extrêmement grave. On n'a plus connu ça depuis vingt ans ! », déplore Michel Liebgott, le maire de Fameck. Le déferlement de violence qui s'est abattu dans la nuit de samedi à dimanche sur la Cité sociale de Fameck reste ancré dans tous les esprits. La Saint-Jean, organisée chaque année par l'association cap verdienne, n'a jamais dégénéré. Pourtant, hier, à 4 h, la fête a tourné au cauchemar.

Encore cent cinquante personnes terminent la soirée lorsqu'une cinquantaine de trouble-fêtes venant de l'extérieur font irruption, se déchaînent sur les participants, le bâtiment et le mobilier.

Pour l'heure, leurs motivations ne sont pas connues. De même que l'on ignore si cette descente a été préméditée ou non.

« Trois amis lyonnais étaient dans leur voiture, prêts à prendre la route, quand ils ont été pris à partie par un jeune », raconte Renato Schmitt, le président de l'association. L'individu est rejoint progressivement par une cinquantaine de personnes, qui jettent des pierres sur une voiture et la porte d'entrée de la Cité sociale. Le groupe entre ensuite dans le bâtiment, lance des chaises et distribue des coups. La bagarre est générale. Plusieurs participants, essentiellement des femmes et des enfants, se réfugient alors dans la cuisine. « C'était la panique ! On m'a poussée et je suis tombée. Je me suis cachée dans les toilettes, puis dans la cuisine avec ma mère », confie, encore tremblante, Mélanie, une adolescente. On a voulu sortir par l'arrière, mais un groupe de jeunes est arrivé pour nous attaquer. On est retourné dans la cuisine, mais il y avait du gaz lacrymogène. Ma mère s'est évanouie... » Le produit lancé par les gendarmes pour disperser les fauteurs de trouble renforce l'état de panique de la foule. « On a cru qu'on allait mourir, que les agresseurs allaient nous tabasser », témoigne encore Elisabeth Lopes.

Incompréhension

Au-delà des faits, beaucoup s'interrogent et ne comprennent pas le comportement des forces de l'ordre. « On a appelé les gendarmes à plusieurs reprises quand on a senti que la tension montait, mais personne n'est venu », soutient, toujours en colère, un organisateur. Vers 5 h 30, six gendarmes interviennent. « Ils sont entrés dans la salle, ont lancé du gaz lacrymogène et sont partis. Ils sont revenus trente-cinq minutes plus tard », explique Renato Schmitt. Mais à ce moment-là, la rixe est terminée. « Les gendarmes n'étaient pas assez nombreux. Ils ont préféré se mettre en retrait et revenir avec du renfort, soit une quarantaine d'hommes au total », justifie le commandant Plourin, de la compagnie de Thionville. Leur absence n'a fait que renforcer le sentiment d'abandon des Fameckois et de domination des agresseurs, qui ont caillassé trois voitures de gendarmerie et brûlé un autre véhicule. « Pendant ce laps de temps, les gendarmes vous ont laissé tout seuls pour vous défendre ! Cette gestion de crise n'est pas terrible », ne décolère pas Michel Liebgott, en s'adressant au président. Aujourd'hui, le maire va demander au sous-préfet, François Marzorati, également sur place ce matin, d'organiser une rencontre avec les forces de l'ordre et les acteurs sociaux de la ville pour comprendre ce qui s'est passé.

Pour le représentant de l'État, joint par téléphone « l'intervention a été adaptée aux moyens et en rapport aux violences subies ». Hier, les militaires ont placé deux personnes en garde à vue et démarré les auditions.

Vanessa **PERCIBALLI**

« À un moment, plusieurs personnes s'en sont prises à moi », témoigne Renato Schmitt, le président de l'association cap verdienne, encore sous le choc des événements de la nuit. Photo Pierre HECKLER

Une fête de la Saint-Jean est organisée comme chaque année par une association du Cap Vert dans une cité de Fameck. Vers 3 h du matin, des jeunes cagoulés viennent agresser les participants à la manifestation (dont encore des enfants). La gendarmerie tarde à venir. Lorsqu'ils arrivent sur les lieux, ce n'est qu'une équipe de six militaires. Ils lancent des grandes lacrymogènes pour faire évacuer la salle (un homme était en train de se faire rouer de coups) et reviennent 40 minutes plus tard avec des renforts (mais les agresseurs ont alors disparu).

Très vite la polémique enfle sur la qualité de l'intervention des forces de l'ordre. Les journalistes, poussés par la population exaspérée, se livrent à une véritable enquête contradictoire, tout en essayant de ménager leurs sources habituelles (les gendarmes) dont le comportement est critiqué. On assiste à une répartition des rôles d'écriture, deux journalistes qui ne sont pas spécialisées dans le fait divers mettant en cause l'attitude de la gendarmerie, tandis que la fait-diversière s'en tient au volet judiciaire de l'affaire.

En tout état de cause, plusieurs témoins sont convoqués, membres de l'association, témoins, élus, représentants de la gendarmerie, Préfet, de façon à nourrir l'enquête (les appels des personnes agressées se seraient perdus dans la centrale d'appel de Metz ou celle-ci aurait mal répercuté la situation à Fameck). L'enquête cherche à monter en généralité : la mauvaise qualité des services publics de police dans les quartiers défavorisés.

Comme on l'a vu à propos de l'accident de bus scolaire en Sarre (provoqué par la crise cardiaque du chauffeur de 72 ans), les Allemands ne pratiquent guère ce type de montée en généralité. Selon Valérie Robert (2011), le « journalisme de documentation » est dominant en Allemagne, à l'exception des rédactions financièrement bien dotées, comme par exemple les hebdomadaires (*Spiegel*, *Zeit*), quelques émission de l'ARD, et dans un autre genre, *Bild*. Bien que l'enquête soit actuellement mise en avant pour contrer une relative baisse des ventes, elle n'est pas un réflexe dans les routines professionnelles de la presse régionale.

Cette approche différenciée, dramatisée, enquêtée et critique pour les francophones, plus institutionnelle et distante pour les germanophones, se retrouve dans la titraille mais aussi l'utilisation de la photographie.

L'utilisation des photos

Les photographies sont très importantes dans la presse régionale francophone : « on rentre dans un fait divers par la photo », affirme S. Sébaoui. Elle est là pour « accrocher le regard ». Une étude citée par cette journaliste montrerait que 80 % des lecteurs rentrent dans l'article par la photo « et c'est encore plus vrai pour le fait divers ». La fait-diversière développe une vraie complicité avec le photographe de l'agence, Pierre Hekle : « C'est Pierre qui amène les gens à lire mon article. Il « travaille » pour moi, pour amener les lecteurs à lire mon article. Moi, sur le terrain, en m'occupant des divers protagonistes, je l'aide à réaliser de bonnes images », « pour faire une bonne photo de fait divers, il faut qu'on lise le drame sur le visage des vivants ».

Au contraire, les photos de la presse régionale germaniques sont distanciées, froides, sans une forte présence humaine. On se souvient que la photo du jeune noyé dans la Sarre était un plan large tout à fait conventionnel de la plage, pour illustrer le bébé abandonné à Trèves, une vue de loin de la cabine téléphonique en question.

En revanche le *Luxemburger Wort* et le *Saarbrücker Zeitung*, plus encore que les autres quotidiens, aiment à représenter de la tôle froissée ou des incendies, très souvent des clichés transmis par la police ou les secours quand un correspondant local n'a pas pu faire la prise de vue à temps. L'attention se focalise ici plus volontiers sur les dégâts matériels que la souffrance humaine.

Selon Peter Herbst, les raisons de cette prudence dans les représentations relèvent autant de l'éthique rédactionnelle que du respect des normes juridiques :

> Quand des photos sont problématiques au niveau juridique, quand elles sont choquantes, quand elles peuvent contrevenir aux droits individuels, nous devons être très attentifs, à la rédaction en chef. Nous ne montrons généralement pas de victime de faits de violence, par exemple du sang sur une civière, des choses comme ça, on n'en fait pas. Cela signifie qu'il y a un certain degré de retenue, peut-être de notre propre choix ou de notre propre intérêt... Et aussi parce qu'il y a les règles du code de la presse.[16]

L'encadrement des codes de la presse

L'existence de codes déontologiques expliquent-ils ces différences de traitement des faits divers ? Les propos du rédacteur en chef semblent plutôt dire qu'ils confortent une inclination qui repose sur des facteurs qui ne sont pas seulement éthiques.

En Allemagne, l'exercice de la profession est encadré depuis 1973 par un Code de la Presse, dont est garant un Conseil de Presse. Récemment, la Belgique et le Luxembourg se sont dotés d'organes déontologiques proches de l'Allemagne (2006 pour le Grand-Duché et 2009 pour la communauté française de Belgique avec la publication d'un code de déontologie en 2013 seulement). En France, si certains médias ont promulgué des

---

16 „Wenn also Fotos rechtlich problematisch sind, wenn eh... Fotos zu reißerisch sind, wenn Persönlichkeitsrechte betroffen sein könnten, dann werden wir uns das auch in der Chefredaktion intensiver anschauen. Wir zeigen generell keine Opfer von Gewalttaten, zum Beispiel mit Blut auf einer Bahre, so etwas machen wir nicht. Das heißt, es gibt da ein gewisses Ausmaß von Zurückhaltung, vielleicht auch aus eigener Wahl oder aus eigenem Interesse. Und auch weil es dazu Regelungen im Pressekodex gibt." (26 septembre 2012).

chartes, il n'existe pas de textes généraux de ce type, ni de Conseil de Presse.

Le *Pressekodex* allemand apparaît précis et assez contraignant : il invite à préférer l'anonymat pour les personnes impliquées dans des affaires criminelles, pour les victimes mais aussi pour les malfaiteurs, une fois la sentence passée et afin de favoriser leur réinsertion sociale. Au nom de la protection de l'enfance, toute image violente est à éviter et une attention particulière doit être portée aux images de « Une ». Enfin, la dignité de la personne et le droit des victimes de catastrophes est fortement affirmée.

Dans les faits, ces prescriptions rigoureuses sont souvent enfreintes, notamment par le *Bild*, le grand journal populaire allemand. La notion « d'intérêt public » reste floue et permet de passer outre ces restrictions. Ainsi, les freins à la publication de détails sur l'identité des criminels sont considérés par certains journalistes comme une autocensure contrevenant à la liberté d'expression. Le conseil de presse allemand, chargé d'appliqué le code de la presse, est souvent appelé un « tigre sans dent », son seul pouvoir de sanction consistant dans la publication de « réprimandes ».

Plus qu'une approche en termes culturels ou éthiques qui risque l'essentialisation, l'analyse de la différentiation éditoriale dans le champ médiatique national semble pertinente : la PQR allemande cherche sa légitimité dans un rapport distancié et factuel au fait divers, afin de se démarquer de la concurrence du *Bild*. Afficher son respect du *Pressekodex* est sans doute une façon de rassurer ses abonnés et de garder un rôle central dans la publicisation des débats sur des territoires relativement autonomes (du fait du fédéralisme allemand).

Le même traitement, distancié, des faits divers est d'ailleurs perceptible au Luxembourg, où le code éthique est beaucoup moins contraignant qu'en Allemagne. En Wallonie, le conseil de presse, récemment institué il est vrai, n'a pas fondamentalement changé le mode d'écriture des faits divers. On peut faire ainsi l'hypothèse que la structure du système médiatique, plus que les « règles officielles », est déterminante dans la façon de traiter des faits divers. Les énonciations médiatiques reposent sur un ensemble de matérialités et de pratiques qui sont le véritable substrat des formes culturelles.

Différences des publics et des représentations du monde

La représentation des faits divers apparait également étroitement dépendante de la relation du journal avec son lectorat. Les propriétés de celui-ci, et notamment les valeurs dominantes au sein du public, sont déterminantes.

Le public rural de *l'Avenir* incite à « ne pas faire de vague », à ne mettre personne en cause, l'entre soi imposant une extrême prudence. J.-M. Derlet, le responsable de l'agence d'Arlon, explique le ton particulièrement sobre de son journal par cette proximité avec le lecteur. « C'est aussi une source de mauvaise foi. Par exemple le jeune qui s'est tué en voiture, hier, roulait à très vive allure. On n'a pas plus l'écrire, et sans doute personne ne le saura. J'ai enlevé tout un tas d'histoire : « il roulait trop vite », je l'ai fait sauter, c'est pas à moi mais au juge de le dire, on n'est pas *Paris Match* ». Il cite également un exemple plus ancien où un jeune homme après une fête va chez sa copine et se tue en tombant du balcon. Or, c'était le « roi des bleus » (« celui qui a le plus bu au bizutage de son école d'ingénieur »). « On a écrit qu'il était ivre, les parents ont protesté. Je leur ai dit qu'on couvrira dignement ses obsèques. »

La moindre sirène de police doit être expliquée, les lecteurs veulent savoir ce qu'il s'est passé : « Moi, je parle même des feux de cheminés. Je pense que si quelqu'un à Arlon entend la sirène des pompiers, il doit savoir ce qui s'est passé en achetant le journal le lendemain, même si c'est un incident mineur. D'autres journalistes estiment que ce n'est pas intéressant. » Même si 27 000 Belges travaillent quotidiennement au Luxembourg, « il faut un ancrage local » pour traiter des faits divers ayant lieu au Grand-Duché : une autoroute bloquée, un « mortel » à condition qu'il soit « du coin »[17]. Autre exemple cité par le responsable de l'agence d'Arlon : « Quand il y a 10 ans environ, un avion de la Luxair s'est écrasé, on l'a traité, car beaucoup de Belges de la province du Luxembourg partent avec Luxair Tour (les Belges représentent 8% des clients de Luxair Tour). »

Le rapport au lectorat est assez proche entre *l'Avenir* et le *Volksfreund* de Trèves, qui est le quotidien d'une agglomération de taille moyenne. La culture catholique dominante et surtout le la forte interconnaissance entre la population réduisent les possibilités de faire un récit complet des événements.

---

17 Entretien du 27 juillet 2011 avec J.L. Derlet.

En ville, mode vie plus anonyme, la proximité est plus construite en fonction des attentes psychologique des lecteurs, l'empathie et le lien direct cèdent la place à un regard plus normatif sur les faits divers. La construction du « proche » ne s'appuie plus sur une « communauté » mais une façon de gérer la « masse ». Pour le *Saarbrücker Zeitung*, le périmètre d'information est une grande ville, une capitale de *Land*, qui en quelque sorte s'auto-suffit et où on peut parler des faits divers de façon relativement anonyme (d'où une certaine violence qui se dégage de sa chronique des faits divers). Le statut de capital de la ville de Luxembourg est plus visible encore, ce qui se traduit dans les deux cas par une écriture factuelle (même dans les comptes rendus d'audience), des récits « monodiques », avec un seul énonciateur, avec une focalisation externe et souvent une position de surplomb.

Autre trait culturel, on a vu que la relation aux autorités en Allemagne et au Luxembourg diffère de celle qui a cours en France, aussi bien au niveau des journalistes que des lecteurs : appel à témoins en pays germanique, mise en cause des autorités en France. En Allemagne le point de vue emprunté est souvent celui de l'ordre social plutôt que celui de la contestation : pourquoi la mère du bébé abandonné n'a-t-elle pas utilisé le dispositif officiel ? Faut-il requalifier en accident du travail la crise cardiaque du chauffeur d'autocar scolaire ? Etc. De tels événements aurait été cadrés de façon plus vindicative en France : « encore un drame de la misère », « nos enfants mis en danger à cause du report de l'âge de la retraite »...

En France comme en Belgique, la narration est beaucoup plus polyphonique, convoquant des témoins ordinaires pour composer le récit et lui donner une épaisseur humaine. Les habilitations à parler dans le journal sont bien différentes, avec une mise en avant du « petit peuple » dans la presse francophone et une focalisation sur les déclarations des autorités dans la presse germanophone. Les effets de styles sont ainsi plus appuyés dans la presse romane, les journalistes écrivent des papiers avec un souci de la forme littéraire (ce que vient conforter leur signature). Les interventions modalisatrices et évaluatrices[18] sont beaucoup plus présentes dans les journaux francophones, tandis que dans la presse germanophone, les

---

18 Pour la distinction entre modalités d'énonciation et modalités d'énoncés ou les autres modes de qualification, voir Petitjean, 1986, en particulier p. 72.

faits et la sanction des faits parlent d'eux-mêmes et suffisent à réaffirmer l'ordre social, sans autre commentaire.

Autre trait particulier, qui est lié à cette propension normative par le commentaire, les montés en généralité sont plus fréquentes dans la presse francophone que dans la presse germanophone. En France et Belgique, l'observation de régularités (ou la perception d'une régularité) est rapidement traduite en règle de fait, quitte à risquer l'amalgame. Au Luxembourg et en Allemagne, la prudence interprétative empêche ce mode de généralisation, ce qui donne à ces deux régions une couleur moins violente (alors que la lecture détaillé des faits divers ne suggère pas que le niveau de délinquance y soit moindre qu'ailleurs). Chaque région, dans sa relation entre lecteurs et journalistes, construit ainsi une image de la sécurité publique qui lui est propre et qui explique peut-être pourquoi ces faits divers ne peuvent pas, sans médiation journalistique particulière, être transférés d'un espace culturel à l'autre.

6. Conclusion : Des champs médiatiques nationaux

Dans la Grande Région SaarLorLux, les faits divers, événements susceptibles de créer ou suggérer une communauté de destin, ne parviennent pas à s'affranchir des frontières nationales.

La première raison est que l'espace de la presse quotidienne de la Grande Région est économiquement segmenté. Pour y fidéliser lectorat et annonceurs publicitaires, chaque titre se développe de manière monopolistique sur une zone géographique qui recoupe les frontières administratives. Les publics, les journalistes comme les événements semblent appartenir à des « ressorts » distincts (au sens judiciaire ou administratif), à l'intérieur desquels la valeur des faits divers est déterminée. Ce « ressort » est en quelque sorte un lien institutionnel, matérialisé par l'accès aux différentes sources des faits divers (police, justice, pompiers) et qui en détermine la « proximité » tout autant géographique que sociale. Chaque titre effectue un calcul du coût d'accès et de traitement du fait divers en fonction de son potentiel d'intérêt pour son public. Or, ce calcul est largement défavorable à la circulation des faits divers au-delà des frontières administratives.

Pour qu'un fait divers circule au-delà du « ressort » particulier au quotidien régional, il faut qu'il soit pris en charge par des systèmes de mutualisation des informations qui, aujourd'hui, sont principalement nationaux :

liens capitalistiques entre journaux, agences de presse, sources officielles et gouvernementales ou tout simplement attention à la production des concurrents les plus immédiats. Pour la plupart des journalistes, la barrière de la langue renforce la séparation entre ces systèmes nationaux de mutualisation de l'information.

Au-delà d'une analyse en termes de « systèmes médiatiques », on peut avancer une troisième raison à la faible circulation inter-régionale des faits divers : les effets des champs médiatiques régionaux et surtout nationaux sur ce qui apparait être une « rubrique d'ajustement ». Les critères de distinction entre quotidiens apparaissent étroitement dépendants de leur zone de couverture et de la situation politique et sociale de leur lectorat cible. Ainsi, les titres qui desservent une capitale administrative (*Luxemburger Wort* ou *Saarbrücker Zeitung*) se positionnent comme des journaux « de qualité » et relèguent les faits divers à l'intérieur du journal, en les traitant de façon distanciée ou de manière courte. En Allemagne, la présence du *Bild*, un quotidien national populaire qui ouvre largement ses colonnes aux faits divers, contribue à fortement délégitimer ce type de nouvelle. Les faits divers, et plus encore la façon de les traiter, sont des marqueurs de la frontière entre presse « respectable » et presse de « caniveau ». Le critère de respectabilité associé aux faits divers est différent pour la presse allemande locale, comme le *Trierischer Volksfreund*, qui met beaucoup plus en valeur ce genre de nouvelles. Cependant, ce journal s'en tient aux faits locaux et évite de vouloir céder au « spectaculaire », privilégiant des nouvelles qui heurtent moins le lectorat ou qui sont accompagnés de considérations morales explicites. En Wallonie, la situation est toute autre avec une rude concurrence entre des titres à la fois régionaux et populaires (*La Dernière Heure, la Meuse, l'Avenir*), ce qui pousse *l'Avenir* à bien mettre en évidence les faits divers locaux. Rural et catholique, il a cependant un traitement assez proche du *Trierischer Volksfreund*, c'est-à-dire assez détaillé, empathique, avec des jugements de valeurs plus qu'implicites. Il privilégie cependant l'approche émotionnelle pour attirer le lecteur. Pour le *Trierischer Volksfreund* ou *l'Avenir*, le caractère de proximité est l'élément déterminant, ce qui n'encourage pas un traitement inter-régional des faits divers. Le champ médiatique est encore différent en France, de même que la position du *Républicain lorrain* par rapport à la concurrence : il ne doit pas faire face à un journal de « qualité » (tous basés à Paris), Metz n'est qu'une capital de région au statut mal assuré face à Nancy, il n'a pas non plus de véritable concurrence d'un quotidien populaire national. L'exploitation des faits divers est ainsi un fort argument de vente pour la PQR française. Cependant, la collecte des faits divers se fait soit à un niveau très local (via les « faits-diversiers » des agences locales) soit à un niveau national, via l'AFP ou la mutualisation des informations générales des journaux du groupe Ebra. Ici encore, le niveau inter-régional manque de pertinence pour la direction du journal.

Quatrième et dernière raison à cette faible circulation transfrontalière des faits divers, les habitudes professionnelles dépendent étroitement des cultures professionnelles nationales[19]. Les rapports aux sources, les modes d'enquêtes, mais aussi le cadre réglementaire tel qu'il est intériorisé par les journalistes et les rédactions font que l'approche romane privilégie le témoignage et la narration, avec souvent une certaine contestation des pouvoirs publics, tandis que l'approche germanique repose avant tout sur les propos des autorités (rarement mis en cause) et le factuel. Les codes d'énonciation n'étant pas les mêmes, les échanges d'informations entre pays en sont d'autant moins facilités.

L'observation des contenus mis en ligne par les titres régionaux étudiés, de même que ceux du gratuit luxembourgeois *L'essentiel*, montre que les faits divers transfrontaliers sont beaucoup plus présents sur le web. Le numérique serait-il le média qui permettrait de dépasser les frontières administratives et culturelles? Rien n'est moins sûr, car la logique de publication de ces nouvelles n'est pas celle de l'enquête et de la construction d'une communauté de réception. Il s'agit principalement de brèves ou de reprises de dépêches d'agence ou d'articles de confrères, non éditorialisées, une sorte de « remplissage » à bon compte de l'espace rédactionnel du site web[20]. La logique économique du web diffère de celle du *print* : la publicité se vend au nombre de « clics » (et non en fonction de la durée de lecture d'un article...) et, selon le journaliste indépendant P. Wiermer, ce nombre est beaucoup plus important sur une page quand il s'agit d'un fait divers (le rapport serait de 1 à 16 par rapport à une information de fond). Alors que le fait divers a une véritable dimension culturelle que seule l'enquête peut restituer, cette production de brèves « Kleenex », cantonnées à

---

19 Sur les questions de la « vocation » et de la formation des journalistes en France et en Allemagne, voir Bourgeois, 2004.
20 S. Sébaoui a pu se plaindre des reprises « sauvages » de ses enquêtes par la presse gratuite, de simples « coupés/collés » ou des résumés sans nuance de ses papiers : « *L'essentiel* nous reprend, nous pille même, et fait des brèves. C'est un peu rageant, ils le font de manière racoleuse. Ils ne respectent pas le travail d'enquête et de recoupement fait par notre rédaction. ».

la *Schadenfreude* (« le plaisir procuré par le malheur des autres ») ou au voyeurisme, est très éloignée d'une représentation documentée d'un monde commun.

Nous l'avons montré, les logiques sociales, culturelles et économiques de production des informations ne favorisent pas la circulation inter-régionales de ces événements qui, en rompant l'ordre des choses, produisent du commun. Pourtant, l'attention aux épreuves du « proche voisin » est sans doute un vecteur efficace pour promouvoir un sentiment d'appartenance à une même région transfrontalière. Comme pour d'autres rubriques, la création d'un espace médiatique partagé passe par un certain volontarisme politique, en particulier au moyen de la création d'une véritable agence de presse « grand'régionale » et de filières de formation interculturelle au métier de journaliste. Ces investissements structurels, qui se traduisent aussi par des frais de fonctionnement annuels, nous semblent les deux pré-requis indispensables à l'émergence d'un champ médiatique qui pourrait se développer au niveau inter-régional.

Bibliographie

Barthes, Roland (1964) : « Structure du fait divers », in : *Essais critiques*, Paris : Éditions du Seuil.

Bourgeois, Isabelle (2004) : « Frankreich – Deutschland : zwei Medienlandschaften, zwei Ausbildungssysteme », in : *Deutsche und Französische Medien im Wandel*, Landauer Schriften zur Kommunikations-und Kulturwissenschaft, Cornelia Frenkel / Heinz-Helmut Lüger / Stefan Woltersdorff (ed.), Landau : Knecht Verlag, 13-22.

Goulet, Vincent (2010) : *Médias et classes populaires*, Bry-sur-Marne : Ina Edition.

Kalifa, Dominique (1995) : *L'encre et le sang. Récits de crime et société à la Belle Epoque*, Paris : Fayard.

Krieg-Planck, Alice (2000) : « Analyser le discours de presse. Mises au point sur le « discours de presse » comme objet de recherche », in : *Communication*, 20:1, 75-97.

Petitjean, André (1987) : « Les faits divers : polyphonie énonciative et hétérogénéité textuelle », in : *Langue française*, 74, 73-96.

Robert, Valérie (2011) : *La presse en France et en Allemagne. Une comparaison des systèmes*, Paris : Presse de la Sorbonne Nouvelle.

Sécail, Claire (2010) : *Le crime à l'écran. Le fait divers criminel à la télévision française (1950-2010)*, Paris : Ina/Nouveau Monde éditions.

Vincent Goulet

Wiermer, Peter (2008) : *Die Nachrichtengeografie des Saar-Lor-Lux-Raumes – eine Untersuchung von Zentrum und Peripherie der Großregion anhand der Tageszeitungen Luxemburger Wort, Républicain Lorrain und Saarbrücker Zeitung*, Diplomarbeit im Fach Kulturgeografie im Rahmen der historisch orientierten Kulturwissenschaften an der Universität des Saarlandes. Betreuer: Prof. Dr. Dörrenbächer, Zweitkorrektur: Prof. Dr. Zimmermann, Saarbrücken. http://gr-atlas.uni.lu/index.php/fr/articles/ge62/me157

La presse gratuite comme vecteur d'une métropolisation transfrontalière ?

Christian Lamour (LISER - Luxembourg)

1. Introduction

La Presse Quotidienne Gratuite (PQG) apparait dans des grandes villes en pleine mutation. Par certains aspects, elle est aux métropoles d'aujourd'hui, ce que la presse à un sou était aux capitales industrielles, il y a plus d'un siècle, c'est-à-dire un média de masse révélant des tensions urbaines d'un point de vue économique, sociale, culturelle et politique dans des articles simples et agrémentés d'images pour des publics hétérogènes. Elle porte l'esprit du temps métropolitain et met en lumière les tournants structurels de la modernité dite tardive qui implique un changement de l'État, du capitalisme et du vivre-ensemble au sein de territoires de plus en plus ouverts aux réseaux et aux flux internationaux. Comme le suggère Bauman (2000), la modernité est devenue aujourd'hui liquide. Le pouvoir se situe dans l'espace de flux international (Castells 1996), l'économie s'organise autour d'un archipel de lieux dans lesquels on constate une compression des espace-temps (Harvey 1989) et les industries culturelles de masse se définissent à l'échelle mondiale et donnent lieu à l'apparition notamment d'un « mediascape » (Appadurai 1996), cadre de représentation globale du monde par les médias. Par ailleurs, l'organisation traditionnelle de la vie en société, le travail, la famille et les pratiques communautaires héritées comme la religion se transforment (Giddens 1991, Massey 2005). Les métropoles sont les nœuds de cet espace global en réseaux. Elles attirent une multitude de flux. La presse gratuite bénéficie de la présence de certains de ces mouvements à l'échelle régionale : la migration quotidienne d'actifs disposés à consacrer quelques minutes de leur temps au contenu de ce média; une attention vendue auprès des annonceurs présents dans l'espace de chalandise métropolitain par le biais de la publicité.

Cependant, la presse gratuite est-elle inscrite simplement dans un espace de flux globalisés? Ne révèle-t-elle pas une rugosité des territoires urbains hérités au sein desquels toute une série d'interactions durables se sont forgées entre le pouvoir de l'État, la société et le monde économique ? A travers la représentation spatiale des gratuits, n'est-il pas possible de constater la présence d'un espace de lieux permanent ? L'hypothèse soutenue consiste à considérer la presse gratuite comme le révélateur de métropoles prises dans des flux globalisés, mais s'organisant toujours autour d'interactions inscrites dans un espace de lieux à l'échelle constante : celle de l'État cerné de frontières plus ou moins élastiques constituant des liserés ou des glacis de différenciation et d'organisation de ressources (O'Dowd 2003, Sohn 2013). La presse gratuite ne participe pas à un grand décloisonnement de la ville, mais recompose les bases du vivre-ensemble dans des territoires disposant de frontières et au sein desquels des groupes luttent pour accomplir une « brisure de la clôture » (Castoriadis 1986) stabilisée, c'est-à-dire une remise en cause des cadres sociétaux hérités dans une logique d'autonomisation de la société au sein de l'État. Afin de mesurer cette brisure de la clôture à échelle constante, un journal gratuit luxembourgeois, *L'essentiel*, est étudié.

Le Luxembourg fait partie des derniers territoires urbains à avoir disposé d'une presse gratuite en Europe (Bakker 2010). Il s'agit par ailleurs de l'État européen le plus intensément pris dans la globalisation des flux internationaux et cela, sur le long terme. Dès sa création au XIXe siècle, la question de sa survie économique s'est posée étant donné la taille exiguë de son marché intérieur. Il a donc dû rapidement entrer dans des accords de libre-échange avec tout d'abord le Zollverein centré sur le monde économique allemand en 1842, puis la Belgique après la première guerre mondiale, la Belgique et les Pays-Bas suite au second conflit mondial (le Benelux) et enfin le marché commun européen. Parallèlement à cela, ce micro-État a occupé rapidement une fonction axiale dans la définition d'un « mediascape » européen avec la création de *Radio Luxembourg* multilingue dans les années 1930 (Dominguez Muller 2007), puis mondial aujourd'hui en tant que siège de la Société Européenne des Satellites. Cette ouverture du pays sur l'économie mondiale et sa réussite relative par rapport aux autres États-membres de l'Union Européenne, mais également l'échelle du territoire étatique, font en sorte que le Grand-Duché est devenu une grande région urbaine dont le dynamisme déborde sur les régions voisines situées en Allemagne, en Belgique et en France. Il s'agit d'une métropole profondément européenne plus que nationale; 43 % des résidents luxembourgeois ne possédant pas la nationalité du pays (Thill-Ditsch 2010) et 155.000 actifs frontaliers, essentiellement des non-luxembourgeois migrant chaque jour dans les entreprises grand-ducales à partir des États voisins (Schuller / Sinner 2013). Il s'agit donc d'un cas d'étude intéressant pour savoir si la presse gratuite, fruit de la métropolisation et de la globalisation, révèle l'effacement de toutes les frontières de l'État luxembourgeois. Suite à une mise en avant des relations entre presse, urbanité et frontière dans le temps long des villes et à une présentation du cas d'étude et de la méthodologie suivie, les résultats de la recherche sont présentés en deux parties. Le premier point vise à mesurer la représentation quantitative de l'espace métropolitain régional en faisant ressortir l'existence ou la disparition des frontières des espaces de lieux hérités. La seconde partie se focalise sur la façon dont *L'essentiel* traite de la place de l'Église dans la société. Nous verrons que le positionnement du journal gratuit est aussi lié aux questions politiques et socioculturelles internes au Grand-Duché.

2. Ville et médiatisation de masse : du sou à la gratuité, du feuilleton au « people »

La presse quotidienne gratuite actuelle peut être considérée comme l'héritière de la presse à un sou des villes du XIXe siècle. Comme elle, elle nait de la ville et d'une mutation des conditions de production des entreprises médiatiques, ces dernières saisissant les opportunités nouvelles en termes d'accumulation capitalistique et transformant par là-même la manière de concevoir le journalisme. Il s'agit donc d'abord de montrer dans cette partie les parallèles existant entre les deux presses qui apparaissent à 150 ans d'intervalle dans des villes en plein bouleversement économique, social, politique et culturel.

2.1 Regard sur la presse de masse du premier temps métropolitain

L'organisation de la grande ville industrielle dans le monde occidental au XIXe siècle s'accompagne d'une mutation du capitalisme de l'édition. L'évolution des lois d'encadrement de la presse, mais également l'alphabétisation accrue des masses par les systèmes de scolarisation encadrés par l'État définissant des communautés imaginées nationales (Anderson 1983), permettent l'existence d'une presse à un sou à partir des métropoles dont le *Petit Parisien* en France est l'un des exemples. Les hommes de presse qui animent ces journaux et mettent en avant souvent les faits divers et romans feuilletons accompagnés d'images marquant la violence du monde urbain (Ambroise-Rendu 2004), participent au grand projet de construction des nations (Venayre 2011, Kalifa / Régnier 2011). A travers l'évocation du chaos et la mise en péril de la civilisation par un ensemble de déviants et autres Apaches, ils participent à l'énonciation des normes du vivre-ensemble sous l'auspice du pouvoir étatique. Cette presse initialement urbaine repose sur un pouvoir d'achat limité du lecteur compensé par une diffusion de masse et l'arrivée de financements privés souhaitant parfois influencer le message de journalistes à leur avantage (Feyel 2011, Feyel / Lenoble 2011). Afin de toucher les masses, il est nécessaire d'aller à l'essentiel et d'aborder l'information disponible du moment. Comme le signale Girardin dès 1836, propriétaire de *La Presse* : « aux lecteurs de *La Presse*, il suffira d'un seul journal et de quelques minutes pour apprendre ce que les journaux de toutes les opinions contiennent d'important » (Lyon-Caen 2011 : 39). Il ne s'agit pas de faire des journaux d'opinion partisans, mais des quotidiens d'information qui oscillent entre le drame et la distraction dans un objectif d'intégration du lecteur dans toute une série de communautés stabilisées comme par exemple la démocratie libérale, la nation et la famille. Ainsi, la chronique de Thimothée Trimm au *Petit Journal* s'adressant à un public masculin devait permettre de faire des lecteurs « de bons citoyens, de bons Français, de bons camarades, de bons fils, de bons maris et de bons pères » (Lyon-Caen 2011 : 46).

Ces journaux contribuent également, notamment via leurs feuilletons, à rendre visibles et à catégoriser toute une série de corps sociaux particuliers qui naissent dans la ville industrielle comme par exemple le spéculateur, l'ouvrier, le flâneur, le mendiant, la prostituée ou encore l'étudiant (Rosanvallon 2014). Par ailleurs, les rédacteurs situés dans ces journaux sont aux marges du monde journalistique hérité qui ne dispose par ailleurs pas de codes de déontologie très précis. La profession ne les reconnait pas. Ils sont considérés comme des personnes participant au nivellement par le bas du métier de rédacteurs dans un milieu qui recrute toujours plus de personnes issues de catégories socio-professionnelles de plus en plus modestes; un peuple de petits reporters envahit la ville et la représente pour des masses de lecteurs aux compétences linguistiques et encyclopédiques limitées (Van Den Dungen 2011). Progressivement cette presse à un sou disparait de la ville au XXe siècle dans la plupart des pays occidentaux sous l'effet de l'arrivée de nouveaux médias de masse gratuits (radio, télévision); la presse tabloïd anglaise et allemande constituant la dernière héritière de cette presse payante populaire à faible coût qui cible principalement un public masculin et conservateur (Conboy 2006).

2.2 La PQG ou le récit d'une modernité annoncée

La presse quotidienne gratuite apparait dans la ville dans les années 1990 à partir de bases structurelles différentes. Son existence témoigne d'un moment particulier de recomposition de la ville, c'est-à-dire l'entrée dans un second temps métropolitain après celui de la fin du XIXe siècle. Elle épouse des cités aux formes tentaculaires qui embrassent des régions entières et appartiennent à des architectures urbaines globalisées grâce à une multitude de réseaux. Elle apparait également à une période de la révolution numérique qui remet en cause le cloisonnement préalable de l'organisation des sous-familles des entreprises médiatiques (presse, radio, télévision) et la mobilisation des ressources publicitaires qui permettent de financer en partie des métiers de l'information. L'ère numérique contribue à inscrire les médias toujours plus dans l'économie de la « gratuité » (Anderson 2009) avec des lecteurs-consommateurs toujours moins disposés à payer pour être informés et des sources d'information se connectant directement aux cyber-publics sans passer par les plateformes médiatiques. La presse gratuite apparait ainsi à une période de mise en difficulté de la profession journalistique (Ruelland 2007, Charon 2007), dans des villes de plus en plus ouvertes à la diversité sous l'effet d'un capitalisme postindustriel globalisé – le marketing territorial exploitant ce caractère de tolérance multiculturelle afin d'attirer les élites mondiales de l'économie de la connaissance (Florida 2005).

Les mutations de la ville tendent à refaire apparaitre l'idée d'une société urbaine « de poussière » succédant à une société de classe; un émiettement du corps social organisé autour d'individus devant apprendre à recomposer leur communauté afin de s'adapter aux mutations de la modernité et dans laquelle toute une partie de la société est devenue invisible du chauffeur-livreur aux employés de la logistique (Rosanvallon 2014). La presse gratuite nait de l'alliance de capitaux internationaux d'origine scandinave (les entreprises Kinnevik et Schibsted) avec des capitaux stabilisés dans une mosaïque d'États pour définir toute une série de contenus journalistiques standardisés (mise en page, taille des articles, rubrique…) à destination de lecteurs dont le potentiel d'achat est vendu à des annonceurs également globalisés (grandes marques de constructeurs automobiles ou encore de l'ameublement, que les commerciaux appellent « les grands comptes »). Elle nait également à l'arrivée sur le marché d'une nouvelle génération de personnes formées aux métiers de la communication dans des écoles plus ou moins prestigieuses et auxquelles les médias hérités proposent souvent des emplois précarisés malgré les longues années d'études (Accardo 1998). Dans un premier temps, ces rédacteurs rejoignant les gratuits ont pu être décriés comme des personnes « tuant le métier » mais, parallèlement à ce discours de dénigrement, les éditeurs de presse, même les plus prestigieux, ont pris des participations dans ces médias qui représentent un segment intéressant d'un point de vue publicitaire lorsque la croissance économique est florissante. Ainsi, *Ouest-France*, un éditeur reconnu de la PQR française, s'est associé au Norvégien Schibsted pour produire *20 Minutes* en France et capter des parts de marché publicitaire dans une série de villes où les concurrents s'appellent *TF1* avec le journal *Metro* ou encore le groupe Bolloré associé à d'autres journaux de la PQR avec *Direct Matin*. Ces trois journaux gratuits sont de fait pris dans des luttes concurrentielles telles qu'elles pouvaient exister entre *Le Petit Journal*, *Le Petit Parisien* ou encore *Le Matin* dans la France urbaine de la première moitié du siècle dernier. La presse gratuite est cependant plus ouverte sur la mondialisation. Plus encore peut-être que la presse payante, elle propose à ses lecteurs des rubriques « style de vie » ou encore « people » qui représentent par certains aspects, l'organisation mondiale des industries culturelles et technologiques d'inspiration occidentale, dont les produits sont fabriqués pour des marchés régionalisés à l'échelle mondiale (Tunstall, 2008). Cependant, pouvons-nous dire pour autant que ces médias, inscrits dans la globalisation avec des marques *Metro* et *20 Minutes* que l'on retrouve dans les différents pays avec leurs logos reconnaissables, sont nécessairement désincrustés des interactions locales ? Dans quelle mesure sont-ils toujours marqués par les relations, sur la longue durée et au sein des villes, entre l'État et la société civile ou toute une série d'organisations collectives dont l'ensemble des interactions définit les contours d'une territorialité métropolitaine ?

3. La PQG : Miroir et artisan des brisures de la clôture stabilisées dans l'espace des lieux

3.1 Hypothèse

L'hypothèse soutenue consiste à considérer la presse gratuite comme un miroir de l'esprit des lieux métropolitains qui, certes, sont impactés par des flux globalisés, mais qui s'organisent autour d'interactions inscrites dans l'échelle de l'État cerné de frontières plus ou moins élastiques;

échelle d'organisation des relations entre le pouvoir étatique et la société civile dont certains segments en quête d'autonomie définissent une « brisure de la clôture » (Castoriadis 1986), c'est-à-dire une volonté d'autonomisation vis-à-vis de certaines conceptions héritées de la vie en communauté. La presse gratuite n'est pas simplement un conduit médiatique vendant du temps de cerveau à des marques mondiales, mais une plateforme à travers laquelle il est possible de constater l'existence de conflits structurels animant la société sur le temps long des villes et dans lesquels les rédacteurs prennent position *via* différents procédés stylistiques qui permettent d'affirmer des préférences sans tomber dans le journalisme d'opinion politique qui ne correspond pas à la norme de l'écriture des gratuits. Les « petits reporters » des gratuits, dans les lignes tracées par les journaux politiques appartenant à leur famille de presse et de pensée, peuvent ainsi accompagner une modernité dans laquelle des groupes d'individus se coalisent pour faire avancer leur droit face à toute tradition héritée freinant les processus d'autonomisation individuelle. Cependant, cette brisure de la clôture ne se fait pas dans l'espace global. Elle s'effectue dans le cadre de l'État dont les frontières restent pérennes quand bien même son contour devient plus flou.

3.2 Méthodologie et cas d'étude

Afin de mesurer l'importance de la frontière en tant que limite d'organisation des luttes de certains segments de la société en quête d'autonomie vis-à-vis de structures héritées, il a été décidé d'effectuer une analyse de contenus et une analyse de discours à partir d'un corpus d'articles de la presse gratuite. Le journal choisi est *L'essentiel*, quotidien gratuit luxembourgeois dont la présence s'explique par un accroissement démographique important lié à l'économie florissante du Grand-Duché[1]. Deux années de référence ont été retenus pour établir l'échantillon : 2007-2008, 2012-2013. Au total, plus de 600 articles ont été collectés à partir de 20 jours d'édition répartis sur des semaines recomposées d'octobre à mai (lundi de la première semaine, mardi de la seconde, etc.) en évitant les périodes festives pouvant fausser l'actualité métropolitaine médiatisée. Seuls

---

1 Sous l'effet du boom économique, la population locale est passée de 384 à 537 000 habitants entre 1991 et 2013 et ce, notamment grâce à un solde migratoire largement positif (STATEC, 2013).

les articles concernant l'espace métropolitain Luxembourg-Grande Région, c'est-à-dire le Grand-Duché et les régions limitrophes situées dans le bassin d'emplois grand-ducal, ont été collectés car il s'agit de l'espace géographique sur lequel se concentre la force de travail au sein du journal (les autres contenus éditoriaux viennent souvent de Suisse sur base d'un accord avec le *20 Minutes* romand). La collecte et l'encodage des articles relatifs à l'espace métropolitain permet de cerner notamment si la frontière de l'État occupe une place toujours importante dans la projection de l'actualité métropolitaine sous différents aspects. Suite à cette analyse globale de contenus, un focus plus spécifique est porté sur le traitement de l'Église par le journal gratuit. L'objectif consiste à savoir si le quotidien gratuit s'inscrit dans une quête longue durée de « brisure de la clôture » souhaitée par certains segments de la société vis-à-vis du champ religieux.

L'essentiel est un journal qui a été fondé en 2007 sur base d'un accord entre l'entreprise grand-ducale Editpress et son homologue suisse Tamedia basé à Zurich. Tamedia est le premier groupe de presse à avoir conquis l'ensemble du marché de la presse confédéral avec *20 Minutes* dont ils possèdent la marque en exclusivité pour la Suisse, comme le groupe TF1 peut posséder *Metro* en France. *L'essentiel* reprend la couleur bleue de la marque initiée par le Norvégien Schibsted tout en prenant un autre nom. Cette alliance helvético-luxembourgeoise apparait suite à une impossibilité de trouver un accord entre les groupes de presse luxembourgeois quant à la création d'un journal permettant de fermer le marché aux gratuits venus du nord de l'Europe. De fait, Metro International a son siège au Luxembourg, mais il n'est pas intéressé pour lancer un journal au Grand-Duché. *L'essentiel* apparait comme une opération gagnant-gagnant entre deux groupes de presse situés dans des pays différents, mais dont les dirigeants se connaissent grâce aux réseaux d'édition en Europe. Alvin Sold, directeur du groupe d'Editpress au Luxembourg, a occupé des fonctions dirigeantes dans les associations d'éditeurs européennes et mondiales[2]. Son capital social déjà acquis lui permet de se connecter à Tamédia qui apparait comme l'éditeur ayant su le mieux profiter du marché des gratuits. Par ailleurs, Tamédia cherche à répéter l'expérience scandinave internationale, c'est-à-dire tisser des alliances pour conquérir des marchés

---

[2] Alvin Sold est délégué luxembourgeois puis président de l'association européenne des éditeurs du monde de l'information, the European News Publishers Association (ENPA). Dans le même temps, il occupe la fonction de trésorier de l'organisation mondiale de la presse, the World Association of Newspapers (WAN).

d'annonces étatisés. Le Luxembourg apparait comme un territoire offrant des bonnes conditions pour tenter l'expérience de l'internationalisation. Suite au succès de l'expérience au Luxembourg, le groupe suisse réitère l'opération en terre scandinave avec le journal *MetroXpress* au Danemark. L'implantation d'un journal gratuit au Luxembourg est possible étant donné le pouvoir d'achat des populations travaillant dans les entreprises du pays, l'essor exponentiel de sa population urbaine au cours de ces dernières années et la présence de 150 000 actifs frontaliers dont on connait le potentiel de consommation au Grand-Duché grâce à des analyses réalisées par des centres d'études publics luxembourgeois (Schuller / Zanardelli 2002, Genevoix / Zanardelli 2008). Alors que les frontaliers travaillant en Suisse ne semblent pas consommer dans la Confédération, ceux du Grand-Duché sont des acheteurs en puissance des biens et services luxembourgeois. Ainsi, en 2006, les frontaliers occupés au Luxembourg ont consommé l'équivalent d'un milliard d'euro dans ce pays. Dans le même temps, les résidents luxembourgeois ont consommé pour 900 millions d'euros dans la Grande Région, soit 5 000 € par ménage avec une attractivité forte des magasins d'ameublement qui représentent près de la moitié du budget; les dépenses annuelles des Luxembourgeois dans la seule ville de Trèves étant estimées à 163 millions d'euros (Schuller 2007). *L'essentiel* bénéficie donc d'un décloisonnement des habitudes de consommation à l'échelle de la partie centrale de la Grande Région. Cependant, ce potentiel de consommation sans frontière signifie-t-il pour autant l'existence d'un agenda informationnel non impacté par les frontières du Luxembourg ?

4. Frontière, clôture et chronique d'un démantèlement partiel des collectifs hérités

L'écriture journalistique à *L'essentiel* est abordée de différentes manières. Après une analyse de contenu signalant la prégnance potentielle des frontières étatiques et la centralité possible de la capitale du Luxembourg, le regard sera porté sur le traitement de l'Église dans les discours journalistiques.

4.1 L'actualité métropolitaine luxembourgeoise : un renforcement de la frontière et une distinction entre le centre et la périphérie

L'essentiel, bien que profitant d'un espace fonctionnel métropolitain, n'établit pas une représentation médiatique calée sur une hiérarchie urbaine transfrontalière. La mise en visibilité de la région urbaine ne fait pas apparaitre une organisation des villes bien emboitée, avec des focus médiatiques liés aux fonctionnalités décroissantes entre pôles majeurs, centres de moindre importance et marges de l'aire Luxembourg-Grande Région. La représentation médiatique fait plutôt ressortir des polarités et des périphéries en lien avec les attentes imaginées d'un lecteur moyen pensé comme jeune, actif, urbain et dont le plus petit dénominateur est le déplacement quotidien vers l'entreprise ou la structure scolaire située dans l'État luxembourgeois; un lectorat perçu en quête d'information sur les politiques publiques grand-ducales relatives à la régulation du capitalisme et du vivre-ensemble. Cela conduit donc à faire apparaitre une polarité fortement axée sur le lieu de concentration du pouvoir étatique et économique au cœur de la région métropolitaine, c'est-à-dire l'agglomération de Luxembourg-Ville. Non seulement le journal présente une actualité centrée sur cette capitale et sa première couronne, mais le type d'information ciblée permet de montrer l'existence d'un monocentrisme à l'échelle de la région sur laquelle s'appuie le journal gratuit. Enfin, la frontière de l'État est un marqueur d'accentuation du caractère périphérique de l'information médiatisée. Elle constitue même une barrière qui se durcit et renforce le cloisonnement de la représentation de l'espace transmis au lectorat sur la durée.

En 2012-2013, une distinction forte existe dans les pages de *L'essentiel* entre l'actualité concernant l'agglomération de Luxembourg-Ville et celle relative à l'ensemble des régions périphériques cumulées (Régions Nord, Est et Sud du Luxembourg et régions frontalières française, belge et allemande). Non seulement le centre regroupe un plus grand nombre d'articles par rapport à la périphérie (346 vs 235), mais les focus informationnels sont différents dans le cœur de la métropole et ses marges. L'agglomération de Luxembourg-Ville, lieu majeur des entreprises métropolitaines et siège du pouvoir étatique, a une actualité sérieuse qui se focalise surtout sur l'économie (23 % des articles) et la politique (17 % des articles). A l'inverse, les marges de la capitale où l'on peut trouver des pôles urbains importants en France (Thionville-Metz) et en Allemagne (Trèves) se distinguent par un traitement centré sur l'activité ludique ou les fait-divers.

L'ensemble cumulé Culture, Sport et Faits Divers rassemble plus de 70 % de la représentation médiatique des marges de la capitale luxembourgeoise (cf. figure 1).

Figure 1 : Différenciation médiatique entre le cœur du pouvoir métropolitain et ses marges

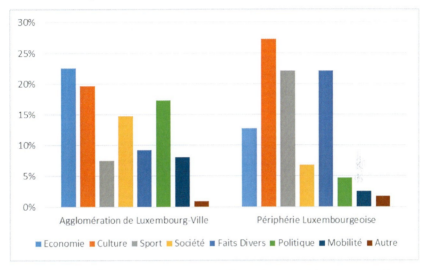

Note de lecture: 23% des articles concernant "Luxembourg-Ville" relèvent de l'économie (soit 78 articles).

Nombre d'articles : Luxembourg-Ville (346), Périphérie (235).

NB 1: Périphérie = Autres régions du pays et régions frontalières.

NB 2 : Les 197 articles concernant tout le Luxembourg ont été exclus.

Au-delà de cette différence entre le centre métropolitain et sa périphérie, il est important de noter que la frontière est une limite forte qui détermine la représentation médiatique de l'espace. De fait, dans la région urbaine, comme le signale Denis Berche, rédacteur en chef de *L'essentiel*, le journal doit s'adresser à des Luxembourgeois, à des résidents étrangers et à des frontaliers. L'espace grand-ducal clôturé par ses frontières constitue donc l'aire en partage de ces trois publics. Traiter une actualité située à Thionville en France pourra intéresser les lecteurs frontaliers venant de France, mais pas nécessairement ceux venant de Belgique et d'Allemagne, et peut être encore moins les résidents du Grand-Duché, qu'ils soient de nationalité luxembourgeoise ou pas. La nécessité de représenter un espace métropolitain correspondant à l'horizon d'attente du plus grand nombre restreint le traitement de l'actualité située au-delà des frontières du pays. Par ailleurs, dans une logique économique d'augmentation de l'audience et pour atteindre les 40 % de part de marché réalisés par *20 Minutes* en Suisse, il est nécessaire de proposer toujours davantage de sujets susceptibles de capter l'intérêt de la population de nationalité luxembourgeoise, un lectorat dans lequel il reste des potentialités de développement. Il est intéressant d'ailleurs de noter qu'entre le démarrage du titre en 2007 et l'année 2013, on assiste à une fermeture accrue de la frontière étatique luxembourgeoise dans la représentation médiatique réalisée par le titre. Les sujets concernant les parties de la région métropolitaine situées hors du Luxembourg passent de 87 à 52 entre les années 2007-2008 et 2012-2013. En valeur relative, l'espace frontalier représente 14 % de l'ensemble des articles l'année de démarrage du titre et seulement 7 % au bout de cinq ans. Non seulement, il y a toujours moins d'articles relatant l'actualité située au-delà du Luxembourg, mais le type d'actualité abordée change également. L'économie, la politique, la culture et les questions de société régressent alors que la couverture du sport et des faits divers s'accentuent fortement. Ainsi, la part de l'actualité fait-diversière passe de 9 à 27 % de la couverture médiatique de l'espace frontalier. Non seulement il y a moins d'articles, mais le traitement effectué concerne des sujets sensiblement plus marginaux (cf. figure 2).

Figure 2 : Evolution de la mise en visibilité des marges frontalières luxembourgeoises

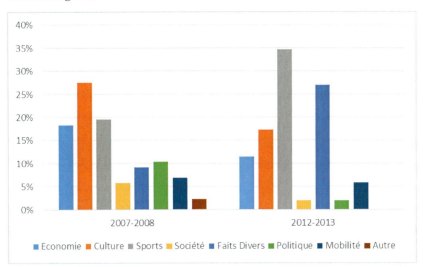

Note de lecture : 28% des articles relatifs à la région frontalière concernent la culture en 2007-2008

Nombre d'articles : 2007-2008 (87), 2012-2013 (52).

Nombre de semaines de collectes : 4 semaines recomposées de 5 jours pour les deux échantillons.

La parole de l'État luxembourgeois est omniprésente dans le journal en tant que source d'information statistique en tout genre, mais également sous la forme d'une multitude de discours repris. On peut même constater un accroissement dans un thème où, *a priori*, la parole étatique devrait être plus limitée : l'économie. Les acteurs publics apparaissent en tant que porteurs de discours ou simples sources informationnelles statistiques dans 46 % des articles rangés sous le thème « économie » en 2007-2008 (56 articles). Cinq années plus tard, cette part est passée à 53 % (77 articles). Dans le même temps, la part des articles mentionnant des entreprises est passée de 58 à 53 % (passage de 71 à 78 articles) et la représentation des acteurs associatifs de type syndicat progresse de 10,5 à 28 % (passage de 13 à 41 articles). Les 200 000 lecteurs du quotidien situés dans l'espace métropolitain, qu'ils résident au Grand-Duché ou dans les régions voisines, sont mis en correspondance presque exclusive avec un pouvoir étatique luxembourgeois, et non pas français, allemand ou belge. Il est donc possible d'affirmer que *L'essentiel* ne se situe pas dans une communauté de communication médiatique sans frontière, mais au cœur d'un processus de communication territorial favorisant la recomposition d'une frontière de l'État luxembourgeois, une frontière-épaisse, qui embrasse les régions frontalières. Mais, parallèlement à cette construction de la frontière-zone luxembourgeoise à laquelle participe le journal gratuit, notons que ce quotidien se situe dans une histoire très longue du combat sur la place de l'Église dans l'État grand-ducal.

4.2 L'essentiel et la quête existentielle : Affirmer le combat de la laïcité luxembourgeoise

Le combat pour la séparation de l'Église et de l'État s'inscrit dans une histoire longue durée du Grand-Duché. Les tensions apparues en France et le découplage entre les pouvoirs étatique et clérical de 1905 influencent le débat public luxembourgeois. Le journal *Tageblatt*, né en 1913, créé par Paul Schroell, homme de presse de la droite libérale et à l'attention d'une région industrielle dans laquelle se structure une élite de gauche, porte les valeurs de cette séparation. Cependant, cette tension autour de l'Église s'effectue dans un système politique dans lequel le parti chrétien social de centre droit (le CSV) dirige le gouvernement depuis 1919 à l'exception de trois courtes périodes : les gouvernements de Pierre Prüm (1925-1926), de Gaston Thorn (1974-1979) et celui en exercice depuis 2013 piloté par Xavier Bettel, issu de la droite libérale (DP) et en coalition avec les Verts et le Parti Socialiste (LSAP). Par ailleurs, le champ journalistique de la presse épouse la structuration du champ politique avec des journaux ayant une orientation politique clairement affichée. Alors que le LSAP peut compter sur le *Tageblatt* et le DP sur le *Journal*, la CSV est proche du *Luxemburger Wort*, quotidien appartenant à l'archevêché et dont les tirages, la taille du lectorat et la reconnaissance par les élites, en font le premier journal payant du pays. Ainsi, face aux 45 000 lecteurs du *Tageblatt*, le *Wort* est capable d'en aligner 173 000 en 2012/2013.

L'essentiel, journal de la société EDITA détenue à 50 % par le groupe Editpress[3] qui sort le *Tageblatt* mais également le *Journal*, s'inscrit dans un environnement professionnel et politique dont il ne peut simplement

---

3 Les autres 50 % appartenant au groupe suisse Tamédia.

pas s'exclure. Il est dans l'espace identitaire social-libéral dans lequel des groupes sociaux œuvrent pour un affermissement de la laïcité. Les propos suivants recueillis en 2013 auprès d'Alvin Sold, ancien rédacteur en chef et directeur du *Tageblatt*, ex-directeur d'Editpress, toujours présent au *Tageblatt* pour suivre notamment les questions culturelles, révèle l'existence d'une identité culturelle de groupe qui englobe *L'essentiel*. Les propos de l'homme de presse qui a occupé une place centrale dans le champ professionnel au cours des quarante dernières années ne mentionnent pas le rapport particulier à l'Église qu'entretiennent les journaux du groupe mais offrent un cadrage général permettant de saisir cette identité d'Editpress :

> Le phénomène que nous observons quand même, c'est que sans qu'il y ait presse [pression de l'autorité d'Editpress], je peux vous assurer de cela, tous les journaux du groupe s'inspirent quelque peu de la pensée du navire amiral (Le *Tageblatt*), même *L'essentiel*, je lui trouve des accents, des coups de colère qui pourraient être ceux du *Tageblatt*.

Un journal gratuit, de par son positionnement fédérateur, n'exprime pas normalement de « coups de colère » car la base du rédactionnel de la PQG consiste à éviter toute démarche éditorialiste et à se limiter à la transmission de faits présentés de la manière la plus équilibrée possible. Le rédacteur de presse gratuite n'est cependant pas une machine désincarnée mettant en forme des informations émanent des agences de presse, mais un journaliste pris dans une toile d'interactions au sein d'une équipe, en lien avec son rédacteur en chef et compagnon de route d'une tradition journalistique à laquelle il adhère; chaque rédacteur négociant ensuite individuellement son positionnement en fonction de son identité propre et de celle du groupe qui lui reconnait une légitimité dans la profession.

Trois contenus journalistiques relevés parmi d'autres à travers *L'essentiel* permettent de montrer la localisation du titre au sein d'un monde de presse laïc en lutte depuis 1913 au sein du territoire de la démocratie luxembourgeoise clôturée par les frontières-ligne de l'État : 1) le choix d'un bandeau de « Une » qui peut paraître non-pertinent face à l'actualité du moment et aux publics du journal, 2) un article au titre ravageur dont la place au sein du quotidien signale que la presse gratuite ne s'adresse pas qu'à un lectorat léger et insouciant 3) le récit feuilletonesque d'un évènement dans une presse où l'actualité anecdotique est rarement suivie sur le temps long.

Le 18 octobre 2012, le titre du bandeau de « Une » proclame : « La séparation Église-État jugée urgente ». Ce bandeau et l'article central mis en page 4 de cette édition *print* s'appuient sur un sondage réalisé auprès de la population résidente par le cabinet TNS/Ilres sur la demande du parti socialiste luxembourgeois (qui, à cette époque, gouverne avec le parti chrétien social). Rien ne permet de dire si les sondés considèrent cette séparation « urgente » ou pas. La question posée n'est pas signalée dans le texte produit. On apprend simplement que 66 % des sondés veulent la séparation.

> Pour 66 % des personnes interrogées, il est grand temps qu'intervienne la séparation entre l'Église et l'État. Autrement dit, les résidents attendent aujourd'hui très clairement un État laïque. Une tendance qui devrait sans doute amener certains ministres au sein de la coalition gouvernementale à revoir leur copie en profondeur.

Le rédacteur du titre gratuit qui est dans un journal dont la consigne éditoriale est pourtant de se borner aux faits, utilise une formulation signalant une urgence (« il est grand temps »), accompagnée d'un énoncé qui peut revêtir une dimension éditoriale. Le sens du verbe « devoir » dans l'énoncé cité peut avoir une valeur implicite (ça devrait se faire, c'est presque acquis) ou impérative (les ministres devraient commencer à changer de comportement, qu'est-ce qu'ils attendent ?). Mais l'utilisation de l'expression métaphorique des ministres qui doivent « revoir leur copie » place les membres de gouvernement dans la position des écoliers contraints d'écouter la parole du peuple-professeur. Selon le journaliste et d'après la volonté du peuple censée être exprimée par le sondage, « il est grand temps d'agir ».

Mais, ce focus marqué sur la séparation se voit également à travers tout un ensemble de données transmises dans le bandeau et l'article. Ainsi, d'un point de vue photographique, il y a un contraste saisissant. La photo centrale montre une petite Église pleine de croyants très majoritairement âgés et féminins, debout, pris de dos et faisant face à un prêtre portant une tiare que l'on peut assimiler à l'archevêque du Luxembourg, lequel quitte le lieu sacré. L'idée d'un déclin irrémédiable du pouvoir clérical transparaît dans cette représentation. A l'inverse, le journal prend de face quatre jeunes (trois hommes et une femme), plutôt branchés, issus en partie de l'immigration et qui déclarent tous individuellement qu'il faut séparer l'Église de l'État. Cette section récurrente de présentation de simples citoyens donnant leur avis sur une question d'actualité s'appelle le « micro-trottoir ». Centrée sur des jeunes de moins de 40 ans, elle offre généralement une vision équilibrée en matière d'avis, avec deux personnes pour, deux contre la question posée par le journaliste. Cependant, lorsqu'il s'agit de la séparation, tout le monde est à l'unisson pour un État laïc. Les 34 %

des sondés dans lesquels on peut trouver également des jeunes n'ont pas droit à la parole. Au-delà de cette différence de traitement photographique et de mobilisation au sein de la jeunesse, il est intéressant de noter que la question de la séparation de l'État et de l'Église ne constitue qu'une partie d'un sondage très éclectique dans lequel le LSAP a demandé des questions sur la responsabilité sociale des entreprises, la construction d'un tram dans la capitale, le souhait ou pas des résidents d'avoir un poste pour le Luxembourg aux Nations Unies ou encore l'avis des Luxembourgeois sur l'arrivée massive des investisseurs étrangers dans le pays. Au sein d'un journal gratuit s'adressant aux jeunes, actifs, urbains, il paraîtrait logique de faire le titre de « Une » et de consacrer l'article ainsi que le micro-trottoir sur l'inquiétude des salariés et sur l'emploi et l'économie. 92 % des sondés pensent que les entreprises devraient assumer leur responsabilité sociale et 72 % ne voient pas la venue des investisseurs étrangers comme une bonne chose (la période est celle où des investisseurs qataris prennent des pans de l'économie luxembourgeoise comme le fret aérien ou la banque, avec des inquiétudes en termes d'emplois). Le journal mentionne ces statistiques dans son article édité en version papier, mais elles sont noyées dans un article où c'est l'Église qui est visée. Les 66 % de personnes favorables à la séparation pèsent plus que les 72 et 92 % de personnes qui ont des craintes face à l'économie de marché actuelle.

Un autre exemple d'article permet de déceler le positionnement anticlérical, voire athée du journal. Celui-ci montre un total décalage face à la norme du gratuit, de par la rubrique dans laquelle il est situé : les pages « Life style », qui sont généralement axées sur le consumérisme (la mode…) ou une vision ludique des rapports sociaux avec notamment tout ce qui est lié à la séduction masculine et féminine (p. ex. : le culte des corps répondant aux canons d'un monde hyper-réel). C'est dans cette rubrique de *L'essentiel* que paraît le 4 avril 2013 un article central au titre choc et anticlérical : « Baptêmes sans bondieuserie » et associé à un second article, au titre exclamatif (un discours rapporté), montrant le combat laïc au Grand-Duché : « Faire baptiser un enfant n'est pas une obligation! ». Les deux articles s'appuient sur le discours d'un seul homme et d'une structure qui ne laisse pas de doute sur le parti pris du journal. Il s'agit de Laurent Schley, président de l'AHA, l'alliance des humanistes, des athées et des agnostiques luxembourgeois dont on mentionne le site internet pour les lecteurs qui veulent en savoir plus. L'homme engagé est cité dans le texte « Baptêmes sans bondieuserie » et dans un entretien. C'est l'expert-conseil du baptême hors religion au Luxembourg qui parle.

La place de l'Eglise est toujours en débat dans bien des pays européens, mais c'est bien à l'échelle du container étatique grand-ducal que se situent les enjeux pour le courant laïc luxembourgeois. Le journaliste ne prend jamais position contre l'Église si ce n'est en proposant un titre choc « Baptêmes sans bondieuseries ». Notons que lorsqu'il s'agit d'attaquer de front l'Église, le rédacteur réalise une rupture énonciative. Ce n'est pas lui qui s'exclame dans le second titre (« Faire baptiser un enfant n'est pas une obligation! »), mais l'expert-conseil dont le discours rapporté est légitime pour produire une parole de résistance face à une vision du baptême imposé par la tradition religieuse luxembourgeoise. Le rédacteur de L'essentiel respecte l'identité du segment professionnel de la presse gratuite tout en participant à l'identité journalistique longue durée et laïque du groupe Editpress et de son « navire amiral » en lutte depuis cent ans : le journal Tageblatt. L'article ne prend pas en compte l'avis de l'Église sur le baptême. Par ailleurs, aucune donnée statistique n'est apportée pour signaler un déclin de ce rite. Laurent Schley affirme que « de plus en plus de parents décident de ne plus faire baptiser leur enfant ». C'est un discours d'autorité lié aux débats d'idée et pas celui d'un statisticien. En 2008, 60 % des personnes dans le pays perçoivent la nécessité du baptême religieux; une part en régression certes sur la durée, mais qui montre l'existence d'un rapport à la foi encore fortement inscrite dans la norme pour les grands rites de la vie comme le baptême (Borsenberger / Dickes 2011). Le président de l'AHA affirme également que « la pression sociale pour les baptêmes religieux, en particulier catholiques, est extrêmement forte au Luxembourg », mais là encore, aucune donnée statistique ne prouve cela. On est dans une présentation militante d'un phénomène de société qui ne peut être compris qu'à travers la prise en considération de l'histoire de la presse luxembourgeoise dans laquelle se situent L'essentiel et le groupe Editpress.

Un troisième exemple parmi d'autres, mais mobilisant une autre forme du journalisme, est apparu au cours des années 2012-2013. Il s'agit d'un genre informationnel qui prend à la fiction l'un de ces modes de fonctionnement : le feuilleton. Pendant plusieurs mois, le journal va accorder un coup de projecteur à la désacralisation d'une église de Differdange devenue dangereuse (Differdange, troisième ville du pays avec 24 000 habitants, ne constitue pas vraiment un pôle métropolitain). Tout d'abord, notons que le nom de l'église qui va être détruite est du pain béni pour un courant laïc : Notre-Dame-des-Douleurs. Il ne s'agit pas ici de reprendre chaque article, mais de repérer à travers le discours journalistique, une manière d'affirmer un positionnement tout en s'appuyant sur des faits. Ainsi, le 8 octobre 2012, dans sa rubrique « Luxembourg », *L'essentiel* évoque ce sujet avec un titre ambigu axé sur le « devoir » comme pour le sondage du LSAP sur la séparation de l'Église et de l'État. L'article s'intitule « L'église devrait être démolie ». Mais est-ce un conditionnel indiquant une situation future presque acquise ou un souhait de *L'essentiel* ? Dans le cadre d'une presse factuelle, on pourrait estimer qu'il s'agit d'un fait presque acquis. D'ailleurs, la légende de la photo qui accompagne l'article est sans ambiguïté sur la question. Le choix du temps verbal et des protagonistes montrent que le rédacteur ne fait pas dans le débat d'idées, mais dans l'évocation d'un futur probable : « Les élus de Differdange se sont prononcés pour la destruction ». Cependant, à la lecture de l'article qui est très court, les choses sont bien moins évidentes. Ce n'est que le samedi suivant que les élus se prononceront finalement sur base d'un avis d'expert concernant la destruction. L'église « pourrait » être détruite, mais il n'y a rien d'inéluctable encore le 8 octobre. Ce qui est certain, c'est que mettre l'église à terre coûtera de l'argent :

> L'église Notre-Dame-des-Douleurs de Differdange sera fixée sur son sort samedi. Fermé depuis 2010 pour des raisons de sécurité, l'édifice religieux pourrait finalement être démoli, a-t-il été annoncé hier en conseil communal. Celui-ci débattra samedi en session extraordinaire pour entériner la décision, en se basant sur un avis d'experts estimant que les risques d'écroulement sont trop grands. Des risques causés par l'apparition de nombreuses fissures fragilisant l'église. Elles auraient été causées par des travaux de terrassement réalisés dans le cadre de la construction d'une résidence en contrebas. Le coût de la démolition de Notre-Dame-des-Douleurs est estimé à 1 million d'euros.

Cette décision ne sera finalement pas prise. Il faut attendre fin novembre 2012 pour que le journal puisse titrer « Notre-Dame-des-Douleurs sera détruite ». Cette fois, c'est sûr et le journal profite de rappeler qu'une lutte existe au sein de la commune entre le conseil communal qui veut garder l'édifice et le conseil échevinal, l'exécutif de la ville. Mais, on apprend également que l'Église y est également favorable sans préciser toutefois qu'elle souhaiterait qu'une chapelle soit construite à la place en souvenir de l'édifice détruit :

> Durant de longues semaines, conseil échevinal et conseil communal peinaient à se mettre d'accord. Le premier souhaitant la démolition de l'église quand le second débloquait 500 000 euros pour stabiliser l'édifice. Le bourgmestre Claude Meisch a finalement tranché et s'est rangé à la décision de l'église luxembourgeoise.

Notre-Dame-des-Douleurs n'en finit pas de tomber. Désacralisée le 2 décembre 2012, *L'essentiel* peut faire son bandeau de Une sur « Une » aire de jeux dans l'église de Differdange », le 16 mai 2013. On apprend que le bâtiment n'est que partiellement détruit et qu'il serait possible d'affecter les parties encore debout à une autre fonction : les jeux d'enfant pourront remplacer la messe. Encore une fois, le rédacteur ne signale pas le projet de mise en place d'une chapelle à la place du bâtiment détruit; une information que signale le magazine de la ville de Differdange de janvier 2013 qui fait un focus sur la destruction et qui est toujours d'actualité près d'un an plus tard puisque repris par le *Wort*, le 7 novembre 2013 dans un article intitulé : « « Differdange: une chapelle en souvenir de 'Notre Dame des Douleurs' ». *L'essentiel*, basé à Differdange et qui est censé connaitre le magazine de la commune, ne signale pas cette information dans son article du 16 mai 2013. C'est une donnée factuelle qui ne mérite pas d'être mentionnée. Comment interpréter cet oubli ? Un pouvoir de subjectivisation du groupe Editpress s'organise-t-il sur les rédacteurs du gratuit ? Ces derniers, presque essentiellement des non-Luxembourgeois, sont-ils tous individuellement favorables à une brisure de la clôture qui enserre l'État et l'Église au Grand-Duché ? Cette position du journal s'établit-t-elle à partir d'une logique interactionniste au sein de la rédaction qui implique une adaptation des rédacteurs réalisant les articles par rapport aux attendus du groupe qui recompose au quotidien son rapport particulier au pouvoir clérical ? De fait, l'alignement sur la pensée du « navire amiral » *Tageblatt* en lutte pour une société laïque depuis 1913 existe car on peut difficilement envisager des articles du même genre dans le journal opposé, le *Wort*, appartenant à l'archevêché. L'identité sommitale du *Tageblatt* n'explique cependant pas tout. Certains rédacteurs sont profondément animés par des valeurs laïques à titre individuel, valeurs inscrites dans un parcours de vie spécifique (la famille ou encore les professions anciennement occupées, comme par exemple le métier d'instituteur exercé par un des journalistes). D'autres rédacteurs, disposant d'un don de plume particulier et mobilisés pour la réalisation d'articles, ne sont pas obligatoirement des personnes très intéressées par la séparation de l'Église et de l'État. Cependant, ils établissent des contenus entrant dans le moule de la laïcité afin de ne pas cliver les interactions quotidiennes au sein de la rédaction.

Le rapport partiellement tendu de la société laïque luxembourgeoise face la tradition religieuse n'apparait pas tous les jours dans les pages de *L'essentiel*. L'analyse qui vient d'être faite ne doit pas donner l'impression que l'ordre du jour quotidien se bâtit autour des positions de l'Église au sein d'une grande partie d'échec que joueraient les forces politiques et médiatiques du pays depuis plus de cent ans. Cependant, lorsque l'occasion se présente, le quotidien gratuit peut mettre en lumière des sujets signalant soit l'existence d'un clivage dans la société face à cette institution, soit la mise en avant de normes du vivre-ensemble qui échappent de la tradition religieuse comme par exemple le mariage pour tous ou encore la quête de reconnaissance des jeunes transsexuels. Le journal est donc l'émanation d'une partie de la société civile qui veut établir une brisure de la clôture enserrant les pouvoirs étatique et clérical; clôture estimée comme une barrière à une vision plus autonomisée du vivre-ensemble. Les journalistes de la version papier du titre sont presque tous des Français ou des Wallons, mais ils intègrent cette lutte luxembourgeoise circonscrite aux frontières de l'État grand-ducal. Cela ne signifie pas pour autant que *L'essentiel* soit *a priori* contre les cultes. Ainsi, dans ses pages, il peut mettre en avant l'actualité d'un groupe religieux qui n'est pas conventionné avec l'État et qui est en quête de reconnaissance dans le pays : la Shoura, l'association du culte musulman. Cependant cette mise en avant de la légitimité musulmane au Grand-Duché s'inscrit en partie dans un rapport clivé déjà vieux de cent ans concernant la place du catholicisme au sein de l'État. Par exemple, le 11 juin 2014, dans un article en ligne intitulé : « Le financement des cultes coûte 57 millions à l'État », le quotidien tient à préciser que le culte musulman ne reçoit que 2 480 € par an alors que « l'Église catholique touche la plus grosse part du gâteau, loin devant les israélites, orthodoxes, anglicans, protestants ». Par ailleurs, on retrouve encore une fois dans cet article, l'usage du « devoir » à valeur potentiellement prescriptive. Le rédacteur souligne que « si, à l'avenir, l'État continue à financer les cultes, il devra faire de même pour le culte musulman ». Comme on peut le constater le journal gratuit s'inscrit dans un combat laïc limité par les frontières pérennes de l'État luxembourgeois; combat que l'on associe difficilement à l'image standard de la presse gratuite souvent rangée trop rapidement dans la catégorie des sous-médias achetés par les promoteurs des industries culturelles globales.

5. Conclusion

La Presse Quotidienne Gratuite (PQG) dégage des ressources publicitaires qui servent à stabiliser des groupes d'édition lorsque la conjoncture économique est florissante. Le problème de la presse commerciale apparait toujours dans les phases de récession ou de ralentissement, lorsque les annonceurs veulent moins investir dans les encarts publicitaires et disposent donc d'un pouvoir de négociation plus fort vis-à-vis des groupes médiatiques qui sont mis en concurrence. Cette crise des annonces touche notamment la PQG française et partout ailleurs, il y a une tendance à l'établissement d'un marché monopolistique des gratuits (Bakker 2010) comme c'est le cas avec *L'essentiel* au Luxembourg (après la disparition de son concurrent *Point 24* en décembre 2012). Par ailleurs, il serait facile de penser que cette presse est inscrite dans la mondialisation qui ne respecte plus aucune frontière : les marques *20 Minutes* ou encore *Metro* se retrouvent à l'échelle européenne à l'instar des marques de voitures ou de la grande distribution qui font vivre ces journaux grâce à leurs encarts publicitaires; les savoir-faire passent d'un pays à l'autre comme c'est le cas entre le *20 Minutes* de la Suisse romande et *L'essentiel* luxembourgeois; des rubriques entières sont construites à partir d'un horizon d'attente moyen d'une population occidentale connaissant plus ou moins les mêmes *people*, les mêmes stars mondiales du sport et les mêmes quêtes d'information sur les tendances urbaines qu'elles soient relatives à la mode, aux nouvelles technologies ou encore au culte de la personnalité choyée dans la modernité tardive.

Cependant, l'agenda informationnel sur lequel se concentre l'effort rédactionnel dans la PQG s'avère être déterminé par tout un faisceau de relations entre des sources et des publics pris au sein d'un cadre étatique unique aux frontières bien présentes et plus ou moins élastiques. Ainsi, en prenant le cas du journal *L'essentiel* au Luxembourg, il a été possible de constater que cette prégnance de la frontière apparaît à deux niveaux, c'est-à-dire d'un point de vue global et au sein de sujets de société très précis. Le journal en question parle certes à un public résidant au Luxembourg, en France, en Allemagne et en Belgique et pris dans l'aire métropolitaine polarisée par Luxembourg-Ville. Cependant, il connecte avant tout ce public multi-territorial avec la parole presque exclusive de l'État luxembourgeois et des entreprises/syndicats situés au Luxembourg. Les travailleurs frontaliers, lecteurs de *L'essentiel*, lisent quotidiennement un journal qui les positionne dans un Grand Luxembourg à la frontière débordant sur les pays voisins où ils logent. S'ils cherchent les rares informations concernant leurs régions de résidence en Lorraine ou en Wallonie, ils savent pertinemment qu'ils devront les trouver au sein de la rubrique « Luxembourg » du titre. Ils ont intégré cette appartenance à un espace luxembourgeois néo-régional trans-étatique.

Enfin, *L'essentiel* n'est pas simplement un journal reposant sur les flux métropolitains au sein d'un Grand Luxembourg dont la frontière est située en France, en Belgique et en Allemagne. Il s'agit également d'un média de position qui se range idéologiquement dans une famille de presse marquée par la laïcité sur le très long terme. Le quotidien s'inscrit dans une orientation historique et presque unidirectionnelle de la modernité européenne fondée sur l'individu souhaitant vivre en autonomie par rapport à toute vision prescriptive imposée par les traditions et notamment la tradition religieuse. *L'essentiel* signale alors le souhait d'une « brisure de la clôture » au sein de la société enserrée dans le container étatique luxembourgeois. Il ne s'agit pas de mettre à mal l'État et ses frontières, mais de l'autonomiser face au pouvoir de l'Église et de sa vision de l'homme en communauté définie par une série de dogmes et de vérités révélées. *L'essentiel*, lorsqu'il remet en cause en sourdine cette tradition multiséculaire, s'inscrit dans une tradition centenaire de la droite libérale et de la gauche de gouvernement qui ont pu se retrouver sur les questions de moralité depuis Paul Schroell, fondateur de droite libérale du *Tageblatt* qui vend son journal aux syndicats ouvriers en 1927 jusqu'à Xavier Bettel, premier ministre libéral actuel, inscrit dans une coalition avec le LSAP et les Verts et réalisant progressivement cette « brisure de la clôture » enserrant l'État, l'Église et la communauté grand-ducale. D'autres raisons peuvent exister pour expliquer ce souhait de séparation entre le pouvoir religieux et l'État et notamment, le souci de faire des économies pour réduire le déficit public dans un temps de croissance économique faible en Europe. Cependant, on ne peut pas écarter pour autant l'existence d'un débat d'idées sur la place de l'Église dans la modernité tardive qui engendre une lutte à laquelle participe *L'essentiel*.

Bibliographie

Accardo, Alain (dir.) (1998) : *Journalistes précaires*, Bordeaux : Editions Le Mascaret.

Anderson, Benedict (1983) : *Imagined Communities*, London : Verso.

Anderson, Chris (2009) : *Free. The future of a radical price*, New York : Hyperion.

Ambroise-Rendu, Anne-Claude (2004) : *Petits récits des désordres ordinaires. Les faits divers dans la presse française des débuts de la IIIème République à la Grande Guerre*, Paris : Editions Seli Arslan.

Appadurai, Arjun (1996) : *Modernity at large. Cultural Dimensions of Globalization*, Minneapolis : University of Minnesota Press.

Bakker, Piet (2010) : « Free dailies 2010: The age of the happy monopolist », in : *In-Publishing Magazine*, Jan/Feb 2010.

Bauman, Zygmunt (2000) : *Liquid modernity*, Oxford : Polity Press.

Castells, Manuel (1996) : The Rise of the *Network Society*, Massachusetts : *Blackwell*.

Castoriadis, Cornelius (1986) : *Domaines de l'homme. Les carrefours du labyrinthe, Tome 2*, Paris : Points.

Charon, Jean-Marie (2007) : *Les journalistes et leur public : Le grand malentendu*, Bry-sur-Marne : INA.

Conboy, Martin (2006) : *Tabloid Britain. Constructing a community through language*, London : Routledge.

Dominguez Muller, David (2007) : *Radio-Luxembourg. Histoire d'un média privé d'envergure européenne*, Paris : L'Harmattan.

Feyel, Gilles (2011) : « L'économie de la presse au XIXe siècle », in : *La civilisation du journal*, Kalifa, Dominique / Régnier, Philippe / Thérenty Marie-Ève / Vaillant, Allain (ed.), Paris : Nouveaux Mondes Editions, 141-180.

Feyel, Gilles / Lenoble, Benoît (2011) : « Commercialisation et diffusion des journaux au XIXème siècle », in : *La civilisation du journal*, Kalifa, Dominique / Régnier, Philippe / Thérenty Marie-Ève / Vaillant, Allain (ed.), Paris : Nouveaux Mondes Editions, 181-212.

Florida, Richard (2005) : *Cities and the Creative Class*, London : Routledge.

Genevois, Anne-Sophie / Zanardelli, Mireille (2008) : « Les dépenses des salariés frontaliers au Luxembourg », in : *Bulletin du Statec*, 1, Luxembourg : Statec.

Giddens, Anthony (1991) : *The consequences of modernity*, Cambridge : Polity Press.

Harvey, David (1989) : *The Condition of Postmodernity: An Enquiry into the Origins of Cultural Change*, Oxford : Blackwell.

Kalifa, Dominique / Régnier, Philippe (2011) : « Homogénéiser le corps national », in : *La civilisation du journal*, Kalifa, Dominique / Régnier, Philippe / Thérenty Marie-Ève / Vaillant, Allain (ed.), Paris : Nouveaux Mondes Editions, 1411-1428.

Lyon-Caen, Judith (2011) : « Lecteurs et lectures : les usages de la presse au XIXème siècle », in : *La civilisation du journal*, Kalifa, Dominique / Régnier, Philippe / Thérenty Marie-Ève / Vaillant, Allain (ed.), Paris : Nouveaux Mondes Editions, 23-60.

Massey, Douglas S. (2005) : *Strangers in a strange land. Humans in an urbanizing world*, London : Norton and Company.

O'Dowd, Liam (2003) : « The changing significance of European borders », *in : New borders for a changing Europe: Cross-border cooperation and governance*, Anderson, James / O'Dowd, Liam / Wilson, Thomas (ed.), London : Frank Cass, 13-26.

Rosanvallon, Pierre (2014) : *Le parlement des invisibles*, Paris : Le Seuil.

Ruelland, Denis (2007) : *Le journalisme ou le professionnalisme du flou*, Grenoble : PUG.

Schuller, Guy (2007) : « Le commerce transfrontalier du Luxembourg dans la Grande Région. Une tentative d'explication », in : *Série « Economie et Statistique », Working paper du STATEC*, 18, Luxembourg : STATEC.

Schuller, Guy / *Zanardelli*, Mireille (2002) : *Les dépenses des salariés transfrontaliers au Luxembourg*, Luxembourg : STATEC, CEPS/INSTEAD.

Schuller, Guy / *Sinner*, Véronique (2013) : « Regards sur la création nette d'emploi depuis la crise », in : *Regards,* 13, Luxembourg : STATEC.

Sohn, Christophe (2013) : « The border as a resource in the global urban space: A contribution to the cross-border metropolis hypothesis »,in : *International Journal of Urban and Regional Research*, 38:5, 1697-1711.

STATEC (2013) : *Le Luxembourg en chiffres*, Luxembourg : STATEC.

Thill-Ditsch, Germaine (2010) : « Regards sur la population par nationalités », in : *Regards*, 6, Luxembourg : STATEC.

Tunstall, Jeremy (2008) : *The media were American*, New York : Oxford University Press.

Van Den Dungen, Pierre (2011) : « Professions du journalisme et écriture au quotidien », in : *La civilisation du journal*, Kalifa, Dominique / Régnier, Philippe / Thérenty Marie-Ève / Vaillant, Allain (ed.), Paris : Nouveaux Mondes Editions, 615-651.

Venayre, Sylvain (2011) : « Identités nationales, altérités culturelles », in : *La civilisation du journal*, Kalifa, Dominique / Régnier, Philippe / Thérenty Marie-Ève / Vaillant, Allain (ed.), Paris : Nouveaux Mondes Editions, 1381-1407.

Twitter, un média pour la communication transfrontalière des événements locaux ? Une approche empirique exploratoire

Thilo von Pape und Michael Scharkow (Universität Hohenheim-Stuttgart)

Alors que twitter peut être considéré comme un réseau social numérique ou un service de « *microblogging* », les ambitions de l'entreprise vont bien au-delà d'une seule plate-forme pour le vain bavardage des particuliers. Son service de communication présente twitter comme "the global town square – the place where people around the globe go to find out what's happening." (Twitter 2013). Avec cette métaphore, qui fait allusion au village global de McLuhan (1962) et à l'agora de l'antiquité, twitter se présente donc comme un espace public pour la société globale contemporaine. Ce positionnement rend twitter intéressant pour la communication transfrontalière dans la mesure où il pourrait combler un déficit des médias de masse traditionnels, souvent limités à des structures organisationnelles au niveau national qui les empêchent de couvrir les deux côtés des frontières.

L'objectif de cette étude est d'explorer dans quelle mesure twitter permet aujourd'hui à la population de la Grande Région de découvrir ce qui se passe de l'autre côté des différentes frontières en termes d'évènements culturels, sociaux, sportifs, politiques etc. Cette question en entraîne une autre, méthodologique cette fois, à laquelle il faut répondre en amont : comment peut-on identifier, collectionner et analyser de façon empirique des éléments de la communication transfrontalière via un réseau social numérique comme twitter?

Nous allons d'abord présenter l'état de la recherche sur le potentiel de twitter comme médium complémentaire aux médias traditionnels pour la communication transfrontalière sur des évènements. Puis nous aborderons la question de savoir comment analyser les flux de communication sur twitter d'un point de vue géographique. Il en résulte enfin la présentation de l'approche choisie pour notre enquête empirique, une étude de contenu et de réseaux sociaux de quelques centaines de "tweets" en région transfrontalière. Il s'agit d'un travail qui est toujours en cours et qui doit encore être poursuivi et approfondi. Par conséquent, les résultats présentent aussi bien des constats sur les forces et faiblesses de l'approche choisie que de constats sur la communication transfrontalière par twitter.

1. Twitter comme médium complémentaire pour la communication transfrontalière

La recherche sur la communication régionale transfrontalière est souvent conduite dans un contexte normatif (Lang 1989). En Europe notamment, l'intérêt pour les régions transfrontalières s'explique par un certain volontarisme. Il s'exprime, par exemple, dans les paroles du premier président de l'Association de Régions Frontalières Européennes (ARFE), Alfred Mozer qui suggère d'"enfin commencer à construire l'Europe le long des frontières" (Mozer 1975 : 6). Le projet "infotransfront", dont est issue cette étude, en est également un bel exemple : il est financé en partie par le Centre interdisciplinaire d'études et de recherche sur l'Allemagne, l'Université franco-allemande et le réseau de villes Quattropole, tous ayant comme mission (ou au moins comme intérêt) de renforcer les liens transfrontaliers. Au cœur de cette étude se trouve donc l'intérêt tout à fait fonctionnaliste d'explorer ce que twitter peut apporter au paysage médiatique existant pour faciliter l'intégration transfrontalière, notamment là où les médias de masse traditionnels montrent leurs limites.

Dans son analyse des facteurs médiatiques qui contraignent l'émergence d'un espace public européen, Gerhards (1993) évoque plusieurs raisons : les différences linguistiques, les coûts d'une distribution physique, la dépendance des marchés publicitaires qui sont souvent nationaux, les différentes habitudes de réception (notamment pour les informations à la télévision). A cela s'ajoute le fait que l'intérêt accordé aux informations étrangères est généralement limité (von Pape / Quandt / Scharkow / Vogelgesang 2012).

Les précédents travaux de l'équipe Infotransfront, comme les résultats présentés dans cet ouvrage, ont montré comment la Grande Région demeurait un espace médiatique segmenté (Goulet / Vatter 2013). Il existe tout de même des facteurs favorables à l'émergence d'un espace public européen dans les médias de masse classiques, notamment l'éthique journalistique. Des initiatives citoyennes comme le projet de société civile "une âme pour l'Europe", qui visent à créer une représentation médiatique plus chaleureuse de l'Europe, sont reprises par les discours professionnels des journalistes (Witt-Barthel 2004). Mais force est de constater que, malgré une bonne volonté affichée d'informer et d'intéresser le public sur ce qui se passe de l'autre côté de la frontière, les limites organisationnelles, économiques, culturelles et techniques sont encore nombreuses.

Internet n'est pas non plus au-dessus des limites nationales, car la structure des hyperliens qui constitue le *world wide web* est marquée par des frontières nationales (Halavais 2000), et les possibilités de localiser des usagers par leurs adresses IP permettent aux fournisseurs de contenus de varier et limiter l'offre en fonction des pays d'utilisation (Haunss 2013). Internet facilite cependant largement la distribution des contenus au-delà des frontières nationales et l'existence de plates-formes globales pour la communication comme skype, facebook ou twitter, avec des interfaces pratiquement identiques dans le monde entier, permet aux usagers de se connecter très facilement entre eux. Il existe aussi une volonté politique évidente de profiter de ces opportunités. Ainsi, dans le rapport "Sur le journalisme et les nouveaux médias – créer une sphère publique en Europe" soumis au Parlement Européen (2013 : 4), il est mentionné que "la communication devrait reposer sur un dialogue authentique [...] entre les citoyens eux-mêmes". Ce rapport souligne notamment le potentiel des réseaux sociaux numériques et incite les médias de service public à "intégrer les pratiques de communication qui s'appuient sur les nouveaux médias afin de renforcer leur crédibilité à travers la participation ouverte du public" (p. 10). Internet et les réseaux sociaux numériques apparaissent comme des technologies prometteuses, en particulier dans la communication culturelle, un domaine qui parait spécialement apte à créer un espace public transfrontalier. Avec le Luxembourg comme Capitale Européenne de la Culture en 2007, des manifestations culturelles étaient censées servir à "forger une identité au territoire de la Grande Région" (Appel / Boulanger 2009 : 73, cf. Vogel 2009).

Un regard général sur l'utilisation de twitter donne une image mitigée quant à son potentiel pour créer un tel lien. Selon une enquête IPSOS/CGI (2013), seul 5% de la population française à partir de 15 ans avaient un compte twitter actif en 2013. Il faut pourtant noter qu'il s'agit d'une population jeune (61% ayant moins de 35 ans) et urbaine, avec deux tiers vivant dans des villes de plus de 100 000 habitants, et donc plutôt disposés à participer à des évènements culturels. Des études en usages et gratifications de twitter soulignent qu'un motif principal pour l'utilisation du service est la recherche d'information, encore plus que le contact social (Johnson / Yang 2009). Si twitter restera sans doute à l'avenir un phénomène relativement marginal d'un point de vue quantitatif, les personnes qui s'en servent et les motifs qu'ils poursuivent correspondent tout à fait à la fonction de faciliter la communication sur les évènements culturels.

2. La "géographie de twitter"

Dans son article qui présente une synthèse de la recherche sur les frontières et régions frontalières en Europe, van Houtum (2000) distingue trois approches : l'approche des flux (*"flow approach"*), l'approche sur la coopération transfrontalière (*"cross-border cooperation approach"*) et l'approche qui prend comme point de départ le point de vue des individus (*"people approach"*). Notre enquête autour du médium twitter s'inscrit dans l'approche des flux, dont la problématique centrale est l'analyse de la continuité des flux d'interaction à travers les frontières (van Houtum 2000 : 73). Sont considérés traditionnellement les flux économiques (Bröcker 1984), de transport (Plat / Raux 1998) ou de communication par téléphone (Rossera 1993).

L'approche traditionnelle consiste en la comparaison des flux entre deux endroits (par exemple, le nombre de communications téléphoniques entre deux villes) en fonction de leur distance physique et mesure l'impact sur les flux d'interaction d'une frontière entre ces endroits. Cette approche permet d'exprimer l'effet d'une frontière sur les flux de communication et de transport en des termes très précis. Par exemple, Bröcker constatait en 1984 que l'existence d'une frontière entre deux lieux aléatoires dans l'Union Européenne avait en moyenne le même effet négatif sur le commerce entre ces lieux que si l'on augmentait la distance entre eux de 375 km. Mais ce genre de calcul nécessite des informations géographiques détaillées sur la localisation des communicants.

Avec twitter, ces informations ne sont souvent pas disponibles, les positionnements géographiques des personnes qui communiquent n'étant pas accessibles dans les profils des utilisateurs. Dans une enquête sur un échantillon représentant l'ensemble des messages postés sur twitter pendant une semaine, Takhteyev, Gruzd et Wellman (2012) ont constaté que seulement 8% des usagers publient leur localisation précise. 57% des tweeters publient une région géographique « relativement précise », mais celle-ci est tout de même trop large pour conduire une analyse dans un contexte aussi spécifique que la Grande Région (Takhteyev et al. considèrent comme "relativement précise" une surface jusqu'à 25 000 km^2, ce qui dépasse de loin la Sarre et le Luxembourg avec environ 2 600 km² chacun et la Moselle avec 6 200 km²).

Avec si peu d'informations géographiques disponibles sur les usagers de twitter, il est donc impossible d'étudier l'impact des frontières sur les flux de communication en termes d'une métrique géographique comme la distance entre les usagers. Nous avons alors choisi une approche alternative : au lieu d'extraire les informations géographiques sur les participants, nous avons pris comme point de départ les informations géographiques disponibles dans le contenu des messages. Comme une information sur un évènement doit contenir des informations sur le lieu et le temps de cet évènement, nous avons considéré cette information géographique comme étant un élément constitutif pour tout tweet relatif à un évènement. Cette approche, qui évite toute préconception sur la nature des évènements qu'il peut y avoir, permet de considérer la communication sur des évènements dans la Grande Région de façon exploratoire. Nous pouvons donc préciser les questions de recherche.

La première question est : *quels genres de messages portant sur des évènements sont-ils échangés ?*

La deuxième question concerne les réseaux dans lesquels ces messages circulent. Même s'il n'est pas possible d'identifier le positionnement géographique des usagers, il est possible de différencier entre les usagers français et allemands de façon approximative grâce au langage utilisé dans les messages. La deuxième question est donc : *dans quelle mesure les messages dans les différentes langues concernent-elles aussi ce qui se passe de l'autre côté des frontières ?*

La troisième question concerne l'ensemble du réseau dans lequel circulent les messages sur des évènements dans la Grande Région : *dans quelle mesure ce réseau d'usagers qui communiquent sur twitter sur des évènements dans la Grande Région intègre-t-il des usagers des différentes langues ?*

3. Méthode

Le premier défi méthodologique est de définir un critère pour identifier ce qui constitue un message évènementiel. Suivant notre logique exploratoire, nous avons considéré comme un tweet sur un évènement tout message qui contient des mots clés indiquant a) le lieu où se déroule l'évènement ainsi que b) des mots sur la date ou la période de celui-ci. Pour limiter la complexité de l'étude tout en gardant trois pays dans l'enquête, nous avons limité l'espace à une partie de la Grande Région, à savoir la zone qui couvre le Land de la Sarre (environ 1 million d'habitants), le département de la Moselle (environ 1 million d'habitants), et le pays du Luxembourg (environ 540 000 habitants).

3.1. Construction de l'échantillon

Pour recueillir les informations, nous avons récolté les tweets publiés entre le 29 janvier 2013 et le 13 février 2013 qui contenaient des informations correspondant aux deux critères (temporelle et géographique) de sélection. Pour les lieux, nous avons intégré dans l'ensemble 1 896 noms de villes et villages, tout en tenant compte des différentes orthographes possibles (Sarreguemines et Saargemünd; Sarrebruck et Saarbrücken). Pour le critère temporel, nous avons intégré des termes faisant référence par exemple aux mois et jours de la semaine ou encore des mots qui désignent une partie de la journée, comme "ce matin" ou "cet après-midi". Ces mots ont été sélectionnés en langue française, allemande, anglaise et luxembourgeoise.

Les données ont été recueillies automatiquement à travers l'interface de programmation (application programming interface, API) de twitter toutes les 60 minutes. Pour ce faire, nous avons utilisé un module spécialisé pour l'analyse de twitter pour le langage de programmation ruby (http://sferik.github.io/twitter/).

Selon ces critères de sélection, nous avons constitué un premier échantillon de base comprenant 6086 tweets qui contiennent un nom de lieu et un mot temporel. Par exemple dans le tweet suivant : "Vom 12. bis zum 14. **April** diesen Jahres findet in **Illingen** (Saarland) die 'FARK', eine Fantasie und... http://t.co/bXRUoSB8", (les mots à partir desquels le message a été sélectionné sont mis en gras).

Cet échantillon a ensuite été réduit en plusieurs étapes et sur la base d'une première analyse de contenu des tweets. Cette analyse avait comme objectif d'identifier les tweets sans rapport à la région transfrontalière Sarre/Moselle/Luxembourg. La grande majorité des messages en langue anglaise (plus de 90 %) ont ainsi été identifiés comme des messages sans référence à cette région, donc des "faux positifs" pour notre sélection. Par exemple, le mot "Metz" est aussi le nom d'un groupe de rock canadien que l'on retrouve donc dans des tweets en anglais (par exemple : "Wavves, Metz, The King Khan & BBQ Show, and Born Ruffians are all playing in the same week in April. Too much awesome."). Même des mots qui paraissent singuliers comme celui de la commune de Yutz peuvent avoir une autre signification, "Yutz" ayant des origines en yiddish et signifiant "idiot" en langage urbain contemporain (Delzell / Victor 2006 : 2148). La suppression de tous les tweets en anglais a réduit l'échantillon de plus de 50 %, soit 3863 messages.

Les messages qui restaient après l'exclusion de l'anglais comprenaient évidemment encore des faux positifs. Pour les identifier, nous avons mené une deuxième analyse de contenu. Dans un premier temps, un échantillon aléatoire de 20 tweets a été analysé pour chaque ville et village. Si cet échantillon comprenait au moins 80 % de tweets qui faisaient sans aucun doute référence à autre chose que la région qui nous intéressait, le nom a été éliminé de l'échantillon. Ainsi, 26 noms de villes et village tels que "Strassen", "Hunting", "Picard", "Sucht", "Salzburg", "Lhopital", "Freiburg" et "Hof" ont été éliminés.

Ceci réduisait le corpus encore une fois de 385 messages. Un dernier tri a été effectué par une analyse de l'ensemble des messages qui restaient, éliminant encore une fois 538 tweets. Ces derniers ne faisaient en effet pas référence à un évènement dans la région que nous avions choisie. Ainsi, il restait un échantillon final de 1 300 tweets (tableau 1).

Tableau 1 : réduction de l'échantillon

tous les tweets avec lieu et temps	6 086
tweets en anglais	-3 863
lieux faux positifs	-385
autres faux positifs	-538
base de l'analyse	*1 300*

3.2. Analyse de contenu et de réseau

L'analyse détaillée du contenu des messages était en partie automatisée et en partie conduite par des codeurs humains. Les variables qui pouvaient être analysées automatiquement étaient la date du message, la langue (pour le français et l'allemand, mais pas pour le luxembourgeois) et le lieu mentionné, qui était extrait automatiquement car il faisait partie des critères de sélection. L'analyse manuelle a été réalisée en deux temps : tout d'abord, une analyse qualitative a permis d'identifier différentes catégories auprès d'un nombre limité de tweets, puis sur cette base, une analyse quantitative a permis la classification de chaque message dans une ou plusieurs des 15 catégories définies. L'analyse de contenu quantitative a été conduite par deux codeurs formés spécialement pour cet exercice.

La reliabilité de leur codage a été testée sur un échantillon de 79 messages choisi de façon aléatoire dans l'ensemble des messages de l'échantillon final. Les deux codeurs ont codé tous ces messages de façon identique.

Pour l'analyse des réseaux sociaux dans lesquels circulent les messages sélectionnés, nous avons procédé en trois étapes : (1) identifier les noms d'usager des auteurs de tous les messages dans le corpus, puis (2) identifier grâce à l'API de twitter leurs "*followers*" (les personnes qui suivent leurs messages) et leurs "*friends*" (les personnes qu'ils suivent eux-mêmes). En considérant les usagers comme des "nœuds" des réseaux sociaux (*nodes*) et les relations de suiveur comme des "liens" (*edges*) entre ces nœuds, nous avons finalement (3) construit les réseaux sociaux dans lesquels circulent les messages[1].

4. Résultats

Les 1 300 messages retenus ont été écrits par 995 comptes d'utilisateurs ("auteurs"). 84 % de ces auteurs n'ont écrit qu'un seul message pendant la période analysée. Seulement un usager a envoyé plus de 19 tweets sur des évènements régionaux alors que plus de 800 usagers n'ont envoyé qu'un seul tweet pendant la période de l'enquête (cf. illustration 2). Ce phénomène d'un grand nombre d'auteurs correspond au phénomène internet de la "longue traîne" ("*long tail*", Anderson 2006). Il s'agit donc d'une distribution des contenus sur internet caractérisée par une plus grande variété d'auteurs que dans les médias de masse et permettant ainsi de couvrir des intérêts très particuliers.

---

1 Les données sur les réseaux sociaux ont été collectionnées en juin 2013, une fois l'analyse de contenu terminée. Un problème qui s'est présenté pendant ce travail est le fait que l'API de twitter (version 1.1) est limitée depuis juin 2013 à un nombre de 60 *followers* par heure. À l'échelle de notre échantillon relativement petit, cette limitation a simplement ralenti le processus de collecte de données pour la partie « analyse de réseaux sociaux »; mais elle constitue un véritable problème pour des échantillons plus larges de "données massives".

Illustration 2: nombre de messages par personne

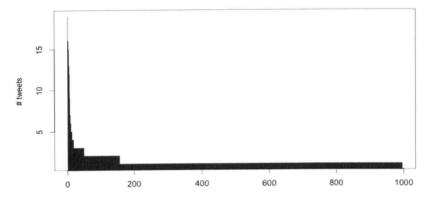

Les auteurs les plus actifs ont publié en allemand. Six des sept auteurs les plus actifs en langue allemande sont des acteurs organisationnels : le portail d'informations locales « @mywort_lu », quatre comptes twitter qui appartiennent à l'hebdomadaire gratuit « Wochenspiegel » et la ville de Sulzbach/Saar (tableau 2). Le septième compte de cette liste est « @viereggtext », un compte semi-professionnel d'un bloggeur local. Parmi les auteurs les plus actifs en français, on trouve en tête des particuliers. Suivent avec quatre tweets un collectif d'architectes et ingénieurs luxembourgeois (« @archtwits »), un autre particulier qui couvre l'actualité des blogs sur la Lorraine (@blogsdelorraine) et le Parti Communiste de Metz (@pcf_metz). Ce résultat suggère que la communication sur les évènements est un phénomène plutôt ascendant (*"bottom up"*) du côté français et plus limité aux acteurs professionels (« *top down* ») du côté allemand – mais cette hypothèse devrait être testée avec un échantillon plus représentatif pour des auteurs des deux nationalités.

À noter encore que parmi les 995 auteurs identifiés, seul deux ont publié en allemand et en français pendant les 2 semaines de l'enquête.

Tableau 2: nombre de tweets par auteur

français	nombre tweets	Allemand	nombre tweets
@DeliJonuS	6	@mywort_lu	19
@MargauxGiordano	6	@viereggtext	16
@NicoKirch	5	@wo_kreis_sls	16
@SegoleneSimone	5	@wo_kreis_mzg	15
@archtwits	4	@wo_spk	13
@blogsdelorraine	4	@wo_kreis_nk	12
@pcf_metz	4	@SulzbachSaar	9

Parmi les 1 300 messages, 1 013 sont en langue française (soit 78 %) et 286 en allemand. Un seul tweet est en luxembourgeois. Ce résultat suggère que le luxembourgeois, qui reste une langue principalement orale, joue un rôle limité dans la communication écrite sur les évènements dans la région de la Sarre, de la Moselle et du Luxembourg. Il n'est pas exclu pourtant que des tweets luxembourgeois existent, mais ne soient pas pris en compte dans cette étude du fait de l'utilisation d'expressions en langage familier ou d'orthographes simplifiés.

En réponse à la première question de recherche relative au genre des messages publiés sur twitter, nous pouvons constater que les messages échangés concernent un grand nombre de types d'évènements. Plus de 300 messages sur les 1 300 de l'échantillon n'ont pu être catégorisés. Un grand nombre de tweets paraissent donc être faits pour un public très limité d'"initiés". Un exemple d'un tel message est le suivant : "Demain j'ai pas cours, mais je vais à Thionville quand même pour voir les potes". Ces messages semblent être dans la plupart des cas de caractère personnel : le lecteur doit bien connaître l'auteur pour comprendre de quel évènement il parle. Ils correspondent donc au phénomène de *"narrowcasting"* (Sant 2014 : 53), c'est-à-dire au fait de s'adresser à un public très restreint (parfois une seule personne) bien que tout message sur twitter est théoriquement disponible pour un public illimité.

Les autres messages ont pu être classés dans des catégories telles que sport, politique, gastronomie, trafic, météo, petites annonces, ou encore shopping et beauté.

Une comparaison du contenu des différents messages envoyés en allemand et français permet d'identifier des différences de façon purement descriptive. Les différences les plus importantes pouvaient être trouvées dans les domaines des concerts (beaucoup plus courants en France) et les petites annonces (beaucoup plus courantes en Allemagne).

Illustration 3: type de tweet par langue (n=983 tweets catégorisés)

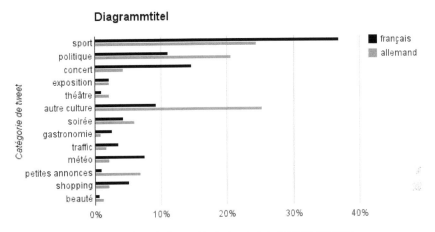

La deuxième question de recherche concerne le caractère transfrontalier des messages envoyés. Si l'on compare le nombre de fois lors desquelles les différentes villes sont mentionnées, on constate que les villes étrangères sont moins citées dans les messages (tableau 3). Le fait que Luxembourg ne figure pas parmi les messages en allemand est probablement dû à une erreur dans la création de la liste des villes, l'orthographe allemande "Luxemburg" n'ayant pas été pris en compte dans la liste des mots-clés utilisés pour créer l'échantillon. Etant donné que Luxembourg est à la quatrième place dans les tweets francais et que "mywort_lu" est le principal auteur de tweets en allemand, on peut supposer que Luxembourg aurait figuré parmi les villes les plus souvent mentionnées dans les tweets allemands.

Tableau 3: mentions des villes dans les messages français et allemands

tweets français (n=1013)		tweets allemands (n=287)	
nom de ville	**fréquence (pourcentage)**	nom de ville	**fréquence (pourcentage)**
Thionville	11	Saarbrücken	13
Metz	11	Homburg	6
Amneville	8	Neunkirchen	6
Luxembourg*	8	Cattenom*	5
Florange	6	Diekirch	5
Rombas	5	Saarlouis	5
Yutz	3	Schieren	4
Clouange	2	St. Wendel	4
Guenange	2	Dillingen	3
Sarrebruck*	2	Merzig	3

* Les villes avec un astérisque se trouvent dans un autre pays que la France (pour les tweets français) ou l'Allemagne (pour les tweets allemands).

La dernière question concerne le réseau d'usagers qui communiquent sur twitter sur des évènements dans la Grande Région : intègre-t-il des usagers des différentes langues ?

L'illustration 3 représente le réseau de tous les auteurs de notre échantillon ayant publié au moins un tweet pendant la période de l'enquête et leurs relations de suivi (une flèche indique que la personne suit les tweets de la personne). L'ensemble de ce réseau comprend 365 auteurs et 506 liens entre eux. Pour déterminer la langue des auteurs, nous nous sommes basés sur l'information relative à la langue dans le profil d'usager de twitter. Sur cette base, 316 auteurs parlent français, 43 parlent allemand, et 6 anglais[2].

---

[2] La présence d'usagers anglophones peut surprendre vu que les tweets en anglais ont été supprimés de l'échantillon. Cette contradiction s'explique par le fait que les tweets de ces personnes n'étaient pas en anglais, même s'ils avaient choisi l'anglais comme langue pour leur profil d'usager.

Illustration 4 : réseaux des auteurs. La taille est proportionnelle au nombre de suiveurs, la couleur grise représente les auteurs francophones, la couleur noire les germanophones et la couleur blanche les anglophones.

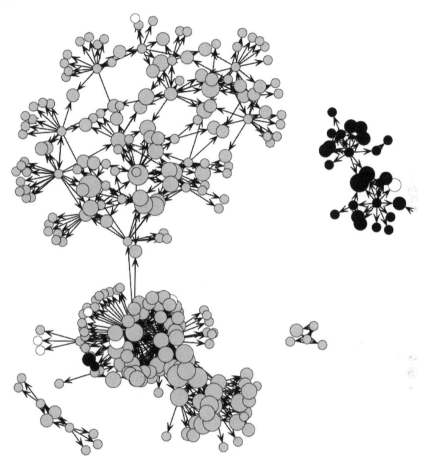

Sur la base de la langue du profil, on distingue principalement deux réseaux : un purement allemand (en noir) et un principalement en français (en gris) avec certains éléments allemands. Le réseau français se divise encore une fois en deux réseaux qui sont interconnectés par deux liens. La séparation entre le réseau allemand et le réseau français signifie que les personnes ayant communiqué sur un évènement dans la région de la Sarre, du Luxembourg et de la Moselle en français, allemand ou luxembourgeois entre le 29 janvier et le 13 février 2013 sont complètement isolées en fonction de leur langue. Aucun membre d'un réseau ne suit les messages d'un membre de l'autre réseau. Les deux allemands qui sont intégrés dans le réseau français ne créent pas de pont structurel liant les deux camps linguistiques. Les informations évènementielles qui circulent entre les français ne peuvent donc pas être perçues par les allemands sur twitter et vice versa. Cette séparation est d'autant plus impressionnante que les liens à l'intérieur d'un réseau ne manquent pas.

5. Conclusion

En s'appuyant sur l'infrastructure globale d'Internet et sa propre interface qui est identique partout dans le monde, twitter a la possibilité de surmonter certaines limites organisationnelles et techniques qui empêchent les médias de masse traditionnels comme la presse ou la radio de communiquer des informations au-delà des frontières. Dans cet article, nous avons présenté une approche empirique pour explorer ce potentiel dans le contexte de la communication transfrontalière sur des évènements locaux dans la Grande Région. Cette approche peut évidemment être appliquée dans toute autre région avec une frontière linguistique et adaptée à d'autres contenus.

L'approche suit une logique exploratoire : pour avoir une vue d'ensemble des tweets sur tout genre d'évènement dans la région en question, le corpus comprend tous les messages qui contiennent une référence à un temps et un lieu. À l'aide d'un outil de recueil de données massives qui se sert de l'interface de programmation (API) de twitter, il est possible de collecter d'abord tous ces messages grâce à des listes de mots-clés sur le temps et le lieu dont au moins un pour le temps et le lieu doit apparaître dans un tweet pour être intégré. Après un processus d'apurement de données, l'analyse des messages et des réseaux dans lesquels ils circulent peut commencer. Cette analyse consiste en une exploration et comparaison du contenu des messages partagés (analyse qualitative pour les catégoriser et quantitative pour évaluer l'importance des différents types de messages) et en une étude du réseau social de leurs auteurs. Les résultats permettent de mieux comprendre dans quelle mesure twitter aide à renforcer ou non la communication sur des évènements locaux en région transfrontalière.

Il apparait que le flux entre les zones linguistiques est très limité. Les villes de l'autre côté de la frontière sont nettement moins mentionnées, à l'exception des grandes villes comme Sarrebruck, Metz et Luxembourg. Et, surtout, nous n'avons pu établir aucun lien entre les réseaux d'auteurs allemands et français communiquant sur les évènements. Contrairement à ce que l'on aurait pu attendre, twitter ne constitue pas un réseau social numérique en région transfrontalière. Il en existe deux, un allemand et un français. Ayant été obligé d'exclure les messages en anglais de l'échantillon, nous ne pouvons pas dire si cette langue est en mesure de faire le lien entre les usagers allemands et français. Mais tout ne devrait pas dépendre de ce facteur, car l'apprentissage de la langue du pays voisin est aujourd'hui tout aussi important que l'apprentissage de l'anglais en Sarre comme en Moselle (Observatoire Interrégional de l'Emploi, 2014). Les usagers de twitter étant plutôt jeunes, un nombre non négligeable d'entre eux devraient donc posséder les compétences nécessaires pour comprendre un tweet dans l'autre langue.

Sur la base de ces résultats, twitter semble pas encore en mesure de compléter le travail des journalistes dans la communication transfrontalière, et encore moins de le remplacer. Comment expliquer ce résultat? Plusieurs éléments de réponses :

- Un élément réside dans la façon par laquelle twitter personnalise les informations. Si l'on s'abonne à un quotidien de la presse écrite, on s'abonne à un grand ensemble d'informations très divers, en faisant confiance à une rédaction qui a présélectionné ces contenus. Sur twitter, il est plus rare de s'abonner à un flux si divers. On s'abonne plutôt à un nombre de flux spécialisés, souvent directement liés à la source, comme le flux du Parti Communiste de France à Metz ou le flux de la ville Sulzbach/Saar ou simplement celui d'un ami. Par conséquent, on reçoit des informations plus ciblées. On reste, selon les termes employés par l'activiste américain Eli Pariser (2011), dans « sa bulle » préfiltrée, son « *filter bubble* » informationnel. Or, les informations sur les évènements de l'autre côté de la frontière ne font généralement pas partie des informations que le public cherche activement. Ils sont traditionnellement servis au public comme un élément supplémentaire dans un plus grand ensemble comme une émission télévisée ou un numéro de journal. On pourrait aussi dire qu'ils étaient servis au public comme des parents proposent à leurs enfants des aliments sains tels les épinards – pour reprendre les mots d'une ancienne rédactrice-en-chef pour les informations internationales à la BBC (Balinska, 2010, p. 16).

- Il reste à savoir si les auteurs des flux twitter – des particuliers, des bloggeurs professionnels ou des rédacteurs numériques – ont une volonté de communiquer sur les évènements transfrontaliers comme c'est le cas pour certains journalistes des médias de masse traditionnels. Cette question de l'éthique journalistique des différents nouveaux acteurs de la communication en ligne est débattue aujourd'hui (Agarwal, S. D., & Barthel, 2013).

Avant d'analyser comment approfondir ces questions dans des futures enquêtes, il convient de discuter les limites rencontrées lors de notre enquête, ainsi que les avantages de l'approche choisie :

- À cause de l'ambiguïté de tout langage, les mots clés pour sélectionner les messages qui font partie du corpus risquent d'intégrer des messages appelés "faux positifs", qui se réfèrent donc à autre chose qu'un évènement dans la région en question. Ce problème constitue pour le chercheur le dilemme de choisir entre une sélection de mots clés suffisamment large pour collecter un maximum des messages qui se réfèrent aux évènements dans la région et ainsi éviter des "faux négatifs", et suffisamment limitée pour exclure les "faux positifs".
→ Notre solution pour réduire ce problème est de sélectionner un corpus large sur la base d'une liste exhaustive de mots-clés et d'avancer ensuite dans la sélection du corpus en différentes étapes, qui demandent un travail d'analyse de plus en plus lourd sur un nombre de plus en plus limité de tweets afin d'optimiser l'échantillon.
- Une limitation spécifique à cette étude qui résulte peut-être aussi des ambiguïtés linguistiques est le déséquilibre entre l'échantillon français et allemand. Le fait que notre échantillon global contient beaucoup plus de messages français peut être un artefact provoqué par le choix de mots clés dans les deux langues ou le résultat de véritables différences dans l'activité de twitter dans les régions.
- Le positionnement géographique précis des auteurs et de leurs suiveurs n'est pas compris dans le profil de la plupart des utilisateurs de twitter. Nous suggérons d'utiliser comme substitut la langue utilisée par les utilisateurs.

L'avantage principal de l'approche choisie est sa démarche exploratoire : en construisant le corpus sur la seule base d'une référence à un lieu et un temps, l'approche est dans un premier temps ouverte à différents types de messages sur des évènements et permet donc d'explorer et d'évaluer dans leur importance les différents types d'évènements. Nous avons ainsi pu constater que la communication sur des évènements comprend des messages très divers. Certains font partie de la communication des classiques des organisations, comme l'appel à participer à des manifestations politiques ou l'invitation à venir à un concert dans un centre culturel. D'autres sont des tweets plus personnels, comme le message qu'une personne a prévu d'aller au marché aux puces de Metz samedi prochain. Il reste à discuter si tels messages peuvent être considérés comme des messages sur des évènements. Nous hésitons à les écarter car ils peuvent avoir l'effet d'inciter d'autres personnes à faire les mêmes activités.

Pour approfondir cette recherche, des améliorations pourraient être apportées :

- l'enquête serait plus fiable sur la base de messages recueillis pendant une période plus longue que deux semaines : le calendrier des évènements locaux varie beaucoup, notamment en fonction de la saison. Pour généraliser des résultats sur le contenu de la communication sur des évènements dans la région frontalière, il faudrait ainsi avoir une vue d'ensemble d'un cycle annuel d'évènements. Réaliser une telle étude demanderait pourtant des ressources supplémentaires conséquentes, à la fois personnelles et financières. Contrairement aux idées reçues sur les « données massives », les coûts ne diminuent pas forcément quand on conduit l'analyse à une plus grande échelle. Certains éléments nécessaires pour une analyse rigoureuse, comme l'analyse de contenu des tweets, doivent toujours être réalisés manuellement.
- Sur une base élargie, l'enquête pourrait aussi différencier davantage les facteurs qui facilitent la communication transfrontalière par twitter. Par exemple, quel rôle joue le genre d'évènement communiqué : la musique en tant que langage universelle arrive-t-elle mieux à réunir des usagers que, par exemple, la politique, qui est plus fortement intégrée dans le contexte local ? On pourrait aussi différencier en fonction des auteurs : les auteurs qui travaillent dans un cadre journalistique suivent-ils mieux les communications qui viennent de l'autre côté de la frontière ? Couvrent-ils plus les évènements dans le pays voisin ?

Dans l'ensemble, le potentiel de twitter comme facilitateur de la communication transfrontalière reste plutôt décevant. Il faut pourtant se rappeler que le phénomène des réseaux sociaux numériques est en pleine évolution. Là où une volonté pour la communication transfrontalière existe, les moyens technologiques et les usages correspondants peuvent évoluer aussi. Pour donner un exemple : l'effet d'une personnalisation qui risque de nous enfermer dans notre « bulle » locale n'est pas un automatisme, il dépend aussi de la façon dont sont programmés ces algorithmes. Il existe déjà des algorithmes de personnalisation qui intègrent une certaine ouverture dans la personnalisation (Zhang, Seaghdha, Quercia, Jambor 2012).

Bibliographie

Agarwal, Sheetal / *Barthel*, Michael (2013) : « The friendly barbarians: Professional norms and work routines of online journalists in the United States. », in : *Journalism,* 20: 10, 1-16.

Anderson, Chris (2006) : *The Long Tail: Why the Future of Business Is Selling Less of More,* New York : Hyperion.

Appel, Violaine / *Boulanger*, Hélène (2009) : « La communication culturelle décentralisée? », in : *Communication et Organisation*, 35, 71-80.

Balinska, Maria (2010) : « A former BBC producer takes a fresh look at foreign news: "It's the audience, stupid!" » in : *Nieman Reports,* 13:3, 16-17.

Bröcker, Johannes (1984) : « How do international trade barriers affect interregional trade. », in: *Regional and Industrial Development Theories, Models and Empirical Evidence,* Åke Andersson / Walter Isard / Tönur Puu (ed.), North-Holland : Elsevier Science Publishers, 219-239.

Delzell, Terry / *Victor*, Tom (2006) : *The New Partridge Dictionary of Slang and unconventional English. Volume II,* Abingdon / New York : Routledge.

Gerhards, Jürgen (1993) : « Westeuropäische Integration und die Schwierigkeiten der Entstehung einer europäischen Öffentlichkeit. Discussion Paper FS III 93-101. », in : *Zeitschrift für Soziologie,* 22, 96-110.

Goulet, Vincent / *Vatter*, Christoph (2013) : *Champs médiatiques et frontières dans la « Grande Région » SaarLorLux et en Europe. Mediale Felder und Grenzen in der Grossregion SaarLorLux und in Europa,* Nancy : PUN.

Halavais, Alexander (2000) : « National borders on the world wide web. », in : *New Media & Society*, 2:1, 7-28.

Haunss, Sebastian (2013) : « The changing role of collecting societies in the internet. », in : *Internet Policy Review*, 1.

Ipsos (2013), http://www.ipsos.fr/ipsos-public-affairs/actualites/2013-04-25-usages-et-pratiques-twitter-en-france

Johnson, Philip / *Yang*, Sung-Un (2009) : « Uses and gratifications of Twitter: An examination of user motives and satisfaction of Twitter use. », in : *Communication Technology Division of the annual convention of the Association for Education in Journalism and Mass Communication in Boston, MA.*

Lang, Winfried (1989) : « Die normative Qualität grenzüberschreitender Regionen. Zum Begriff der „soft institution ". », in : *Archiv des Völkerrechts,* 253-285.

McLuhan, Marshall (1962) : *The Gutenberg Galaxy : the making of typographic man*, Toronto : University of Toronto Press.

Mozer, Alfred (1975) : « Vorwort. », in : *Partnerschaft an europäischen Grenzen : Integration durch grenzüberschreitende Zusammenarbeit*, Viktor von Malchus (ed.), Bonn : Europa Union Verlag, 5-6.

Observatoire Interrégional de l'Emploi (2014) : *Huitième rapport de l'Observatoire Interrégional de l'Emploi*. http://www.iba-oie.eu/fileadmin/user_upload/Sprachen_downloads/130114_Teil 3__fr.pdf

Pariser, Eli (2011) : *The filter bubble. What the Internet Is Hiding from You*, New York : Penguin Press.

Plat, Didier / Raux, Charles (1998) : « Frontier impedance effects and the growth of international exchanges: an empirical analysis for France », in : *Papers in regional science*, 77:2, 155-172.

Rossera, Fabio (1993) : « The Border Effect in the Analysis of Telephone Flows: The Swiss Case », in : *Theory and Practice of Transborder Cooperation*, Remigio Ratti / Shalom Reichman (ed.),. Basel / Frankfurt : Helbing & Lichtenhahn, 167-95.

Sant, Toni. (2014) : « Art, Performance, and Social Media », in : *Routledge Handbook of Social Media*, Jeremy Hunsinger / Theresa Senft (ed.), New York : Routledge, 45-58.

Takhteyev, Yuri / Gruzd, Anatoliy /Wellman, Barry (2012) : « Geography of Twitter networks », in : *Social Networks*, 34:1, 73-81.

Twitter (2013). « Connecting advertisers to Twitter users around the world ». https://blog.twitter.com/2013/connecting-advertisers-to-twitter-users-around-the-world

Van Houtum, Henk (2000) : « European perspectives on borderlands: An overview of European geographical research on borders and border regions », in : *Journal of Borderlands Studies*, 15:1, 56-83.

Vogel, Berit (2009) : « Was bleibt von Luxemburg und Großregion, Kulturhauptstadt Europas 2007? Nachhaltige Effekte einer grenzüberschreitenden Kulturveranstaltung », in : *Forum für Politik, Gesellschaft und Kultur in Luxemburg 288*, 47-50.

Von Pape, Thilo / Quandt, Thorsten / Scharkow, Michael / Vogelgesang, Jens (2012) : « Nachrichtengeographie des Zuschauerinteresses », in : *Medien & Kommunikationswissenschaft, 60, Special Issue "Grenzüberschreitende Medienkommunikation"*, 159-182.

Witt-Barthel, Annegret (2004) : « Europa eine Seele geben », in : *Journalist*, 11, 26-28.

Zhang, Yuan Cao / Séaghdha, Diarmuid Ó / Quercia, Daniele / Jambor, Tamas (2012) : « Auralist: introducing serendipity into music recommendation », in : *Proceedings of the fifth ACM international conference on Web search and data mining*, 13-22.

Nutzungsweisen digitaler Medien in der grenzüberschreitenden Mobilität lothringischer Pendler nach Luxemburg[1]

Corinne Martin (CREM-Université de Lorraine)

1. Mediale Informationsflüsse in der Großregion

1.1 Einbettung der Untersuchung in das Projekt „Infotransfront"

Die vorliegende Untersuchung schreibt sich ein in das Projekt „Infotransfront", dessen Ergebnisse im Zentrum dieses Buchs stehen, und zielt im Speziellen darauf ab, den Fluss medialer Informationen aus Rezeptionsperspektive sowie die Benutzung neuer Informationstechnologien zu untersuchen, vor allem in Bezug auf Mobiltelefone oder Smartphones. Insbesondere soll die Hypothese einer Rekonfiguration der Beziehung zwischen Bürgern und Medieninformationen untersucht werden, unter Einwirkung einer erweiterten Inhaltspalette, mit neuen Informationsformen im digitalen Zeitalter (Dang Nguyen / Dejean / Souquet 2011, Granjon / Le Foulgoc 2010, Granjon / Le Fougoc 2011). Die Erweiterung des Nutzungsrepertoires wurde hinsichtlich der Informationsbeschaffung im Internet über den Computer bereits nachgewiesen; wie aber sieht dies bei Smartphones aus? Wie verlagern sich die Nutzungsmodalitäten von einem Medium auf das andere? Welche Benutzerlogiken kommen zum Vorschein (Perriault 2008)? Außerdem soll ein Blick auf das Phänomen der personalisierten Nutzung durch diverse Anwendungen, Benachrichtigungssysteme und Abonnements von spezifischen Inhalten geworfen werden. Aber inwiefern nutzen Grenzgänger Smartphones verstärkt als Informationsquelle? Und welche Arten von Informationen werden abgerufen? Welchen Raum nehmen insbesondere lokale Informationen, die mit der Großregion zu tun haben, ein? Oder anders gesagt: interessieren sich die Menschen dafür, was auf der anderen Seite der Grenze passiert? In diesem Sinne schreibt sich die vorliegende Untersuchung in die Erforschung grenzüberschreitender Phänomene im Kontext der europäischen Koopera-

---

[1] Deutsche Übersetzung: Sonja Malzner.

tion und Integration ein (Hamman 2005, Goulet / Vatter 2013, Koukoutsaki-Monnier 2014).

Analysiert werden sollen demnach die alltäglichen Praktiken der Informationsbeschaffung, indem sie mit den sozialen und kulturellen Praktiken (Donnat 2009), den Lebenszyklen, d.h. mit der alltäglichen Erfahrung – im Sinne des *Everyday Life* –, verknüpft werden. Es handelt sich dabei um einen angloamerikanischen Ansatz der Mediensoziologie, eine Strömung, die als Theorie der Domestizierung (Berker / Hartmann / Punie / Ward 2005) bezeichnet wird und die die häusliche bzw. alltägliche Aneignung und Integration der neuen Medien untersucht. Und genau diese Einbettung der medialen Praktiken im täglichen Leben ist für vorliegende Untersuchung unentbehrlich, da ihnen dadurch die nötige Konsistenz gegeben wird, um die Sinngebung durch den Benutzer zu erfassen. Eine solche Herangehensweise ist auf die Methode des qualitativen Interviews angewiesen.

1.2 Methodologische Überlegungen

1.2.1 Die Wahl des offenen Interviews

„L'entretien, qui va à la recherche des questions des acteurs eux-mêmes, fait appel au point de vue de l'acteur et donne à son expérience vécue, à sa logique, à sa rationalité, une place de premier plan"[2] (Blanchet / Gotman 1992: 23). Die Wahl der Methode des Interviews, die in der vorliegenden Untersuchung verwendet wird, könnte nicht besser begründet werden, weshalb sie hier im Original übernommen wird. Des Weiteren wird die Form des offenen Interviews gewählt, die zuerst von dem amerikanischen Psychotherapeuten Carl Rogers und später von den Sozialwissenschaften (Blanchet 1985) in abgewandelter Form angewandt wurde. Schließlich wurde in der vorliegenden Untersuchung auch auf Methoden des verstehenden Interviews zurückgegriffen, das von Jean-Claude Kaufmann entwickelt wurde und auf der *Grounded Theory* basiert. Anstatt eine Hypothese zu entwickeln, die man später zu überprüfen versucht, wie im klassischen Modell der Objektivierung, geht man hier von den Fakten aus, um

---

2 „Das Interview, das sich auf die Suche nach den Fragen der Akteure selbst macht, konzentriert sich auf die Perspektive des Akteurs und stellt dessen Erfahrungen, dessen Logik und dessen Rationalität ins Zentrum."

daraus Hypothesen zu entwickeln: „l'objet se construit peu à peu, par une élaboration théorique qui progresse jour après jour, à partir d'hypothèses forgées sur le terrain"[3] (Kaufmann 1996: 22). Selbstverständlich wurden anfangs sehr weit gefasste Hypothesen aufgestellt, jedoch schien es äußerst wichtig, für jede neue Problematik, die im Feld hätte auftreten können, offen zu bleiben.

1.2.2 Zur Erstellung des Korpus

Die Frage, ob das Korpus in statistischem Sinn repräsentativ ist, erübrigt sich im Falle einer qualitativen Herangehensweise. Nichtsdestotrotz ist es wichtig, auf die Vielfalt der Untersuchungsbeispiele zu achten. Da es sich um unbekanntes Terrain handelte, wurde zuerst ein Kurz-Fragebogen ins Internet gestellt, der in vier bis fünf Minuten ausgefüllt werden konnte. Er hatte das Ziel, Kontaktdaten interessierter Personen zu sammeln, die zu einem Interview bereit wären. Der Fragebogen war selbstverständlich anonym, allerdings wurden die Teilnehmer dazu aufgefordert, eine Telefonnummer oder eine E-Mail Adresse zu hinterlassen. Der Link zum Fragebogen wurde über Mailinglisten von Grenzgängern, Universitäten und verschiedenen Organisationen verbreitet, sowie auch über lokale Medien wie *L'essentiel* oder den *Républicain Lorrain*, über das Magazin *Aktuell* der OGB-L[4] oder auch die Seite *frontaliers.lu*. Das Ergebnis war sehr ernüchternd, denn nur 6 der 76 ausgefüllten Fragebögen waren verwertbar (die anderen Teilnehmer nutzen entweder nicht das Smartphone im Sinne der Studie oder hinterließen keine Kontaktdaten). Diese Feststellung ist nicht neu,[5] es scheint, als wären es heutige Zeitgenossen leid, Fragebögen auszufüllen, außerdem beeinflusst das Marketing unser Konsumverhalten nachhaltig und es ist auch richtig, dass es deshalb schwierig geworden ist für Soziologen, sich von dem omnipräsenten Direktmarketing abzuheben.

---

3 „Das Objekt konstruiert sich nach und nach, durch eine theoretische Entwicklung, die von Tag zu Tag voranschreitet, ausgehend von Hypothesen, die bei der Feldstudie entstanden sind."
4 Onofhängege Gewerkschaftsbond Lëtzebuerg (OGBL), größte luxemburgische Gewerkschaft.
5 Zum Beispiel war auf dem Jahreskongress 2014 des RC 33 (Research Committee) „Logic and Methodology in Sociology" ein Panel betitelt: „Dealing with NONresponse : Strategies to increase Participation and Methods for Post-Survey Adjustments".

Aus diesen Gründen wurde auf die so genannte Schneeballmethode zurückgegriffen, indem jede interviewte Person gebeten wurde, weitere Kontakte ihres Umfeldes preiszugeben. Das Risiko dieser Methode besteht darin, in einem einzigen sozioprofessionellen Feld hängen zu bleiben, jedoch kann dies für die vorliegende Untersuchung ausgeschlossen werden, da das Korpus ausreichend diversifiziert ist. Zwar gehören zu den Befragten mehrere Juristen und Informatiker, Berufsgruppen, die unter den Grenzgängern nach Luxemburg stark vertreten sind, jedoch nahmen auch andere Berufsgruppen aus dem Verkauf, dem Gesundheitssektor, der Kommunikationsbranche und der Verwaltung teil. Bei der Wahl der Interviewpartner stand die Tatsache, dass sie sich wirklich von der Problematik betroffen fühlten und für ein Interview zur Verfügung standen, im Zentrum des Interesses. Die Untersuchungsgruppe umfasste schließlich 20 Personen: 10 Frauen und 10 Männer, im Alter von 23 bis 48 Jahren. Mit Ausnahme von zwei Befragten wohnten sämtliche Teilnehmer in Frankreich innerhalb eines Umkreises von 35 Kilometern von der Stadt Luxemburg[6], d.h. etwa 20 Kilometer von der französisch-luxemburgischen Grenze entfernt; einige wohnten in Siedlungen direkt hinter der Grenze.

Nach der Darstellung des methodologischen Rahmens kommen wir zum ersten, unerwarteten und überraschenden Ergebnis, nämlich der Entdeckung einer veritablen digitalen Grenze. Im Folgenden wird eine Typologie präsentiert, die drei Gruppen von Grenzgängern klassifiziert, ausgehend von ihren medialen, sozialen und kulturellen Praktiken, sowie ihrem Diskurs über diese Praktiken. Die erste Gruppe wurde „Tunneleffekt" benannt, die zweite „die Ambivalenten" und die dritte Gruppe erlebt „die Großregion als ein Reservoir an kulturellen Ressourcen".

2. Eine veritable digitale Grenze

2.1 Das Phänomen der Dekonnektierung und der Verlust des französischen Netzes

Nahezu alle Grenzgänger sprachen dieses erstaunliche Phänomen an, wenn man morgens (im Auto, im Zug) die Grenze erreicht, genau genommen im kleinen französischen Grenzdorf Hettange-Grande: die Kommuni-

---

[6] Aus Gründen des Datenschutzes sind die Namen der Befragten Pseudonyme; ihr Wohnort wird nicht genannt.

kation wird unterbrochen, „Hallo?", niemand mehr dran. Philippe (Anwalt, 43 Jahre) beschreibt das Phänomen sehr treffend:

> „C'est-à-dire, le matin quand vous passez la frontière, ça coupe clac net ! À la frontière mais vraiment pile ! C'est super sympa quand on parle avec quelqu'un !"[7]

Außerdem werden die Webseiten nicht mehr geladen, kurz – man hat kein Netz mehr und diejenigen, die nur ein französisches Abonnement haben, können ihre Telefone einpacken. Die gleiche Szene wiederholt sich am Abend: nähert sich der Pendlerzug Hettange-Grande, hört man zahlreiche Telefone piepsen, wenn die Nachrichten des ganzen Tages auf einen Schlag geladen werden. Dann werden im Waggon zahlreiche Smartphones und Tablets aus diversen Taschen hervorgeholt, um die Nachrichten zu lesen, die sich während des Arbeitstages angesammelt haben. Charles (Informatiker, 26) beschreibt das Phänomen der digitalen Grenze so:

> „Mais j'ai quand même remarqué qu'il y a beaucoup de gens qui les... enfin qui les dégainent ou qui s'en servent à partir du moment où on a passé la frontière... qui à ce moment-là, commencent à les sortir et vont sur Facebook, sur machin, ou recommencent à envoyer des SMS ou des trucs comme ça quoi [...] aux environs d'Hettange-Grande [...] enfin, tous ces gens-là, finalement, comme ils ont du pouvoir d'achat, ils ont [ton insistant] le matériel, mais y a pas... y a encore une euh... y a une espèce de frontière, de frontière numérique qui est là quoi."[8]

Eine Grenze also, die sogar diejenigen betrifft, die eine große Kaufkraft haben! So wie Louis (Informatiker, 25), der seinen Datenempfang an der luxemburgischen Grenze verliert, was er als „mehr oder weniger ärgerlich" bezeichnet und was ihn neugierig macht auf alternative Möglichkeiten, wie z.B. den Anbieter Transatel.[9] Azziz (Berater, 46) praktiziert wie

---

[7] „Das heißt, morgens, wenn man die Grenze passiert, wird die Verbindung mit einem Schlag unterbrochen. Genau an der Grenze! Das ist total super, wenn man gerade mit jemandem spricht!"

[8] „Aber ich habe trotzdem festgestellt, dass es viele Leute gibt, die sie... das heißt, die sie herausziehen oder die sie ab dem Zeitpunkt des Grenzübertritts benutzen... die genau in diesem Moment anfangen, sie hervorzuholen [...], bei Hettange-Grande [...], das heißt, alle diese Leute, die ja sehr wohl eine Kaufkraft aufweisen, haben [er betont] das Material, aber es gibt keine... es gibt eine Art Grenze, eine digitale Grenze, die da ist."

[9] Einige Grenzgänger kennen den Telefonanbieter Transatel nicht, der europaweite Tarife anbietet. Andere kennen ihn wohl, haben aber aus Gründen der hohen Tarife kein Abo.

viele andere Grenzgänger auch eine Art Anruffilterung während des Tages:

> „Au téléphone, je fais une sélection, quand je vois... quelqu'un que je connais et cætera, je sais le degré d'urgence est-ce que je peux attendre... ou pas, et sinon ce que je faisais, après j'appelais du fixe, parce que j'étais au bureau."[10]

Trotzdem praktiziert Azziz ein *sim-switching*[11], wenn er aus beruflichen Gründen nach Marokko fährt. Was Adeline (Kommunikationsassistentin, 23) betrifft, so beeilt sie sich jeden Morgen, ihrem Freund vor dem Netzwechsel noch eine Kurznachricht zu schicken:

> „Quand je suis dans le bus, ben y a une toute petite [ton insistant] période où je l'ai [le réseau], F.-ange [petite bourgade où elle va prendre le bus] c'est déjà au Luxembourg donc quand j'arrive avec la voiture, c'est une histoire de 5-6 minutes avant que le réseau change... voilà, j'ai juste le temps en fait d'envoyer le message au chéri sur le réseau français pour lui dire que je suis bien dans le bus, et après, ben en général, voilà je mets mon livre."[12,]

Adeline arrangiert sich also. Sie liest gerne und hat deshalb ein Smartphone mit großem Bildschirm, fast wie ein Mini-Tablet. So wie auch Florence (Psychologin, 43) und Romane (Kommunikationsassistentin, 26) sich arrangiert haben: die erste, indem sie während der Zugfahrt Musik hört, die zweite als begeisterte Leserin durch die Lektüre gedruckter Bücher. Was nun die ehemaligen Grenzgänger betrifft, die auf luxemburgischer Seite der Grenze wohnen, so leben zwei der Befragten mit ihren Partnern zusammen und benutzen hauptsächlich das kostenlose Festnetz für Telefonate mit ihren Familien und Freunden in Frankreich. Der dritte, Jonathan (Anwalt, 29)[13], der erst vor kurzem nach Luxemburg umgezogen ist, er-

---

10 „Am Telefon treffe ich eine Auswahl, wenn ich sehe, dass da jemand anruft den ich kenne etc., dann weiß ich, wie wichtig dieser Anruf ist, kann ich warten... oder nicht, und sonst, je nachdem was ich gemacht habe, habe ich danach vom Festnetz angerufen, weil ich im Büro war."
11 Eine in den Schwellenländern sehr verbreitet Praktik. Durch die Nutzung mehrerer SIM-Karten kann jeweils der billigste Tarif gewählt werden.
12 „Wenn ich im Bus bin, dann gibt es einen ganz kurzen Zeitraum [sie insistiert], in dem ich es habe [das Funknetz], F.-ange [kleine Siedlung, wo sie den Bus nimmt] ist schon in Luxemburg, das heißt, wenn ich mit dem Auto ankomme, sind das so 5-6 Minuten bis das Netz wechselt... da habe ich gerade die Zeit meinem Liebling die Nachricht über das französische Netz zu schicken, um ihm zu sagen, dass ich im Bus sitze, und dann, normalerweise, lese ich."
13 Jonathan hat sein Studium in Luxemburg beendet und eine Anwaltskanzlei eröffnet.

lebt die digitale Grenze jedoch anders: er hat ein Telefon mit einem luxemburgischen Tarif, „ich zahle sehr viel", „man zahlt ein Vermögen" (75 Euro für die unlimitierte Flatrate), aber sein iPhone „wird zu einem rudimentären Telefon, sobald ich die Grenze passiere" (wenn er am Wochenende nach Frankreich zurückfährt)[14] und er gibt zu, zu McDonald's gehen zu müssen, um einen W-LAN-Zugang zu bekommen.

Von den befragten 20 Personen sind nur zwei nicht von der digitalen Grenze betroffen oder beeinträchtigt: Arnaud (Informatiker, 25), der in einem privaten, jedoch stark mit dem öffentlichen verbundenen Sektor[15] arbeitet und dem aufgrund seiner Arbeit als Informatiker ein zweites Firmenhandy zur Verfügung steht, das er auch privat nutzen darf (Telefonate und Daten über das luxemburgische Netz); und Quentin (Informatiker, 26), der in Esch-sur-Alzette arbeitet, einer Grenzstadt im Südwesten Luxemburgs, in der er ohne Probleme das französische Netz empfängt.

Zusammenfassend war es wichtig, die individuelle Situation der Befragten im Detail darzustellen, um aufzuzeigen, wie stark die Mehrheit unter ihnen von dieser digitalen Grenze betroffen ist. Nahezu alle äußerten sich zu dieser Frage, spontan oder auf eine Frage der Interviewer hin, und viele von ihnen bedauern bzw. verurteilen diese digitale Grenze. Diese unterschiedlichen Reflexionen stellen das Thema des folgenden Abschnittes dar.

2.2 Zwischen Fatalismus und Anklage: Beweis für das Unvermögen, Europa zu konstruieren?

Die Frage der Kosten ist für die Benutzer von Mobiltelefonen essentiell – und dies seit den Anfängen des Handys Mitte der 1990er Jahre. In einer 2002-2003 durchgeführten Untersuchung (Martin 2004) stellte sich z.B. heraus, dass Eltern die absolute Kontrolle über die Ausgaben ihrer Kinder wünschten, worauf die Telefonanbieter sehr schnell reagierten und dem-

---

14 Jonathan nennt sich selbst einen „Wochenendgrenzpendler", siehe dazu Teil 4.
15 Er arbeitet in einer Privatfirma, die ausschließlich Aufträge im öffentlichen Bereich ausführt. Seine Situation ist insofern eine besondere, da alle seine Kollegen Luxemburger sind. Isabelle Pigeron-Piroth (2012) erwähnt diesen „geschützten" Sektor, da 43% der Luxemburger im öffentlichen Sektor arbeiten und 87% der Stellen in diesem Sektor von Luxemburgern besetzt sind.

entsprechend, ab den 1990er Jahren, limitierte Flatrate-Tarife[16] anboten, um böse Überraschungen zu vermeiden. Und genau damit sind die Grenzgänger seit fast 20 Jahren tagtäglich konfrontiert. Angélique (Gesundheitsbranche, 33), die sämtliche Termine mit ihren Privatkunden (Grenzanwohner wie auch Luxemburger) per Telefon verabredet, erinnert sich an manche Monate, in denen sie ihre Freiminuten bei weitem überschritt und die Telefonrechnung auf über 500 Euro stieg:

> „Parce que euh si je suis qu'avec un téléphone luxembourgeois j'ai des gens... euh qui euh une fois qu'j'suis en France m'appellent de la France enfin c'est le roaming, ça m'coûte une fortune, donc j'avais pour 500 euros de portable par mois quoi."[17]

Das Roaming,[18] hier taucht er nun auf, dieser Begriff: manche entdecken das Phänomen auf ihre Kosten, wie zum Beispiel Emeline (Verkäuferin, 30), die erschrak über ihre hohen Telefonrechnungen, als sie hauptsächlich mit ihrem Lebensgefährten, ebenfalls Grenzgänger, telefoniert hatte: „j'avais du hors-forfait, j'arrivais pratiquement chaque mois à 80... 80 euros et puis comme mon... mon mari travaille aussi au Luxembourg, du coup quand moi je rentrais avant lui, t'es où? etc., il était un peu dans les bouchons, on papotait, du coup ben ça allait vite"[19]. Und Emeline gibt zu, dass sie das Prinzip des Roaming nicht versteht:

> „Quand il m'appelle, et ben c'est toujours du hors-forfait quoi [rire], même si c'est lui qui m'appelle quoi, ça aussi je comprends pas pourquoi... [...] pour moi c'est pas logique quoi... "[20].

---

16 Zur Erinnerung: Anfang 2000 existierten noch keine unlimitierten Flatrates. 2004 kostete ein SMS noch 0,15 EUR. Erst 2007 wurden SMS unlimitiert in Flatrates aufgenommen, paradoxerweise genau in dem Moment, in dem mit dem iPhone das Internet auf dem Handy ankam (11/2007).
17 „Weil wenn ich nur ein luxemburgisches Handy bei mir habe, dann habe ich Leute... die rufen mich dann aus Frankreich in Frankreich an und das ist dann *Roaming*, das kostet mich ein Vermögen, also hatte ich eine Telefonrechnung über 500 Euro im Monat."
18 Seit Beginn des Handyzeitalters verrechnen die Anbieter sowohl ausgehende als auch eingehende Anrufe.
19 „Ich lag immer über der vertraglich festgelegten Summe, ich zahlte fast 80 Euro pro Monat... 80 Euro und dann mein Mann arbeitet auch in Luxemburg, das heißt, wenn ich vor ihm nach Hause kam, ‚Wo bist du gerade?', etc., und er stand etwas im Stau, dann haben wir gequatscht, und so ging das schnell."
20 „Wenn er mich anruft, und das geht immer über die vertraglichen Bestimmungen hinaus [sie lacht], auch wenn er es ist, der mich anruft, dann muss ich auch zahlen, ich verstehe nicht warum [...] für mich ist das nicht logisch."

Einige verurteilen das, so wie Philippe (Anwalt, 43): „c'est inadmissible qu'il n'existe pas un forfait... bi frontalier"[21], „je trouve que c'est pas normal quoi"[22], oder Nathalie (Anwaltsanwärterin, 28): „y a pas de forfait adapté à nous [les frontaliers][23]", oder auch Anaïs (Direktionsassistentin, 25): „il faudrait vraiment qu'il y ait un fournisseur qui se mette en tête que... il aurait tout à gagner de faire un forfait 100 % international..."[24]. Einige sehen darin sogar den Beweis für ein Versagen Europas, oder, um es anders zu sagen, für ein gewisses Unvermögen, das vereinte Europa in all seinen Dimensionen aufzubauen. Dazu Jonathan (Anwalt, lebt in Luxemburg, 29):

> „Ce serait même pas la Grande Région, ce serait plus heu... le jour où l'Europe existera réellement [Rire] ben... on aura des des des réseaux européens [...] parce que c'est un gros problème pour beaucoup de gens... on paye... on paye une fortune."[25]

Was Emeline (Verkäuferin, 30) betrifft, die durch die hohen Roaming-Gebühren überrascht wurde, so verurteilt sie die fehlende Zusammenarbeit zwischen den Telefonanbietern und stellt auch schnell eine Analogie zur Einrichtung von grenzüberschreitenden Busverbindungen her:[26]

> „Ils [les opérateurs] doivent pas assez parler entre eux [rire]... c'est toujours la petite guéguerre... ben pareil, ça se joue entre les opérateurs, pareil pour la ligne de bus... [relance interviewer] ah ben c'était la guerre hein pour la ligne de bus, parce que... c'est le Luxembourg qui au départ avait fait la demande par rapport à ses travailleurs, donc le bus était autorisé à circuler jusqu'à la frontière... et à la frontière ben la France comme c'était pas eux qui étaient en exploitation... qui avaient le monopole de la ligne et qui n'ont pas eu l'idée [ton monte] d'exploiter la ligne, ben du coup ben ils voulaient pas que le bus franchisse la frontière pour... transporter les gens en fait, du coup ils ont dû faire un partenariat entre les bus Citéline, enfin Vandivinit et le VilaVil pour qu'en fait la France ait aussi une part du marché et le Luxembourg aussi, donc

---

21 „Das ist unerhört, dass es keine grenzüberschreitende Flatrate gibt."
22 „Ich finde das nicht normal."
23 „Es gibt keine Flatrate für uns [Grenzgänger]."
24 „Es braucht wirklich einen Anbieter, der sich überlegt, dass er reich werden könnte mit einem 100%igen internationalen Flatrate-Tarif."
25 „Das wäre dann nicht einmal die Großregion, das wäre ... der Tag, an dem Europa wirklich existieren würde [er lacht]. Also... wir werden europäische Funknetze haben [...], weil das ein großes Problem für viele Menschen ist... man zahlt... man zahlt ein Vermögen."
26 Fast 74 000 Grenzgänger überqueren täglich die französisch-luxemburgische Grenze.

ils font un bus sur deux, ils s'échangent comme ça… et pareil pour les autres lignes qui… parce que finalement la ligne a eu du succès et du coup […] donc au final c'est les usagers qui en pâtissent parce qu'ils ont besoin de ce transport et euh… c'est toujours les mêmes quoi…"[27]

Es ist demnach eindeutig die starke Nachfrage der Grenzgänger, die eine Überwindung der Kooperationsschwierigkeiten zwischen den Anbietern erlaubte und schließlich zur Einführung diverser grenzüberschreitender Buslinien führte; jedoch sind es die Fahrgäste, die unter den Verständigungsschwierigkeiten über die Grenzen hinweg lange leiden mussten.

Andere Grenzgänger haben eine fatalistische Einstellung zur digitalen Grenze entwickelt, so z.B. Adeline, die zur Frage nach der Netzunterbrechung an der Grenze antwortet: „Ben quand on voit le prix des forfaits qui permettent de pas tenir compte de la frontière, on s'accommode [rire] on n'a pas le choix, on s'accommode"[28]. Andere sehen sich gezwungen, sich ein zweites Handy anzuschaffen: hier überwiegt die berufliche Komponente. Davon betroffen sind Berufsgruppen, die Kontakte zu luxemburgischen Kunden pflegen müssen, wie zum Beispiel Angélique (Gesundheitsbranche, 33), die erklärt: „là j'ai essayé de trouver la meilleure combine, la meilleure combine c'était celle-là, hein […] ben là j'ai divisé par deux [la facture], en ayant deux téléphones".[29] So zahlt sie 250 Euro pro Monat für zwei Handys anstatt der 500 Euro, die sie vorher mit einem Handy bezahlte. Auch Juristen wie Philippe (43), Franck (Anwaltsanwärter, 29) und Na-

---

27 „Sie [die Busanbieter] sprechen wohl nicht genug miteinander [sie lacht]… Das ist immer so ein Kleinkrieg… Auch so, das spielt sich zwischen den Anbietern ab, genauso wie beim Bus…[Nachfrage des Interviewers]. Ach ja, das war Krieg wegen der Buslinie, weil… zuerst Luxemburg angefragt hat im Zusammenhang mit seinen Arbeitern, also durfte der Bus bis zur Grenze fahren… und an der Grenze, weil Frankreich nicht der Betreiber war… die hatten das Monopol für die Linie und die kamen nicht auf die Idee [Stimme wird lauter], die Linie zu betreiben, und dementsprechend wollten sie nicht, dass der Bus über die Grenze fährt um… die Leute zu transportieren, also mussten sie eine Kooperation eingehen mit dem Busbetreiber [Name], damit Frankreich auch seinen Teil des Kuchen abbekommt und Luxemburg auch, also ist einer von zwei Bussen ein französischer, so teilen sie sich das auf… Und das ist auch so bei den anderen Linien, die… weil schließlich war die Buslinie erfolgreich und auf einmal […], also schließlich sind es wieder die Fahrgäste, die darunter leiden, denn sie brauchen ja den Transport und…es sind immer die gleichen…"
28 „Also, wenn man die Preise der grenzüberschreitenden Tarife sieht, dann kommt man eben zurecht [lacht], man hat keine Wahl."
29 „Da versuchte ich die beste Kombi-Lösung zu finden, und die besteht darin, dass ich [die Rechnung] durch zwei geteilt habe, indem ich zwei Telefone habe."

thalie (Anwaltsanwärterin, 28) gehören zu dieser Gruppe. Zu präzisieren ist aber, dass deren Tarif ein Basistarif mit einer relativ geringen Anzahl von Freiminuten und ohne Internetzugang ist.

Bleiben noch drei Sonderfälle, drei junge Frauen, die eher aus persönlichen als aus beruflichen Gründen einen internationalen bzw. europäischen Tarif gewählt haben: zuerst hatte Karine (Geschäftsführerin, 29) einen internationalen Tarif gewählt (45 Euro inklusive 2 Stunden innerhalb Frankreichs und 2 Stunden ins europäische Ausland, aber ohne SMS), als sie alleine zum Studium nach Belgien ging, weil sie eine Überschreitung der Freiminuten vermeiden wollte:

> „J'en ai eu au début [du hors-forfait] parce que j'ai pas eu tout de suite justement ce système, et comme en plus, en Belgique, j'y étais toute la semaine, alors mes parents voulaient que je les appelle quand j'arrivais pour dire que j'étais bien arrivée, et puis toujours un peu dans la semaine pour savoir comment ça allait, donc euh d'office, ben il me fallait un moyen de communication"[30]

Die ganze Woche alleine in einer unbekannten belgischen Stadt schien es ihr unvorstellbar, ohne Kommunikationsmöglichkeit mit ihrer Familie und ihren Freunden zu sein! Was Emeline (Verkäuferin, 30) betrifft, so sind es auch die persönlichen Kontakte, die ihre Wahl beeinflussten. Sie wollte „beruhigt" sein, um keine unvorhergesehenen teuren Zeitüberschreitungen mehr zu riskieren; sie sagt sogar, es habe ihr Leben verändert. Sie entschied sich deshalb für ein sehr spezifisches Abonnement (1 Stunde ins luxemburgische Festnetz), was ihr erlaubt, administrative Erledigungen zu machen (Finanzamt, Sozialversicherung, Familienbeihilfe, etc.), da sie mit ihrem Lebensgefährten entschieden hat, ihre Tochter in Luxemburg auf die Welt zu bringen, aus der strategischen Überlegung heraus, dass ihr Kind dann später die luxemburgische Staatsbürgerschaft annehmen könnte. Und sie vermeidet es jetzt, ihren Lebensgefährten anzurufen, wenn dieser im Stau steht... Sie empfiehlt ihm vielmehr, seine Freunde anzurufen, um sich die Zeit zu vertreiben, aber die hätten inzwischen das Roaming auch verstanden und nähmen nicht mehr ab! Schließlich ist da noch Anaïs (Assistentin der Geschäftsführung, 25), die seit ihrem Einstieg ins Berufs-

---

30 „Zu Beginn habe ich überzogen, weil ich dieses System nicht von Anfang an hatte, und außerdem war ich die ganze Woche in Belgien und meine Eltern wollten, dass ich sie anrufe, wenn ich angekommen war, und dann auch einige Male pro Woche, um zu hören, dass es mir gut ging, also deswegen brauchte ich also ein Kommunikationsmittel."

leben in Luxemburg arbeitet und die sich für ein zweites Handy mit einem luxemburgischen Tarif entschieden, dieses aber inzwischen verloren hat... Da sie mit ihrem Freundeskreis sehr viel über SMS kommuniziert, entschied sie sich daher für einen an ihre Bedürfnisse angepassten Tarif, der unlimitiert SMS ins europäische Ausland beinhaltet.

Zusammenfassend ist festzustellen, dass sich die Befragten – ausgenommen der beiden in Luxemburg wohnhaften Personen – an diese digitale Grenze angepasst haben, sei es aus persönlichen oder aus beruflichen Gründen. Insbesondere selbständige Berufsgruppen optierten eher für den Kauf eines zweiten Handys mit einem luxemburgischen Tarif, während die anderen (zwei Frauen aus privaten Gründen) für einen Wechsel vom französischen Tarif in einen internationalen bzw. europäischen optierten. Und das hat seinen Preis, wie gezeigt werden konnte, erlaubt es aber gleichzeitig, die unvermeidbaren Zeitüberschreitungen, die noch viel teurer waren, zu vermeiden. Aber es gibt auch noch andere Befragte, die auf diese Option verzichteten und mit der digitalen Grenze leben. Diese können wiederum in zwei Gruppen unterteilen werden: die erste (Adeline, Romane und Florence) akzeptiert diese Grenze und richtet sich ein. Diese Frauen sehen sie in gewisser Weise sogar positiv, da sie sich so ihren bevorzugten Hobbies widmen können, nämlich der Lektüre oder dem Musikhören.[31] Man könnte auch noch einen zweiten positiven Effekt hinzufügen, der mit der Nichterreichbarkeit zusammenhängt, nämlich dass es in unserer heutigen hypervernetzten Zeit[32] unsagbar schwierig geworden ist, nicht erreichbar zu sein. Diese Frage wurde im Gespräch leider nicht vertieft. Die zweite Untergruppe hat schlicht und einfach gelernt, die digitale Grenze zu unterlaufen: das ist das Thema des nächsten Abschnittes.

2.3 Vermeidungstaktiken und andere Listen

In der Soziologie des Verbraucherverhaltens ist das Werk von Michel de Certeau (1998) unangefochten. Er hat den Weg gebahnt für die Analyse des Verbraucherverhaltens. Seine vor allem auf die Kulturanalyse fundierte Fragestellung wurde auf den Gebrauch der neuen Technologien übertra-

---

31 Diese drei Frauen haben keine Kinder. Frauen mit Kinder haben es viel schwerer, sich ‚unerreichbar' zu machen (Martin 2007).
32 Vgl. dazu die Arbeiten zum freiwilligen Verzicht auf Netzzugang von Francis Jauréguiberry (2014).

gen, sobald er versucht hatte, diesen Begriff der Nutzung zu definieren: „Il faut s'intéresser non aux produits culturels offerts sur le marché des biens, mais aux opérations qui en font usage; il faut s'occuper des « manières différentes de *marquer*[33] socialement l'écart opéré entre un donné et une pratique »"[34] (1990: VII). Erste wichtige Feststellung: es existiert eine Kluft zwischen dem Gebrauch, so wie dieser ursprünglich von den Systemgestaltern vorgesehen war, und einer reellen Nutzung, so wie sie in der Praxis vom Anwender vorgenommen wird. Jacques Perriault (2008) wiederum spricht von einer Logik des Gebrauchs, durch die ein anderes als vom Gestalter vorgesehenes Projekt vom Nutzer entwickelt werden kann, um sich das Objekt bzw. das Instrument anzueignen. Was führt zu dieser Kluft? Die Handlungen der Nutzer. Diese sind für Michel de Certeau (1998) „manières de faire" („Handlungsweisen"):

> „Assimilables à des modes d'emploi, ces « manières de faire » créent du jeu par une stratification de fonctionnements différents et interférents. [...] par cette combinaison, il [le Maghrébin qui habite une HLM à Paris] se crée un espace de jeu pour des *manières d'utiliser* l'ordre contraignant du lieu ou de la langue [...] il y instaure de la pluralité et de la créativité. [...] Ces opérations d'emploi – ou, plutôt de réemploi – se multiplient avec l'extension des phénomènes d'acculturation. [...] Je leur donne le nom d'usages, bien que le mot désigne le plus souvent des procédures stéréotypées reçues et reproduites par un groupe, ses « us et coutumes ». Le problème tient dans l'ambiguïté du mot, car, dans ces « usages », il s'agit précisément de reconnaître des « actions » (au sens militaire du mot) qui ont leur formalité et leur inventivité propres et qui organisent en sourdine le travail fourmilier de la consommation."[35] (de Certeau 1998: 51-52)

---

33 C'est l'auteur qui souligne.
34 „Man sollte sich nicht für die auf dem Warenmarkt angebotenen Kulturgüter interessieren, sondern für die Operationen, die diese initiieren; man muss sich konzentrieren auf die ‚unterschiedlichen Arten, die entstandene Kluft zwischen einer Gegebenheit und einer Praktik sozial zu markieren'."
35 „Ganz wie Gebrauchsanweisungen erzeugen diese ‚Handlungsweisen' einen Spielraum durch eine Stratifikation unterschiedlicher und interferierender Funktionen. [...] Durch diese Kombination, schafft er [der Maghrebiner, der im Sozialbau in Paris wohnt] sich einen Spielraum für Nutzungsweisen der zwingenden Ordnung von Ort oder Sprache [...]; er führt dadurch Pluralität und Kreativität in diese Ordnung ein. [...] Diese Gebrauchs- bzw. Wiedergebrauchsoperationen vervielfachen sich mit der Ausweitung des Phänomens der Akkulturation. [...] Ich verwende den Begriff ‚Gebrauch', obwohl das Wort [‚usages' im Französischen, Anm. der Übersetzerin] meistens stereotype, von einer Gruppe wiederholte Abläufe bezeichnet, ihre ‚Sitten und Bräuche'. Das Problem liegt in der Ambivalenz des

Die alltäglichen Praktiken der Durchschnittsmenschen sind demnach taktischer Natur, sie benutzen, manipulieren und umgehen das, was die Strategen produziert und auferlegt haben. Diese Praktiken spielen sich in einem Raum ab, der vom Strategen vorgegeben ist, und sie profitieren von „Gelegenheiten", sie wildern in fremden Revieren, sie sind listig, sie sind Kreation. „Alles in allem ist es eine Kunst des Schwachen" (de Certeau 1998: 61). Auf diese Weise erfinden die Durchschnittsmenschen den Alltag neu, durch die Kunst des „Sich-damit-Abfindens", die Waren, die ihnen durch den Konsummarkt vorgegeben sind, zu gebrauchen. Diese Dimension ist nicht nur eine wirtschaftliche: es handelt sich für das so dominierte Individuum (de Certeau 1998) dabei auch um die Verweigerungshaltung gegenüber einer ihm auferlegten Strategie, der Macht eines Dominierenden, der versucht ihm sein Verhalten vorzugeben. Im Folgenden werden demnach die unterschiedlichen Listen behandelt, die einige Grenzgänger anwenden, um die digitale Grenze zu umgehen, im Gegensatz zu anderen, die diese als gegeben hinnehmen. Als Beispiele letzterer Gruppe wurden bereits Adeline (Kommunikationsassistentin, 23) und Romane (Kommunikationsassistentin, 26) genannt, die diese zum Anlass nehmen zu lesen, oder Florence (Psychologin, 38), die ihre Lieblingsmusik auf dem iPhone hört. Eine andere Untergruppe optierte für ein zweites Handy bzw. zwei unterschiedliche Anbieter oder einen internationalen Tarif. Es gibt jedoch einige wenige in der Untersuchungsgruppe, die sich mit List dagegen wehren. Sie gehen dabei unterschiedlich vor. Charles (Informatiker, 26) zum Beispiel hat als Experte, als Doktorand im Fach Informatik, einen Kompetenzvorsprung. So hatte er die Idee, auf die *cloud* zurückzugreifen, um die Artikel, die er während der Fahrt lesen möchte, zu speichern. So kann er diese offline auf seinem Smartphone lesen, auch hinter der Grenze. Er hat sich also informiert und ein passendes Programm, Instapaper, zur Abhilfe gefunden. Als Experte kann er hier deswegen gelten, weil nur die wenigsten der anderen Befragten dieses Programm kennen. Sein Grenzgänger-„Problem" beschreibt Charles wie folgt:

> „Le principal problème auquel enfin moi je suis confronté, c'est que ben en tant que frontalier, comme mon abonnement c'est un abonnement français, à partir du moment où je suis au Luxembourg, y a plus de, y a plus de connec-

---

Begriffs [des französischen, Anm. der Übersetzerin], denn bei den ‚Bräuchen' handelt es sich eben darum, ‚Aktionen' (im militärischen Sinn) wieder zu erkennen, die ihre eigene Formalität und ihre eigene Erfindungsgabe aufweisen und die im Stillen die Hauptarbeit des Konsums organisieren."

tivité data quoi donc j'essaie de... avant... je sais que je vais charger mes pages, je vais charger mes trucs avant et ce système-là [Instapaper] permet de le faire à peu près automatiquement, quoi [interviewer : comme ça, vous pouvez les lire sans connexion] oui, voilà, et du coup même si j'ai plus de connexion, ouais voilà, les pages ont été chargées, ... alors, en plus, c'est une version un peu minimaliste, donc c'est vraiment le texte des pages avec les images donc c'est vraiment fait pour des pages de journaux ou de, enfin qui sont vraiment les articles, donc, en gros, il va épurer tout ce qu'il y a autour, il va garder que le contenu et si y a des images, genre, enfin, des schémas, des figures ou des images qui vont illustrer l'article, ça ce sera présent, mais tout ce qui est images de publicité ou même les menus de navigation ou ce genre de choses, tout ça, ça va être, ça va être épuré, donc c'est plus agréable à lire en fait parce que ça ressemble plus à un, à un article ou à un document Word dans lequel il y aurait que [ton insistant] le texte de l'article... [acquiescement de l'interviewer] et surtout, voilà, une fois que ce contenu-là a été téléchargé, qu'il est en mémoire dans le téléphone, y a plus besoin de connexion externe, quoi, donc ça me permet, moi [ton insistant], d'avoir... ça me permettait tout au moins, maintenant [voix faible]... j'ai perdu ça [voix forte] [Interviewer : ouais, on en reparlera après... ouais, ouais, ça, c'était avec l'iPhone...] j'ai perdu ça, mais ça me permettait ouais ben de continuer à lire des choses même quand j'avais perdu toute connectivité quoi."[36]

Die Analyse der Aussage von Charles ergibt: erst einmal kann er zum Zeitpunkt des Interviews dieses Programm nicht mehr nutzen, da der Bildschirm seines iPhones vor kurzem kaputt ging und er seitdem nicht ohne Wehmut wieder sein altes Handy benutzen muss, mit dem er diese App

---

36 „Das größte Problem, mit dem ich konfrontiert bin, ist, dass ich als Grenzgänger, weil ich ein französisches Telefonabonnement habe, ab dem Zeitpunkt wo ich in Luxemburg bin, keine Verbindung mehr habe, deshalb versuche ich vorher... ich weiß, dass ich meine Seite laden werde, ich lade meine Sachen vorher und dann erlaubt es dieses System da [Instapaper], dass es mehr oder weniger automatisch geht, und deshalb werden die Seiten auch geladen, wenn ich kein Netz mehr habe, außerdem ist es eine abgespeckte Version, das heißt, es ist wirklich für Zeitungsseiten gemacht [...], das heißt, im Großen und Ganzen spart es alles aus, was nicht notwendig ist, es liefert nur die Inhalte und wenn es Bilder gibt oder Grafiken, die den Artikel illustrieren, das wird schon geladen, aber alles was Werbung ist oder auch die Navigationsleisten und solche Sachen, alles das wird ausgespart, deshalb ist es angenehmer zu lesen, weil es wie ein Artikel oder ein Word-Dokument daherkommt, in dem nur [insistiert] der Text vorkommt... [Zustimmung des Interviewers]. Und vor allem, wenn diese Inhalte erst einmal herunter geladen worden sind, dann sind sie auf dem Handy gespeichert und ich brauche keine Internetverbindung mehr, das heißt, das erlaubt mir [insistiert], oder eher, das erlaubte mir [schwache Stimme]..., ich habe das verloren [laute Stimme] [Interviewer: ja, das war mit dem iPhone]."

ohne Internetverbindung nicht nutzen kann. Andererseits hatte er sie dafür genutzt, aktuelle Artikel zu lesen, und es ist interessant, wie sehr er die „abgespeckten" Artikel schätzt, nur die Inhalte, ohne jegliche weitere Spur von Navigationselementen einer Internetseite; so ein Artikel könnte demnach wohl mit einem gedruckten verglichen werden. Aber es ist auch wichtig festzuhalten, dass Charles als Doktorand seinem Fachgebiet Informatik einen hohen Aufmerksamkeitsgrad widmet; es handelt sich bei den Artikeln also nicht um tagesaktuelle Nachrichten, denn das System setzt eine Antizipation voraus und Charles nimmt die Auswahl der Artikel von seinem Computer aus vor[37], dank einer Synchronisation Computer/iPhone, die mit dem alten Nokia nicht mehr möglich ist. Er erklärt das wie folgt:

> „Ouais, ça suppose d'anticiper c'est-à-dire qu'il faut... donc je suis en France, euh alors en gros le schéma, c'était euh... c'était euh... j'arrive, donc je prends le train pour aller travailler, on arrive toujours avec trois, quatre minutes d'avance sur le train pour éviter de le rater, enfin sauf quand on est très en retard [rire]... mais la plupart des gens, c'est comme ça et c'était généralement à ce moment-là, en attendant le train que je sortais mon téléphone, je lançais l'application je téléchargeais les quelques trucs que j'avais mis de côté justement la veille... par ce système-là, souvent sur mon ordinateur... la routine du soir, c'est je vais regarder les tout derniers trucs et puis je zieute un peu et puis les trucs que je vais... ben je lirai ça demain... je les récupérais par ce système-là, donc à télécharger avant que je monte dans le train et puis, bon... [...] avant de monter dans le train, j'avais mes trucs téléchargés et puis mes vingt minutes de trajet jusqu'à Luxembourg, ils étaient largement comblés par cinq-six pages, cinq-six articles à lire quoi."[38]

Charles definiert seine Vorgehensweise der aufmerksamen Suche selbst als „Abendroutine"; auf der Jagd nach Neuigkeiten aus seinem For-

---

37 Eine auf einem Smartphone nur schwer durchzuführende Operation. Wie Charles später sagt, bräuchte es dazu mindestens ein Tablet.
38 „Ja, da muss man schon im Voraus planen... das heißt, ich bin also in Frankreich, ähm..., das war, ähm..., ich komme an, ich nehme also den Zug um in die Arbeit zu fahren, man kommt ja immer drei, vier Minuten vor Abfahrt des Zuges an, damit man ihn nicht verpasst [...], und beim Warten nehme ich das Handy raus, ich startete das Programm und habe ich Sachen, die ich am Vorabend mit diesem System ausgesucht habe, heruntergeladen. Die Routine am Abend ist, dass ich alle neuen Sachen durchschaue und nach und nach die Sachen, die ich morgen lesen will, aussuche. Ich hole sie mir dann mit diesem System aufs Handy bevor ich in den Zug steige und dann, gut [...] ich hatte alle meine Sachen heruntergeladen und meine 25 Minuten bis Luxemburg waren leicht ausgefüllt mit fünf oder sechs Seiten, fünf oder sechs Artikel eben."

schungsbereich sucht er zuerst Seiten, die er für interessant hält, und danach geht er wie folgt vor:

> „Donc via des flux RSS j'ai uniquement les mises à jour qui ont été publiées dans une application, alors pourquoi je repasse sur mon ordinateur ? parce que... en gros, je passe sur une application, c'est-à-dire je suis en train de travailler, de faire quelque chose, si j'ai envie de faire une micro pause, 5 minutes, je bascule sur l'application truc et je vais regarder s'il y a quelques articles intéressants, souvent bon comme Twitter, c'est très court, c'est souvent un titre et un lien vers une page, j'ouvre, je regarde, si c'est pas intéressant je referme, si c'est intéressant je me dis « ben tiens, je vais le laisser ouvert et puis je le lirai quand j'aurai le temps » ce qui fait que des fois je finis avec 20, 30 onglets ouverts, des trucs que je dois lire un jour peut-être quand j'aurai 5 minutes [ton amusé]."[39]

Die Suche nach neuer Lektüre ist bei Charles eine permanente, bis hin zur Abendroutine, und er beschreibt sich selbst so: „Moi je suis finalement un mauvais [ton insistant] lecteur de de livres, de littérature en fait… mais un gros consommateur de enfin' d'information… d'information quoi"[40]. Er vergleicht sich mit seiner Lebensgefährtin, einer begeisterten Leserin, die von den neuen Medien gar nicht angetan ist. Ironisch erwähnt er die wenigen Minuten, die sie pro Tag auf ihrer Facebook-Seite verbringt. Er spricht auch von den Leuten, die von den Medien ein bisschen abhängig geworden seien, zu denen er sich selbst zählt. Und es wird noch gezeigt werden, dass er sich auch sehr für kulturelle Informationen aus der Großregion interessiert, dank Twitter, das ihm erlaubt, die traditionellen Medien zu umgehen. Kommen wir nun aber zurück zu den Methoden, mit denen die Grenzgänger die digitale Grenze umgehen. Charles schafft dies unbestreitbar. Aber als Experte in Sachen neue Medien stellt dieser eine Ausnahme dar. Denn von den anderen Befragten sprach keiner über Instapaper. Allerdings nutzt Quentin (Informatiker, 24) mit seinem Tablet den

---

39 „Also über RSS habe ich nur die Updates, die auf einer App veröffentlicht wurden, also warum greife ich trotzdem auf meinen Computer zurück? Weil ich über eine App gehe, das heißt, ich arbeite an etwas und wenn ich eine kleine Pause machen will, 5 Minuten, wechsle ich auf die App und ich schaue, ob es neue interessante Artikel gibt, oft wie auf Twitter, das ist sehr kurz, oft nur eine Schlagzeile und ein Link zu einer Seite, ich öffne, lese, wenn es nicht interessant ist, mach ich gleich wieder zu, wenn es interessant ist, sage ich mir ‚Ach, das lasse ich offen, und wenn ich Zeit habe, lese ich das'. Das führt dann dazu, dass ich oft 20, 30 Seiten offen habe, Sachen, die ich lesen solle, wenn ich mal 5 Minuten habe [lacht]."
40 „Ich bin schlussendlich ein schlechter [insistierend] Bücherleser, Literaturleser… aber ein Großkonsument von Informationen … von Informationen, ja."

ähnlich funktionierenden Dienst Flipboard, aber auch er ist vom Fach. Man muss aber nicht unbedingt Experte sein; denn Emeline (Verkäuferin, 30) nutzt dieses Programm ebenfalls. Es war auf ihrem Tablet-Computer bereits vorinstalliert, was sie auf die Idee brachte, Flipboard auch auf ihrem Smartphone zu installieren. Sie geht in der gleichen Weise wie Quentin vor, indem sie eine Vorauswahl trifft, die ihren Interessensgebieten entspricht:

> „C'est Flipboard, sur Samsung, et du coup ben je peux faire en fonction de... de ce qui m'intéresse, sélectionner des articles et des revues pour que je puisse les lire de suite ou plus tard donc du coup si le matin j'arrive, je consulte rapidement, je peux le mettre euh... en stock de côté, et puis après pendant le voyage..."[41].

Während der Busfahrt kann sie in Ruhe offline lesen. Emeline verwendet eine treffende Metapher, um ihre Vorgehensweise zur Informationsbeschaffung zu beschreiben: „voilà, je fais mon petit, ma petite soupe d'articles quoi..."[42], eine Vorgehensweise, die De Certeau bestätigt: sie trifft ihre persönliche Auswahl und stellt sich ihr eigenes Menü zusammen. Aber man begreift auch die Macht, die das Potenzial des technischen Dispositivs repräsentiert. Die Bemerkung von Emeline, „C'est Flipboard, sur Samsung", macht dies deutlich; so als würde alles auf der Applikation beruhen, die Rolle des Akteurs einschränkend. Es besteht also ein Spannungsverhältnis zwischen der Technik und dem Sozialen. Diese Handlungsweisen sind der Öffnung in Hinblick auf neue Themen oder Interessensgebieten nicht unbedingt förderlich und auch nicht der Streuung des Nachrichtenkonsums. Hier besteht eine Analogie zu Marc Ménards (2014) Analyse hinsichtlich der Funktionsweise der von Internethändlern eingesetzten Systeme, die basierend auf dem Kaufverhalten und den Vorlieben der Kunden Empfehlungen abgeben: auch sie produzieren prinzipiell Konformität.

Es sei noch als letzter Fall Anaïs (Assistentin der Geschäftsleitung, 25) erwähnt. Sie besitzt keine App zur Informationsbeschaffung, nutzt allerdings eine andere, mit der sie während ihres Arbeitstages in Luxemburg gratis SMS verschicken kann, um so die digitale Grenze zu umgehen.

---

41 „Das ist Flipboard, auf Samsung, und deshalb kann ich, je nachdem was mich interessiert, Artikel und Zeitschriften aussuchen, damit ich diese dann später lesen kann... und wenn ich also morgens ankomme, schaue ich kurz rein, ich kann Seiten abspeichern und dann während der Fahrt...."
42 „Also koche ich mir mein Artikel-Süppchen...."

Anaïs kommuniziert mit ihren Bekannten hauptsächlich per SMS, was eine „Generationenfrage" sei: „Je dois être à une moyenne de 40, 40 SMS par jour je pense mais ça va très très vite hein, on parle d'un sujet et bla et bla et bla et..."[43]. In der Tat ist sie eine intensive Nutzerin, im Monat käme man auf 280 SMS, was absolut plausibel ist.[44] Deswegen ist sie auf einen Tarif angewiesen, der auf luxemburgischem Territorium verschickte SMS mit einschließt. Sie ist auf WhatsApp gestoßen, eine gratis App für Mobiltelefone: „Bon déjà la plupart de mes amis ont installé WhatsApp à cause de moi [rire], ils se sont adaptés, bon eux ils sont toujours en France"[45]. Also benutzt sie WhatsApp ausschließlich zur Kommunikation mit engen Freunden. Aber das ist noch nicht genug, sie musste auch eine Lösung finden, um mit anderen, etwas entfernteren Bekannten in Verbindung zu bleiben, die WhatsApp nicht unbedingt nutzen. Sie hat so einen Tarif mit unlimitierten SMS ins europäische Ausland ausfindig gemacht, den sie seit zwei Monaten nutzt:

> „Oui parce que... oui mais euh, j'ai des collègues par exemple un ancien responsable, c'est un exemple, c'est un ancien responsable de Lux... de Luxembourg, qui lui euh... a un portable Français et un portable... ben lui je sais que dans tous les cas je peux lui envoyer avec mon portable français, je serai pas taxée..."[46]

Man stößt hier auf den Begriff „besteuert werden", der auf affektiver Ebene stark konnotiert ist: es ist unglaublich, wie stark diese Referenz auf den Begriff der Steuer auf ein unter Grenzgängern weit verbreitetes Gefühl verweist, zu viel für Mobiltelefonie ausgeben zu müssen.

---

43 „Ich verschicke etwa 40, 40 SMS pro Tag glaube ich, aber das geht sehr schnell, man spricht über ein Thema und blablabla...."
44 Jugendliche zwischen 18 und 24 Jahren verschicken im Durchschnitt 292 SMS pro Woche (Bigot / Croutte (2013)). In den 1990er Jahren stellten die SMS die beliebteste Kommunikationsmethode unter Jugendlichen dar, gleich einer neuen unverständlichen Sprache aus Sicht der Eltern. Von Beginn an waren SMS aber viel billiger als das Telefonieren.
45 „Also die meisten meiner Freunde haben WhatsApp wegen mir installiert [lacht], sie haben sich angepasst, gut, sie sind ja immer in Frankreich".
46 „Ja, weil... ich habe Kollegen, zum Beispiel einen ehemaligen Vorgesetzten, das ist ein Beispiel, das ist ein ehemaliger Abteilungsleiter aus Luxemburg, der hat... der hat ein französisches Handy und ein Handy aus... also ich weiß, ich kann ihn auf jeden Fall mit meinem französischen Handy kontaktieren, ohne besteuert zu werden..."

Im vorliegenden Teil des Beitrags wurden einige der unterschiedlichen Wege beschrieben und analysiert, die manche Grenzgänger anwenden, um die digitale Grenze zu umgehen. Auch wenn sie nicht unbedingt Experten sind, suchen sie nach Lösungen, um sich ohne finanziellen Mehraufwand zu informieren bzw. mit ihren Freunden in Kontakt zu bleiben. Andere, die auf mündliche Kommunikation (und nicht auf SMS oder Datentransfer) angewiesen sind, schafften es nicht, das System zu überlisten (allerdings gibt es die Applikation Viber, die aber scheinbar nur von Anaïs genutzt wird) und mussten sich daher ein zweites Handy mit einem luxemburgischen Vertrag anschaffen. Schließlich erweist sich der größte Teil der Untersuchungsgruppe als eher fatalistisch: diese Personen haben sich mehr oder weniger an die Situation angepasst, d.h. ihr Handy ist während des Arbeitstags in Luxemburg quasi deaktiviert: sie nehmen Anrufe nur in dringenden Fällen entgegen, um Roaming-Gebühren zu vermeiden und informieren sich auch nicht über ihr Smartphone. Zum Schluss dieses Kapitels wird noch eine letzte Frage aufgeworfen, nämlich die nach dem äußerst überraschenden Phänomen der Reterritorialisierung der grenzüberschreitenden Mobiltelefonie.

2.4 Phänomene der Reterritorialisierung mobiler Kommunikation

Angesichts der Angst vor Zusatzkosten durch Überschreitung von Freiminuten, der Angst „besteuert" zu werden, sehen sich sämtliche Grenzgänger gezwungen, sich genau zu überlegen, wann und für welche Zwecke sie ihr Handy benutzen. Sie haben alle eine gewisse intellektuelle Beweglichkeit entwickelt (Wo bin ich? In welchem Netz? Kann ich also diese Person zu dieser Tageszeit anrufen?) und befinden sich dadurch am Gegenpol der Grundidee des Mobiltelefons. Denn wie steht es mit dem Traum der Allgegenwart (Jauréguiberry 2003), der die ersten Mobiltelefone begleitete und so gleichsam eine neue Raum-Zeit schuf? Als es hieß, man könne jetzt überall und jederzeit telefonieren? Zwar haben sich die Fatalisten unter den Grenzgängern, die ihr Handy während ihres Arbeitstages außerhalb Frankreichs in der Tasche verstauen, dazu entschieden, sich die Frage nicht mehr zu stellen; trotzdem müssen sie diese Reterritorialisierung ertragen. Diejenigen, die ihr Handy weiterhin benutzen wollen (SMS, Daten, Telefonieren), sind alle mit der dem Gebrauch vorausgehenden Frage konfrontiert: Welches Telefon kann ich benutzen, je nachdem, welche Person ich wo anrufen möchte? Um dieses seltsame Phänomen zu erklären, soll noch einmal Anaïs zu Wort kommen, die die „Katastrophe" (ein Begriff, den sie zwei Mal verwendet), die diese jedem Gebrauch vorausgehende notwendige Überlegung darstellt, sehr gut darlegt:

> „Alors pendant un moment j'en avais deux, j'avais un portable français, un portable luxembourgeois, une ligne luxembourgeoise et en fait euh... je me suis rendu compte que ça m'agaçait de passer de l'un à l'autre selon les personnes, ah ben tiens untel m'a écrit il faut que je lui réponde avec mon portable luxembourgeois mais des fois ils ne font pas attention ils me répondent sur le portable français c'était une catastrophe [rire]."[47]

Das heißt, man muss mit zwei Geräten jonglieren und jeder, der diese Situation schon erlebt hat, kennt die mentale Müdigkeit, die das auslöst: statt Spontanität und Automatismus muss alles vorher überlegt werden, was einen nicht zu vernachlässigenden kognitiven Preis hat.[48] Anaïs beschreibt sehr genau diese notwendige mentale Reflexion:

> „Ah non, c'est... c'est pas possible puis souvent euh... donc il y a ceux qui habitent à l'étranger, c'est une chose... [relance de l'interviewer : à l'étranger?] ben par exemple maintenant j'ai une amie belge [une frontalière belge, ancienne collègue, lors du premier emploi d'Anaïs au Luxembourg] donc elle, je sais que dans tous les cas elle sera en Belgique donc je sais que dans tous les cas je vais prendre mon portable luxembourgeois pour lui écrire, ça me coûtera moins cher que mon portable français, il y a maintenant aussi les français qui travaillent au Luxembourg donc là après il faut réfléchir... est-ce que lui à cette heure-ci il est en France [rire] et j'utilise mon portable français parce que j'ai les SMS illimités ? ou est-ce qu'à cette heure-ci il est au Luxembourg et je prends le portable luxembourgeois ? mais si moi je suis en France avec mon portable luxembourgeois est-ce que ça va me coûter plus ou moins cher que si j'étais au Luxembourg ? enfin bon c'était une catastrophe [rire] [L'interviewer reformule : oui une prise de tête à chaque fois quoi] ouais voilà au final c'était pour faire des économies mais en fait euh... bon les économies étaient là mais c'était plus d'embrouilles que d'économies hein franchement pour quelques euros près."[49]

---

47 „Also einen Monat lang hatte ich zwei, ich hatte ein französisches Handy, ein luxemburgisches Handy, einen luxemburgischen Vertrag und also... ist mir klar geworden, dass mich das nervt, dass ich je nach Person das Telefon wechseln muss, ach so, der hat mir gerade geschrieben, ich muss ihm mit meinem luxemburgischen Handy antworten, aber manchmal passen sie nicht auf und antworten mir dann auf mein französisches Handy, das war eine Katastrophe [lacht]."
48 Vgl. *Le cœur à l'ouvrage. Théorie de l'action ménagère*, J.-C. Kaufmann (1997). Eine durch Reflexion hervorgerufene mentale Müdigkeit, die dazu führt, dass man sich in Haushaltsarbeiten stürzt, wenn der Automatismus ausfällt.
49 „Ach nein, das ist nicht möglich... denn oft, ähm... also es gibt diejenigen, die im Ausland leben, das ist die eine Sache ...[...] zum Beispiel habe ich jetzt eine bel-

Das heißt, man muss zahlreiche Informationen parat haben, bevor man jemanden anrufen kann: seinen (luxemburgischen oder französischen) Tarif genau kennen, sich vorstellen, wo sich die Person gerade befindet (noch auf der Arbeit in Luxemburg oder schon zuhause in Frankreich) und schließlich fähig sein, schnelle Kopfrechnungen durchzuführen, um den Preis abzuschätzen und je nach Tarif der verschiedenen Anbieter und Aufenthaltsort das günstigere der beiden Geräte auszuwählen. Es ist genau diese aberwitzige Situation, mit der alle Grenzgänger seit Einführung der Mobiltelefone in den Jahren 1994-96 konfrontiert sind. Heute, 20 Jahre später, kündigt sich das Ende des Roaming an:[50]

> „Le 3 avril 2014, le Parlement européen a adopté la proposition de règlement concernant la suppression des frais d'itinérance de la téléphonie mobile en Europe (roaming). La proposition doit encore être adoptée par le Conseil européen. L'itinérance est un marché artificiel et constitue un obstacle important à la fois pour la mobilité et le développement économique. Dans les territoires frontaliers plus particulièrement, elle entrave lourdement la compétitivité des entreprises et va à l'encontre des droits des citoyens"[51, 52],

---

gische Freundin [eine belgische Grenzgängerin, ehemalige Kollegin von der ersten Arbeitsstelle Anaïs in Luxemburg], also sie weiß und ich weiß, dass sie auf jeden Fall in Belgien ist, also weiß ich, dass ich auf jeden Fall mein luxemburgisches Handy benutze um ihr zu schrieben, das ist billiger als mit dem französischen, es gibt jetzt auch Franzosen, die in Luxemburg arbeiten, da muss man also nachdenken… ist er um diese Uhrzeit in Frankreich [lacht], dann benutze ich mein französisches Handy, weil ich da unlimitiert SMS verschicken kann? Oder ist er um diese Zeit in Luxemburg, dann nehme ich das luxemburgische Handy. Aber wenn ich in Frankreich bin und das luxemburgische Handy benutze, ist das dann teurer als in Luxemburg? Kurz, das war eine Katastrophe [lacht]. Schließlich wollte ich das machen, um zu sparen, aber eigentlich… na ja, ich habe was gespart, aber die Unannehmlichkeiten waren die paar Euro, die ich gespart habe, nicht wert."

50 Sosh, die Lowcost-Linie von Orange, antizipierte das Ende des Roamings und bietet europäische Angebote an. Den Grenzgängern hilft das trotzdem nicht, denn die Auslandsgespräche sind auf 15 Tage im Jahr und 5 GB limitiert.
51 *Actualité transfrontalière*, hg. von MOT, n° 99, Mai 2014, URL : http://www.espaces-transfrontaliers.org/fileadmin/user_upload/documents/Newsletter/99_Actualite_transfrontaliere_mai_2014.pdf.
52 „Am 3. April 2014 hat das Europäische Parlament einen Gesetzesvorschlag verabschiedet, der die Aufhebung der Roaminggebühren in Europa vorsieht. Der Vorschlag muss noch vom Europäischen Rat unterzeichnet werden. Das Roaming ist ein künstlicher Markt und stellt ein ernstzunehmendes Hindernis sowohl für die Mobilität als auch für die wirtschaftliche Entwicklung dar. Vor allem in den grenznahen Gebieten beeinträchtigt es die wirtschaftlichen Aktivitäten erheblich und verstößt gegen die Bürgerrechte."

meint die MOT, die „Mission opérationnelle transfrontalière" („grenzübergreifende operationelle Mission"). In einem am Vorabend der Abstimmung erschienenen Artikel kündigt die Europäische Union auf ihrer Homepage die Neuigkeit mit dem eloquenten Titel „Adieu au ‚roaming' et vers une meilleure connexion Internet"[53] an. Der Wille des europäischen Regulators ist es, „die Neutralität des Netzes zu garantieren: die Internetanbieter dürfen die von ihren Konkurrenten angebotenen Dienste nicht mehr blockieren oder verlangsamen. Denn mehr als 200 Kommunikationsunternehmen, die sehr unterschiedlichen Regeln unterworfen sind, zwingen dem fragmentierten Markt von 510 Millionen Kunden in Europa unterschiedlichste Tarife auf."[54] Die Abschaffung des Roamings ist für den 15. Dezember 2015 vorgesehen. Aber die Bilanz lässt sich trotzdem sehen: sämtliche europäische Grenzgänger haben in den letzten 20 Jahren Roaminggebühren bezahlt. Wenn dieser Markt als „künstlich" bezeichnet werden kann, haben sie also umsonst bezahlt? Erinnern wir uns an die Aussage „man zahlt ein Vermögen" von Jonathan (Anwalt, 29, wohnhaft in Luxemburg), wenn er am Wochenende nach Frankreich zurückkommt und zu McDonald's gehen muss, um dort das W-LAN zu nutzen...

Das Paradox der Untersuchungsgruppe ist also, dass diese Grenzgänger über die technologischen Möglichkeiten verfügen, diese aber nicht benutzten können! Es sei daran erinnert, dass 7 von 20 Befragten gemeinsam mit ihrem Partner über ein Tablet verfügen, dieses aber nie zur Arbeit mitnehmen, ausgenommen Quentin (Informatiker, 24), da dieser das französische Netz ohne Unterbrechung bis Esch-sur-Alzette empfängt, und ausgenommen auch Florence (Psychologin, 38), die es für Videoaufzeichnungen im Rahmen ihrer Berufstätigkeit nutzt.

Nach der Analyse dieser digitalen Grenze, die die Grenzgänger täglich zu spüren bekommen, wird nun eine Typologie der Grenzgänger präsentiert, die aufgrund folgender Faktoren vorgenommen wurde: das Erlebte und die sozialen Repräsentationen, die mit der Grenzerfahrung zusammenhängen, die medialen Praktiken (traditionelle Medien, neue Technologien)

---

53 Europäisches Parlament, 2.4.2014, URL: http://www.europarl.europa.eu/news/fr/n ews-room/content/20140401STO41552/html/Adieu-au-«-roaming-»-et-vers-unemeilleure-connexion-Internet deutscher Titel: „Europa, der vernetzte Kontinent: Keine Roaming-Gebühren, Netzneutralität und bessere Internetverbindungen."
54 URL : http://www.europarl.europa.eu/news/fr/news–room/content/20140401STO4 1552/html/Adieu–au–%C2%AB–roaming–%C2%BB–et–vers–une–meilleure–con nexion–Internet.

sowie die kulturellen und sozialen Praktiken. Zu Beginn wird die erste Untergruppe der Grenzgänger vorgestellt, die ein Charakteristikum verbindet, das hier als „Tunneleffekt" bezeichnet wird.

3. Der Tunneleffekt

Die INSEE [Nationales Statistisches Amt, Anm. der Übersetzerin] und die Wirtschaftsexperten im Allgemeinen bezeichnen die Arbeitnehmer, deren Wohn- und Arbeitsort nicht in der gleichen Gemeinde liegen, als Pendler; ein Phänomen, das charakteristisch für große Metropolen ist. Man nennt sie auch Pendelmigranten, ein sehr aussagekräftiges Bild, das darauf verweist, dass sie wie das Foucault'sche Pendel ständig in Bewegung sind. Die Grenzgänger sind spezielle Pendler, da sie jeden Morgen eine Grenze überschreiten, um zur Arbeit zu kommen, und diese am Abend wieder in die andere Richtung passieren, um nach Hause zu kommen. Eine Bloggerin, Sylvie Neidinger,[55] beschreibt mit etwas Humor die Grenzpendler: „Pendler: in der Luft pendelnd? In der Luft hängend? Woran festgemacht?" Diese „Grenzspringer" („saute-frontière") werden mit einem Tischtennisball verglichen, „den sich die beiden Staaten zu einem exakten Zeitpunkt mit unfehlbarer Mechanik zuspielen". Dieses Bild des Tunneleffekts, das im Folgenden erklärt wird, ergibt sich aus der angewandten qualitativen Untersuchungsmethode.

3.1 Die geographische Grenze als neue Grenze zwischen Privat- und Berufsleben

3.1.1 Das Pendeln in seiner übersteigerten Dimension

Inwiefern kann man von einer Grenzmobilität mit Tunneleffekt sprechen? Die Metapher des Tunnels ergibt sich aus den Gesprächen mit der Untersuchungsgruppe über ihr Erleben des Pendelns. Das Bild erlaubt es, ein einfaches Gefühl auszudrücken: die Befragten fühlen sich, als würden sie

---

55 Sylvie Neidinger spricht über den Fall von Grenzgängern im Raum Schweiz/Genf-Savoyen/Frankreich („arc valdo-franco-genevois"), präzisiert aber, dass es sich hier um einen Sonderfall handelt. URL : http://duboutduborddulac.blog.tdg.ch/arc hive/2011/12/23/les-pendu-laires-2-2.html

zwischen Wohn- und Arbeitsort gleichsam durch einen Tunnel „gebeamt", im Zug oder aber auch in langen Staukolonnen. Florence (Psychologin, 38) erinnert dieses Bild von Arbeitern in langen Kolonnen an ihre Kindheit, wenn sie ihren Vater bei Schichtende aus der Fabrik kommen sah:

> „… alors voilà, quand je pense à frontalier, je me vois le matin en train d'aller vers la gare, donc je suis garée, je sors de la voiture et toute cette masse-là de personnes qui marchent dans le silence en allant vers la gare, et je me dis bon ben c'est pas l'usine hein, mais quelquefois je me dis les gens qui nous voient ils doivent nous prendre vraiment pour des… pour des fous quoi parce que c'est vraiment… on va au travail tous à moitié endormis, voilà c'est ça, c'est le train, c'est les gens euh… moi ce que je vois dans frontalier c'est ça… c'est euh les gens dans le train, quand il n'y a pas assez de rames, et qu'on est tous agglutinés, assis dans les escaliers et puis… ou bien c'est euh… c'est les gens sur la route, enfin toute cette file de de d'embouteillages qui va jusqu'au Luxembourg".[56]

Florence verwendet das Bild „Masse" und erweckt so den Eindruck von Menschen, die – wenn im Zug dicht aneinandergedrängt – die Situation ohne Regung und Anteilnahme nahezu wie Automaten erdulden. Das Erleben dieser Pendler ist jedoch auch dem von Bewohnern großer Metropolen wie Paris sehr ähnlich.

Warum kann diese Dimension der Grenzmobilität also als extrem bezeichnet werden? Weil diese Grenzgänger quasi mit Scheuklappen ausgestattet sind, wenn sie im „Tunnel" sind, was sie daran hindert, wahrzunehmen, was sich vor Ort in Luxemburg abspielt. Und in der Tat bleiben sie nach der Arbeit nie dort und kehren auch am Wochenende nie zurück; weder kulturelle noch sportliche Aktivitäten ziehen sie nach Luxemburg, sie interessieren sich nicht oder kaum für Lokales, ihre medialen Praktiken konzentrieren sich auf französische und internationale Nachrichten und das Interesse für Lokalnachrichten beschränkt sich weitgehend auf ihren Wohnort. Des Weiteren entwickeln sie kaum soziale Kontakte zu Luxem-

---

56 „Also wenn ich an den Begriff Grenzgänger denke, dann sehe ich mich morgens auf dem Weg zum Bahnhof, also ich habe das Auto geparkt, ich steige aus und da ist diese Masse von Menschen, die still auf den Bahnhof zuströmt und ich sage mir, das ist wie in der Fabrik, aber manchmal sage ich mir, dass die Leute, die uns sehen, uns für…für Verrückte halten, weil es wirklich so ist… wir fahren alle im Halbschlaf zur Arbeit, so ist das nämlich im Zug, das sind die Leute, ähm… das ist das, was mir zu Grenzgänger einfällt… das sind die Leute im Zug, wenn es nicht genug Waggons gibt und wir alle aufeinander hocken, auf den Treppen und dann… oder wie die Leute auf der Straße, diese ganze Staukolonne, die bis Luxemburg reicht."

burgern – und das nicht grundlos: sie bleiben „unter sich", vermischen sich nicht, da sie in Firmen tätig sind, die vor allem Grenzgänger wie sie beschäftigen. Und am Abend haben sie es eilig nach Hause zu kommen, denn die Tage eines Grenzgängers sind lang. Adeline (Kommunikationsassistentin, 23) antwortet auf die Frage der Interviewerin, „ob sie als Grenzgängerin ein Leben in Luxemburg außerhalb der Arbeit" habe:

> „Très peu, pour la simple et bonne raison que j'ai un bus qui ne passe pas régulièrement, le soir, c'est déjà la course tous les soirs, un coup sur deux je le loupe et je dois attendre celui de 20 heures et quart pour rentrer [sourire] et que j'ai pas envie de le [son conjoint] faire courir lui pour venir me récupérer et que en général je suis tellement fatiguée la semaine que... je suis pas une fêtarde à la base"[57]

Wie noch gezeigt werden wird, ist dies eines der Stigmata, mit denen Grenzgänger belegt werden: ihre Freunde werfen ihnen oft vor, während der Woche keine Lust zum Ausgehen zu haben, was durchaus verständlich ist. Adeline verlässt das Haus um 6 Uhr 45, zwischen zwei und dreieinhalb Stunden Busfahrt muss sie täglich auf sich nehmen, je nach Verkehrslage. Ihr wichtigstes Ziel ist es also, den Bus um 20 Uhr zu bekommen, damit sie um 21 Uhr zu Hause ist. Ansonsten, „jedes zweite Mal" (vielleicht exzessiv und nicht der wirkliche Durchschnitt?[58]), so zeigt das Beispiel, ist sie 13 Stunden pro Tag außer Haus. So ergeht es auch Romane (Kommunikationsassistentin, 26):

> „Eh bien à Luxembourg rarement [rire], parce que comme peut-être beaucoup de frontaliers, ben on y vient tous les jours alors quand on a du temps, on n'a pas envie de refaire le trajet donc euh... [...] Ben après on n'a plus trop envie de revenir [rire] [...] voilà, ça veut dire faire remonter nos amis de Metz pour aller à Luxembourg alors bon... c'est pas quelque chose qu'on fait souvent quoi..."[59]

---

57 „Sehr wenig, aus dem einfachen Grund, dass ich einen Bus nehmen muss, der abends nicht regelmäßig verkehrt, ich muss jeden Abend rennen, und jedes zweite Mal verpasse ich ihn und muss auf den Bus um Viertel nach Acht warten [lächeln] und wenn ich nicht will, dass er [ihr Lebensgefährte] wegen mir laufen muss, um mich abzuholen und außerdem bin ich sowieso so müde während der Woche... ich gehe generell nicht gern auf Partys."
58 Eine Übertreibung kann natürlich nicht ausgeschlossen werden, aber sie verweist auf den großen Zeitaufwand, den die Grenzgänger täglich in Kauf nehmen müssen (1 h 15 ab Thionville bei Stau statt 25 Minuten; 30 km Stau sind an der Tagesordnung).
59 „Also in Luxemburg selten [lacht], weil ich, wie wohl viele andere Grenzgänger auch, jeden Tag hierher komme und wenn man dann Zeit hat, hat man keine Lust

Zu ergänzen ist, dass sie mit dem Zug pendelt, ihr Büro genau gegenüber dem Bahnhof in Luxemburg liegt und sie deshalb für eine Grenzgängerin eine extrem kurze Anreise hat: „Von Tür zu Tür brauche ich 45 Minuten. [...] Für eine Grenzgängerin darf ich mich nicht beschweren". Aber das ergibt sich aus einer strategischen Wahl: ihr Lebensgefährte ist auch Grenzgänger (er bevorzugt das Auto, um abends nach 20 Uhr nach Hause zu fahren) und deshalb haben sie entschieden, von Metz nach Thionville umzusiedeln, um die Fahrtzeit zu verkürzen, wobei ihr Freundeskreis aber nach wie vor in Metz ist. Anzumerken ist außerdem, dass Romane insgesamt drei Mal das Präfix „zurück" benutzt [im Französischen „refaire le trajet", „revenir", „faire remonter nos amis", Anm. der Übersetzerin]. Die negative Einstellung zum Arbeitsweg kann bzw. soll nicht auf die Freizeit übertragen werden. Daher werden die beiden Sphären hermetisch voneinander abgegrenzt.[60] Abschließend soll noch das Beispiel Jean-Pierres (Verwaltungsangestellter, 46) genannt werden, der Ähnliches über eventuelle Freizeitaktivitäten in Luxemburg sagt:

> „La seule sortie que j'peux faire à Luxembourg, c'est aller à l'Atelier par exemple [rire] ou au Rockhal[61], mais non, parce qu'après j'suis bien content de, v'voyez une fois qu'on a fini la journée... je reste pas ici [Interviewer reformule : vous restez pas hein... ouais] je reste pas non, c'est sûr que j'reste pas [Interviewer ouais et avec le train, c'est difficile hein ?] voilà pis, euh, v'voyez, je sais pas, ça m'intéresse, c'est pas qu'ça m'intéresse pas [ton montant], mais j'veux dire euh... j'suis content d'avoir fini ma journée pis voilà c'est, ça s'arrête là quoi, j'veux dire [Interviewer acquiesce : mmm... et le weekend par exemple, de revenir ou...] pfff... ça m'est déjà arrivé de venir le weekend au Luxembourg mais c'est, ouais c'est trop rare pour que non, je... ça m'est arrivé une fois c'est tout [Jean-Pierre travaille au Luxembourg depuis 10 ans] donc euh, v'voyez... non, non, après le Luxembourg... j'y travaille, ça s'arrête là v'voyez, c'est tout c'que... voilà [rire] [...] mais, à partir du moment où on habite près de Metz, v'voyez, j'sais pas, ya... j'en ai assez d'être là v'voyez, où je travaille, et ça s'arrête là, je remets plus après, je viens plus... voilà... on va dire c'est ma vie professionnelle, tout le reste c'est en France."[62]

---

auf die gleiche Fahrt... Also danach hat man keine Lust mehr zurückzukommen [Lachen] [...] Also, das hieße unsere Freunde aus Metz hochkommen zu lassen um nach Luxemburg zu fahren... nein, das ist etwas, was man nicht oft macht."

60 Die Diskrepanz ist ein gängiger Abwehrmechanismus, der bei Sigmund Freud beschrieben wird.
61 Zwei bekannte Veranstaltungsstätten der Großregion.
62 „Das einzige, was ich in Luxemburg machen kann, ist ins Atelier zu gehen zum Beispiel [Lachen] oder ins Rockhal, aber nicht wirklich, weil danach bin ich wirk-

Jean-Pierre zieht also eine klare Linie und trennt das Berufliche vom „ganzen Rest", d.h. seinem umfassenden Privatleben. Im Gegensatz dazu wird die Arbeitszeit eng eingeschränkt: „Das hört hier auf", und nach der Arbeit ist er froh, seinen Tag geschafft zu haben. Die Ausdrücke „ich habe genug davon", „ich komme nicht noch einmal zurück" sind eindeutig. Was die Wochenenden betrifft, so sagt er, ein einziges Mal in 10 Jahren nach Luxemburg gefahren zu sein... Viele dieser Grenzgänger nehmen daher eine eindeutige Trennung zwischen beruflichem und privatem Leben vor. Zu präzisieren ist dabei noch, dass in diese Untergruppe sieben Frauen und drei Männer eingeordnet wurden.

3.1.2 Rekonstruktion einer Grenze zwischen Berufs- und Privatleben

Es scheint also, dass diese Grenzgänger es schaffen, einen gewissen positiven Nebeneffekt aus ihrem Pendlerdasein zu ziehen: die Fahrzeit wird als veritable Dekompressionskammer nach der Arbeit genutzt – nach einer Rationalisierung und einer Umkehrung der negativen mentalen Belastung ins Positive. Die geographische Grenze wird dabei symbolisch rekonstruiert, um zu einer neuen Form der Grenze zwischen Arbeits- und Berufsleben zu werden. Dieser positive Effekt ist nicht zu vernachlässigen, denkt man an die Schwierigkeiten, die viele Arbeitnehmer hinsichtlich des zunehmenden Schwindens der Grenze zwischen Privat- und Berufsleben hinnehmen müssen – durch die verstärkte Nutzung neuer Technologien, das damit einhergehende neue Zeitgefühl sowie die Dringlichkeit, die die-

---

lich froh, sehen Sie, wenn man den Arbeitstag einmal hinter sich hat... Dann bleibe ich nicht hier [Interviewer formuliert um: Sie bleiben also nicht], ich bleibe nicht, das ist klar [Interviewer: ist das mit dem Zug schwierig?], ja, eben, und Sehen Sie, das interessiert mich gar nicht [Stimme wird lauter], aber, ich will sagen... ich bin einfach froh, dass mein Arbeitstag geschafft ist, das ist alles, ich will sagen [Interviewer nickt: Und am Wochenende zum Beispiel?], pfff... das hab ich schon mal gemacht, am Wochenende in Luxemburg weg zu gehen, aber das ist zu selten, eigentlich habe ich das nur ein einziges Mal gemacht [Jean-Pierre arbeitet seit 10 Jahren in Luxemburg], also, sehen Sie, Luxemburg nach der Arbeit... nein... ich arbeite da und das ist alles. Also [lacht], ab dem Moment, wo man nahe an Metz wohnt, sehen Sie, ich weiß nicht, ich habe genug davon, da zu sein, wo ich arbeite, das reicht, da komme ich nach der Arbeit nicht noch einmal zurück, sagen wir also das ist mein berufliches Leben, und der ganze Rest ist in Frankreich."

se neuen Technologien in unseren heutigen Gesellschaften hervorrufen[63] (Jauréguiberry 2003, Jauréguiberry / DEVOTIC 2014, Aubert 2010). Angélique (Gesundheitssektor, 37) erklärt explizit dieses Bedürfnis, eine „Barriere" zwischen Arbeit und Freizeit zu errichten, was in nahezu magischer Weise genau in dem Moment passiert, in dem sie die geographische Grenze passiert und das Land Luxemburg, das mit der „Arbeitswelt" assoziiert wird, verlässt:

> „Si j'reste au Luxembourg j'ai toujours l'impression que c'est plus pour l'environnement de travail, parce que y a une atmosphère et une ambiance qui est particulière […] on lâche prise [sous-entendu : si on ne reste pas], alors que quand on reste au Luxembourg, on a l'impression qu'on est toujours dans la sphère travail, l'ambiance pression euh… c'est pas pareil, l'impression qu'on est dans cet environnement-là [L'interviewer acquiesce et renforce : ouais y a beaucoup de gens qui me disent ça hein] alors que quand on passe la frontière, j'sais pas, y a un truc qui se passe c'est pas pareil [sourire] ça [l'interviewé fait un petit claquement de langue, à interpréter comme un déclic qui se passerait ?] […] on a l'impression : on passe la frontière ben ça y est on est parti, on se… pfff, parce que, moi j'en ai tellement qui viennent qui sont stressés, qui sont machins, moi faut pas qu'j'emmagasine là, faut qu'j'fasse la barrière, donc c'est pas voilà hein, c'est faut… faut gérer quoi [reformulation de l'interviewer] voilà, parce qu'on a l'impression qu'on reste au boulot […] et passer la frontière c'est laisser ça derrière [quelques minutes plus loin…] c'est comme si on arrivait ici dans une bulle de… je sais pas [Interviewer : de compression ?- sourire -] ouais! si! ouais ouais… et on ressort de là et… voilà […] mais même j'ai cette sensation, je pars, bon ben je rentre en France, je [pfff… Angélique expire profondément] je relâche"[64]

---

63 Ebenfalls wichtig ist die Finanzierung der Wirtschaft in dieser neuen Beziehung zur Zeit und zur Dringlichkeit. Siehe dazu die hervorragende Arbeit von Nicole Aubert: *Le culte de l'urgence. La société malade du temps* (2003, 2010).

64 „Wenn ich in Luxemburg bleibe, habe ich immer den Eindruck, dass ich mich in meinem Arbeitsumfeld befinde, weil die Atmosphäre eine besondere ist […], man entspannt sich [zu verstehen: wenn man nicht bleibt], aber wenn man in Luxemburg bleibt, hat man den Eindruck, dass man immer noch auf Arbeit ist, man spürt diesen Arbeitsdruck… und das ist ähnlich, der Eindruck, dass man in dieser Umgebung ist [der Interviewer nickt und legt nach: ja, viele Leute haben mir das gesagt]; wenn man aber die Grenze passiert, ich weiß nicht, da passiert etwas, das ist anders [lächelt], [der Interviewer schnalzt mit der Zunge]; man hat den Eindruck: man passiert die Grenze und man ist weg, pfff…, weil, ich sehe so viele, die kommen, die gestresst sind, da darf ich mich nicht einsperren lassen da drin, ich muss eine Barriere errichten, ich muss damit klar kommen; [Interviewer formuliert um]; also, weil man den Eindruck hat, dass man nach wie vor in der Arbeit ist […]; und die Grenze passieren heißt, dass man das alles hinter sich lässt […]; das ist wie wenn man hier in einer Luftblase ankommen würde… ich weiß nicht [Interviewer:

Hinzugefügt werden muss, dass Angélique als Selbständige in der Gesundheitsbranche arbeitet und (nicht von der Krankenkasse übernommene) Dienste im Bereich Entspannung, Fitness und Ernährung anbietet. Sie hat demnach tagtäglich mit sehr gestressten Menschen zu tun, deren Stress sich auf sie überträgt, weshalb sie unbedingt diese Barriere braucht, um sich abzugrenzen. Und diese Abgrenzung erfolgt für sie in dem Augenblick, in dem sie die Grenze passiert, denn „quand on [elle] passe la frontière, j'sais pas, y a un truc qui se passe"[65]. Sie lässt alles hinter sich, diese negative affektive Belastung, die in Luxemburg bleibt und sie nicht mehr erreicht – sie entspannt sich [„Pfff.., sie atmet aus"]. Zu präzisieren ist auch, dass sie nicht einmal unter dem täglichen Stau leidet, weil sie sich dazu entschlossen hat, ganz nahe an der Grenze zu wohnen (vorher hatte sie im Süden von Lothringen gewohnt) – und vor allem, weil sie morgens vor den anderen wegfährt und abends nach den anderen zurückkommt... Angélique geht letztlich auf den Begriff des ‚Auslands' über, mit dem sie definitiv ihre Distanz zu dem Land markiert, in dem sie arbeitet.

Wie sehen dann die medialen Praktiken dieser Grenzgänger aus, die eine „Tunnelmigration" praktizieren und es eilig haben, nach einem langen Arbeitstag[66] am Abend nach Hause zurück nach Frankreich zu kommen? Informieren sie sich ein wenig und lesen sie auch Meldungen, die Luxemburg betreffen? Auf diese Fragen wird im Folgenden eingegangen.

3.1.3 Die Großregion – eine ‚Unbekannte' in den medialen Praktiken der Grenzgänger

Bei der Erstellung dieser Untergruppe der Befragten wurde unter anderem auch der diskriminierende Faktor der medialen Praktiken berücksichtigt. Allen gemeinsam ist, dass sie sich nur sehr wenig für die Aktualität der Großregion interessieren und dass die Lektüre des Luxemburger Gratis-

---

einer Druckkammer? – Lächeln]; ja, genau! Ja, ja! Und wenn man da rauskommt, dann, dann habe ich das Gefühl, wenn ich nach Frankreich zurückkomme, dann [pfff... Angélique atmet aus], dann fällt der Druck ab."
65 „Wenn man die Grenze passiert, ich weiß nicht, da passiert etwas."
66 Die Wochenarbeitszeit in Luxemburg beträgt 40 Stunden und viele Angestellte machen häufig Überstunden.

blattes *L'essentiel*⁶⁷ ihnen durchaus genügt (vgl. Lamour in diesem Band). Was allerdings ihre generellen medialen Praktiken betrifft, so fallen diese sehr unterschiedlich aus (Granjon / Le Foulgoc 2011). Trotzdem soll hier eine Synthese versucht werden, indem Gruppierungen vorgenommen und einige Einzelfälle exemplarisch dargestellt werden (aus den zehn Befragten dieser Untergruppe, sieben Frauen, drei Männer). Dadurch entsteht eine Zweiteilung dieser Gruppe, die auf dem Grad des Interesses an Nachrichten im Allgemeinen basiert.

Romane (Kommunikationsassistentin, 26) und Karine (Bildungssektor, 28) interessieren sich beide relativ wenig für das aktuelle Tagesgeschehen; generell benutzen sie die neuen Technologien nur sehr wenig oder gar nicht, um sich aktiv zu informieren. Auch hinsichtlich der Großregion ist ihr Interesse sehr beschränkt, da sie *L'essentiel* nicht lesen. Romane gibt zu, diesen „täglichen Reflex", sich zu informieren, nicht zu haben, dennoch meint sie, dass man dies eigentlich „tun sollte". Ihr Mann aber, der sich sehr für das Weltgeschehen interessiert (er besitzt ein Tablet mit zahlreichen Informations-Apps), kompensiere ihre Nachlässigkeit, indem er am Abend mit ihr über die von ihm „vorgekauten" Nachrichten rede: „À la bonne franquette, on en discute le soir « est-ce que t'as entendu que ? »"⁶⁸. Romane sagt aber auch, dass sie es gewohnt sei, morgens beim Frühstück *France Info* zu hören und, da sie im Rahmen ihrer Arbeit als Kommunikationsassistentin im Kulturbereich sehr viel mit Facebook arbeitet, erfährt sie auch dadurch die wichtigsten Neuigkeiten. Was jedoch die Neuigkeiten der Großregion betrifft, so präzisiert Romane, dass sie *L'essentiel* nur „ein wenig, nicht unbedingt regelmäßig" liest, da sie, wie bereits ausgeführt, als wahre Leseratte die Zeit im Zug lieber zum Lesen von Romanen nutzt. Karine verlässt sich hingegen auf die Fernsehnachrichten am Abend. Früher, in ihrem alten Job, las sie *L'essentiel*, weil ganz in der Nähe ihrer Arbeitsstelle ein Zeitungsständer stand und sie ihn so in der Mittagspause zur Hand hatte. Seit sie Geschäftsführerin geworden ist, hat sie jedoch keine Mittagspause mehr, und die Zeit, *L'essentiel* zu lesen, fehlt ihr jetzt: „je suis pas amenée à le lire parce que je prends pas le temps de le faire [Interviewer acquiesce : mm]… et puis le prendre pour le ramener en France, ben j'en vois pas l'intérêt non plus, si je le lis, c'est

---

67 Das betrifft hauptsächlich Nachrichten aus der Politik, denn für die Kulturnachrichten der Großregion greifen die Befragten der Gruppe 3 auf andere Informationsquellen zurück (vgl. Abschnitt 5).

68 „Ganz locker diskutieren wir am Abend darüber: ‚Hast du das gehört, dass..?'".

parce que je l'ai là sous la main, c'est tout".⁶⁹ Die Aussage „Das ist alles" zeugt davon, dass der bestimmende Faktor der der physischen Verfügbarkeit der Zeitung ist (Figeac 2007), was darauf schließen lässt, dass das Interesse an der Großregion nur sekundär ist. Nie nimmt sie *L'essentiel* mit zurück nach Metz. Das Interesse für die Großregion scheint demnach wie bei Romane sehr beschränkt, da sie die Lektüre von *L'essentiel* nicht vermisst und keine einzige andere lokale Informationsquelle zu Luxemburg erwähnt.

Kommen wir nun zu einer weiteren Untergruppe der Befragten, nämlich diejenigen, die sich sehr für Zeitgeschehen und Politik interessieren und außerdem die neuen Technologien nutzen, um sich Zugang zu spezifischen Informationen aus ihren persönlichen Interessensgebieten zu verschaffen. Sehr oft lesen diese den *Essentiel* und sie halten diese Lektüre auch für ausreichend, da die darin enthaltenen Informationen genau ihren Interessen als Grenzgänger entsprechen. So meint Anaïs (Assistentin, 25): „Ce qui se passe dans le monde, les faits divers euh... Ben déjà ce qui se passe chez nous, on voit souvent les accidents de la route, les machins et ce qui se passe dans le monde euh... les guerres [rire]".⁷⁰ Sie nennt vor allem den Fall Fiona⁷¹, aber auch das Wetter und Kochrezepte – eines ihrer Hobbies. Die Ereignisse, „die bei uns passieren", sind wichtig, deshalb konsultiert Anaïs täglich *L'essentiel.lu* auf ihrem Smartphone: „Alors on l'a papier dans le bus. [...] Mais quand j'arrive ben y en a plus [rire] donc évidemment je le prends sur mon, mon téléphone [L'interviewer reformule] ouais ouais mais moi que ce soit papier ou... ou virtuel... pfff... ça me pose pas de problème, je m'en fous [rire]".⁷² Und es scheint eindeu-

---

69 „Ich lese ihn nicht mehr, weil ich mir die Zeit dazu nicht mehr nehme [Interviewerin nickt]... und ihn nach Frankreich mitnehmen... darin sehe ich auch keinen Sinn, wenn ich ihn lese, dann deshalb, weil ich ihn gerade bei der Hand habe, das ist alles."
70 „Was in der Welt passiert, die vermischten Nachrichten... ähm, also, alleine schon was hier bei uns passiert, man sieht sehr oft Unfälle, so Sachen eben und was in der Welt passiert... die Kriege [lacht]".
71 Die „Affäre Fiona" (ein fünfjähriges Mädchen wurde in Clermont-Ferrand vermisst gemeldet und nie gefunden; Mutter und Stiefvater wurden verdächtigt, sie misshandelt zu haben) machte zum Zeitpunkt der Interviews gerade Schlagzeilen.
72 „Also man hat die gedruckte Version im Bus [...] Aber wenn ich ankomme und keine Zeitungen mehr da sind [lacht], dann lese ich ihn natürlich auf meinem Handy [die Interviewerin formuliert um]; ja, ja, aber für mich ist es egal, ob es auf Papier ist oder virtuell [lacht]".

tig zu sein, dass sie *L'essentiel* mit der Großregion verbindet: „L'essentiel à la base a été créé pour ça hein, juste pour euh... Moselle, Meurthe et Moselle et Luxembourg, et pas plus! [Interviewer : ouais c'est vrai?] ouais, ouais ouais... c'est un journal français à la base".[73] Auch wenn diese Aussage etwas verkürzt ist, liegt Anaïs völlig richtig, wenn sie sagt, dass *L'essentiel* „ursprünglich eine französische Zeitung" war. Denn obwohl es ein luxemburgisches Blatt ist, schreiben hauptsächlich französische Journalisten darin, und es spricht die frankophonen Leser der Großregion an: in Luxemburg wohnende sowie auch belgische und französische Grenzgänger. Auf die Frage, warum sie *L'essentiel* gegenüber *Métro* vorzieht, antwortet Anaïs: „Ben *Métro* déjà c'est plus euh national, déjà... Donc il y a des choses qui ne m'intéressent pas je veux dire ce qui se passe à Paris ça ne m'intéresse pas spécialement et euh... Ouais voilà *L'essentiel* c'est plus centré pour [ton insistant] nous, c'est peut-être ça que je préfère en fait".[74] Die Aussage „ist mehr auf uns bezogen" ist eindeutig und verweist auf das, „was bei uns hier passiert". Anaïs erklärt weiter, dass sie morgens auch die Internetseite des *Républicain Lorrain* konsultiert, um sich vor allem über kulturelle Veranstaltungen zu informieren, da sie hautsächlich in Metz ausgeht und dort auch ihren Freundeskreis hat. Auf jeden Fall informiert sie sich aber nicht weitergehend über die Großregion. Angélique und Arnaud, die das Weltgeschehen laufend mit Hilfe diverser Apps verfolgen, interessieren sich auch nicht besonders für die Nachrichten aus der Großregion, ausgenommen einer mehr oder weniger regelmäßigen Lektüre von *L'essentiel*. So erklärt Angélique (Gesundheitssektor, 37), wie sie durch ihren Vater auf den Geschmack der Nachrichten gekommen ist: „Ah ben le journal c'était sacré, le soir, fallait se taire, fallait regarder le journal, donc on était au courant de tout [...] parce que moi je le lisais dès que je pouvais, j'ai toujours lu le journal".[75] Heute benutzt sie diverse Apps (unter anderem *Le Monde*), um sich zu informieren, auf

---

73 „*L'essentiel* wurde ja dafür geschaffen, also nur für Moselle, Meurthe et Moselle und Luxemburg, und nicht mehr! [Interviewerin: Ja, ist das wahr?] Ja, ja, ja, das war ursprünglich eine französische Zeitung".

74 „Also *Metro* ist ja schon nationaler... Das heißt also, es gibt viele Informationen, die mich nicht interessieren, ich will sagen, dass das, was in Paris passiert, mich nicht im Speziellen interessiert und ähm.... Ja, *L'essentiel* ist mehr auf uns [insistierende Tonlage] bezogen, wahrscheinlich mag ich ihn deshalb lieber".

75 „Also die Zeitung war heilig, am Abend, da mussten wir ruhig sein, da mussten wir die Zeitung lesen, also waren wir immer auf dem Laufenden [...], weil ich Zeitung lese seit ich lesen kann, ich habe immer Zeitung gelesen."

ihrem Smartphone tagsüber in Pausen und am Abend zu Hause auf ihrem Tablet. Ihre Interessensgebiete sind vielfältig und umfassen allgemeine und politische Nachrichten, aber auch Wirtschaft sowie diverse Zeitschriften, d.h. Frauenmagazine (*Elle*-Abonnement), Automagazine (*Auto Plus*-Abonnement), Verbrauchermagazine (*Capital*-Abonnement; bei ihren Eltern *Que Choisir*), etc. Darüber hinaus hat sie großes Interesse am Thema Sport und Ernährung, da sie diese Informationen auch für ihre berufliche Aktivität braucht. Bezüglich lokaler Nachrichten bezog sie, als sie noch im Süden Lothringens wohnte, die Druckausgabe des *Est Républicain* im Abonnement. Heute jedoch kauft sie keine Tageszeitung mehr in gedruckter Form und was *L'essentiel* betrifft, so nennt sie ihn nie spontan, sondern nur auf die Nachfrage nach Gratiszeitungen hin:

> „Alors ici y a le... *L'essentiel* et *24* [l'interviewer relance] ben ça aussi ça m'arrive de les... les regarder, ouais, et ils sont bien [...] donc euh... ouais ça c'est sympa, j'trouve que *L'essentiel*, c'est... c'est pas mal... pas mal à lire, bon ben là ça aussi je, je fais, mais j'achète pas de journal sinon, hein, bon ben comme j'ai ben *Le Monde*, voilà, j'ai les supports papier que je reçois, euh... voilà j'vais juste regarder oui *L'essentiel*, le *24*, et..."[76]

Demnach liest sie also die Gratispresse wie *L'essentiel* oder *24*, die sie als einzige erwähnt, wobei sie erstere Gratiszeitung „nicht schlecht" findet. Allerdings hält sich ihr Interesse für Lokalnachrichten in Grenzen, da sie *L'essentiel* nicht, wie sie es z.B. mit der *Le Monde*-Applikation macht, täglich konsultiert. Zum Schluss sei noch die Aussage von Arnaud (Informatiker, 28) hinzugefügt, in der er sich als regelrechten „Nachrichten-Junkie" beschreibt, da er spontan den Vergleich zur Zigarette zieht:

> „Ça a commencé comme ça... généralement pour la pause de midi, j'ai besoin de décompresser un petit peu... [...] et depuis que j'ai arrêté de fumer... avant je fumais... je remplaçais un peu la pause cigarette par... la pause actualité... vidéo ludique on va dire... je pense que cela a accru... le fait d'avoir arrêté de fumer a accru... pas cette dépendance... mais ce besoin de lire l'actualité puis de se changer les idées..."[77]

---

[76] „Also hier gibt es den... *L'essentiel* und *24* [die Interviewerin fragt nach], es kommt wohl vor, dass ich die durchsehe, ja, und sie sind gut [...], aber, ja, das ist ganz nett, ich finde, dass *L'essentiel* nicht schlecht zu lesen ist, das mach ich auch, aber sonst kaufe ich keine Zeitung, denn, gut, ich habe ja *Le Monde*, also, ich habe halt die Papierausgaben, die ich bekomme, also ich schaue dann eben nur *L'essentiel* und *24* durch..."

[77] „Das hat so begonnen, normalerweise in der Mittagspause, da muss ich mich ein bisschen entspannen. [...] und seit ich aufgehört habe zu rauchen... früher habe

Mit Nachrichten lenkt sich Arnaud in der Mittagspause ab und er nutzt vor allem die Druckausgabe von *L'essentiel*. Aber seit er die App *News Republic* auf seinen beiden Handys installiert hat – zur Erinnerung: er ist als Informatiker einer der wenigen in der Untersuchungsgruppe, die ein Firmenhandy mit einem luxemburgischen Tarif haben, das sie auch privat nutzen dürfen, konzentrieren sich seine Interessen auf „Weltgeschehen", „Frankreich" und „High-Tech" – insbesondere den Videospielbereich. Er hört auch häufig *France Info*, sogar mit Kopfhörern auf der Arbeit, wobei er dies inzwischen aufgegeben hat aus Angst einen schlechten Eindruck zu machen. An Neuigkeiten über die Großregion interessiert ihn vor allem der Lokalteil: „Heu… heu… bon, moi, comme je dis ce qui m'intéresse, bon c'est toujours un peu les faits divers parce que… ben là c'est… d'autant plus les égocentriques, c'est proche de nous, donc là du coup, si c'est… c'est un gros fait divers dans la région… c'est sûr que je vais lire l'article… alors ça, c'est certain".[78] Es ist also Lokales „aus der Region", das Arnaud zur Genüge in *L'essentiel* findet. Er gibt aber auch gerne zu, dass es Tage gibt, an denen er ihn nicht liest, auch wenn er ihn bei seiner Ankunft am Bahnhof in Luxemburg aus dem Zeitungsständer nimmt, weil er die Nachrichten immer häufiger auf seinem Telefon konsultiert.

Gezeigt wurde in diesem Abschnitt, dass diese Gruppe der Befragten, die die Untergruppe „Tunneleffekt" bilden, sich mehr oder weniger für die Nachrichten der Großregion interessiert, dass ihr für diese Zwecke aber *L'essentiel* als ausreichend erscheint. Dies trifft sogar für diejenigen zu, die – in Verbindung mit ihren persönlichen Interessen –, am internationalen und französischen Weltgeschehen sehr interessiert sind. Warum verspüren sie also nicht das Bedürfnis, über eine Lektüre von *L'essentiel* hinauszugehen? Warum informieren sie sich nicht mehr über das Land, in dem sie arbeiten? Das erklärt sich vielleicht durch ihre kulturellen und sozialen Praktiken, die im Folgenden dargestellt werden sollen.

---

ich geraucht, habe ich die Zigarettenpause durch eine Informationspause ersetzt… Videos zum Vergnügen könnte man sagen… ich glaube, dass sich das gesteigert hat… die Tatsache, dass ich mit dem Rauchen aufgehört habe, hat das gesteigert… Nicht diese Abhängigkeit, aber dieses Verlangen, Nachrichten zu lesen, um sich abzulenken…"

78 „Also, wenn ich sage, was mich interessiert, dann ist das immer ein bisschen der Lokalteil, weil, also, noch mehr die Egozentriker, das passiert hier bei uns, also deswegen, wenn es eine große Schlagzeile aus der Region gibt, dann ist das sicher, dass ich den Artikel lesen werde, also das ist sicher."

3.2 Eingeschränkte kulturelle und soziale Praktiken auf luxemburgischen Gebiet

Beschrieben wurde bisher ausführlich der „Tunneleffekt", der diese Grenzgänger dazu bringt, ihre Freizeit und ihre kulturellen Aktivitäten bevorzugt in der Nähe ihres Wohnortes und dem Ort ihrer sozialen Anbindung zu gestalten – bei gleichzeitigem Ablehnen eines Verbleibens in Luxemburg zu diesem Zweck. Die Gründe für dieses Verhalten sind zahlreich: zum Teil sind sie auf Zug- und Busverbindungen zurückzuführen, zum Teil aber auch auf den affektiven Willen, eine Trennlinie zwischen Berufs- und Privatleben zu ziehen. Festzuhalten ist jedoch, dass die meisten Arbeitskollegen dieser Grenzgänger ebenfalls Grenzgänger sind und dass sie sich, sollten sich Freundschaften am Arbeitsplatz ergeben, eher an ihrem Wohnort treffen als in Luxemburg. Trotzdem geht man ab und zu nach Dienstschluss vor Ort gemeinsam etwas Trinken oder Essen, aber diese Fälle sind laut den befragten Personen sehr selten. In dieser Untergruppe haben nur Romane (Kommunikationsassistentin, 26) und Anaïs (Assistentin der Geschäftsleitung, 25) von solchen seltenen gemeinsamen Umtrunken unter Grenzgänger-Kollegen gesprochen. Arnaud ist der einzige, der gemeinsame Abende bei luxemburgischen Kollegen erwähnt, da er auch der einzige ist, der mit Luxemburgern zusammenarbeitet.

Zusammenfassend ist festzustellen, dass diese Grenz-Pendler, anstelle der alten geographischen Grenze eine neue, symbolische Grenze rekonstruiert haben: die zwischen Berufs- und Privatleben. Ihre medialen Praktiken sind auf die Informationsbeschaffung hinsichtlich Frankreich und dem Weltgeschehen im Allgemeinen konzentriert und die Lektüre der Gratiszeitung *L'essentiel* genügt ihnen, um ihren eingeschränkten Wissensdurst zu luxemburgischen Lokalnachrichten zu stillen.

4. Die Ambivalenten

Zu dieser Untergruppe gehören sowohl freiberuflich tätige Grenzgänger als auch ehemalige Grenzgänger, die sich in Luxemburg niedergelassen haben und insofern etwas mehr auf luxemburgischen Boden verankert sind. Eine Zusammenlegung dieser beiden Gruppen mag erstaunlich scheinen, ergeben sich doch aus dem ihnen gemeinsamen Wunsch nach Integration zahlreiche Paradoxa, die ihren gesamten Diskurs durchziehen. Es ist für sie sehr schwierig, sich zu positionieren, gerade so, als ob sie zwischen zwei Ländern hin und her gerissen wären, zwischen rationalen Anforderungen der Integration und affektiven Bedürfnissen, v.a. dem Wunsch nach Rückzug in das gewohnte Umfeld. Der auf einer Tagung des *RC 31 (Research Committee 31, Sociology of Migration)*[79] und insbesondere in der Sektion „Ambivalence as a Category in Migration Studies" aufgeworfene Begriff der ‚Ambivalenz' scheint daher für diesen Fall passend. Um herauszufinden, woher diese Ambivalenz kommt, werden im Folgenden die medialen, kulturellen und sozialen Praktiken der Informanten untersucht.

4.1 Freiberufliche Grenzgänger und in Luxemburg Wohnende

4.1.1 Eine Integration aus strategischen Überlegungen heraus

Zu dieser Gruppe von vier Personen (drei Männer, eine Frau) gehören sämtliche selbständig tätige Grenzgänger sowie auch in Luxemburg wohnende Franzosen. Zwei sind Freiberufler, drei in Luxemburg wohnhaft; für Jonathan trifft als in Luxemburg wohnender Anwalt beides zu. Allen gemeinsam ist ein wichtiges Anliegen: sich zumindest zu einem Minimum in Luxemburg zu integrieren. Die Freiberufler sind mit der Notwendigkeit konfrontiert, die Kontakte zu ihren ortsansässigen Kunden, zum Teil Luxemburger, zu pflegen: sie müssen demnach ein minimales Interesse für das lokale Leben aufbringen. So rechtfertigt sich Philippe (Anwalt, 43), der als einziger der Untersuchungsgruppe den *Quotidien*[80] abonniert hat:

> „Bon, bah c'est pour voir ce qui se passe au Luxembourg [...] Mais c'est pas tous les jours... En fait voilà... J'crois pas que ce soit vraiment amorti! [...] Sinon, ça nous intéresse en plus... pas trop c'qui se passe... alors au Luxembourg voilà... mais, pour notre boulot on doit savoir [...] il faut quand même s'intéresser au pays dans lequel on travaille."[81]

---

79 XVIIIe ISA World Congress (International Sociological Association), "Facing an Unequal Word: Challenges for Global Sociology", Yokohama, 13.-19. Juli 2014.
80 Eine allgemeine Tageszeitung der Gruppe Lumédia S.A., Auflage: 8 000 Exemplare.
81 „Also, das brauche ich, um mich darüber zu informieren, was in Luxemburg passiert [...]. Aber das ist nicht alle Tage... Also, ich glaube, dass sich das Abo eigentlich nicht amortisiert! [...] Ansonsten interessiert uns das eben nicht so sehr, was in passiert... also in Luxemburg... aber für unseren Job müssen wir informiert

Diese Entwicklung ist erstaunlich: aus der Notwendigkeit, Interesse für Lokalnachrichten zu zeigen, folgt das Abonnement einer gedruckten Zeitung. Einerseits „muss man sich eben schon für das Land interessieren", „für unseren Job", aber die Ambivalenz kommt sehr schnell zum Vorschein, denn diese Tageszeitung wird nicht wirklich gelesen, weil das ansonsten „nicht so sehr" interessiert. Die Interpretation scheint eindeutig: Philippe drückt einen Widerspruch zwischen der Pflicht und der effektiven bzw. affektiven Realität aus. Eine Spaltung, die sich im Verhalten der Nicht-Lektüre manifestiert, denn wie soll man eine tägliche Aktivität praktizieren, die einen nicht interessiert?

4.1.2 Ein mit Paradoxa gespickter Diskurs

Die Vorgehensweise von Jonathan ist ebenfalls eine strategische: er ist nach seinem Jurastudium in Nancy nach Luxemburg gekommen, um sein Anwaltsdiplom zu machen, weil sich ihm hier mehr Möglichkeiten boten[82]:

> „Tandis qu'à Luxembourg, on arrive ici, dès le premier mois, on touche une subvention même minime, mais on touche une subvention pendant les six premiers, les six mois de formation et ensuite, on travaille dans un cabinet, c'est-à-dire qu'on est rémunéré. Donc ça a facilité les choses, ça permettait d'être dans la vie active plus rapidement"[83]

Jonathan präzisiert auch, dass er nicht der einzige in dieser Situation ist, da mehr und mehr Franzosen (aus ganz Frankreich, nicht nur aus dem Norden Lothringens) ihre Anwaltsausbildung in Luxemburg zu Ende führen. Er erklärt, dass momentan „mindestens 150 Anwälte" pro Jahr in Luxemburg diplomiert werden und dass etwa 2 000 Anwälte in Luxemburg praktizieren (bei einer Gesamtbevölkerung von 549 000 Einwohnern). In Nancy seien es etwa sechsmal weniger (bei einer Bevölkerung von 430

---

sein [...] man muss sich eben schon für das Land interessieren, in dem man arbeitet."

[82] In Frankreich hätte er die Anwaltsschule besuchen und zwei unbezahlte Praktika absolvieren müssen.

[83] „In Luxemburg hingegen kommt man an und bekommt schon ab dem ersten Monat eine wenn auch geringe Vergütung, aber man bekommt während der ersten sechs Ausbildungsmonate eine Vergütung und dann arbeitet man in einer Kanzlei, d.h. man bekommt ein Gehalt. Das hat die Sache ungemein erleichtert, das hat mir erlaubt, schnell im Berufsleben Fuß zu fassen.".

000 in Nancy und Umgebung bzw. 732 000 im gesamten *département* Meurthe-et-Moselle). Folglich hat sich Jonathan selbstständig gemacht und sich auch privat in Luxemburg niedergelassen: „Ich habe mich total integriert hier, ich habe mich dazu entschieden", denn „das ist das Land, das mich ernährt, also lebe ich auch hier". Jonathan denkt sogar über eine doppelte Staatsbürgerschaft[84] nach, um Zugang zu gewissen Berufen der Jurisprudenz zu bekommen, „die Luxemburgern vorbehalten sind".[85] Der Wille zur Integration ist also stark, und dennoch... Jonathan definiert sich später als: „Wochenend-Grenzgänger". Seine Integration ist demnach auch eine sehr schüchterne, die von Paradoxa durchzogen ist. Jonathan ist deshalb sehr froh über die Möglichkeit einer doppelten Staatsbürgerschaft: „parce que je ne voudrais pas renoncer à la nationalité française non plus (ton monte, accent Lorraine-sud qui ressort, signe d'émotion), ça serait quand même dommage (ton monte) puisque si un jour je voudrais, je voulais revenir (ton insistant) en France, ben... je, je', j'aurais un statut d'étranger et donc..."[86] Die französische Staatsbürgerschaft zu verlieren und Ausländer im eigenen Land zu werden, kann er sich nicht vorstellen, wenn er „eines Tages nach Frankreich zurückkommen" möchte: er will sich also alle Wege offen halten, was eine Verankerung erschwert. Wie der nächste Abschnitt zeigt, sind auch seine sozialen Aktivitäten am Wohnort äußerst beschränkt.

Mit dem Umzug nach Luxemburg ging für die beiden ehemaligen Grenzgänger eine deutliche Verbesserung der Lebensqualität einher. Die-

---

84 Das Gesetz vom 23. Oktober 2008 zum Prinzip der doppelten bzw. mehrfachen Staatsbürgerschaft verlangt einen minimalen Aufenthalt von sieben Jahren (vorher: fünf Jahre), sobald man das Alter von 18 Jahren überschritten hat. Des Weiteren muss man einen Sprachtest für Luxemburgisch ablegen, wenn man nicht mindestens sieben Jahre in einer luxemburgischen Schule war. Vgl. URL : http://www.luxembourg.public.lu/fr/societe/citoyennete/nationalite/

85 Luxemburg musste diese an die Staatsbürgerschaft geknüpfte Bedingung eines Zugangs zum öffentlichen Dienst zurücknehmen (nach einem Urteil des Europäischen Gerichtshofs 1996). Beibehalten wurde diese Regelung zum Beispiel für hohe Positionen in der Rechtsprechung. Die 3-Sprachen-Regelung ist ebenfalls weiterhin gültig und stellt für die Ausländer eine kaum zu überwindende Barriere dar, was aus dem öffentlichen Sektor eine Art „geschützten Sektor" macht (vgl. Pigeron-Piroth 2012).

86 „Weil ich die französische Staatsbürgerschaft nicht verlieren möchte [er wird lauter und verfällt in den Akzent Süd-Lothringens, Zeichen für Emotionalität]; das wäre wirklich schade, denn wenn ich eines Tages zurückkommen möchte [insistierend], dann wäre ich dann halt Ausländer und also..."

ser Fall ist allerdings sehr selten, da die Immobilienpreise in Luxemburg viele Grenzgänger zum Pendeln zwingen. Christophe (Informatiker, 39) hat nach fünf Jahren Pendeln den Sprung gewagt, „ich hatte kein Leben mehr", und sich zunächst alleine eingerichtet, langsam wieder zu leben begonnen, wie er sagt, und schließlich seine Frau kennen gelernt, eine Luxemburgerin mit Migrationshintergrund. Véronique (Verwaltungsleiterin, 48) ihrerseits ist ihrem französischen Lebensgefährten nachgefolgt, der schon länger eine Immobilie in Luxemburg besaß. Jedoch ist auch ihr Diskurs mit Paradoxa gespickt: aus vielerlei Gründen hält sich ihre Integration in Luxemburg auch aus einer beschränkten lokalen sozialen Interaktion heraus sehr in Grenzen. Im Folgenden soll deshalb herausgearbeitet werden, welche Charakteristika diese Personengruppe verbinden: die immer gleichen Widersprüche, die gleiche Zerrissenheit.

4.2 Eine im Großen und Ganzen sehr limitierte lokale soziale Verankerung

Jonathan bezeichnet sich selbst als „Wochenend-Grenzgänger": „Et je m'aperçois que comme beaucoup de français, je ne suis pas forcément souvent là le week-end [...] donc je suis un frontalier du week-end, on va dire [...] je fais mes allers retours le samedi ou le dimanche... et puis... plus que participer à l'activité heu... ici... à la vie locale, ici, très peu".[87] Abgesehen von einer jährlichen Wanderung und dem Dorffest meint Jonathan nur „sehr wenig" am örtlichen Leben teilzunehmen. Er sagt auch, dass es „schwierig ist, sich hier einzubringen"; außerdem wählt er nach wie vor in Lothringen,[88] obwohl er schon seit fünf Jahren in Luxemburg wohnt. Er gibt auch zu, nur sehr wenige Luxemburger zum Freund zu haben: „Je connais quelques... je connais des Luxembourgeois, mais de là à les qualifier d'amis, non, mes amis sont français ou belges".[89] Er geht nach wie vor in Metz oder Nancy aus, wo seine Freunde leben und er sei-

---

[87] „Und ich werde mir wie viele Franzosen bewusst, dass ich am Wochenende oft nicht da bin [...], also bin ich ein Wochenende-Grenzgänger könnte man sagen [...]; ich fahre samstags oder sonntags hin und her... und außerdem... ähm... nehme ich hier am lokalen Leben nur sehr wenig teil."
[88] Wie auch Christophe, der seit 14 Jahren in Luxemburg wohnt.
[89] „Ich kenne einige... ich kenne Luxemburger, aber das sind keine wirklichen Freunde, meine Freunde sind Franzosen oder Belgier."

ne Wochenenden verbringt. Der Verweis auf seine belgischen Freunde ist ebenfalls interessant, da es sich bei ihnen auch um Grenzgänger bzw. Wochenende-Pendler wie ihn handelt. Was Véronique betrifft (Verwaltungsleiterin, 48), so teilt sie den Willen zur Integration. Sie lernt auch Luxemburgisch, um sich im öffentlichen Dienst bewerben zu können, aber wenn sie über ihre sozialen Kontakte und ihre Integration in der Luxemburger Gesellschaft spricht, behauptet sie, sich „nicht in das Leben der Luxemburger einzumischen", da es sich um „eine andere Mentalität" handle. Über ihre Erfahrungen in der Turnhalle sagt sie: „Y a très peu de luxembourgeois, on est beaucoup de frontaliers... [marque un petit temps d'arrêt] ou de résidents portugais donc après."[90] Als seit vier Jahren in Luxemburg Ansässige reiht sie sich selbst ein in die Kategorie der Grenzgänger („Wir sind viele Grenzgänger"). Ein kleiner Versprecher, der zu einer Sprechpause führt; man muss aber auch bedenken, dass sie 24 Jahre lang Grenzgängerin war. Ihren ersten Job in Luxemburg („Also ich habe in Frankreich keinen Job gefunden, also bin ich nach Luxemburg gekommen") nahm sie vor 28 Jahren an. Abgesehen vom Turnsaal spielt sich ihr Freizeitleben heute abseits des lokalen luxemburgerischen Lebens ab, sie verbringt 100% davon mit ihrem Partner. Eine portugiesische Freundin hat sie schon, aber sie fühle sich trotzdem als Ausländerin „wegen der Sprache". Und es scheint, als ob sie sich mittlerweile auch in Frankreich als Ausländerin fühlt, was eine Hinterfragung ihrer Identität mit sich bringt. Zum Schluss sei noch Christophe (Informatiker, 39) erwähnt, der ebenfalls in einer Zerrissenheit lebt. Denn obwohl er in Luxemburg eine Familie mit einer polnischen Emigrantin, die schon seit über 20 Jahren dort lebt, gegründet und auch die luxemburgische Staatsbürgerschaft angenommen hat, nimmt er seine Integration sehr ambivalent wahr, schließt er doch eine Rückkehr nach Frankreich nicht aus: „J'envisage... pas non plus de ne pas revenir ... enfin j'en sais rien en fait... donc heu... [...] et puis j'y vais quasiment tous les week-ends donc heu..."[91] Obwohl er schon seit 14 Jahren in Luxemburg wohnt, lebten seine Freunde und seine Familie immer noch in Nord-Lothringen, in Thionville, und er fühlt sich ihnen nach wie vor sehr verbunden. Deshalb sei er jedes Wochenende dort (wie auch Jonathan, der „Wochenend-Grenzgänger"), aber seine Kinder seien in Lu-

---

90 „Da gibt es wenige Luxemburger, wir sind viele Grenzgänger... [Sprechpause], oder portugiesische Ansässige."
91 „Ich kann mir nicht vorstellen nicht zurückzukommen... also, ich weiß es nicht... aber [...] ich fahre ja fast jedes Wochenende nach Frankreich, also..."

xemburg geboren und aufgewachsen und gingen in Luxemburg zur Schule. Er ist sehr stolz darauf, dass sie die drei Landessprachen und Polnisch sprechen. Er ist sich aber der auf ihn zukommenden Schwierigkeiten bewusst: seine Heimatstadt in Lothringen ist nicht das Zuhause der Kinder, deshalb antizipiert er, nicht ohne Angst: „Et je suppose que quand ils seront grands, ce sera pareil donc moi je vais être un peu tiraillé entre les deux…"[92] Was also tun, wenn seine Kinder später in ihrer Heimat Luxemburg bleiben wollen und er selbst nach Lothringen zurückkehren möchte? Das Dilemma ist vorhersehbar: Um dem zu entgehen rudert Christophe nur einen Moment später zurück: „D'ailleurs je me sens pas tiraillé parce que c'est tellement proche."[93] Er nimmt also gleichsam eine territoriale Wiedervereinigung vor: „Pour moi je vois pas de frontière entre les deux en fait".[94] Die Großregion erlaubt es ihm also, nicht wählen zu müssen. Er kann in beiden gleichzeitig sein, weil es quasi keine Grenzen mehr gibt! Deshalb bekräftigt er: „Pour moi ça a un sens… la Grande Région a un sens".[95] Damit bezieht er sich sowohl auf den wirtschaftlichen wie auch auf den affektiven Bereich. Jedoch wirft der Fall dieser ehemaligen Grenzgänger, jetzt Einwohner Luxemburgs, ähnliche Fragen auf wie diejenigen, die Soziologen und Psychologen im Zusammenhang mit Migranten in einer Situation von multipler Verortung[96] (Hamman et al. 2014) gestellt haben sowie auch diejenigen, die Psychologen heute aus der Erfahrung der abwechselnden Kinderbetreuung heraus stellen: sind ein Leben, eine Integration, eine Entwicklung und eine identitäre Verankerung an zwei unterschiedlichen geographischen bzw. physischen Orten möglich? Immer mit der Frage der möglichen Rückkehr im Hinterkopf. Auf jeden Fall stellen die Ambivalenz und die Paradoxa fundamentale Charakteristika dieser Gruppe dar, wobei die Integration im neuen Land durch die anhaltenden engen Beziehungen zum Herkunftsort erschwert wird, so als ob eine definitive Entscheidung für das eine oder das andere nicht möglich wäre. Im

---

92 „Ich glaube, wenn sie erst einmal groß sind, wird es ähnlich sein, dann werde ich zerrissen sein zwischen den beiden."
93 „Im Übrigen fühle ich mich nicht zerrissen, weil es so nahe ist."
94 „Ich selbst sehe keine Grenze zwischen den beiden."
95 „Die Großregion macht Sinn."
96 „Die Tatsache, an mehreren Orten zu wohnen, sei es nun offiziell oder informell, stellt inzwischen eine Lebensform dar, die nicht mehr als marginal bezeichnet werden kann." (Original: „Le fait d'habiter en plusieurs endroits – en termes de résidence déclarée ou informelle – s'apparente désormais à une forme de vie qui n'est plus simplement marginale") (Hamman et al. 2014 : 13).

Folgenden sollen nun die medialen Praktiken dieser Gruppe analysiert werden.

4.3 Frankreich und der Welt zugewandte mediale Praktiken

Wie bereits gezeigt, hatte Philippe (Anwalt, 43) ein Abonnement einer luxemburgischen Tageszeitung, las diese aber nicht. Er bevorzugt *Le Monde* online zu lesen oder sich über Google zu informieren. Jonathan (Anwalt, 29) beschreibt sein Medienverhalten als „Wochenend-Grenzgänger" folgendermaßen: „Mais c'est vrai que je pourrais dire à mon avis, c'est la… la grande peine des fron, frontal, tant des frontaliers que des Français qui habitent ici… on s'intéresse pas énormément à la vie, à la vie locale, moins que… bon, tout ce qui est *Tageblatt* et *Wort*… heu… je ne le lis pas"[97] Er erklärt also, nicht über die Geschehnisse in den Nachbardörfern seines luxemburgischen Wohnsitzes informiert zu sein, weil er sie einfach nicht kennt. Im Gegensatz dazu spricht er auch über das kleine Glücksgefühl, das ihn überkommt, wenn er auf dem Weg in sein Heimatdorf in Lothringen den *Est Républicain* liest: „C'est des villages que je connais […] tandis qu'ici, je connais pas tout ça… n'étant pas impliqué dans la vie locale."[98] Aufgrund einer solchen, weit verbreiteten Haltung, sich nur für dasjenige zu interessieren, das man schon kennt, wird Jonathan es wohl nicht schaffen, andere Dörfer seiner neuen Umgebung zu erkunden. Christophe (Informatiker, 39) seinerseits stillt sein Interesse für das lokale Geschehen durch die tägliche Lektüre von *L'essentiel* – wie auch die meisten Befragten der ersten Gruppe. Er nutzt auch Google, indem er die Postleitzahl 57100 eingibt, um sich über seine Heimatstadt zu informieren, aber er liest keine luxemburgische Tageszeitung. Véronique (Verwaltungsleiterin, 48) wiederum, die ebenfalls nicht in das Leben vor Ort integriert ist, liest täglich die Schlagzeilen in *L'essentiel*. Sie schaut auch die französischen Fernsehnachrichten, ist aber außerdem die einzige der Befragten, die *RTL Radio Lëtzebuerg* auf Luxemburgisch hört, um ihre Sprachkenntnisse zu

---

97 „Aber was wahr ist, ist, dass meiner Meinung nach genau das das Problem der Grenzgänger ist, also so viele Grenzgänger, die hier wohnen… man interessiert sich nicht wirklich für das Leben hier vor Ort, also, alles was über das *Tageblatt* und das *Wort* hinausgeht, lese ich nicht."
98 „Da geht es um Dörfer, die ich kenne […], aber hier, hier kenne ich das alles nicht, weil ich nicht in das Leben hier integriert bin."

verbessern. Das ist einerseits ein Zeichen ihres Integrationswillens, andererseits aber herrschen auch in ihrem Fall Ambivalenzen vor. Zusammenfassend ist festzustellen, dass die medialen Praktiken dieser Personengruppe kaum von denen der ersten Gruppe abweichen. So halten sich ihre sozialen Kontakte an ihrem Wohnsitz sehr in Grenzen, obwohl sich der Wille zur Integration in Luxemburg prägnant in ihrem Diskurs ausdrückt und sich des Öfteren in ihren Handlungen manifestiert, wie ihr Umzug nach Luxemburg zeigt, dennoch aber von Ambivalenzen durchzogen bleibt. Der hier zutreffende Begriff ist der der „Ambivalenten", weil sie in ihrem Diskurs und in ihren Taten, die durchaus im Widerspruch zueinander stehen können, als zerrissen erscheinen. Die Risiken einer kognitiven Dissonanz sind demnach hoch und die Ambivalenzen bringen ihre Schwierigkeiten zum Ausdruck, sich im sozialen wie auch im geographischen, linguistischen und kulturellen Raum zu positionieren.

Die letzte Gruppe stellt diejenigen Personen dar, für die die Großregion ein veritables Reservoir an Ressourcen darstellt, vor allem im kulturellen Bereich.

5. Die Großregion als Reservoir kultureller Ressourcen

Zu dieser Untergruppe zählen die Befragten, die kein Bedürfnis nach einer starken Trennung zwischen Berufs- und Privatleben verspüren und auch keine besonderen Zeichen von Ambivalenz aufweisen, sondern im Gegenteil Nutzen aus der besonderen geographischen Lage zu ziehen scheinen. Sie nehmen die Großregion als ein veritables Reservoir an Ressourcen wahr, vor allem im Bereich der Kultur, in geringerem Maße aber auch im Bereich der Konsumgüter. Insgesamt handelt es sich um vier Personen, drei Männer und eine Frau. Es wird sich zeigen, dass sie sich von den anderen Gruppen auch durch ihre ausgeprägteren kulturellen Praktiken unterscheiden, unabhängig davon, an welchem Ort diese stattfinden: es handelt sich demnach um eine kumulative Logik. In der Folge stellen sich auch ihre medialen Praktiken als sehr differenziert dar, da sie neben dem Tagesgeschehen auch Informationen über das kulturelle Angebot der Großregion mit einschließen.

5.1 Die Großregion als Reservoir an Ressourcen im Bereich der Konsumgüter

Diese Dimension grenzüberschreitender Konsumgewohnheiten ist in unserem Kontext zwar nicht zentral, muss jedoch trotzdem berücksichtigt werden.[99] Die Befragten dieser Gruppe neigen dazu, aus Gründen unterschiedlicher Preisgestaltung in den verschiedenen Ländern der Großregion, ihre Einkäufe dort zu machen, wo die jeweils gewünschten Produkte am billigsten sind, gerade so wie ein Stadtbewohner es machen würde, wenn er zwischen den verschiedenen Geschäften in seinem Viertel und dem Einkaufszentrum am Stadtrand wählen kann. Hinzugefügt werden muss, dass auch einige Befragte der beiden anderen Gruppen erwähnten, ab und zu Einkäufe jenseits der Grenze zu tätigen, jedoch scheint diese Tendenz bei ihnen nicht so stark ausgeprägt wie in dieser Gruppe. So spricht Azziz (Berater, 46), der sehr nahe an der luxemburgischen Grenze wohnt, auch über Belgien: „Parce que la Belgique fait partie de ma zone aussi, parce qu'on monte faire nos courses de temps en temps."[100] Der Ausdruck „meine Zone" verweist auf den Wunsch, sich einen Teil der Großregion anzueignen, auch wenn Deutschland dabei nur eine Nebenrolle spielt. Azziz erwähnt Wochenendausflüge, die dem Möbelkauf in Deutschland gewidmet sind; allerdings komme dies maximal zwei Mal pro Jahr vor, was auch an der sprachlichen Barriere liege. Louis (Informatiker, 25) beschreibt ähnliche Ausflüge nach Deutschland, bei denen er Einkaufen mit Wanderungen verbindet: „J'ai le bord de l'Allemagne aussi, Perl, Merzig, je vais dans ces zones-là parce que… enfin j'y vais parce qu'y a des magasins qui m'intéressent enfin qui m'intéressent et aussi… et… côté nature, je vais me promener là-bas."[101] Schließlich sei noch Jonathan (Anwalt, 29) erwähnt, der Teil der zweiten Gruppe der „Ambivalenten" ist: „Je vais chez Ikéa en Belgique, je vais chez DM en Allemagne,

---

99 Das Leben (Konsumgüter, Lebensmittel) ist in Luxemburg teurer als in Frankreich, was dazu führt, dass es eher die Luxemburger sind, die nach Frankreich kommen, um ihre Einkäufe zu tätigen.

100 „Weil Belgien auch in meiner Zone liegt, fahren wir manchmal auch hoch, um einzukaufen."

101 „Ich bin auch in der Nähe von Deutschland, Perl, Merzig; ich fahre in diese Gegenden, weil ich, weil es dort Geschäfte gibt, die mich interessieren und auch, was die Natur betrifft, da mache ich Ausflüge dort."

je vais voir heu, je vais chez Leclerc en France par exemple."[102] Jonathans Aussage reflektiert diese Idee der Optimierung im Konsumverhalten, die keine Besonderheit der Grenzgänger darstellt, sondern allen Verbrauchern zu Eigen ist. Er ist sich sicher, dass das Internet in diesem Zusammenhang die Informationsbeschaffung über Produkte und Preise vereinfacht[103] – auch über die Grenzen hinweg.

5.2 Die Großregion als Reservoir kultureller Ressourcen

5.2.1 Grenzüberschreitende kulturelle Praktiken oder: wie kann man sich die Großregion aneignen?

Die kulturellen Praktiken scheinen das wichtigste Unterscheidungskriterium dieser Gruppe zu sein, die die Großregion für ihre kulturellen Aktivitäten (Theater, Musik, Vorträge, etc.) nutzt. Es scheint als handle es sich dabei um eine kumulative Logik, denn diese Befragten bekunden von Beginn an ein größeres Interesse an kulturellen Praktiken als diejenigen der anderen Gruppen, die sich auf vereinzelte Veranstaltungen am Wohnort beschränken. Berücksichtigt werden muss dabei auch der soziologische Begriff des ‚Lebenszyklus': durch Ereignisse wie z.B. die Geburt des ersten Kindes verändern sich auch u.a. die kulturellen wie auch die sozialen Praktiken (einschließlich des Telefonierens) eines Paars nachhaltig und die Familienorientierung wird stärker. Zu bemerken ist in dieser Hinsicht, dass drei von vier Befragten dieser Gruppe in kinderlosen Beziehungen leben. Es könnte sich bei diesem Versuch, sich dieses große Territorium anzueignen, auch um einen Effekt der Distinktion (Bourdieu 1979) handeln um von all seinen reell präsenten Ressourcen zu profitieren. Die Befragten sind sich demnach dieser Realität an vorhandenen Ressourcen in der Großregion bewusst und schöpfen sie voll aus, indem sie dieses große Gebiet auch – im Wortsinne – in seiner Gänze zu er*fahren* suchen. Das heißt, dass sie sich nicht davon abschrecken lassen, nach der Arbeit noch mehr

---

102 „Ich fahre zu Ikea in Belgien, zu DM in Deutschland und zu Leclerc in Frankreich zum Beispiel."
103 Die Untersuchungen von Médiamétrie und Fevad („Fédération de vente à distance", Verband des Versandhandels) zeigten seit Beginn des E-commerce, dass die Einkäufe im Geschäft häufig mit vorausgehender Internetrecherchen in Zusammenhang stehen. Vgl. http://www.mediametrie.fr/ et http://www.fevad.com/

oder weniger weite Strecken auf sich zu nehmen bzw. noch einmal nach Luxemburg zurück zu fahren. Louis (Informatiker, 25) erklärt: „La Grande Région, pour moi, c'est... [...] on va dire un rectangle de... si Metz était le point central, ça serait un rectangle de cinquante kilomètres de chaque côté, Metz serait au milieu et cent kilomètres de haut."[104] Die Mobilität ist für Louis sehr wichtig, wie auch für Charles (Informatiker, 26) und seine Freundin, bei denen der notwendige Bewusstwerdungsprozess bis zur potentiellen Aneignung des Gebiets deutlich wird: „Et effectivement on a mis du temps... [...] c'est un... un état d'esprit qu'il faut avoir, on a mis du temps à se dire... « oui en fait, on est stupide quoi! Luxembourg ou Metz, c'est pareil et il y a plein de trucs qui se passent là »..."[105] Die Bewusstwerdung, dass in Thionville zu wohnen auch heißt, dass Metz und Luxemburg beide gleich weit entfernt liegen, zeugt von einer Denkweise, die beide Städte in ein und demselben mentalen Universum verortet, was die Vorstellung von Grenze, Separation und Differenz quasi aufhebt. Aber das setzt einen bestimmten „Geisteszustand" voraus, weil man „die Anstrengung unternehmen muss, aus dem französischen Kontext auszubrechen". Charles spricht danach darüber, wie viel in „dieser europäischen Hauptstadt" los ist, von *Hamlet* im Grand Théâtre bis zu Konzerten in der Philharmonie, in der Kulturfabrik oder der Rockhal in Esch-sur-Alzette. Er trifft sich nach der Arbeit mit seiner Freundin, dann, so Charles, „gehen wir was essen und nach der Veranstaltung fahren wir nach Hause". Für Florence (Psychologin, 38) und ihren Lebensgefährten sind Besuche von Abendveranstaltungen, für die sie oft in Luxemburg bleiben, ebenfalls Normalität. Daraus geht hervor, dass die kulturellen Praktiken dieser Gruppe sehr viel ausgeprägter sind als bei den anderen. Bringt das auch ein anderes Verhalten hinsichtlich ihrer medialen Nutzungsweisen mit sich?

---

104 „Für mich ist die Großregion, sagen wir ein Rechteck und wenn Metz der Mittelpunkt wäre, dann wäre es ein Rechteck mit 50 Kilometern auf jeder Seite, Metz wäre in der Mitte und es wäre 100 Kilometer hoch."
105 „Das hat wirklich gedauert [...], das ist ein Geisteszustand, den man haben muss, wir haben lange gebraucht bis wir uns gesagt haben: ‚Also eigentlich ist das dumm von uns! Luxemburg oder Metz, das ist das gleiche und dort ist echt viel los.'"

5.2.2 Auf Kulturnachrichten gerichtete mediale Praktiken

Es wäre ein großer Irrtum zu sagen, dass die medialen Praktiken dieser Gruppe im Zusammenhang mit Politik und Weltgeschehen von denen der anderen Grenzgänger divergieren, denn auch sie lesen *L'essentiel*. Der Unterschied besteht vielmehr darin, dass sie sich nicht damit begnügen. Folglich scheinen diese Befragten etwas weniger auf französische Nachrichten fokussiert zu sein und sich etwas mehr für Luxemburg zu interessieren. Dennoch scheint der Unterschied zwischen diesen beiden Typen medialer Praktiken ein sehr feiner zu sein. Als erstes Beispiel sei Louis (Informatiker, 25) erwähnt, der als einer der wenigen unter den Befragten eine belgische Onlinezeitung, *7sur7.be*[106], liest, da 50% seiner Arbeitskollegen Belgier sind und sich die Gespräche am Arbeitsplatz daher um belgische Angelegenheiten drehen. Aber vielleicht ist es nur der Diskurs, der etwas offener ist gegenüber dem Land, in dem man arbeitet? Florence (Psychologin, 38) zum Beispiel rechtfertigt ihr Interesse an luxemburgischen Nachrichten („das ist wichtig für mich") mit der einfachen Feststellung: „J'y suis presque plus souvent qu'en France."[107] Jedoch muss noch einmal betont werden, dass die Unterschiede zu den beiden anderen Gruppen, zumindest was allgemeine Nachrichten betrifft, kaum erkennbar sind, da auch hier *L'essentiel* meist als ausreichend empfunden wird.

Im Gegensatz dazu ist ein großer Unterschied hinsichtlich der medialen Praktiken festzustellen, wenn es sich um Kulturnachrichten handelt. Da kulturelle Aktivitäten in der gesamten Großregion unternommen werden, braucht diese Gruppe Kulturveranstaltungshinweise für das ganze Gebiet. Hier kommen zwei wichtige Elemente zum Tragen: einerseits die Kritik an traditionellen Medien und andererseits die Rolle der neuen Technologien, die die Suche nach Informationen erleichtern. So abonnieren diese Grenzgänger mehrere Newsletter, seien es Ankündigungen traditioneller Medien oder auch solche von Veranstaltern, die sie besonders interessieren. Louis (Informatiker, 25) empfängt z.B. aktuelle Meldungen über *L'essentiel.lu*:

> „Ben par exemple, là, j'ai les actualités du Luxembourg [via *L'essentiel*], hier, j'ai reçu plusieurs alertes qui me disaient « voilà, y a la Schueberfouer qui a commencé au centre de Luxembourg » ça peut être intéressant d'y aller,

---

106 Louis konsultiert ihn vor allem in der Arbeit, in den Pausen auf dem Computer, da es noch keine App für das iPhone gibt.
107 „Ich verbringe hier fast mehr Zeit als in Frankreich."

j'ai lu plusieurs articles, dont des faits divers dessus... j'ai vu que le jardin Wiltz allait faire une présentation... une soirée un peu spéciale, très artistique avec des lampions le 10 septembre, j'ai déjà pu me réserver la date."[108]

Louis fügt weiter hinzu, dass er sich diese Meldungen anschaut, weil das sein „Aktionsraum" ist, denn, wie bereits gesagt, schreckt er nicht davor zurück, mit seiner Freundin für ein Fest oder eine Veranstaltung größere Distanzen zurückzulegen. Florence (Psychologin, 38) bekommt die Eilmeldungen des *Essentiel* und hat zusätzlich die Newsletter einiger luxemburgischer Veranstaltungsorte wie dem Atelier oder der Rockhal abonniert. Was Frankreich betrifft, so begnügt sie sich mit der Webseite der Fnac[109], auf der alle kommenden Veranstaltungen aufgelistet sind. Hat sie kein luxemburgisches Pendant gefunden, das sämtliche Kulturveranstaltungen umfasst? Schade, dass ihr diese Frage nicht gestellt wurde. Dennoch ergeben sich mögliche Antworten aus der Analyse der Nutzung von Twitter.

5.2.3 Der Fall Twitter: eine Befreiung von traditionellen Medien?

Der Fall von Charles (Informatiker, 26) ist interessant, da er zum aktuellen Zeitpunkt als paradigmatisches Beispiel der Untersuchungsgruppe für künftiges Nutzungsverhalten dienen kann.[110] Vor drei Jahren schon entdeckte er Twitter, aber er gibt zu, viel Zeit gebraucht zu haben, bis er die wahren Vorteile der Anwendung für die Recherchen für seine Doktorarbeit verstand: „Je suis consommateur de Twitter aussi pour tout ce qui est information et veille technologique, je l'utilise surtout pour ça, où j'ai réussi à... en gros, j'ai vraiment mis peut-être 1 an ou 2 à affiner on va

---

108 „Also zum Beispiel habe ich hier Meldungen über Luxemburg [über *L'essentiel*], gestern habe ich mehrere Benachrichtigungen bekommen, die mir sagten: ‚Also Schueberfouer hat im Zentrum von Luxemburg begonnen'. Das kann interessant sein, da hin zu gehen, ich habe mehrere Artikel dazu gelesen... ich habe gesehen, dass der Jardin Wiltz eine Veranstaltung ankündigt, ein spezieller Abend, sehr künstlerisch, mit Lampions, am 10. September, ich habe mir das Datum schon vorgemerkt."
109 Medienkaufhauskette in Frankreich [Anm. der Übersetzerin].
110 Nur Quentin benutzt auch Twitter. Er wurde jedoch der ersten Gruppe „Tunneleffekt" zugerechnet, da seine kulturellen Praktiken nicht in Luxemburg stattfinden und er Twitter hauptsächlich für seine Recherchen im Bereich neue Technologien nutzt.

dire la liste des gens que je suis."¹¹¹ Nicht ohne Humor spricht Charles von Information als Konsum und erklärt im Detail, wie viel Zeit er aufwenden musste, um die Nutzung von Twitter zu optimieren:

> „Trois ans que j'ai vraiment pris conscience de l'intérêt que ça pouvait avoir... notamment pour euh... voilà, pour se tenir au courant de... et finalement l'utilisation que j'en ai, c'est vraiment... c'est vraiment ça, c'est vraiment euh... essayer de suivre des gens qui m'intéressent pour une raison ou pour une autre et qui vont relayer des liens vers des, vers des pages web..."¹¹²

Das ist wohl die beste Definition dafür, wie die sozialen Netzwerke zu eine Art Suchmaschine umgewandelt werden können (Cardon 2010; Stenger / Coutant 2011). So entwickelte Charles eine Strategie, um die Personen auszuwählen, deren Tweets er verfolgt: ausgehend von einer für ihn interessanten Nachricht verfolgt er deren Weg zurück zum Urheber und entschließt sich dann, die Einträge dieser Person weiter zu verfolgen. Um die Effizienz dieser Liste von Followings aufrecht zu erhalten, ist er allerdings gezwungen, ständig auf dem Laufenden zu bleiben und regelmäßig *Purges* („Säuberungen") durchzuführen: „Puis régulièrement, quand j'ai, je sais pas... cinq-dix minutes à tuer, je me dis : « tiens, je commence à voir plein de choses qui m'intéressent plus qui défilent dans les messages que je reçois » je fais un peu d'écrémage en me disant : « toi, je te suivais, mais hop! voilà »"¹¹³, mit ein paar Klicks nur verschwindet das Following von der Liste. Charles löscht die Tweets einfach, weil er die Informationen nicht mehr für interessant hält. Diese recht professionell anmutende Methode wurde von ihm zuerst dafür genutzt, die Entwicklungen in seinem Forschungsgebiet, den Kommunikationstechnologien, zu überblicken. Danach übertrug er sie auf die Suche nach Kulturveranstaltungen. So ent-

---

111 „Ich bin Twitter-Konsument, auch was Informationen im Technologiebereich betrifft, ich verwende es vor allem dafür, und ich habe es geschafft..., im Großen und Ganzen habe ich wohl ein oder zwei Jahre gebraucht um die Liste derjenigen Leute zu erstellen, deren Meldungen ich verfolge."
112 „Drei Jahre hat es gebraucht, bis mir bewusst wurde, welchen Nutzen ich daraus ziehen kann... vor allem, also vor allem, um am Laufenden zu bleiben... Und schließlich, so wie ich das benutze, das ist wirklich... das ist wirklich, ähm, die Meldungen der Leute zu verfolgen, die mich interessieren, aus diesem oder jenem Grund und die Verbindungen herstellen zu Webseiten."
113 „Dann, wenn ich mal 5 oder 10 Minuten Zeit totschlage, sage ich mir: ‚also da kommen jetzt immer mehr Sachen rein, die mich nicht mehr interessieren' und dann trenne ich die Spreu vom Weizen und sage mir: ‚Na, ich bin dir gefolgt, aber das war's jetzt!'" „Das war's jetzt."

schloss sich Charles, Informationen zahlreicher Einrichtungen zu verfolgen, die laufend über das kulturelle Angebot in der Großregion informieren, darunter öffentliche Institutionen (Stadt Metz, Conseil Régional, Conseil Général), Kultureinrichtungen (Tourismusbüro, Centre Pompidou Metz) oder bestimmte Veranstaltungsorte in Luxemburg und Lothringen (z.B. l'Atelier oder Rockhal). Als einziger der Untersuchungsgruppe zitiert er die Seite La Plume Culturelle.[114] Zum Schluss seien noch einige Medien erwähnt, die auf seiner Liste fungieren, wie France 3 oder Mirabelle TV, deren Tweets zu Kulturnachrichten er verfolgt. Durch die Nutzung von Twitter kann Charles in direkten Kontakt zu Institutionen treten und somit sicher sein, dass er so die Gesamtheit der kulturellen Aktivitäten der Großregion erfasst. Diese neue Vorgehensweise („manière de faire", De Certeau 1998) ist verbunden mit einer harschen Kritik an den traditionellen Medien hinsichtlich deren Möglichkeiten, grenzübergreifende Informationen zu verbreiten:

> „Je pense que c'est à cause de frontières… heu… j'allais dire géographiques… comme ça artificielles… qui sont respectées par euh… j'allais dire notamment les voies de presse traditionnelles, ou même au-delà… que… l'information, en tout cas culturelle, oui voilà, sur les événements culturels qu'il peut y avoir, circule, je dirais plus difficilement et je pense qu'en utilisant des des….voilà tout ce qui est enfin nouvelles technologies de communication… on peut s'affranchir de ça."[115]

Mit der Aussage „Man kann sich davon befreien"! übt er harsche Kritik an den traditionellen lokalen und regionalen Medien (Presse, TV, Radio), die kaum Informationen aus dem Kulturbereich über die Grenzen hinweg verbreiten. Und diese neu eroberte Freiheit wird erst durch die neuen Technologien möglich. Diese Feststellung kommt mit einer Kritik der traditionellen Medien einher, wenn Louis im selben Atemzug die „Oberflächlichkeit der Nachrichten" in *L'essentiel* erwähnt, die ihn als besonders Interessierten nicht zufrieden stellen kann. Deshalb liest er *L'essentiel* nur selten: „J'ai déjà toutes les options d'information"[116], sagt er und verweist darauf,

---

114 Interview im Herbst 2012, d.h. fast ein Jahr vor der Einstellung der Webseite.
115 „Ich glaube das ist wegen der Grenzen… also, die geographischen meine ich; künstliche also, die vor allem von den traditionellen Pressewegen respektiert werden, oder sogar darüber hinaus, dass die Nachrichten, zumindest die Kulturnachrichten und die Veranstaltungsankündigungen nur schwerlich zirkulieren und ich glaube, dass man sich durch die Nutzung neuer Technologien davon befreien kann."
116 „Ich habe schon alle Nachrichtenoptionen."

dass er bei Großereignissen lieber auf Webseiten großer Referenz-Medien wie *Le Monde* zurückgreift. Die Medienkritik scheint korrelativ zu einer intensiven Nutzung neuer Technologien zu sein, vor allem Twitter, wie das auch bei Quentin (Informatiker, 26) der Fall ist. Quentin gehört zwar zur ersten Untersuchungsgruppe des „Tunneleffekts", weil er keinen kulturellen Aktivitäten in Luxemburg nachgeht; er benutzt jedoch Twitter, um sich zu informieren. Seine Bemerkungen hinsichtlich der Medien sind äußerst interessant, so z.B. über das Fernsehen: „Les rares fois où j'allume la télé pour consulter des informations, ça me... m'hérisse tellement les poils sur la tête que... [...] et pour moi, disons que le média télé a pas du tout de, est, a perdu [ton insistant] toute impartialité qu'il pouvait avoir."[117] Des Weiteren erklärt er, wie er auf Twitter gestoßen ist, nämlich bei der Affäre der umgeworfenen Olympischen Flamme in Paris 2008[118]:

> „On est pas habitué à avoir ce direct-là [via Twitter...] ça a plus de poids... en termes de communication, si on a une personne en face de nous qu'une entité [...] quand c'est une personne faut que ça reflète son expression propre... faut que ça soit son avis, c'est pas quelque chose qui doit être impartial... c'est son [ton insistant] avis... c'est l'information qu'elle choisit de partager et nous, on choisit de la suivre pour ça aussi parce que c'est... la personne-là, c'est l'idée, etc. [...] on n'est plus tributaire d'une ligne éditoriale – on s'affranchit même de ça."[119]

Ist Quentins Argumentation hier widersprüchlich? Nicht unbedingt; zwar wirft er einerseits dem Fernsehen einen Verlust an Unparteilichkeit vor und ist andererseits auf Twitter präsent, wo sich ja auch Journalisten tummeln. Er misst dem mehr Bedeutung zu als wenn es eine „offizielle Instanz" wäre, d.h. eine Medieninstitution. Und er bringt, wie auch Charles, den Anspruch auf Freiheit klar zum Ausdruck: „On s'affranchit même de

---

117 „Die wenigen Male, die ich den Fernseher einschalte um Nachrichten zu schauen, die lassen mir die Haare zu Berge stehen... [...] und für mich, sagen wir mal so, das Medium Fernsehen hat jegliche Unparteilichkeit verloren [insistierend]."
118 Die Bedeutung des Direkten, der Emotionen.
119 „Man ist das nicht gewöhnt, dass man das direkt [via Twitter] mitbekommt... das hat dann mehr Gewicht... in Sachen Kommunikation, wenn man eine Person direkt vor sich hat... [...], wenn es eine Person ist, wird deren eigene Meinung ausgedrückt, das ist dann nichts, was unparteiisch ist... das ist dann ihre [insistierend] Meinung... das ist die Information, die sie auswählt, um sie weiterzugeben und wir, wir entscheiden uns dafür, ihren Tweets zu folgen, weil es eben diese Person ist, das ist das Konzept; man ist nicht mehr von einer Redaktionsnotiz abhängig, man befreit sich sogar davon."

ça [une ligne éditoriale]."[120] Wie ist Quentins Diskurs also zu verstehen? Hypothetisch von den Arbeiten von Guillaume Caseaux (2014) zur Individualisierung von Information ausgehend: Quentin will sich nicht der Parteilichkeit des Fernsehens aussetzen, im Gegensatz dazu besteht er aber auf die persönlichen Meinungen auf Twitter, weil er sich explizit für eine bestimmte Person, der er folgt, entschieden hat – weil er mit dieser Person das Referenzuniversum teilt.

6. Schlussbetrachtung

Die vorliegende Untersuchung führte zunächst zur Erkenntnis einer veritablen digitalen Grenze: die 74 000 französischen Grenzgänger, die jeden Morgen die luxemburgische Grenze passieren, können ihr französisches Handy (Telefon und Datenverkehr) nicht mehr benutzen, außer sie nehmen zusätzliche Kosten in Kauf – und das seit Beginn der Handy-Ära vor 20 Jahren. Angesichts dieser digitalen Grenze kristallisierten sich drei Arten medialer und kultureller Praktiken heraus. Eine erste Gruppe, genannt „Tunneleffekt", setzt sich zusammen aus Pendlern, die eine Barriere zwischen Berufs- und Privatleben zu rekonstruieren versuchen: sie knüpfen keinerlei soziale Kontakte außerhalb ihres Arbeitsumfeldes in Luxemburg, ausgenommen einiger Bekanntschaften mit anderen Grenzgängerkollegen, und ihr kulturelles Leben spielt sich an ihrem Wohnort in Lothringen ab. Ihre medialen Praktiken konzentrieren sich ebenfalls auf Frankreich und internationale Nachrichten. Hinsichtlich der Informationsbeschaffung zu Lokalnachrichten aus Luxemburg erscheint ihnen die Lektüre der Gratiszeitung *L'essentiel* völlig ausreichend. Die zweite Gruppe, die „Ambivalenten", besteht aus Freiberuflern und in Luxemburg wohnenden Franzosen. Deren Diskurs ist von Ambivalenzen und Paradoxa durchzogen, denn obwohl sie eigene Integrationsstrategien entwickeln, fühlen sie sich fremd in Luxemburg. Daher unterscheiden sich ihre sozialen, kulturellen und medialen Praktiken kaum von denen der ersten Gruppe. Die Personen der dritten Gruppe erleben die Großregion regelrecht als ein reiches Reservoir an Ressourcen, vor allem kultureller Art: ihre kulturellen Praktiken schreiben sich ein in eine kumulative Logik, indem sie sich die gesamte Region in ihrer Freizeit aneignen. Ihre medialen Praktiken unterscheiden sich

---

120 „Man befreit sich sogar davon [von der Redaktionsnotiz]."

deutlich von denen der anderen Gruppen, zumindest was die Informationsbeschaffung im Kulturbereich betrifft. Für sie sind die neuen Medien (z.B. Twitter) unentbehrlich geworden, da sie ihnen erlauben, auch grenzüberschreitende (Kultur)Nachrichten zu erhalten, was über traditionelle Medien nicht möglich ist. Diese Art der Nachrichtenbeschaffung umgeht die traditionellen Medien und führt gleichzeitig zu einem kritischen Diskurs diesen gegenüber: im Endeffekt sind diese Personen nicht unglücklich darüber, sich von den „klassischen Medien" zu befreien.

Gezeigt wurde auch, wie mediale Praktiken im Zusammenhang mit sozialen und kulturellen Praktiken zu analysieren sind, nämlich aus der Sichtweise, die die Nutzer auf ihre Arbeit, auf das Verhältnis zwischen Arbeit und Privatleben und auf ihre soziale und kulturelle Verankerung in dieser Region haben. Wichtig sind auch die konstruierte Repräsentation des Anderen, des Fremden, und der Wille sich zu integrieren und auch außerhalb des Arbeitsumfeldes in Luxemburg zu leben. Weitere verallgemeinernde Schlussfolgerungen sind aufgrund des eingeschränkten Umfangs der qualitativen Untersuchungsgruppe von 20 Befragten nicht möglich, jedoch wurde eine Reihe von Fragen aufgeworfen, die einer genaueren Untersuchung würdig wären.

Eine Frage stellt sich im Zusammenhang mit möglichen Umgehungsstrategien der digitalen Grenze: muss man ein Experte sein, um diese Grenze umgehen zu können und also auf Nachrichten zugreifen zu können, die nicht in den traditionellen Medien vorkommen? Ja und Nein! Denn einige IT-versierte Befragte zeigten zwar, dass sie in gewisser Weise Pioniere der Nutzung grenzüberschreitender Nachrichten sind. Aber auch sie tendieren dazu, auf Apps wie Flipboard zurückzugreifen, die nach einer einfachen Grundeinstellung durch den Nutzer mehr oder weniger automatisch funktionieren. Ohne sich auf einen technischen Determinismus einzulassen (der in der französischen Soziologie bereits von Jouet (1993) und Breton / Proulx (2012) bearbeitet wurde), ist davon auszugehen, dass die technische Konfiguration der verwendeten Applikation sehr wohl Einfluss auf die Praktiken des Nutzers hat, ohne dass dieser sich dessen bewusst ist (Cardon 2013). Er verlässt sich vielmehr sehr oft ohne nachzudenken auf den Algorithmus, der die Informationen aussondert und sortiert. In diesem Sinne werden die Experten sehr schnell von den Amateuren eingeholt, die ebenfalls durchaus in der Lage sind, diese auf Tablets (oder den Seiten der sozialen Netzwerke) bereits vorinstallierten Apps zu nutzen.

Bei denjenigen Nutzern, die sich ihre Informationen außerhalb der traditionellen Medien beschaffen, drängt sich die Frage nach der Individualisierung dieser Informationen auf (Caseaux 2014): läuft der Nutzer-Bürger nicht Gefahr, nur diejenigen Informationen zu suchen, die ihm zusagen, und dadurch alles auszuschließen, was außerhalb seiner Interessens- und Meinungsgebiete liegt? Die öffentliche Debatte könnte dadurch an Reichtum und Vielfältigkeit verlieren.

Schließlich eröffnet die voraussichtliche Abschaffung der Roaming-Gebühren in der EU Ende 2015 neue Perspektiven. Es ist bedauerlich, dass im Rahmen der vorliegenden Untersuchung das Problem der Dekonnektierung (Jauréguiberry 2014b), das sich nun bald erledigt haben wird, sowie die daraus entstehenden Vorteile für manche Grenzgänger nicht ausführlicher behandelt werden konnte. Da dieser Netzverlust den Grenzgängern aber aufgezwungen wird, stellt er bislang für die Mehrheit eher eine Einschränkung dar. Obwohl es unmöglich ist, Vorhersagen in Bezug auf das Ende des Roamings zu machen, können Hypothesen aufgestellt werden, die auf den Kenntnissen über die Mobiltelefonie und deren Markt basieren. So hatte die Einführung des Nulltarifs für SMS 2007 deren explosionsartigen Anstieg in Frankreich zur Folge: die Zahl der SMS stieg zwischen 2007 und 2013 auf das Zehnfache, von 19,5 Milliarden auf 193 Milliarden. Heißt das, dass die Kommunikationsintensität der Grenzgänger nach Abschaffung der Roaming-Gebühren ebenfalls in die Höhe schießen wird? Ja und Nein. Es ist gut vorstellbar, dass die grenzüberschreitende Telefonkommunikation stark ansteigen wird, aber es liegt auch nahe, dass diese innerhalb der sozialen Gruppen, die hauptsächlich in Frankreich situiert sind, stattfinden wird. Denn schließlich haben die neuen Medien es nie erlaubt, neue soziale Kontakte zu knüpfen, sondern viel mehr, die bestehenden aufrecht zu erhalten, indem sie den physischen Kontakt verstärken. Deshalb ist davon auszugehen, dass sich die in dieser Untersuchung herausgearbeiteten Determinanten, die in Verbindung zur Arbeitswelt, zu den Lebensbedingungen, zu den Repräsentationen des Anderen und zum Nachbarland und seinen Einwohnern stehen, nicht unbedingt ändern werden. Die Typologien der medialen Praktiken, die aufgezeigt wurden, werden aller Wahrscheinlichkeit nach nicht in Frage gestellt werden.

Eine weitere methodologische Frage drängt sich abschließend auf: in der vorliegenden Untersuchung wurde eine Diskursanalyse vorgenommen, um den Sinn aufzudecken, den der Nutzer seinen eigenen medialen, sozialen und kulturellen Praktiken sowie seiner Arbeit und seiner Entscheidung für ein Leben als Grenzgänger[121] zuschreibt. Allerdings ist die Kluft zwischen Diskurs und reeller Praxis in der Soziologie des Verbraucherverhaltens wohl bekannt. Um dem entgegenzutreten, hatte France Telecom früher die Logbuch-Methode mit Festnetznutzern getestet; aber das Projekt musste eingestellt werden, da es zu aufwändig und zu einschränkend für die Befragten war. Orange Labs experimentierte mit Kameras, die auf der Stirn der Nutzer montiert waren, um so die Surfgewohnheiten am Telefon aufzuzeichnen, aber auch hier scheint der Aufwand zu groß. Möglich ist auch das Tracking auf Applikationen wie Twitter (vgl. von Pape / Scharkow in diesem Band), aber die Frage des Zugangs zu den Informationen durch den Forscher wäre unausweichlich, um die Informationsbeschaffung durch traditionelle Medien nachzuverfolgen. Bleibt die Methode, den Befragten beim Erklären und gleichzeitigen Anwenden zu filmen. Allerdings ist auch diese Methode sehr umständlich und löst bei weitem nicht alle Probleme (z.B. Was bewirkt zu einer bestimmten Tageszeit, dass die Person den Artikel ganz oder nur auszugsweise liest?) In seiner Studie zur freiwilligen Dekonnektierung bat Francis Jauréguiberry (2014a) die befragten Studierenden, die Angst davor hatten, „aufgespürt" und „überwacht" zu werden, ihm zu zeigen, wie sie die Ortungsfunktion ihres Smartphones ausschalten. Da ein großer Teil der Befragten dies nicht schaffte, zieht Jauréguiberry den Schluss, dass eine Kluft existiert zwischen der Überzeugung, die Technik zu beherrschen und der effektiven Realität. Im Großen und Ganzen sind diese Fragestellungen bei der Erforschung der Nutzung neuer Technologien rekurrent.

Bibliographie

Aubert, Nicole (2010 [2003]): *Le culte de l'urgence. La société malade du temps*, Paris: Flammarion, .

Belkacem, Rachid / *Pigeron-Piroth*, Isabelle (2012): *Le travail frontalier au sein de la Grande Région Saar-Lor-Lux. Pratiques, enjeux et perspectives*, Nancy: PUN.

Berker, Thomas / *Hartmann*, Maren / *Punie*, Yves / *Ward*, Katie J. (2005): *Domestication of media and technology*, Berkshire: McGraw-Hill International.

---

[121] Ein weiterer Artikel, der die Repräsentationen der Grenzgänger im Zusammenhang mit der Figur des Fremden und die Sprach- und Kulturbarrieren fokussiert, ist im Entstehen. Dabei soll ein weiterer Teil des vorhandenen Materials ausgewertet werden, indem von den medialen grenzüberschreitenden Praktiken ausgegangen wird.

Bigot, Régis/ *Croutte*, Patricia / *Daudet*, Emilie (2013): *La diffusion des technologies de l'information et de la communication dans la société française*, CREDOC/ Conseil Général de l'Économie, de l'Industrie, de l'Énergie et des Technologies (CGEIET) et Autorité de Régulation des Communications Électroniques et des Postes (ARCEP).

Blanchet, Alain (1985): *L'entretien dans les sciences sociales. L'écoute, la parole et le sens*, Paris: Dunod.

Blanchet, Alain / *Gotman*, Anne (1992): *L'enquête et ses méthodes : l'entretien*, Paris: Nathan, coll. 128.

Breton, Philippe / *Proulx*, Serge (2012 [2002]): *L'explosion de la communication à l'aube du XXIe siècle,* Paris: Éd. La Découverte, coll. Sciences et société.

Cardon, Dominique (2010): *La démocratie internet. Promesses et limites*, Paris: Seuil.

Cardon, Dominique (2013): „Dans l'esprit du PageRank. L'algorithme de Google", in: *Réseaux, „Les algorithmes",* 1:177, 63-95.

Cazeaux, Guillaume (2014): *Odyssée 2.0. La démocratie dans la civilisation numérique*, Paris: A. Colin.

Certeau de, Michel (1998 [1990]): *L'invention du quotidien. Tome 1. Arts de faire*, Paris: Gallimard.

Dang Nguyen, Godefroy / *Dejean*, Sylvain / *Souquet*, Adrien (2011): *La presse quotidienne régionale face aux enjeux du numérique*, actes 9ᵉ séminaire Marsouin, Télécom Bretagne.

Donnat, Olivier (2009): *Les pratiques culturelles des Français à l'ère numérique. Enquête 2008*, Paris: Ed La Découverte/Ministère de la culture et de la communication.

Granjon, Fabien / *Le Foulgoc*, Aurélien (2010): „Les usages sociaux de l'actualité", in: *Réseaux „Presse en ligne",* 2-3, 225-253.

Granjon, Fabien / *Le Foulgoc*, Aurélien (2011): „Penser les usages sociaux de l'actualité", in: *Réseaux „Actualités et citoyenneté à l'ère numérique",* 6, 17-43.

Goulet, Vincent / *Vatter*, Christoph (Hg.) (2013): *Champs médiatiques et frontières dans la « Grande Région » SaarLorLux et en Europe. Mediale Felder und Grenzen in der Großregion SaarLorLux und in Europa*, Saarbrücken: Universaar.

Hamman, Philippe / *Blanc*, Maurice / *Duchêne-Lacroix*, Cédric / *Freytag*, Tim / *Kramer*, Carole (Hg.) (2014): *Questionner les mobilités résidentielles à l'aune de la multilocalité*, Strasbourg: Néothèque.

Hamman, Philippe (2005): *Les travailleurs frontaliers en Europe. Mobilités et mobilisations transnationales*, Paris: L'Harmattan.

Jauréguiberry, Francis (2014a): *Déconnexion volontaire aux technologies de l'information et de la communication*, résumé du rapport final de la recherche ANR DEVOTIC, disponible sur http://hal.archives-ouvertes.fr/docs/00/92/53/09/PDF/DEVOTIC.pdf

Jauréguiberry, Francis (2014b): Dossier „Déconnexions", in: *Réseaux*, 4:186.

Jouët, Josiane (2000): „Retour critique sur la sociologie des usages", in: *Réseaux*, 18:100, 487-521.

Kaufmann, Jean-Claude (1996): *L'entretien compréhensif*, Paris: Nathan, coll. 128.

Koukoutsaki-Monnier, Angeliki (Hg.) (2014): *Identités (trans)frontalières au sein et autour de l'espace du Rhin supérieur*, Nancy: PUN.

Ménard, Marc (2014): „Systèmes de recommandation de biens culturels : vers une production de conformité?", in: *Les cahiers du numérique*, 1:10, 69-94.

Perriault, Jacques (2008 [1989]): *La logique de l'usage. Essai sur les machines à communiquer*, Paris: Flammarion.

Silverstone, Roger / *Haddon*, Leslie (1996): „Design and the domestication of ICTs: technical change and everyday life", in: *Communicating by Design: The Politics of Information and Communication Technologies*, Roger Silverstone / Robin Mansell (Hg.), Oxford: Oxford University Press, 44-74.

Stenger, Thomas / *Coutant*, Alexandre (Hg.) (2011): *Ces réseaux sociaux numériques dits sociaux* Hermès, 59, CNRS Éd.

Teil 2: Medien und Institutionen

Deuxième partie : Institutions et médias

Une communication par et pour les travailleurs frontaliers ? Regards sociologiques sur les périodiques édités par deux collectifs de travailleurs frontaliers autour des frontières françaises de l'est

Philippe Hamman (SAGE-Université de Strasbourg)

1. Introduction

Les travailleurs frontaliers se définissent par leur résidence et leur emploi dans deux espaces nationaux différents, entre lesquels ils opèrent des migrations pendulaires quotidiennes ou au moins hebdomadaires[1]. Leur nombre est en progression depuis les années 1970. Il est devenu très conséquent dans les régions frontalières de l'est de la France, en direction des pays voisins : Belgique, Luxembourg, Allemagne et Suisse (Hamman 2006, Belkacem / Pigeron-Piroth 2012). En 2012, on dénombre plus de 106 000 travailleurs frontaliers résidant en Lorraine, dont 77 613 employés au Luxembourg, 23 237 en Allemagne et 5 550 en Belgique[2]. De même, l'Alsace compte près de 64 000 travailleurs frontaliers, d'après les chiffres du dernier recensement de 2008 : 29 000 frontaliers travaillent en Allemagne (Bade-Wurtemberg et Palatinat) et 34 400 dans les cantons suisses voisins (Bâle, Argovie, Soleure et Berne)[3]. Quelques 70 800 frontaliers français (résidant dans l'Ain et la Haute-Savoie principalement) sont également employés à Genève au 1er trimestre 2014[4].

Le phénomène frontalier s'est aujourd'hui imposé sur l'agenda politique dans les régions frontalières. Il est toutefois perçu différemment en

---

[1] Voir l'article 1er du règlement du 14 juin 1971 (1408/71) de l'Union européenne.
[2] http://www.iba-oie.eu/fileadmin/user_upload/Grenzgaenger_downloads/210515_IBA-Aktuell_Einpendlerzahlen_2012_FR.pdf; http://www.insee.fr/fr/themes/document.asp?reg_id=17&ref_id=18673&page=EL/EL285-286/frontaliers.htm.
[3] Statistiques des Services européens de l'emploi EURES, de l'INSEE, de la *Bundesagentur für Arbeit* en Allemagne et du Registre central des étrangers en Suisse.
[4] *Informations statistiques* de Genève, 18, juin 2014 : http://www.ge.ch/statistique/tel/publications/2014/informations_statistiques/trav_frontaliers/is_trav_frontaliers_18_2014.pdf.

fonction des groupes et des instances en présence : élus et décideurs publics, patrons, syndicats, associations de frontaliers, population locale, etc. Schématiquement, on peut distinguer quatre figures du travailleur frontalier qui coexistent (Hamman 2006, 2008a) :

- le frontalier privilégié, en quête du meilleur salaire, d'avantages sociaux, d'impositions moindres ou d'un taux de change favorable.
- le frontalier ex-catégorisé, pris dans l'entre-deux de systèmes nationaux qui ne coïncident pas pleinement (s'agissant de protection sociale, d'accidents du travail et d'invalidité, de fiscalité, etc.).
- le frontalier lobbyiste, qui a su se mobiliser collectivement pour emporter un certain nombre d'acquis (à l'exemple de la non-soumission des revenus d'activité provenant du pays voisin à la Contribution sociale généralisée en France).
- le frontalier pionnier de l'Europe au quotidien, dans des régions qui seraient un « laboratoire » concret de l'européanisation.

Aborder, dans les régions frontalières, la question de la constitution d'un espace médiatique commun et/ou différencié à propos des supports magazines et de presse régionale traitant des problématiques des frontaliers ne peut s'abstraire de cette concurrence des signifiants en co-présence. Comprendre comment les publications et la publicisation des frontaliers sont susceptibles de contribuer à une circulation interrégionale des informations suppose d'intégrer l'enjeu permanent, pour ces collectifs, d'une production de légitimité :

- sachant qu'ils ne bénéficient pas *ex ante* de la même représentativité qu'un syndicat au plan national (Hamman 2005, 2008b, 2011a);
- que leurs revendications apparaissent inscrites dans des territoires transfrontaliers régionaux, et sont possiblement distinctes dans chaque contexte bilatéral (Hamman 2008a, 2011b, 2013, Belkacem / Pigeron-Piroth 2012) – ce qui place l'échelle régionale comme un cadre d'action central, et les relais médiatiques comme particulièrement importants à ce niveau;
- et ce alors même que la prise en charge des relations de travail transfrontalières met désormais en présence de nombreuses organisations, entre instances publiques, syndicats et associations à ce même échelon (Hamman 2005, 2006, 2008b, 2009, 2011b). Les groupements apparaissent en concurrence sur un « créneau » proche, pour se réclamer de la « bonne » défense de la cause frontalière.

C'est pourquoi nous procéderons en deux temps. Tout d'abord, nous focalisons sur ce matériau original que constituent les périodiques édités par des collectifs de travailleurs frontaliers autour des frontières françaises de l'est; nous pouvons ainsi cerner, dans la diversité des mises en énoncés dont ils sont l'objet, comment ces représentants des frontaliers mettent en mots la « question frontalière ». Il s'agit ensuite d'observer, au-delà de sa diffusion propre parmi les membres, qui constitue un premier niveau de transmission d'un contenu, si cette offre de sens est reprise par la presse régionale. À travers le cas de deux magazines de frontaliers, en dégageant les principaux points communs (1) et les différences majeures (2), on observe comment ces structures se donnent à voir et construisent une image d'elle-même, en rapport à la production d'un espace public transfrontalier (3).

2. Ce que la défense associative de la cause frontalière veut dire

Les magazines des groupements de frontaliers constituent des supports « mixtes », entre information aux adhérents et communication publique de l'organisation. De plus, on dispose de séries temporelles suivies (de trimestre en trimestre) pour reconstituer des processus *en train de se faire*, leurs accélérations et les moments de tension dans les régions concernées.

En revenant par le détail sur la période 2007-2014, l'étude retient deux terrains, mis en parallèle : le cas franco-allemand, d'une part, avec l'analyse du magazine *Le Frontalier* édité trois fois par an par le Comité de défense des travailleurs frontaliers de la Moselle (CDTFM) (revendiquant 10 100 adhérents en février 2014[5], employés en Sarre et Palatinat), et le cas franco-suisse, de l'autre, avec le trimestriel *Frontalier Magazine* du Groupement transfrontalier européen (GTE) d'Annemasse (tourné vers les cantons de Genève et Neuchâtel surtout, mais aussi le Jura et Bâle, avec 35 512 membres au 1er janvier 2014[6]). Dans les deux cas, on a affaire à de « grandes » associations, actives sur la durée : le GTE a été fondé en 1963, le CDTFM en 1977.

Tester l'apparition d'un espace médiatique commun au niveau transfrontalier, et en regard des enjeux et des contextes différents entre les deux

---

5 http://www.frontaliers-moselle.com/.
6 http://www.frontalier.org/association.htm.

régions mises en parallèle, nous conduit d'abord à analyser les caractéristiques itératives entre les magazines. Elles se synthétisent autour de sept points, qui vont du support lui-même aux activités de défense et de promotion du frontalier, en passant par l'association telle qu'elle se présente à ses adhérents, ce qu'elle leur propose comme services et comment elle se situe dans le rapport à son environnement.

2.1. Le maquettage général des magazines

Le magazine du CDTFM *Le Frontalier* (abrégé F) comprend entre 16 et 28 pages par numéro, trois fois par an; celui du GTE d'Annemasse, *Frontalier Magazine* (abrégé FM) entre 42 et 50 pages, avec cinq livraisons par an. Dans les deux cas, trois caractéristiques générales se retrouvent :

- Une grande place de l'iconographie en couleur, avec de très nombreuses photographies, ou encore l'insertion de caricatures. Dans le cas du CDTFM, il s'agit notamment de photographies des dernières mobilisations de l'association : rassemblement à l'ancien poste-frontière de la Brême d'Or le 30 janvier 2007 (F, 2/2007); manifestation du 30 janvier 2009 à Sarreguemines à l'occasion de la venue de la ministre de la Santé pour inaugurer le nouvel hôpital (F, 2/2009), etc. Le *Frontalier Magazine* présente à chaque numéro des caricatures de Filipandré sur l'actualité – par exemple la « crise du franc (suisse) fort » par rapport à l'euro dans les n°105 et 107 – et fréquemment sur les enjeux des impôts et des salaires, préoccupation des plus matérielles des Français frontaliers en Suisse.
- Une maquette distribuant des rubriques récurrentes à chaque numéro, et s'ouvrant par un éditorial du président de l'association, au titre généralement évocateur (listés en annexes 1 et 2).
- De nombreuses insertions publicitaires, à la fois commerciales « classiques » et affichant un nombre conséquent de partenariats avec l'association (mutuelles, banques…) (voir les annexes 1 et 2). Une différence apparaît entre les deux comités, avec une cible plus aisée au GTE (véhicules de luxe, piscines, achat de résidences, placements…).

2.2. Les informations sur la vie de l'association

Un second volet récurrent concerne la vie de l'association, ce qui lui fait prendre corps, en termes de revendications et de travail fourni, et chair, par rapport aux personnes qui l'incarnent au quotidien. On trouve ainsi :

- Des annonces puis des comptes-rendus détaillés des assemblées générales annuelles, avec les discours prononcés, souvent reproduits *in extenso*.

Chaque année, dans son premier numéro, le magazine *Le Frontalier* du CDTFM consacre un dossier conséquent à l'AG du mois de novembre passé[7]. Plusieurs pleines pages présentent des photographies de la salle et des intervenants, pour attester à la fois l'importance du public rassemblé, c'est-à-dire la capacité de mobilisation de l'association, et la présence de nombreux élus locaux et régionaux, de syndicalistes français et allemands, de responsables de caisses de santé, etc. En 2011, le journaliste du *Républicain Lorrain* parle de quelques 1 200 personnes présentes dans une salle davantage adaptée pour en accueillir la moitié (édition de Sarreguemines, 20/11/2011), ce que nos observations ont confirmé.

Pareillement, le *Frontalier Magazine* annonce à chaque fois les grandes réunions organisées par le GTE : Salons et Forums des transfrontaliers, ainsi que leur bilan[8], Assemblées générales et Congrès, qui font, comme au CDTFM, l'objet de longs comptes-rendus, avec ici aussi des photos des intervenants et du public et de substantiels extraits des discours tenus[9]. À partir de 2011, un nouveau système est mis en place, afin de couvrir l'espace frontalier de façon rapprochée et extensive, avec quatre AG, respectivement en Haute-Savoie, dans l'Ain, le Doubs et le Haut-Rhin, signe d'un marquage au plus près des territoires. En 2014, ce sont même sept AG qui sont organisées, et mises en exergue en couverture du FM (119, 2014, et p. 6, 8-9), en contexte de tensions sur l'assurance maladie des frontaliers travaillant en Suisse.

- Des encarts avec photos, qui égrènent les annonces de départ (retraite, mutation…) et d'arrivée parmi les personnels et les bénévoles des deux

---

7 F, 1/2009, p. 5-21, 1/2010, p. 4-17, 1/2011, p. 7-23, 1/2012, p. 3-23, 1/2013, p. 3-23, 1/2014, p. 3-23.
8 FM, n°84, 85, 88, 91, 93, 98, 99, 104, 108, etc.
9 FM, n°83, 88, 89, 98, 94, 95, 99, 100, 108, 109, etc.

associations, les naissances ou les décès, comme autant de moments d'évocation commune du collectif.

On peut citer, par exemple, pour le CDTFM, dans le n°2/2007 l'annonce du décès d'un membre du comité directeur à l'âge de 46 ans, ou dans le n°3/2009 la disparition de l'ancien directeur de la caisse de maladie AOK de Pirmasens, avec lequel le collectif avait noué de bonnes relations; mais aussi des départs en retraite, comme celui de Peter Kieffer, le responsable de l'*Arbeitskammer* (chambre du travail) de Sarre, à qui il est rendu hommage dans le n°1/2011.

C'est encore plus net au GTE, qui compte en 2014 30 permanents. Il est régulièrement question des nouveaux recrutements (n°83, 86, 88, 97, 98, 101, 106, 108... et dans le n°115 de juin 2013 un article sur « le mercato du GTE »), de congés maternité ou d'une naissance (n°84, 85, 87, 88, 100, 103, 106...) ou encore de départs en retraite ou vers d'autres emplois, y compris en Suisse! (n°84, 85, 89, 97, 110...). Comme pour le CDTFM, il est aussi rendu hommage à des membres ou à des personnalités régionales décédées : Raymond Forni, dans le n°88, président du conseil régional de Franche Comté, mort en 2008; un membre de la commission sociale (n°105) ou l'historique « Monsieur fiscalité » du GTE (n°107).

2.3. Les relations entretenues par l'association avec les syndicats dans le pays d'emploi

Au contraire de relations pouvant être tendues ou inexistantes avec les syndicats côté français (Hamman, 2013, chap. 4), on repère dans les deux configurations l'attention à nouer des contacts avec les syndicats dans le pays d'emploi, c'est-à-dire d'abord sur le lieu de travail des frontaliers. C'est le cas avec la confédération allemande DGB[10] pour le CDTFM, et l'UNIA[11] en Suisse pour le GTE. Ainsi, dans *Frontalier Magazine*, peut-on trouver les coordonnées des antennes d'UNIA, présentée comme partenaire de l'association (n°102, p. 12), ou lire des tribunes de responsables syndicaux : « Loi sur la prévoyance professionnelle : non au vol des rentes ! », signée du secrétaire régional d'UNIA Genève (n°98, p. 14). De

---

10 DGB : *Deutscher Gewerkschaftsbund* : union des syndicats allemands.
11 Syndicat interprofessionnel suisse des secteurs de l'industrie, du bâtiment, de la chimie, de l'horlogerie et des services.

même, *Le Frontalier* évoque régulièrement les rencontres entre les responsables du CDTFM et des syndicalistes allemands (par exemple, dans le n °1/2012, avec le responsable du syndicat de la métallurgie IG Metall à Völklingen) ou encore des manifestations communes (1er Mai, réforme des retraites, etc.).

2.4. Les partenariats avec des prestataires privés, les publicités et les offres commerciales

Comme le montrent les annexes 1 et 2, reprenant les 4e de couverture, les publicités commerciales sont présentes dans les deux cas, mais avec une intensité bien plus grande dans le *Frontalier Magazine* du GTE, tant dans la diversité des offres (à l'exemple des encarts spéciaux « Club Frontaliers »), leur nombre, ainsi que leur focale – avec manifestement un pouvoir d'achat jugé supérieur pour les frontaliers employés en Suisse. Par exemple, ce sont les concessionnaires régionaux Mercedes-Benz, Jaguar, Volvo et Land Rover qui vantent dans FM leurs nouvelles berlines, de puissants 4x4, des coupés sport ou des cabriolets, avec des prix d'appel autour de 50 000 €, et jamais moins de 35 000 €, numéro après numéro, sans exception sur la période 2004-2014. À cela s'ajoutent des publicités pour des piscines, des offres de vacances, ou encore des placements financiers et immobiliers, témoignant d'une cible plutôt aisée de la part des annonceurs (FM, 69, 2004, à 120, 2014). Par contre, les deux magazines font pareillement état des « partenariats » noués avec des mutuelles ou des compagnies d'assurance et des institutions bancaires et de prévoyance (Crédit Mutuel, MMA, Banque populaire, etc.), qui proposent des contrats groupe préférentiels aux adhérents.

2.5. Le travail quotidien d'information et de conseil aux frontaliers adhérents

Des rubriques informatives se repèrent dans chaque livraison des deux magazines, occupant un nombre de pages important : questions-réponses, points thématiques sur des enjeux juridiques et sociaux du travail frontalier, et tout particulièrement des guides pratiques sur la fiscalité.

Chaque année, le 2e numéro du *Frontalier* est largement consacré à un dossier pour la déclaration des revenus, incluant des commentaires sur la jurisprudence et l'appréciation de tel ou tel critère par les services fiscaux – à l'exemple du forfait repas, puisque les frontaliers déjeunent par définition hors de chez eux le midi. C'est également le cas dans le *Frontalier Magazine*, avec un guide Impôts une fois par an jusqu'en 2009 (FM, 84, p. 17-33; 89, p. 17-35; 94, p. 17-35), puis deux dossiers distincts par la suite, correspondant aux deux cas de figure de l'imposition à la source en Suisse pour les frontaliers travaillant dans le canton de Genève et l'imposition en France pour les autres. Aussi, chaque mois de février, le *Frontalier Magazine* comprend depuis 2009 un dossier spécifique d'une dizaine de pages « Spécial Impôt à la source canton de Genève » (n°93, 98, 103, 108, 113 et 118), en plus de celui publié au printemps pour le cas général (n°99, 104, 109, 114 et 119). Dans la plupart des numéros des deux journaux, on trouve également des pages Questions-réponses sur des points de droit du travail et de droit social[12].

À cela s'ajoutent des informations détaillées relatives aux permanences organisées sur l'ensemble du territoire où l'association compte des membres. Dans chaque numéro du *Frontalier*, on trouve le détail des permanences tenues au siège du CDTFM et dans différentes communes de Moselle-Est. Leur évolution donne à voir la dépendance du comité vis-à-vis des bénévoles : le réseau renvoie, dans nombre de petites communes, à l'engagement d'un frontalier sur place, et se recompose donc en fonction de l'arrivée de nouveaux membres actifs et du départ d'autres. La consultation du site Internet du comité le corrobore : la plupart des permanences de « secteurs » sont assurées en mairie par un seul membre, parfois même à son domicile (à Enchenberg, Meisenthal et Schorbach)[13]. En même temps, la volonté de services de proximité est attestée de la sorte, tant à l'endroit des adhérents que des différents interlocuteurs régionaux. Pour le GTE, initialement implanté dans l'Ain et la Haute-Savoie, ceci correspond aussi à une volonté de développement du collectif, dans le Jura et le Haut-Rhin notamment. Des nouvelles sur les antennes figurent dans chaque livraison du *Frontalier Magazine*, avec les horaires et, le cas échéant, les situations de fermeture pour travaux, mais aussi l'ouverture de nouveaux bureaux, ou encore les annonces des permanences fiscales.

---

12 Par exemple : F, 3/2007, p. 9; 3/2008, p12-13; 1/2009, p. 23; 3/2009, p. 8-11; 1/2010, p. 26; 2/2010, p. 23; 3/2011, p. 11, etc.; et FM, 2 pages dans chaque numéro.
13 http://www.frontaliers-moselle.com/ Onglet Permanences (consulté le 02/08/2014).

2.6. Les mobilisations et dossiers collectifs en cours

Un autre objectif transversal consiste à présenter à l'attention des membres de l'association (et des « sympathisants » et décideurs recevant aussi la publication) les revendications (anciennes et nouvelles), le suivi des dossiers, les difficultés rencontrées et les succès obtenus. C'est aussi bien le cas du magazine du CDTFM que du GTE.

Les articles sur les problématiques de protection sociale du travailleur frontalier dans le journal *Le Frontalier* (2008-2012)	
N°1/2008 :	*Elterngeld* (allocation parentale) / droits à congés
N°2/2008 :	Tableau des plafonds relatifs au système d'assurance sociale en Allemagne
N°2/2009 :	*Altersteilzeit* – retraite progressive / Carte européenne d'assurance-maladie / *Kurzarbeitergeld* – chômage partiel
N°3/2009 :	La détermination de l'allocation de retour à l'emploi (ARE) (en France) / Nouvelle convention d'assurance chômage / *Kindergeld* (allocations familiales) pour un enfant chômeur ou en formation professionnelle / Procédure à suivre en cas de licenciement / Pension de réversion française
N°1/2010 :	Calcul de la pension d'invalidité allemande et pension de veuvage / Revenu de solidarité active (RSA) entré en vigueur le 1er juin 2009 / Allocations journalières de présence maladie
N°2/2010 :	*Betriebliche Zusatzrente* – retraite complémentaire
N°3/2010 :	Soins en Allemagne pour les travailleurs frontaliers retraités (qui résident en France) / Protection particulière contre le licenciement : handicap sévère – grossesse
N°1/2011 :	Allocation différentielle : ce qui change au 01/01/2011
N°2/2011 :	*Sozialversicherung* (protection sociale) 2010-2011. Tableau des chiffres plafonds pour les prestations
N°3/2011 :	Indemnités journalières de maladie ou d'accident du travail calculées d'après le salaire net réel / Accident du travail
N°1/2012 :	Maintien de la rémunération lors de jours fériés et en cas de maladie / 2011-2013 : une nouvelle convention de chômage

De même, on peut suivre dans le *Frontalier Magazine* les « grands dossiers » que promeut le GTE, à l'exemple de la fiscalisation du « 2e pilier »

Philippe Hamman

de l'assurance retraite pour les frontaliers travaillant en Suisse[14], dont on lit les avatars au fil des numéros :

91 : 2ᵉ pilier : de l'intérêt du blocage (pétition lancée par le GTE) (p. 7)
96 : Un 2ᵉ pilier au goût amer (le fisc suisse pourra imposer le capital lors du rapatriement du 2ᵉ pilier en France) : « le gouvernement français a privilégié la lutte contre la fraude fiscale plutôt que la défense des travailleurs frontaliers » (p. 7)
102 : 2ᵉ pilier : La balle est dans le camp français (p. 9)
103 : Imposition 2ᵉ pilier : scandaleux! (p. 30-31)
104 : 2ᵉ pilier : les frontaliers spoliés!, avec un ton offensif rare dans la publication du GTE : il est question de « la duplicité du Ministère » et d'« un vrai scandale » (p. 8-9)
106 : Imposition du 2ᵉ pilier : de nombreuses interrogations demeurent (p. 19)
107 : Le travail de lobbying du GTE : les dossiers en cours (dont le 2ᵉ pilier) (p. 20-21)
110 : Imposition des 2ᵉ et 3ᵉ piliers : les avancées du projet d'instruction fiscale (p. 16-17).

2.7. La représentation concrète du travail de lobbying entrepris

Enfin, l'activité de *lobbying* est régulièrement mise en avant, quant aux relations nouées par les responsables associatifs avec les décideurs, de part et d'autre de la frontière. Photographies à l'appui, l'utilité de l'association est justifiée de la sorte pour avancer sur des dossiers collectifs, en plus du travail fourni au quotidien pour les problèmes individuels (information et conseil) et des offres de service (protection sociale, banque, offres commerciales).

Dans *Le Frontalier*, on trouve ainsi des comptes-rendus des entretiens obtenus avec des décideurs administratifs et politiques : les rencontres avec des personnalités de premier plan peuvent valoir gage, en termes de communication performative, au-delà des résultats obtenus. Car ces derniers renvoient à des temporalités longues, pour lesquelles il faut en permanence convaincre les militants que cela va finir par payer un jour. Il s'agit aussi bien d'audiences auprès de fonctionnaires de la Commission européenne (F, 1/2009) que d'entrevues au ministère des Finances à Paris (F, 3/2010; 3/2011…), ou encore chez le président du *Land* de Bade-Wur-

---

14 Un point des actions menées en 2011 et 2012 par le GTE pour limiter la fiscalité de ce « 2ᵉ pilier » lors de son rapatriement en France est exposé sur le site : http://www.frontalier.org/imposition_2emepilier_suisse.htm (consulté le 21/02/2014).

temberg (F, 2/2011). À cela s'ajoute l'écho de rencontres avec des partenaires du pays d'emploi (notamment les syndicats : F : 1/2012, rencontre avec le président de la IG Metall à Völklingen, etc.) ou de résidence (à la Caisse régionale d'assurance vieillesse de Strasbourg : F, 2/2009...).

De la même façon, il est régulièrement fait mention dans le *Frontalier Magazine* de rencontres avec les autorités, avec des photos où le président du GTE figure en situation auprès des décideurs; notamment avec Micheline Calmy-Rey, présidente de la Confédération helvétique (n°84, p. 38) puis à nouveau dans le n°97 alors qu'elle exerce les fonctions de conseillère fédérale aux Affaires extérieures; ou en France lors d'une visite au Sénat (n°108, p. 7), etc.

Le lobbying mené fait aussi appel, dans les deux cas, à la mobilisation des adhérents à travers des pétitions. Il s'agit d'un outil d'exposition du nombre sans que les personnes aient à être présentes en un même lieu et à un instant *t*. On trouve ainsi, insérée dans le n°2/2008 du *Frontalier*, une pétition « pour le maintien du service invalidité à la Caisse de Sécurité sociale de Sarreguemines »; ou dans le n°2/2009, p. 17, une « pétition pour le rétablissement de l'allocation équivalent retraite ». Dans le cas du *Frontalier Magazine* également, des pétitions sont annoncées sur des dossiers jugés d'importance. Il s'agit, d'une part, de la taxation du « 2e pilier » de l'assurance retraite (FM, n°86 : « Les frontaliers sacrifiés : pétition adressée au Président Sarkozy »; 104 : « Les frontaliers spoliés : pétition adressée au Président Sarkozy »; 105 : remise de la pétition au préfet) et, de l'autre, du libre-choix de la couverture maladie privée ou publique remise en question (FM, n°109 : « Pétition : disparition du libre choix – assurance maladie des frontaliers », 110 : « Assurance maladie : 30 000 pétitions »).

3. Des constructions sociales et territoriales différenciées de la cause frontalière

Interroger les modes et les canaux par lesquels les publications des collectifs de frontaliers sont susceptibles de participer à une circulation interrégionale des informations ne doit pas négliger la variable de l'insertion locale de ces groupements, garante de leur poids dans les espaces frontaliers mais aussi reflet de spécificités territoriales de leur fonctionnement, ce qui constitue une limite à la diffusion élargie d'un même contenu. Deux grandes problématiques différencient la construction des enjeux entre le CDTFM et le GTE, à travers leurs magazines : d'une part, le registre de justification des mobilisations entreprises et de la situation du frontalier et, de l'autre, le rapport à l'Europe et ses institutions. À cela s'ajoutent quelques rubriques faisant l'objet d'un traitement fort dans l'un des supports et absent de l'autre.

3.1. Des registres de justification différenciés

Les modes de légitimation de la cause frontalière diffèrent entre les deux collectifs :

- Le ton des articles est, dans l'ensemble, sensiblement plus militant dans *Le Frontalier* (CDTFM) que dans *Frontalier Magazine* (GTE), où il se veut plus « expert ». Ceci correspond aux formes d'action : sur la période considérée, dans le *Frontalier Magazine*, il n'est qu'une seule fois question de manifestation dans l'espace public – avec une photo de distribution de pétitions aux postes frontières sur la question du « 2e pilier » de l'assurance retraite en Suisse (n°87, p. 8). Le CDTFM, lui, se fait régulièrement l'écho des manifestations qu'il organise. La seule exception dans FM concerne les pages « Humeur » du rédacteur en chef, dans certains numéros. Par exemple, dans le n°97, le billet titre « Le grand retour de la bêtise! » (p. 8-10), suite à la campagne du mouvement UDC (Union démocratique du Centre) à Genève, coutumier des provocations, qui parle de « la racaille d'Annemasse » sur ses affiches; et, dans le n°108, une entreprise suisse qui paie ses salariés en euros en raison du franc suisse fort est dénoncée : « Von Roll à la pointe du progrès social » (p. 31). Pour le reste, le registre expert est privilégié dans la volumineuse rubrique « Juridique » du *Frontalier Magazine*. La différence ressort plus encore en matière de fiscalité. Si, dans les deux cas, des guides fiscaux sont proposés, des conseils patrimoniaux apparaissent au GTE, peu compatibles avec le répertoire militant du CDTFM – par exemple : « La CRDS sur les revenus du patrimoine et de placement » (FM, 83, p. 29); « Bénéficiez-vous des derniers avantages fiscaux? » (FM, 97, p. 17); « Fiscalité en France : votre avis d'imposition sur le revenu à la loupe » (FM, 101, p. 18-19); « Fiscalité genevoise » (FM, 102, p. 8).
- Si de nombreux articles usent d'un répertoire de « lutte des classes » contre le capitalisme dans *Le Frontalier* (CDTFM), ce n'est guère le cas dans le *Frontalier Magazine* (GTE), où cela se limite à l'énoncé de

partenariats avec le syndicat suisse UNIA (par exemple, n°96, p. 23 : « Les syndicats suisses face à la crise » : entretien avec le secrétaire régional d'UNIA Genève). La différence de posture se repère bien à l'aune d'un article du n°98 de FM : « La "paix du travail" face à de nouveaux défis », où on lit qu'« en France, on fait grève d'abord, on négocie ensuite ». De plus, la problématique de l'emploi (et pas uniquement des conditions de travail) est régulièrement abordée dans le *Frontalier Magazine*. Il est question de « préparer une candidature en Suisse : les pièges à éviter » (n°90), de « management des entreprises et motivation des salariés », avec l'interview du DRH des supermarchés Migros Genève (n°92), des « réseaux sociaux [comme] outil efficace dans une recherche d'emploi » (n°95), d'« utiliser Internet dans sa recherche d'emploi » (n°103) ou encore de « retrouver un emploi après 50 ans » (n°110), etc. Les cultures salariales et militantes sont différentes d'un espace à un autre, et les échanges transfrontaliers actualisent sur ce plan non seulement des rapports à l'action collective divers d'un pays à un autre (l'histoire du mouvement ouvrier français distincte de la co-gestion dans les espaces germaniques...), mais également des traditions locales de long terme (à l'exemple du militantisme dans les mines lorraines; par exemple : Conraud 1988).

- Dans les deux magazines, on ne se limite pas à évoquer la défense sociale et juridique du travailleur frontalier. Mais les articles « plus larges » ne sont pas de même statut : le militantisme ouvrier pour *Le Frontalier*, le développement économique territorial dans *Frontalier Magazine* (rubriques Emploi, Formation, Loisirs...), ainsi que de nombreuses pages Santé – publiées en lien avec les assurances MMA – ou encore les pages Banque et Patrimoine, qui traduisent les relations entretenues avec des établissements bancaires français (Crédit Mutuel, Banque populaire des Alpes, et en particulier la Sofronta, filiale propre mise en place entre le GTE et la Banque Populaire) et suisses (les Rentes genevoises). Il y est question, par le détail, des évolutions de réglementation concernant la donation, la succession, l'impôt sur la fortune, les assurances-vie, les produits financiers et patrimoniaux. Au contraire, dans *Le Frontalier*, on repère un registre de mobilisation de classe. Par exemple, en 2009, il est fait état de la participation de responsables du CDTFM à la Conférence ouvrière européenne tenue à Paris du 7 au 9 février (F, 2/2009); du 1er Mai à Tucquegnieux (Meurthe-et-Moselle) « avec nos camarades mineurs » (F, 3/2009); ou de la participation à plusieurs manifestations à Paris « contre les licenciements » (F, 3/2009, 1/2010), et contre la réforme des retraites à Metz en juin 2010, avec la distribution de tracts appelant à « la grève générale interprofessionnelle » (F, 3/2010). Ces deux visions associatives ne se rejoignent pas, mais coexistent, entre la défense engagée du frontalier – tantôt comme acteur spécifique, tantôt comme incarnation de la classe ouvrière au sens générique – et le positionnement d'acteur collectif d'un marché interrégional de l'emploi; par tant, elles produisent des constructions elles-mêmes différentes d'un espace transfrontalier tel qu'il est ambitionné par les uns et les autres.

- Il y a bien davantage d'articles destinés à infirmer l'image du frontalier-privilégié dans le magazine du GTE que du CDTFM.

Dans ce dernier cas, il semble aller « de soi » que le frontalier est une victime et non un profiteur, compte tenu du discours « de classe » souvent emprunté. Dans *Le Frontalier*, seuls trois articles visent à démentir une perception d'avantages spécifiques : n°3/2007 : « Emplois précaires en Sarre » et « L'Allemagne est-elle encore attractive pour le travailleur frontalier ? » (p. 10 et 11); et n°3/2009 : « Prévisions alarmantes sur le marché de l'emploi en Sarre » (p. 6). Au contraire, ces développements sont courants dans le *Frontalier Magazine*. Ceci peut se comprendre par rapport à la situation économique de la Suisse, la forte tenue de sa monnaie par rapport à l'euro, ou encore les niveaux de salaire – il suffit de penser aux débats actuels sur le salaire minimum légal, qu'il a été question en 2013 de placer à 4 000 CHF[15]. Autant d'éléments qui peuvent, côté français, donner lieu à des généralisations dans les représentations communes. Significativement, le GTE publie un article intitulé : « Inquiétant euro : en 4 ans, le salaire des frontaliers a augmenté de 30% par le taux de change ». L'objet est bien de déminer les critiques d'opportunisme (FM, 105, p. 32). Le secrétaire général de l'association signe également un texte sans ambiguïté en 2011 : « Franc suisse / euro : trop vite, trop fort! », où il regrette : « Le travailleur frontalier se trouve encore plus jalousé » (FM, 106, p. 8).

Plus largement, la circulation transfrontalière des informations se révèle ainsi dépendante de toute une historicité nationale et locale, qui est perçue et retraduite de façon sélective en fonction des représentations présentes

---

15 L'Union des syndicats suisses a lancé une initiative pour un salaire minimum légal en Suisse, en proposant de le fixer à 4000 CHF/mois : *Frontalier Magazine*, 101, p. 22. Finalement, en mai 2014, la proposition a été rejetée dans le cadre d'une votation.

des frontaliers pour les décideurs, la population locale, etc. L'exemple suivant de problème public interrégional entre la France et la Suisse le montre, sur la question sensible de la fiscalité.

Il est régulièrement question, dans le magazine du GTE, du « fonds frontalier », c'est-à-dire de la rétrocession de la part du canton de Genève au bénéfice des communes françaises de résidence des frontaliers. Le choix a été fait à Genève d'imposer les travailleurs frontaliers à la source (et non en France, comme c'est le cas pour d'autres cantons suisses ou en Allemagne). Or, il s'agit parfois de la moitié de la population active pour des collectivités de l'Ain ou la Haute-Savoie. Un accord de compensation financière a été conclu en 1973 entre le canton de Genève et le gouvernement français, pour les communes concernées, à hauteur de 3,5% de la masse salariale perçue par les personnes imposées à la source à Genève et résidant en France. « À l'évidence, il fallait trouver une solution afin que les frontaliers ne soient pas perçus par les communes françaises comme une charge. [...] La rétrocession a permis d'éviter les pièges du chacun pour soi en croisant les intérêts », ponctue un responsable du GTE (FM, 83, 2007, p. 24). « Chaque frontalier rapporte directement dans les caisses de sa commune [française] environ 1000 € par an », insiste le rédacteur du FM en février 2008 (88, p. 5).

Le GTE fait état chaque fin d'année des chiffres des « fonds frontaliers », pour attester ce que « rapporte » le travail transfrontalier au développement local côté français, avec des titres évocateurs : « Rétrocession : joyeux Noël » (92, p. 7); « Fonds frontaliers : joyeux Noël » (107, p. 6), etc. Ces sommes sont très conséquentes, et augmentent régulièrement : 117 millions de Francs suisses en 2002, 162 millions en 2005, et 234 millions en 2011 (FM, 83, 2007, p. 24-25; 107, 2011, p. 6). Le même message est à nouveau scandé fin 2012 : « Les deux départements français de l'Ain et de la Haute-Savoie vont recevoir 239 750 000 francs suisses, soit près de 200 millions d'euros au titre des fonds frontaliers pour 2012. Cette rétrocession est en constante progression depuis plus de 5 ans. Une excellente nouvelle dans un contexte de crise économique et de baisse des finances des collectivités publiques » (FM, 112, 2012, p. 6).

Cette question de la rétrocession est évoquée dans la presse régionale, lorsque des divergences voient le jour entre les représentants français et suisses ou encore les élus concernés. Prenons la situation inverse du cas genevois pour montrer la complexité de ces dispositifs canton par canton. En janvier 2014, le mensuel local *La presse pontissalienne* fait état des tensions entre le ministre français de l'Économie Pierre Moscovici – député du Doubs de 2007 à 2012 – et le conseiller d'État du canton de Vaud Pascal Broulis, le premier s'émouvant du traitement subi par des frontaliers français qui n'auraient pas régularisé leur situation fiscale en Suisse, et le second objectant de suite le retard français en matière de rétrocession. Car en l'espèce, concernant l'Arc jurassien, l'État français s'est engagé à reverser à la Suisse 4,5% du salaire brut des frontaliers. Or, selon le responsable helvétique, « on déplore malheureusement quelques dérapages au calendrier. La France n'a toujours pas réglé la facture pour 2012. Si l'on ajoute le même montant pour 2013, on arrive à plus d'un demi-milliard d'Euros. [...] Bercy traîne des pieds ». Ressortent *in concreto* les interactions non seulement entre États, mais aussi d'un territoire à l'autre le long de la frontière franco-suisse, selon le régime d'imposition à la source ou dans le pays de résidence : la « localisation » de ces problématiques dans leur traitement médiatique se comprend ainsi, nonobstant l'importance des sommes en jeu au global.

3.2. Des rapports différents à la construction européenne et ses institutions

À un deuxième niveau, c'est le rapport divergent vis-à-vis de l'Europe et ses institutions qui frappe :

- Le CDTFM manifeste une opposition militante à l'Europe institutionnelle, même si les responsables du collectif usent de ses ressources à la faveur de leurs revendications.

Le discours est constant dans le *Frontalier*. Les articles et tribunes contre « l'Europe de Maastricht » sont présents dans quasiment chaque numéro, avec un ton militant et une condamnation sans appel. Par exemple, dans le n°3/2010, un article intitulé « L'UE sonne la charge contre les retraites » s'appuie sur des caricatures, comme celle « Bientôt la retraite à 70 ans? » qui représente ce dialogue : « – Mais j'ai Parkinson; – Vous ferez des cocktails! ». À chaque fois, l'actualité est commentée sous ce prisme critique vis-à-vis des instances et des politiques de l'Union européenne. Ainsi, en 2012, on lit : « Oui, à l'Europe, mais aux États-Unis OUVRIERS d'Europe débarrassés de l'exploitation capitaliste! » (1/2012, p. 2), et en couverture du 1er numéro de 2013 on trouve une photo de Mario Draghi, avec pour commentaire : « Et ils osent nous dire : "L'Europe vous protège". Mario Draghi, président de la Banque centrale européenne, l'homme de Goldman Sachs, au *Wall Street Journal*, le 24 février 2012 : "le modèle social européen est mort" ». Pareillement, dans le n°2/2014, en lieu et place de l'éditorial, une double page est consacrée aux « Élections européennes – 25 mai 2014 : Notre contribution au débat! », et la conclusion est constante et sans appel : « Faut-il légitimer un Parlement fantoche qui a comme fondement le traité de Maastricht, ce broyeur de nos conquêtes ouvrières? Nous sommes les pionniers de l'Europe, nous disons oui à l'Europe, cent fois oui à l'Europe, mais aux États-Unis OUVRIERS d'Europe, débarrassés de l'exploitation capitaliste ». Au contraire, les revers du processus d'intégration lors de référendums nationaux sont salués, à l'instar du « NON de l'Irlande au Traité de Lisbonne » (F, 3/2008, p. 8).

- Inversement, la position du GTE est clairement favorable à la construction européenne, et à son extension en direction de la Suisse *via* les Accords bilatéraux UE-CH – c'est particulièrement net lorsque ces derniers sont critiqués, par exemple dans le contexte de la votation suisse du 9 février 2014 visant à restreindre l'immigration (FM, 120, 2014, qui titre : « Le retour des frontières »…). La rubrique « Europe » du périodique montre une attention constante à souligner l'importance du processus d'intégration pour les frontaliers et à mieux faire connaître le rôle de l'UE.

La rubrique « Europe » dans le *Frontalier Magazine* du GTE (2007-2012)	
N°83 :	L'Union européenne fête ses 50 ans.
N°84 :	Bruxelles : la Suisse est accusée de concurrence fiscale déloyale sur la taxation des sociétés.
N°85 :	Europe/États-Unis : trafic aérien transatlantique libéralisé
N°86 :	20 ans du programme de mobilité universitaire européen ERASMUS
N°87 :	Les 24 signent le Traité de Lisbonne (avec un encart « Les points forts du nouveau Traité »)
N°88 :	L'Union européenne met sur orbite Galileo, le rival du GPS américain
N°89 :	L'espace Schengen va intégrer la Suisse cet automne (contrôles douaniers supprimés)
N°90 :	Des portables plus mobiles, grâce à Bruxelles! (baisse des tarifs internationaux)
N°91 :	L'Union européenne pour les nuls (présentation des trois piliers de l'UE)
N°92 :	Bilatérales : une guillotine menace de nous tomber sur la tête (votation du 8 février 2008 sur la libre circulation des personnes, initiée par des partis suisses qui expriment leur hostilité aux frontaliers)

N°93 :	Libre-circulation : ouf! (votation favorable à la libre-circulation) / L'euro fête ses 10 ans et accueille son 16ᵉ État membre. Un outil de stabilité et un bouclier contre les crises.
N°94 :	Les Européens renouvellent leur Parlement en juin. La crise va peser sur les élections (avec un commentaire : « Le scrutin, hélas, va se jouer sur des questions nationales et non pas européennes »)
N°95 :	Europe : pressions tous azimuts sur la Suisse (question du secret bancaire)
N°96 :	Le nouveau Parlement européen est en fonction (élections de juin 2009)
N°97 :	La Suisse assume la présidence du Conseil de l'Europe
N°98 :	Une nouvelle Europe prend son envol (suite au Traité de Lisbonne)
N°99 :	Europe : libéralisation du rail : après le fret, les passagers !
N°100 :	La coopération transfrontalière, un défi citoyen (retour historique sur la région frontalière du Léman) / Retour sur 20 ans de relations Suisse/Europe : des accords franco-suisses aux Bilatérales avec l'UE
N°101 :	Huit ans de libre-circulation des personnes en Suisse
N°102 :	L'Union européenne passe le cap du demi-milliard d'habitants (avec un discours sur l'apport des migrants frontaliers : l'« ami-gration »)
N°103 :	Depuis le 01/01/2011, le Service européen pour l'action extérieure est opérationnel
N°104 :	Les sociétés de placement en Suisse
N°105 :	Europe : les droits des passagers s'améliorent (avion, train…)
N°106 :	Menaces sur la libre-circulation des personnes
N°107 :	L'Europe soumet ses centrales nucléaires à des tests de résistance
N°108 :	L'élargissement de l'Union européenne se poursuit : le traité d'adhésion de la Croatie est signé / L'état des autres dossiers d'adhésion
N°109 :	Le siège du Parlement européen à Strasbourg vacille
N°110 :	Taxe européenne sur les émissions polluantes. Menace de guerre commerciale avec les États-Unis.

3.3. Des enjeux in/visibilisés en fonction des collectifs

Enfin, certaines dimensions plus précises ou sectorielles sont mises en avant ou non selon le collectif.

- La problématique des déplacements domicile-travail des frontaliers est fortement investie au sein du GTE, avec une rubrique dédiée du *Frontalier Magazine*, aussi bien autour des transports collectifs (train, bus, navibus sur le Léman, covoiturage...) que du réseau routier (construction et coût des autoroutes, problèmes d'embouteillages à la frontière...). Ce volet est absent au CDTFM, alors que la question peut *in abstracto* se poser en des termes assez proches en Lorraine, que ce soit pour le réseau routier ou ferroviaire notamment (enjeux de saturation, etc.), mais davantage dans le cas du Luxembourg que vers la Sarre, où les flux quotidiens apparaissent de proximité à partir des différentes communes françaises voisines; ici aussi, la « localisation » de information l'emporte.

- Un second enjeu qui apparaît à la lecture du *Frontalier Magazine* et non dans le journal du comité mosellan a trait à la formation (initiale et continue) des frontaliers. Aucune mention n'est recensée dans *Le Frontalier*, qui ne dispose pas de salariés au-delà d'une secrétaire, tandis que, dans FM, on trouve différents articles, en cohérence avec la mise en place d'un service Emploi au sein de l'association, qui a fait le choix d'une professionnalisation importante, rendue possible par des cotisations plus élevées, qui peuvent renvoyer à la fois aux revenus des frontaliers en Suisse et à une culture moins militante que dans l'ancienne zone minière de Moselle-Est. Les possibilités offertes en Suisse sont présentées aux frontaliers, pour eux et leurs enfants, ce qui participe aussi de la production d'un espace d'échanges transfrontaliers; par exemple :

89 :   Devenir étudiant(e) en Suisse (p. 37)
94 :   Étudier en Suisse, il ne faut pas hésiter! (p. 37-38)
96 :   Se former tout au long de sa carrière grâce au chèque annuel de formation
99 :   Les formations en Suisse (exposées de façon positive, avec la reconnaissance des diplômes : « Raison de plus pour commencer ou poursuivre sa formation en Suisse, à proximité de son domicile ») (p. 38-39)
104 : Apprentissage sans frontière (p. 39)
106 : De nouveaux atouts pour la formation professionnelle transfrontalière (p. 22-23).

À cela s'ajoute au GTE l'activité des Maisons transfrontalières européennes liées à l'association, avec le soutien de collectivités territoriales (notamment le Conseil du Léman) et d'entreprises privées, qui proposent un éventail de conférences, formations et séminaires – à l'image d'une Université populaire qui serait spécialisée sur les questions transfrontalières et le marché de l'emploi. Le fonctionnement des institutions suisses, Reprendre une entreprise en France, Découvrez le portage salarial, Recherche d'emploi pour les plus de 50 ans, La rémunération des cadres en

Suisse, Comment étoffer son carnet d'adresses, etc., sont quelques thèmes abordés. Dans chaque numéro du FM, une à deux pages présentent ces activités et leur agenda, repris dans la presse régionale (hebdomadaire *Le Messager* en particulier).

- Au sein du *Frontalier Magazine* du GTE, des pages « régionales » abordent également à chaque numéro des questions propres aux différents territoires (Ain et Haute-Savoie, Doubs et Jura, Belfort et le Haut-Rhin…), qui dépassent les dimensions proprement transfrontalières.

Cette rubrique traduit une attention au développement socio-économique, qui n'est pas présente dans le journal du CDTFM. Une première hypothèse pourrait y voir – somme toute assez classiquement au vu des choix qui ont présidé à la construction européenne elle-même – une contribution, plus marquée que dans le cas du *Frontalier*, à la construction d'un espace public transfrontalier, à partir de la mise en avant d'un développement économique conjoint plutôt que de la requête d'une harmonisation des droits sociaux et du travail. Parmi d'autres, un article portant sur Novartis montre bien une différence de posture par rapport au CDTFM : là où ce dernier condamne vivement tout ce qui a trait au patronat ou à la finance, ici on lit des propos favorables au grand groupe qui participe de la prospérité de la Suisse du Nord. Qu'on en juge : « Le groupe bâlois fournit des remèdes à prix coûtant, parfois même gratuitement, à des malades de pays pauvres », écrit le rédacteur (n°106, p. 24-25).

Ce premier niveau ne doit cependant pas masquer, ici encore, des logiques proprement territoriales et liées à un travail de légitimation du collectif de frontaliers. En effet, les articles veillent à un équilibre de traitement entre les régions concernées, voire à parler davantage de celles qui ne sont pas le bastion historique du GTE, comme à titre compensatoire, et à mesure que le groupement a fait le choix d'investir davantage l'Arc jurassien et le Haut-Rhin, où existent déjà d'autres comités. Par exemple, dans les n°105 à 110, les pages dédiées portent sur les thématiques suivantes :

105 : Franche-Comté : Horlogerie suisse : le temps du rebond? / Haut-Rhin : L'Allemagne, porte de salut? (Saint Louis)
106 : Franche-Comté : La fête du Pays Horloger / Bâle, capitale de l'empire Novartis
107 : Démocratie suisse : une nouvelle législature (présentation des élections à venir et des formations politiques)
108 : Portrait du président du gouvernement vaudois et interview

109 : Travailler moins? Pas question! (votation contre les 6 semaines de congés payés en Suisse)
110 : Interview du Pr. A. Moine (Besançon) sur les mobilités résidentielles transfrontalières dans l'arc jurassien franco-suisse / Franche-Comté : La France forme pour Swatch.

- S'agissant du fonctionnement de la structure, on signalera les appels à cotisation et relances régulières dans *Le Frontalier* – chaque année et parfois sur une pleine page (F, 1/2008, 1/2009, 1/2010, 1/2011, 1/2012, 1/2013) –, qui ne se trouvent pas au sein du magazine du GTE. Le différentiel de moyens entre les deux structures transparaît de la sorte[16], et explique aussi la plus grande variété des thèmes investis grâce aux personnels recrutés et « spécialisés »; le GTE n'a qu'une seule fois fait état de façon directe de la question des cotisations, dans le n°99, dans le cadre d'un « appel au parrainage : 1+1 = 60 000 adhérents! ».

4. Passages entre supports médiatiques et construction d'un espace public transfrontalier ?

En examinant les magazines qu'ils éditent, c'est la participation des collectifs de frontaliers à un espace public (trans)frontalier qui se dégage, et ce de façon relationnelle, notamment en coopération partielle ou en concurrence avec les instances publiques et les syndicats, dans le pays de résidence et d'emploi (Hamman 2011b). En relation avec ce premier constat d'émergence d'un espace-frontière (Hamman 2013), c'est le rôle de cette presse associative singulière dans un travail de structuration d'espace public que l'on observe, sur deux plans interconnectés. D'abord, on voit comment une presse située sur un créneau bien particulier participe à la construction effective de problèmes publics et de mobilisations ancrées dans les réalités transfrontalières. Ceci est d'autant plus notable, à un deuxième niveau, que les enjeux en question ne s'inscrivent pas dans les temporalités médiatiques classiques. Les journaux des collectifs de frontaliers se comprennent comme un support parmi d'autres – à l'exemple des Assemblées générales –, connecté avec toute une communication événementielle (manifestations de protestation, réunions publiques, rencontres

---

16 Il renvoie au nombre d'adhérents comme au niveau des cotisations : en 2014, 58 € au GTE (32 € pour un retraité), par rapport à 28 € au CDTFM (15 € pour un retraité).

médiatisées avec des décideurs nationaux : les magazines s'en faisant l'écho). C'est par l'ensemble de ces canaux et modalités que les responsables frontaliers parviennent à utiliser différents médias comme relais et à les articuler à cette fin.

C'est la question des reprises du contenu des magazines dans la presse locale et régionale qui est posée, ce qui participe là encore de la création d'une forme d'espace public, et de l'espace plus spécifiquement médiatique. Sur ce plan, et en relation avec les deux publications associatives étudiées, une focale rapprochée sur le CDTFM et le GTE est riche de sens, pour esquisser une mise en parallèle. Le dispositif empirique varie toutefois quelque peu. Cela s'explique en partie par des contingences de recherche et de documentation accessible, faisant que la période étudiée va de 2009 à 2012 dans le premier cas, et se situe en 2014 pour le second. Mais là n'est pas tout : la configuration du territoire couvert par chaque association et celle de la presse régionale diffèrent sensiblement dans les deux cas. Pour le CDTFM, il s'agit de la zone frontalière Moselle-Est/Sarre avec une extension vers le Palatinat, c'est-à-dire un espace circonscrit, infra-régional, où la PQR est très majoritairement représentée par *Le Républicain Lorrain*, et plus précisément ses éditions locales de Sarreguemines et de Forbach, correspondant à la zone frontalière avec la Sarre[17]. Au contraire, pour le GTE, cela va, le long de la frontière suisse, du Haut-Rhin à la Haute-Savoie... On a donc affaire à un espace étendu, supra-régional, où plusieurs titres sont diffusés, sur des zones distinctes, en particulier *L'Est Républicain* et *Le Dauphiné Libéré*[18]. À cela s'ajoutent deux spécificités. D'une part, il y a le rôle joué par des titres de presse locaux (parfois maillés entre eux) en plus des quotidiens régionaux, à l'instar de *La Presse pontissalienne* (mensuel, autour de Pontarlier, diffusé à 7 000 exemplaires dans le Haut-Doubs), *Le Messager* (hebdomadaire, dont le siège est à Thonon), *Le Pays Gessien* (hebdomadaire, du groupe *Le Messager*, dans le Pays de Gex), etc.[19] Ce sont d'autres vecteurs non négligeables d'un traitement médiatique d'un fait transfrontalier largement re-

---

17 Même s'il existe une édition locale du journal *Dernières Nouvelles d'Alsace* dans l'est-mosellan.
18 Le choix étant celui de partir de l'espace couvert par le GTE, nous n'intégrons pas le quotidien *L'Alsace*, diffusé dans le Haut-Rhin.
19 Le groupe *Le Messager* tire à 70 000 exemplaires chaque jeudi, avec cinq titres diffusés en Haute-Savoie, Savoie et dans l'Ain (*Le Messager, L'Essor Savoyard, La Savoie, Le Pays Gessien* et *La Tribune Républicaine*).

localisé malgré les références régulières à l'Europe et à la libre-circulation. D'autre part, et à l'inverse, les mouvements frontaliers vers la Suisse romande ne connaissent pas de « barrière de la langue » comme vis-à-vis de l'Allemagne, et ceci est également vrai pour les titres de presse suisse de langue française, dont l'interpénétration vis-à-vis d'un espace médiatique transfrontalier est de ce fait plus grande, et le lectorat plus croisé également. Il est donc intéressant de considérer des quotidiens comme *L'Impartial* à Neuchâtel, *Le Temps* et *La Tribune de Genève*, ou encore *24 heures* à Lausanne, etc. Cette multiplicité des supports de presse nous a conduits à opter pour un coup de sonde extensif sur un trimestre, plutôt que de ne suivre qu'un seul titre sur une période plus longue. Nous avons retenu le 1er trimestre 2014, en raison de la riche actualité d'un dossier sensible pour les frontaliers français travaillant en Suisse, à savoir l'avenir de leur régime de sécurité sociale. Car il est une autre différence avec le cas est-mosellan : là où le CDTFM est la seule association de travailleurs frontaliers sur le territoire en question (ce qui ne présume pas d'autres modes de prise en charge des frontaliers, syndicale par exemple), il en existe plusieurs dans le périmètre étendu le long de la frontière franco-suisse, et celles-ci peuvent se concurrencer pour attirer des adhérents. L'enjeu de visibilité et la structuration d'un espace public transfrontalier apparaissent ainsi plus nettement.

4.1. Le CDTFM : une circulation d'abord à petite échelle

Dans le cas du CDTFM, nous avons dépouillé les articles publiés dans l'édition locale de Sarreguemines du quotidien régional *Le Républicain Lorrain*, sur la période 2009-2012. En excluant les simples entrefilets annonçant une permanence ou une manifestation « en bref », on recense 31 articles publiés, de taille variable (d'un encart à une pleine page avec des photographies). L'accès aux pages Région apparaît moindre. Pour preuve, c'est dans ce cadre que l'on trouve le seul article du corpus qui ne soit pas à la faveur du collectif : il titre « Frontaliers peu mobilisés », pour évoquer les 160 personnes présentes devant la préfecture de Moselle afin de réclamer l'abrogation d'un décret (édition du 25/04/2010). Le ton est plus distant que dans le cas de l'annonce du rassemblement dans les pages locales (édition du 20/04/2010). Pour le *Républicain Lorrain*, on a donc affaire à une question vue comme locale plus que régionale, ce qui s'explique par la territorialisation des espaces frontaliers bassin par bassin :

seul l'est-mosellan est concerné par les mouvements avec l'Allemagne, là où, dans son ensemble, la Lorraine connaît surtout des flux croissants en direction du Luxembourg. Or, dans chaque cadre bilatéral les problématiques peuvent différer : il n'y a, par exemple, pas de zone frontalière d'un point de vue fiscal avec le Luxembourg. On repère ainsi une coïncidence avec le traitement au niveau des éditions locales plus que des pages Région. Malgré les initiatives institutionnelles autour de la « Grande Région » Saar-Lor-Lux, l'européanisation de la cause frontalière comme grandissement – textes européens, libre circulation, etc. – ne semble pas opérante ici. Le registre militant du CDTFM et ses prises de position régulières contre les institutions européennes peuvent jouer dans le même sens d'une localisation des enjeux, en même temps que d'une « normalisation » dans un répertoire « social » de conflits de travail entre employeurs et salariés dans un cadre de proximité.

Plus précisément, le corpus recensé dans les pages locales du *Républicain Lorrain* se répartit de la façon suivante :

- annonce et compte-rendu des Assemblées Générales annuelles, qui représentent les articles les plus importants (jusqu'à des pleines pages) : on recense deux articles, l'un annonçant l'AG, le second en rendant compte, chaque année fin novembre.
- annonce ou compte-rendu de rencontres entre des responsables du CDTFM et des décideurs ou responsables politiques : le 12/01/2010, après une rencontre au ministère de la Santé; le 07/05/2010, lors de la visite du secrétaire d'État aux Affaires européennes à Sarreguemines; le 08/07/2011, suite à un entretien au ministère sarrois des Finances; les 10/05/2010, 31/05/2011 et 26/08/2011, après qu'une délégation du CDTFM a été reçue au ministère français des Finances. S'il s'agit bien de rencontres avec des décideurs de premier plan, la problématique demeure enserrée dans un questionnement local : celui de la zone frontalière fiscale franco-allemande. En effet, en l'absence de normes européennes, ce sont des conventions bilatérales qui régissent la fiscalité, afin d'éviter une double imposition dans le pays de travail et celui de résidence. Entre la France et l'Allemagne, la convention du 21 juillet 1959 spécifie que le travailleur est imposé à la source sur son revenu dans le pays d'accueil lorsque son domicile ou son lieu de travail est situé au-delà d'une zone de 20 km de part et d'autre de la frontière. Au sein de cet espace, il relève de la réglementation du pays de résidence (ce qui est sensiblement plus favorable pour les frontaliers

français, par rapport à l'impôt à la source en Allemagne). Un additif du 28 septembre 1989 a étendu la zone frontalière à l'ensemble des trois départements de la Moselle, du Bas Rhin et du Haut-Rhin, et à une bande de 30 km de profondeur en Allemagne, incluant *de facto* le *Land* de Sarre. Concrètement, ce point, quand bien même il nécessite un accord inter-étatique (d'où les réunions à haut niveau lorsque des questions se posent), ne concerne donc pas la majorité des frontaliers lorrains, employés au Luxembourg et qui y paient leurs impôts (situation positive pour ces derniers). La diffusion semble contrainte de ce fait, pour monter en pages Région.
- annonce ou compte-rendu de manifestations publiques de protestation du comité : 20/04 et 25/04/2010, relativement à un rassemblement à la préfecture de Moselle; 05/02/2011 (2 articles), après l'organisation à Forbach d'une réunion publique sur la question des retraites des frontaliers; 11/05/2011 (2 articles), manifestation devant le Parlement européen.
- annonces relatives au suivi de dossiers fiscaux ou sociaux, surtout liés à la retraite (articles publiés les 08/02/2009, 05/10/2009, 17/12/2009, 29/06/2011, 13/07/2012).
- participation à des actions militantes en lien avec des syndicats ou des mouvements politiques : le 01/02/2009, relatant une action coup de poing lors de la venue de la ministre de la Santé pour inaugurer le nouvel hôpital de Sarreguemines : « 300 manifestants s'emparent du buffet de l'inauguration »; 28/10/2011 : « Les frontaliers demandent la renationalisation de la sidérurgie » (dans le cadre des mobilisations contre la fermeture de Florange par ArcelorMittal); 10/03/2012 : « Condamnation du MES [mécanisme européen de stabilité], soutien à la sidérurgie », en lien avec la fédération régionale des mineurs de fer CGT; 25/01/2012 : « En finir avec la dictature de la dette » (discours contre l'Europe de la finance). Ce positionnement militant, qui présente une filiation visible avec le syndicalisme historique minier et sidérurgique lorrain, peut aussi contribuer à une relative enclosure des informations hors des pages générales du *Républicain Lorrain*, que ce soit relativement à la ligne politique exprimée ou à la nature des actions menées : soit des opérations coup de poing locales, soit la participation à des mouvements sociaux régionaux ou nationaux plus larges (ArcelorMittal Florange, etc.), pour lesquels la spécificité d'un collectif de frontaliers n'apparaît pas, du moins sans clefs de lecture locales.

L'espace de circulation apparaît dès lors relativement circonscrit; c'est autour de cette territorialité que les échanges fonctionnent, et peut-être d'autant plus aisément, notamment en relation aux localiers. En effet, tant dans les thématiques avancées que dans leur chronologie d'exposition dans l'édition de Sarreguemines du *Républicain Lorrain*, on se situe en corrélation forte avec ce que donnent à lire les livraisons successives du *Frontalier*. Un seul exemple : le 07/07/2012 est publié dans le quotidien un article intitulé « Préretraite des frontaliers : la justice tranche en leur faveur », qui fait écho à un arrêt de la Cour de Justice de l'Union européenne du 28/06/2012, donnant raison aux frontaliers français en Sarre contre la taxation d'indemnités de préretraite à travers des « impôts fictifs » en Allemagne; sans surprise, on lit dans le 3e numéro du *Frontalier* en 2012 un éditorial du président qui insiste sur le même dossier : « Grande victoire! L'impôt fictif a été jugé discriminatoire par CJE » (p. 2-3). On voit ainsi que le CDTFM parvient à communiquer sur des enjeux juridiques qui s'avèrent fort complexes, comme c'est souvent le cas aux niveaux européen et transfrontalier.

On pourrait multiplier les occurrences de correspondances entre les articles de presse et ceux du journal de l'association, tel le texte publié dans l'édition locale du *RL* le 28/10/2011 « Les frontaliers demandent la renationalisation de la sidérurgie », qui reprend une position constante affirmée par les responsables du CDTFM; dans le n°2/2008 du *Frontalier*, on lisait déjà un texte intitulé : « Nous demandons la renationalisation de la sidérurgie » (p. 23). Dans certains cas, le lien est directement rendu visible par l'insertion dans *Le Frontalier* d'extraits des articles parus dans le *Républicain Lorrain*. C'est notamment le cas en 2009 après que le CDTFM s'est associé à une action syndicale lors de la venue de la ministre de la Santé; dans le bulletin du CDTFM (2/2009, p. 24-25) comme dans le *Républicain Lorrain* (édition de Sarreguemines, 01/02/2009), on lit que « les 300 manifestants se sont emparés du buffet », photos à l'appui. De même, en 2010, il est question de l'allocation différentielle dans le n°2/2010, relatant des actions au niveau du ministère à Paris (p. 25-27), puis dans le n°3/2010 « Allocation différentielle : abrogation du décret! », avec photographie du rassemblement devant la préfecture de la Moselle (p. 6-7) – manifestation dont il est fait état dans le *Républicain Lorrain* les 20/04 et 25/04/2010.

4.2. Autour du GTE : un espace public transfrontalier concurrentiel

Dans le cas du GTE, nous avons opté pour un suivi sur le 1er trimestre 2014, compte tenu du nombre de titres à exploiter[20]. Le corpus d'articles obtenu – hors simples entrefilets, et en comptabilisant une seule fois des articles strictement identiques publiés le même jour dans plusieurs journaux locaux d'un même groupe (à l'exemple du *Messager* et du *Pays Gessien*) –conforte ce choix, compte tenu des occurrences et de leur stabilité : 65 articles en janvier 2014, 67 en février et 67 en mars.

Sur les trois mois, les articles se concentrent très majoritairement sur deux sujets. Le premier, récurrent mais de pleine actualité début 2014, est celui des flux migratoires et de la libre circulation des personnes en Suisse, en lien avec l'augmentation régulière du nombre de frontaliers (*Le Temps*, 14/01/2014) et l'initiative lancée par le parti suisse conservateur UDC pour réimposer des quotas (comme c'était le cas par le passé[21]), qu'a validée la votation populaire du 9 février 2014. Ce vote a suscité de nombreux débats et polémiques, y compris quant aux conséquences pour les relations avec l'Union européenne dans le cadre des accords bilatéraux UE/CH[22], qui sont la base juridique de la libre circulation des travailleurs frontaliers français. Ce dossier rassemble – avec une part conséquente dans la presse suisse francophone des régions frontalières : *L'Impartial, Le Temps, 24 heures...* – 22 articles en janvier, en amont de la votation, puis 51 en février et 47 en mars, après le succès de l'initiative UDC. Ces articles s'interrogent non seulement sur les répercussions dans l'espace Léman, et notamment pour les entreprises et les acteurs économiques (la part importante du travail frontalier est largement répétée), mais plus largement pour la Confédération helvétique dans son ensemble dans ses rapports avec la France et surtout avec l'UE. L'exemple des discussions sur le programme Erasmus+ (gelé par l'UE après le 9 février) et d'Horizon 2020 pour les établissements d'enseignement supérieur suisses est plusieurs fois rapporté, avec les appréciations du gouvernement suisse, du parti UDC,

---

20 Nous avons considéré : *L'Est Républicain, Le Dauphiné Libéré, Le Messager, Le Pays Gessien, La Presse pontissalienne, L'Impartial, La Tribune, Le Temps* et *24 heures*.
21 « L'UDC exige la résurrection des quotas des années 1970 », *Le Temps*, 19/03/2014.
22 « Le Conseil fédéral veut préserver les bilatérales, l'UDC hausse le ton », *Le Temps*, 18/03/2014.

les réunions à Bruxelles, etc. Dans le lien entre ces différents cadres et échelons d'action publique (local, régional, transfrontalier, national et européen) tels que la presse régionale les relaie, on peut considérer qu'un espace public transfrontalier se développe, dans la mesure où le rapport à l'Europe est posé dans ses effets concrets, qu'il s'agisse des activités économiques ou des échanges étudiants, etc. Le travail frontalier apparaît comme une incarnation de ce processus de transformation socio-économique des espaces de pertinence, parmi d'autres : dans ces articles traitant de la question migratoire et des relations à l'Europe, il n'est pas fait mention des associations de frontaliers; le sujet est traité comme plus large, d'ordre national pour la Suisse, en même temps que sensible régionalement; les circulations s'opèrent à mesure des controverses – qui mobilisent des décideurs de premier ordre –, et se dé-localisent de la sorte.

Le second sujet qui ressort du corpus – et rassemble quelques 60 articles sur les trois mois (certains repris dans plusieurs éditions locales d'un même titre) – a, lui, directement attrait aux collectifs de frontaliers. Comme pour l'immigration, il s'agit d'un questionnement récurrent, celui de l'assurance maladie des frontaliers français travaillant en Suisse (par exemple, en 2012 déjà : FM, n°109 : « Pétition : disparition du libre choix – assurance maladie des frontaliers »), qui connaît une nouvelle actualité en 2014 avec la fin de la possibilité de choisir (« droit d'option ») une assurance privée et l'obligation de rejoindre le régime général de la Sécurité sociale française au titre de la CMU[23]. Cela s'avère financièrement défavorable aux frontaliers, dont les représentants se sont beaucoup mobilisés. L'épisode fait l'objet d'une forte couverture médiatique, dans la presse régionale française et suisse. Elle s'explique d'abord par l'enjeu, l'assurance maladie, qui concerne de façon très palpable chaque frontalier, sur le plan de sa santé et sur le plan financier, mais aussi les sociétés privées et les courtiers qui commercialisaient jusqu'à présent des produits (avantageux) aux frontaliers, et, par conséquent, les collectifs de frontaliers actifs le long de la frontière suisse – principalement, le CDTF du Haut-Rhin, l'Amicale des frontaliers de Morteau et le GTE d'Annemasse – qui ont, de longue date, noué des partenariats avec des assureurs privés ou des mutuelles : Muta Santé pour le CDTF Haut-Rhin[24], La Frontalière pour

---

23 Parution du décret n° 2014-516 le 23/05/2014.
24 Dont l'adresse Internet est significativement : http://www.assurance-sante-frontaliers.com/.

l'Amicale de Morteau[25], et MMA pour le GTE (cf. Annexe 2). Tant individuellement que collectivement, la sphère du travail frontalier est donc bousculée par ce changement[26].

Deuxième série de facteurs, le fait qu'aux associations de frontaliers viennent s'ajouter des collectifs « citoyens », sur le modèle très médiatisé des « Bonnets rouges » bretons, à commencer par les BRF, les Bonnets rouges frontaliers. Comme en Bretagne, ils se manifestent par des manifestations et des actions très visibles, voire musclées, et contestent aux associations plus « institutionnelles » la légitimité spécifique que ces dernières avaient elles-mêmes acquises souvent face aux organisations syndicales nationales. La question de la production de légitimité des comités, centrale pour saisir leur positionnement de communication, est donc reposée à nouveaux frais, et face à une concurrence renforcée. Pour autant, les BRF ne sont pas nécessairement des *homines novi* dans le « petit monde » du transfrontalier; ils en connaissent les codes, et les relais médiatiques. Ainsi, l'un des porteurs n'est autre que le dirigeant d'une compagnie d'assurance privée tournée vers les frontaliers. On voit donc le jeu des intérêts que représente le « marché » des frontaliers en ce moment de recomposition.

C'est d'autant plus net – et c'est un troisième facteur – que l'unité de départ de ces mouvements contre la réforme s'est rompue à partir du 21 janvier, date d'une réunion à Paris autour de la ministre Marisol Touraine, à laquelle étaient conviées les associations de frontaliers concernées mais pas les autres collectifs. La ministre a refusé de revenir en arrière sur la fin du droit d'option, et la plus grande association de frontaliers français en Suisse, le GTE, en a pris acte, tandis que les autres associations et les BRF dénonçaient avec force cette position et entendaient poursuivre la lutte tant sur le terrain que devant les juridictions française et européenne. Des controverses, inédites, s'ensuivent, entre les comités et leurs responsables, fortement relayées par la presse dans l'espace public local, régional et

---

25 Le collectif et la mutuelle ont d'ailleurs un temps constitué une seule entité : www.mutuelle-lafrontaliere.fr.
26 L'éditorial du président de l'Amicale des frontaliers de Morteau est parlant : « La fin du droit d'option entraînera 500 à 600 licenciements dans les compagnies d'assurances, des conséquences économiques et financières désastreuses pour les régions frontalières car le pouvoir d'achat des travailleurs sera diminué. Je suis très inquiet pour la suite des évènements car ce changement va entraîner des bouleversements dans chaque foyer, et des conséquences dramatiques pour certains » : http://www.amicale-frontaliers.org/ (consulté le 05/08/2014).

transfrontalier, et plus encore compte tenu d'une politisation de l'enjeu en amont des élections municipales françaises.

Un quatrième élément tient à cette polarisation politique de la prise en charge des frontaliers. Jusqu'alors, le GTE a marqué, dans *Frontalier Magazine* notamment et à la différence du collectif mosellan clairement militant et engagé, une attention à l'entretien de relations avec l'ensemble des élus. Or, cette fois, autour du droit d'option, une polémique éclate entre les parlementaires UMP de Haute-Savoie et le président du GTE, Michel Charrat. Bernard Accoyer, ancien président de l'Assemblée nationale et maire d'Annecy-le-Vieux, charge en effet nominativement et à plusieurs reprises ce dernier de s'être montré complaisant envers le gouvernement socialiste, et d'avoir ainsi abandonné la cause de l'assurance maladie des frontaliers qu'il disait défendre, alors qu'il se présente sur une liste PS aux municipales à Gaillard et prend part à des meetings de soutien à des candidats socialistes[27]. Un candidat UMP a également publiquement qualifié de « traîtres » deux vice-présidents du GTE présents sur des listes socialistes, un autre encore avance que Michel Charrat « crève d'envie » de rentrer au Conseil régional... Le tout relayé par l'ensemble de la presse régionale, côté français et côté suisse, dans le contexte préélectoral, mais aussi en raison de la nouveauté de telles polémiques – qui contrastent avec les photographies des bonnes relations entre Michel Charrat et les élus, dont Bernard Accoyer, dans FM (n°86, p. 5 et n°94, p. 5) – et de la qualité des acteurs qui s'opposent, à savoir des figures de l'espace lémanique[28].

De la sorte, la diffusion transfrontalière va au-delà d'une politisation locale d'un enjeu municipal et témoigne d'un intérêt du registre (polémique) frontalier de part et d'autre du Léman. Plus, en termes de circulation entre supports associatifs et de presse, elle traduit aussi l'attention portée par les décideurs et les élus aux publications des frontaliers, à commencer par le magazine du GTE, ici pour le retourner contre son président. Dans la presse, les députés UMP sont explicites : « Tout est parti d'un éditorial de Michel Charrat dans le numéro de février de *Frontalier Magazine*. Le président du GTE y qualifiait la poursuite du libre choix en matière d'assurance maladie de "chimère". Une expression qui a sauté aux yeux de Marc Francina, député-maire d'Évian. "C'est inadmissible, il aurait pu ne pas

---

27 Notamment : « Les parlementaires estiment que le GTE a "baissé les bras" », *Le Messager*, 06/03/2014.
28 *Le Dauphiné Libéré*, 26 et 27/02/2014, 02/03/2014; *Le Messager*, 06/03/2014, 13/03/2014; *La Tribune de Genève*, 28/02/2014; *Le Temps*, 22/03/2014, etc.

baisser les bras, mettre la pression", fustige le député, qui a attiré l'attention de ses collègues parlementaires haut-savoyards » (*Le Messager*, 06/03/2014). La circulation de l'information est avérée, aux dépens de l'association... L'embarras de la directrice juridique du GTE Guylaine Riondel-Besson est palpable la semaine suivante, dans le même *Messager* : en demandant à la ministre de « reconnaître la primauté du droit européen », elle semble proche de la position de l'Amicale des frontaliers et des autres comités qui contestent la légalité de la mesure gouvernementale, et termine l'entretien en insistant sur la volonté du GTE qui serait bien « le retour de l'assurance privée ou du moins une période transitoire en mettant en avant le fait que la France n'est actuellement pas prête », façon de ménager les déceptions et de ne pas trop prêter le flanc aux fortes critiques (*Le Messager*, 13/03/2014).

Cette période de « crise », qui correspond à la révélation de transactions intersectorielles (au sens de Dobry 2009) – entre associations et assureurs, entre leurs porte-parole et des élus et des partis politiques, etc. –, est propice à la circulation des informations, et apparaît, par comparaison avec le cas mosellan, produire un désencastrement du répertoire frontalier, au-delà des pages locales, dans les journaux régionaux – tout comme la votation du 9 février, si elle concerne particulièrement les frontaliers, est apparue de niveau international.

De façon plus précise, les articles consacrés à « l'affaire » du droit d'option et ses conséquences se répartissent comme suit :

- 11 ne citent aucun collectif de frontalier : le registre est « factuel », ce qui dé-localise aussi la question, par rapport à telle ou telle zone : Savoie, Doubs, Haut-Rhin... ; c'est notamment le cas de 6 papiers dans le *Dauphiné Libéré*;
- 11 font référence, de façon équilibrée ou contradictoire, à plusieurs associations et collectifs de frontaliers, de points de vue différents. Sans surprise, on les repère tous après la réunion du 21/01 avec la ministre, qui scelle la division entre le GTE, qui modère sa posture, et les autres comités (Amicale des frontaliers, BRF...), toujours revendicatifs. Dans *Le Messager*, *Le Pays Gessien*, *L'Est Républicain* comme *La Presse pontissalienne*, il est fait état de ces positions divergentes, puis, par la suite, des polémiques entre leurs leaders, jusqu'à une action des BRF contre le GTE (*Le Messager*, 30/01/2014). Des banderoles ont été tendues devant la porte du siège, affichant « Gangsters Truands Escrocs » et « GTE VENDU ! Stop au Charat-bia », en écho au nom du président

du GTE, Michel Charrat, reçu par la ministre en janvier. Ce qui a valu une réponse indirecte du GTE dans le même *Messager* (06/02/2014), sur le mode du dévoilement là encore : David Talerman, un consultant expert sur l'emploi France-Suisse qui collabore régulièrement aux activités du GTE (réunions, conférences, formations…), publie un billet accusateur sur son blog, contre les BRF[29], dont l'initiateur ne serait autre qu'un assureur et courtier local qui en profiterait pour capter de la clientèle ou ne pas en perdre. Et on perçoit dans *Le Messager*, qui reprend les accusations croisées, l'ennui de l'intéressé, en même temps que l'ambiance d'échanges de menaces, lorsqu'il annonce se mettre en congé du mouvement BRF pour protéger sa famille… *La Tribune de Genève* publie également le 5 février un point de vue du même David Talerman intitulé « Merci les associations! », où il salue explicitement l'action du (seul) GTE, face aux attaques du moment. On pourrait ajouter, signe des relais du Groupement qui sont mobilisés en contre-feu, un article dans l'hebdomadaire du syndicat suisse UNIA, avec lequel le GTE entretient des liens (*supra*, I.3), qui reprend opportunément la position du GTE après la réunion avec Marisol Touraine, dans un sens favorable, et de citer un responsable du GTE : « Des aménagements ont été obtenus » (*L'événement syndical*, 29/01/2014). Plus généralement, ce sont les interconnexions fortes entre associations de frontaliers et offre en assurances ou produits de placement (*supra*, I.4) qui ressortent. Du reste, le GTE se sent contraint dans *Frontalier Magazine* (119, avril 2014, p. 9) de s'expliquer lui-aussi sur ses relations avec MMA : « Nous avons pu lire que notre partenaire santé historique MMA manœuvrait le GTE pour qu'il favorise la disparition de l'assurance privée! […] Jamais MMA n'est intervenu dans le fonctionnement et les choix du GTE ». Apparaît aussi au grand jour la concurrence forte entre associations pour obtenir des adhérents : après que le GTE s'est développé ces dernières années jusque dans le Haut-Rhin, face à d'autres comités locaux, le voilà contesté « chez lui », à Annemasse, par ces derniers à l'occasion de la polémique sur la « vraie » défense des frontaliers autour de l'assurance maladie. Ces autres collectifs savent atteindre de façon élargie la presse régionale et publiciser leur initiative : le *Dauphiné Libéré* et *La Tribune de Genève* se font le relai, respectivement les 8 et 12 mars, de l'annonce du président du

---

29 http://blog.travailler-en-suisse.ch/01/2014/bonnets-rouges-frontaliers.html.

CDTF Haut-Rhin, pour le coup hors de ses terres, d'organiser une réunion publique à Annemasse, et d'un de ses alliés locaux, de monter une nouvelle association face au GTE en Savoie sur le modèle haut-rhinois. De façon proche, on note, toujours autour de la diffusion de stratégies de légitimation *via* la presse régionale et face au « dominant » GTE, la création du collectif « Frontaliers ou bien? », qui comprend en particulier une association historique, l'Amicale des frontaliers de Morteau, qui semble en ces circonstances trouver avantage à s'afficher plus largement sous le label d'un collectif « citoyen », qui regroupe aussi, de façon assumée, des sociétés d'assurance : Alptis Frontaliers et Vivens Preventium (*Le Messager*, 20/03/2014, p. 4). Et l'on pourrait encore citer le collectif « Frontaliers, on n'est pas des vaches à lait », proche du CDTF du Haut-Rhin et des BRF, qui vient contester ouvertement le GTE à Annemasse, et parvient également à avoir accès aux médias régionaux (*ibid.*).

- Ce constat, qui est bien celui d'une dé-territorialisation de l'enjeu à travers sa conflictualité croissante et un combat de légitimité, ne remet pas en cause la bonne diffusion des informations du GTE dans la presse régionale, tous titres confondus. Il marque la réalité d'un espace médiatique transfrontalier peut-être plus concret qu'ailleurs, et qui ne s'abstrait pas d'intérêts professionnels des journalistes : plusieurs titres de presse diffusés dans un même espace grand régional ou transfrontalier et non un seul sur une zone relativement précise, plusieurs associations et groupes en tension pouvant développer des sollicitations, etc. Les interactions entre le GTE et la presse régionale se manifestent à plusieurs niveaux intercorrélés :
    - D'abord, la presse régionale comprend fréquemment des pages spécifiques dédiées aux frontaliers, ce qui s'explique par l'importance de leur nombre. Dans ce cadre, on repère plusieurs partenariats avec le GTE. Ainsi, chaque semaine, les hebdomadaires *Le Messager* et *Le Pays Gessien* publient une rubrique traitant d'un point juridique du statut de frontalier (droit du travail, prestations sociales, etc.); elle est confiée à Guylaine Riondel-Besson, qui signe « Directrice du GTE » (elle en est la responsable du service juridique, en même temps qu'elle est à la tête d'un cabinet de juriste conseil d'entreprise à Genève). De même, c'est Jean-François Besson, le secrétaire général du GTE, qui assure la « Chronique des frontaliers » dans le *Dauphiné Libéré* – et intervient aussi chaque matin à la radio sur France Bleu Pays de Savoie.

Philippe Hamman

- Plus largement, les interviews de responsables du GTE sont courantes dans des articles d'actualité à l'échelle régionale et transfrontalière, en particulier Guylaine Riondel-Besson, Jean-François Besson et le président Michel Charrat, dans *Le Dauphiné Libéré, La Tribune de Genève, Le Messager, 24 heures,* c'est-à-dire les titres couvrant la zone lémanique, de part et d'autre de la frontière. On relève aussi une présence dans l'*Est Républicain*, mais davantage avant la polémique entre collectifs sur l'assurance maladie : le quotidien restitue ensuite les points de vue différents en présence.
- Enfin, il ne faut pas oublier des interactions économiques, avec l'insertion d'encarts publicitaires du GTE; par exemple, dans *L'Est Républicain*, le 19 janvier, une affiche d'annonce d'assemblées locales d'information sur l'assurance maladie.
- Le dernier volet d'articles recensés à propos de la remise en question du droit d'option rejoint davantage le constat opéré dans le cas du comité est-mosellan. Il s'agit de papiers consacrés à des annonces ou des déclarations de l'Amicale des frontaliers de Morteau, publiées dans des relais locaux, mais guère au-delà : 4 des 6 articles sont parus dans le quotidien *L'Est Républicain*, qui couvre l'arc jurassien, un 5e dans le mensuel local *La Presse pontissalienne*; seul un article apparaît dans *24 heures* (11-12/01/2014). Il en est de même des BRF autour d'Annemasse : seuls des articles dans la presse locale leur sont consacrés en tant que tels (par exemple, *Le Messager*, 09 et 16/01/2014). Le constat se confirme si l'on observe l'accès à la presse du collectif « Frontaliers et citoyens, soyons solidaires »[30], initialement proche du mouvement des BRF, et arborant des bonnets rouges au cours de leurs actions (opérations escargots, etc.), avant de se désolidariser, notamment suite à l'opération coup de poing des BRF contre le GTE (*La Presse pontissalienne*, 01/2014, p. 20). Le collectif s'est fondé en novembre 2013 autour d'un groupe de frontaliers qui « ne se reconnaissaient pas dans les associations de défense des frontaliers » (*ibid.*); son rayon d'action demeure centré principalement dans la région de Pontarlier, et c'est aussi là que des relais de presse s'opèrent, soit 8 articles dans *L'Est Républicain* au 1er trimestre 2014. Ils relatent essentiellement des opérations escargots ainsi que, en mars, les appels à se présenter à titre individuel

---

30 Site Internet : http://frontaliers-citoyens-solidaires.webnode.fr/ (consulté le 05/08/2014).

aux élections municipales dans les communes de moins de 1 000 habitants où cela est possible, pour faire parler du droit d'option (*L'Est Républicain*, 02 et 06/03/2014). La territorialité du mouvement est reconnue par son leader : « On regrette que les nouveaux frontaliers venant d'autres régions n'adhèrent pas au mouvement. On aimerait fédérer les autres associations. C'est dommage qu'on ne parvienne pas à faire un truc en commun. Chaque mouvement agit de son côté » (*La Presse pontissalienne*, 01/2014, p. 20). Ceci explique que la diffusion demeure limitée à la presse locale.

5. Conclusion

Nous avons interrogé la communication médiatique autour du phénomène frontalier à partir d'une mise en parallèle entre deux régions, et deux déclinaisons : les supports publiés par des associations de frontaliers elles-mêmes, et le traitement de ces questions dans la presse locale et régionale, ainsi que la porosité de ces modes de diffusion. Cette entrée a permis d'éclairer comment s'opère la construction des espaces publics au niveau transfrontalier, avec quels vecteurs de passages (rapports à l'Europe, grandissement d'une cause, conflictualité des questionnements, nombre de porte-parole et de titres de presse en co-présence, espaces de diffusion élargis...) et également sous quelles contraintes (territorialisation des problématiques frontalières et des associations de défense, qui peuvent diverger d'un espace frontalier à un autre, conduisant à un caractère local des informations; permanence de la dimension de légitimité à toujours attester par les uns et les autres). L'étude fait dès lors ressortir, sur le plan analytique, en quoi la production d'un cadre de références transfrontalier se comprend à l'intersection de trois plans cognitifs et pratiques :

- les espaces frontaliers, matériels, c'est-à-dire les régions qui jouxtent ou sont traversées par une frontière nationale ou régionale, et sont de ce fait caractérisées par l'épaisseur des circulations, y compris médiatiques, et des relations sociales qui y prennent place et qui sont en partie spécifiques, mais aussi pour une part encloses dans cette territorialisation localisante;
- les espaces-frontières, inscrits de façon plus générale dans les interactions du social et du spatial, entre continuité et contiguïté, comme la prise en charge des relations de travail transfrontalières le montre, à

travers l'émergence de modalités concrètes, dans un bassin de vie ou un autre, et en relation avec plusieurs échelles d'action interconnectées, dont le niveau européen, que ce soit par la référence à la libre-circulation (ou sa contestation récente en Suisse par l'UDC) ou la mobilisation de l'outillage du droit européen (brandi contre le décret français mettant fin au régime d'assurance privée des frontaliers français travaillant en Suisse...). Sinon les scènes de règlement, du moins les lieux du débat ne sont plus uniques et locaux, et c'est là l'enjeu d'une circulation médiatique proprement transfrontalière;

- enfin, les espaces transactionnels, qui se déploient dans ces espaces-frontières et en caractérisent le fonctionnement, avec des accommodements pratiques toujours partiels et provisoires, coexistant avec des tensions permanentes (Hamman 2011a, 2013). Les supports médiatiques originaux que sont les journaux des associations de frontaliers en marquent une traduction opératoire, s'adressant à la fois aux adhérents et aux décideurs. Les polémiques sur le dossier de l'assurance maladie dans lesquelles est pris en 2014 le collectif d'Annemasse sont l'occasion d'apercevoir aussi d'autres compromis pratiques, entre associatifs et élus, groupements et sociétés d'assurance, c'est-à-dire quant à la consistance même, économique, sociale et politique, des « entre-deux », entre visible et invisible, autre enjeu de communication s'il en est.

Bibliographie

Belkacem, Rachid / *Pigeron-Piroth*, Isabelle (dir.) (2012) : *Le travail frontalier : pratiques, enjeux et perspectives*, Nancy : Presses universitaires de Nancy.

Conraud, Jean-Marie (1988) : *Militants au travail. CFTC et CFDT dans le mouvement ouvrier lorrain (1890-1965)*, Metz-Nancy : Éditions Serpenoise et Presses universitaires de Nancy.

Dobry Michel (2009) : *Sociologie des crises politiques. La dynamique des mobilisations multisectorielles*, Paris : Presses de Sciences Po.

Hamman, Philippe (2005) : « Défendre les travailleurs frontaliers : les apprentissages de la légitimation dans l'Union Européenne », in : *Revue française de science politique*, 55:3, 445-476.

Hamman, Philippe (2006) : *Les travailleurs frontaliers en Europe : mobilités et mobilisations transnationales*, Paris : L'Harmattan.

Hamman, Philippe (2008a) : « Profiteure oder Pioniere? Vertretung von Grenzgängern in der Saar-Lor-Lux-Region », in : *Saarbrücker Hefte. Saarländische Zeitschrift für Kultur und Gesellschaft*, 99, 85-91.

Hamman, Philippe (2008b) : « Legal Expertise and Cross-border Workers' Rights : Action Group Skills facing European Integration », in : *International Journal of Urban and Regional Research*, 32:4, 860-881.

Hamman, Philippe (2009) : « Les organisations professionnelles au défi du travail transfrontalier entre France et Allemagne : interculturalité et transactions sociales », in : *Revue d'Allemagne et des pays de langue allemande*, 41:3, 435-455.

Hamman, Philippe (2011a) : « Approches syndicales transfrontalières : conflits et transactions sociales en contexte interorganisationnel et interculturel », in : *Travail, formation et transactions sociales. Hommage à Maurice Blanc*, Causer, Jean-Yves / Hamman, Philippe (dir.), Bruxelles : PIE – Peter Lang, 50-72.

Hamman, Philippe (2011b) : « La prise en charge collective des relations de travail transfrontalières : représenter un espace nouveau », in : *Géo-regards*, 4, 29-42.

Hamman, Philippe (2013) : *Sociologie des espaces-frontières*, Strasbourg : Presses Universitaires de Strasbourg.

Hamman, Philippe / Pigeron-Piroth, Isabelle (2012) : « Les frontaliers alsaciens travaillant en Allemagne et en Suisse : profil statistique et regard sociologique », in : *Le travail frontalier : pratiques, enjeux et perspectives*, Belkacem, Rachid / Pigeron-Piroth, Isabelle (dir.), Nancy : Presses universitaires de Nancy, 217-235.

Annexe 1 : Le magazine Le Frontalier : quelques indicateurs

Numéro	Couverture	4ᵉ de couverture	Éditorial
2/2007	Spécial Impôts Avec un insert : « 50ᵉ anniversaire du traité de Rome. Voici le modèle de leur Europe! » (photo de travailleurs âgés sur une chaîne de cosmétiques aux États-Unis)	Services AOK pour les travailleurs frontaliers (partenariat AOK-CPAM-CDTFM)	Jusqu'à quand l'Union européenne veut-elle nous faire travailler?
3/2007	Invitation 30ᵉ anniversaire 1977-2007 (AG du 18 novembre 2007)	Idem	Tous ensemble pour le 30ᵉ anniversaire
1/2008	Bonne et heureuse année 2008	Idem	30 ans, au service des travailleurs frontaliers!
2/2008	Spécial Impôts	Idem	Non au traité de Lisbonne! et ses conséquences…
3/2008	NON! Ils ont dit NON au traité de Lisbonne donc NON à la retraite à 70 ans! (référendum en Irlande)	Idem	Suppression de l'Allocation Équivalent Retraite. Scandaleux!
1/2009	Nous ne devons pas payer leur crise! (photo de l'AG 2008) Bonne et heureuse année 2009	Idem	Colère et indignation! (AG 2008)
2/2009	Spécial Impôts	Idem	« Maintenant un nouveau monde va s'ouvrir… » (critique anticapitaliste à partir de la formule du G20)

Numéro	Couverture	4ᵉ de couverture	Éditorial
3/2009	Voici leur Europe de la Justice sociale! (4 caricatures sur des personnes âgées devant encore travailler avec le recul de l'âge de la retraite)	Pack Frontaliers. Une proximité sans frontière www.labanquedesfrontaliers.com Banque populaire Lorraine Champagne	Les travailleurs ne comprennent pas l'Europe
1/2010	Bonne et heureuse année 2010 Avec un insert : « Protestons! Dénonçons! Halte aux injustices, interdiction des licenciements! » (photos de l'AG 2009)	Frontaliers. Une proximité sans frontière Découvrez le Prêt Euro Immo Banque populaire Lorraine Champagne	Nous n'acceptons pas la descente aux enfers!
2/2010	Spécial Impôts	Pack Frontaliers. Une proximité sans frontière www.labanquedesfrontaliers.com Banque populaire Lorraine Champagne	On ne veut pas « crever » au travail! Non à la retraite à 70 ans!
3/2010	Grande manifestation des travailleurs frontaliers contre l'imposition injuste de la retraite allemande par le fisc français (2 octobre 2010, Sarreguemines, mise en forme dans un panneau Stop)	Pack Frontaliers. 4 € par mois www.labanquedesfrontaliers.com Banque populaire Lorraine Champagne	Imposition des retraites allemandes : Discrimination! Spoliation! Inacceptable! Tous à la manifestation le 2 octobre!
1/2011	NON à la discrimination fiscale en Allemagne (photo de la manifestation à Sarreguemines) Bonne et heureuse année 2011	Idem	Colère! (imposition des retraites allemandes)

Numéro	Couverture	4e de couverture	Éditorial
2/2011	Spécial Impôts Le 11 mai à 11h, manifestation devant le Parlement européen à Strasbourg. NON au racket fiscal	Offrez-vous un nouveau mobile et communiquez sans frontières. Crédit Mutuel	Nous ne baisserons pas les bras! Honte à eux! (imposition des retraites allemandes)
3/2011	Imposition des retraites en Allemagne – la bataille continue (photos de la manifestation devant le Parlement européen, et panneau Stop en fond)	Services AOK pour les travailleurs frontaliers (partenariat AOK-CPAM-CDTFM)	« Taper plus fort! » (critique du propos du président de la Banque centrale européenne)
1/2012	Assemblée générale 2011 (photo) Bonne et heureuse année 2012	Santé CDTFM La complémentaire en partenariat avec le Crédit Mutuel, la banque des frontaliers Crédit Mutuel	Non à la discrimination fiscale en Allemagne! Travailleurs d'Europe, soulevez-vous!
3/2012	Nos 35 années de lutte!	Idem	Grande victoire! L'impôt fictif a été jugé discriminatoire par CJE
1/2013	« Le modèle social européen est mort » (photo de Mario Draghi, président de la BCE)	Idem	Respect des engagements pris en 1977! (AG des 35 ans de l'association)
2/2013	Spécial Impôts / Et le massacre social continue!	Harmonie Mutuelle, partenaire du CDTFM	Le modèle social allemand!
3/2013	Grande Assemblée générale annuelle. Mobilisons-nous!	Services AOK pour les travailleurs frontaliers (partenariat AOK-CPAM-CDTFM)	Imposition des retraites en Allemagne. La volonté politique doit maintenant se concrétiser!

Numéro	Couverture	4ᵉ de couverture	Éditorial
1/2014	En dernière minute! VICTOIRE! Fin de l'imposition des retraites en Allemagne	Idem	Colère, indignation, détermination! [puis encart « dernière minute » sur l'imposition des retraites en Allemagne]
2/2014	Europe : la faim est proche 120 millions d'individus en Europe sont au seuil de pauvreté ou au-dessous	Idem	Élections européennes – 25 mai 2014. Notre contribution au débat! [« faut-il légitimer un Parlement fantoche?... »]

Annexe 2 : Frontalier Magazine : quelques indicateurs

Numéro	Couverture	4ᵉ de couverture	Éditorial
69 – 2004	25ᵉ Congrès, 24 avril 2004 Douvaine (AG de l'association)	Azur Assurances : Il me faut un assureur qui connaisse les frontaliers!	Congrès Douvaine 2004 : justice, équité, solidarité!
70 – 2004	1ᵉʳ Salon des Transfrontaliers Annemasse 11, 12 et 13 juin Les nouveaux Présidents de Région face aux enjeux transfrontaliers	Idem	1ᵉʳ juin : circulez librement! (libre circulation des personnes)
71 – 2004	Schengen : la fin des contrôles douaniers?	Crédit Agricole Franche-Comté : Votre retraite? Parlons-en sans attendre!	Soyez solidaire : parrainez, faites adhérer!

Numéro	Couverture	4e de couverture	Éditorial
72 – 2004	Sapin de Noël, avec deux cadeaux : APE : victoire pour les frontaliers Fonds frontaliers : 144 millions de CHF	Crédit Agricole Franche-Comté : Prêt Habitat. Entrez chez le n°1	Attention au démon du passé : le protectionnisme!
73 – 2005	Spécial Impôts 2005 Transports en Franche-Comté : Des améliorations attendues	Crédit Agricole Franche-Comté : Retraite Verte, toujours plus verte	2005, le navire « Europe » avance, mais attention aux grains, au tangage et aux icebergs!
74 – 2005	Assemblée générale 2005 Divonne-les-Bains 15 avril	Crédit Agricole Franche-Comté : Proprio! Prêt Habitat 3,60%	Du salon à l'assemblée générale : le mois d'avril se veut dynamique
75 – 2005	Le Léman, un lac frontière	Crédit Agricole Franche-Comté : Nouveau : Le prêt auto à taux fixe en francs suisses	Traité constitutionnel : NON! Schengen-Dublin : OUI! Référendum septembre :? (référendum suisse sur l'extension des accords bilatéraux aux dix nouveaux États membres de l'UE)
76 – 2005	Dossier formation : la VAE transfrontalière	Crédit Agricole Franche-Comté : Proprio! Prêt Habitat jusqu'à 25 ans	Extension des accords bilatéraux?
77 – 2005	Meilleurs vœux 2006	Idem	Référendum sur l'extension des accords bilatéraux : oui!
78 – 2006	Une agglomération de 730 000 habitants Salon des Transfrontaliers 23-24-25 mars 2006 Annemasse	Crédit Agricole Franche-Comté : Découvrez les nouvelles solutions Épargne du Crédit agricole	2006, année de la mobilité des personnes pour l'Union européenne

Une communication par et pour les travailleurs frontaliers?

Numéro	Couverture	4ᵉ de couverture	Éditorial
79 – 2006	Spécial Impôts 2006 26ᵉ Congrès Participez! Annemasse 6 mai 2006	Crédit Agricole Franche-Comté : Pro-prio! Prêt Habitat jusqu'à 25 ans	26ᵉ Congrès, l'heure de la mobilisation
80 – 2006	Soulagement et vigilance (photo AG 2006)	Crédit Agricole Franche-Comté : Votre prêt auto en francs suisses	Cap sur les 30 000! (adhérents au GTE)
81 – 2006	Forum transfrontalier à Morteau 23 septembre 2006	Crédit Agricole Franche-Comté : Votre prêt auto en francs suisses	Mobilité… Mobbing! (sur les transports transfrontaliers)
82 – 2006	Meilleurs vœux 2007 Rétrocession fiscale genevoise 162 500 000 CHF pour 2006	Crédit Agricole Franche-Comté : Frontaliers : Avec mon Compte Open, j'ai fait tous mes cadeaux! Et vous?	Assurance maladie : 1996… 2002… 2006… 2009… 2014!
83 – 2007	Travail temporaire, la tentation des dérives	Crédit Agricole Franche-Comté : Spécial Frontaliers Votre retraite…	2007, pour une cohésion sociale transfrontalière
84 – 2007	Spécial Impôts 2007	Crédit Agricole Franche-Comté : Spécial Frontaliers Un crédit voiture à votre mesure	Vivre ensemble
85 – 2007	Bâle : les frontaliers du Haut-Rhin	Crédit Agricole Franche-Comté : Spécial Frontaliers 0 € pendant 3 mois : changez de voiture pour vos vacances	Touche pas à la retraite!
86 – 2007	Service emploi, c'est parti!	Crédit Agricole Franche-Comté : Frontaliers Si ma voiture est volée, on me la rembourse intégralement	Tous à vos plumes! (convention fiscale franco-suisse)

Numéro	Couverture	4e de couverture	Éditorial
87 – 2007	Agglomération franco-valdo-genevoise : primordiale pour l'avenir	MMA santé strasbourgeoise, le contrat santé des frontaliers	Action… Détermination, cap sur 2008 !
88 – 2008	27e Congrès Tous à Palexpo Genève le samedi 29 mars 2008	Idem	Tous à Palexpo Genève le 29 mars 2008
89 – 2008	27e Congrès 30 000e adhérente	MMA Santé strasbourgeoise On reconnaît ceux dont le cœur bat depuis toujours pour les frontaliers	Nous sommes 30 000 adhérents !
90 – 2008	Portrait démographique de la Suisse	Idem	Message d'avenir, message de confiance !
91 – 2008	Pour votre carrière en Suisse, pensez Service emploi	Idem	Avenir et détermination
92 – 2008	L'autoroute Annecy-Genève enfin ouverte	Idem	De crise en crise ! De peur en peur ! L'espoir demeure (crise financière…)
93 – 2009	OUI Les suisses poursuivent la voie bilatérale (avec un fond associant les drapeaux suisse, français et européen)	Idem	Un OUI salutaire !
94 – 2009	Dossier spécial Impôts 2009	Idem	Face à la crise, la réponse doit être militante !
95 – 2009	Travail saisonnier : des places convoitées	Idem	Solidarité : OUI ! Protectionnisme : NON !
96- 2009	Les syndicats suisses face à la crise	Idem	Une rentrée pleine d'incertitudes et de défis pour l'avenir de nos régions

Une communication par et pour les travailleurs frontaliers?

Numéro	Couverture	4e de couverture	Éditorial
97 – 2009	Meilleurs vœux pour 2010	Idem	Oui à la solidarité! Non à la xénophobie!
98 – 2010	Quels salaires en Suisse?	Idem	NON à la préférence nationale!
99 – 2010	Dossier spécial Impôts 2010	MMA Santé strasbourgeoise On a le cœur plus léger quand on paie son assurance santé moins cher. Frontaliers de moins de 40 ans -15%	Genève 2008 Annemasse 2010 (28e Congrès)
100 – 2010	100e numéro (avec les 12 étoiles de l'Union européenne)	Idem	Halte à la discrimination!
101 – 2010	1er Forum de l'emploi transfrontalier 14 et 15 octobre 2010	Idem	À l'heure de la rentrée, la vigilance est de mise!
102 – 2010	Meilleurs vœux pour 2011	Idem	Un peu d'Histoire pour préparer l'Avenir! (la rétrocession genevoise)
103 – 2011	Culture transfrontalière (photos de concerts de musique contemporaine)	Idem	En 2011, résistons! (imposition du capital 2e pilier en France)
104 – 2011	2e pilier : les frontaliers spoliés Signez la pétition	Idem	32 187 fois plus combatifs!
105 – 2011	L'horlogerie en Suisse : l'heure de la reprise	Idem	La libre circulation avec la Suisse : un marché de dupes?
106 -2011	2e Forum de l'emploi transfrontalier Annemasse – 29 et 30 septembre	Idem	La crise du franc fort : NON à toute forme de discrimination!

Numéro	Couverture	4ᵉ de couverture	Éditorial
107 – 2011	Convertisseur €/CHF… Taux de change du jour… Enfin sur votre smartphone!	Idem	Pour répondre à la crise, action et solidarité!
108 – 2012	Bienvenue chez les Vaudois!	Idem	Engagement et solidarité, valeurs à porter en 2012!
109 – 2012	29ᵉ Congrès du Groupement Assurance maladie, signez la pétition!	Idem	Pour connaître les hommes, il faut les voir agir! (J.-J. Rousseau) (retour sur l'AG)
110 – 2012	Assurance maladie : déjà 30 000 pétitions reçues. Merci à tous! (avec photos de bacs pleins de pétitions et 6 secrétaires du GTE)	Idem	Licenciements, xénophobie… L'eldorado suisse fait moins rêver
111 – 2012	Le nouveau site du GTE	Idem	Fin de la trêve estivale, place à l'action!
112 – 2012	Nous vous souhaitons une belle année 2013	Idem	
113 – 2013	Assurance maladie en souffrance	Idem	Résistons!
114 – 2013	Dossier spécial Impôts 2013	Idem	Tous ensemble
115 – 2013	Assurance maladie : aurons-nous encore le choix?	Idem	Lettre ouverte aux Genevois (le parti politique genevois MCG ayant qualifié les frontaliers d'« ennemis des Genevois »)

Numéro	Couverture	4e de couverture	Éditorial
116 – 2013	1963-2003 : Le GTE fête ses 50 ans	Idem	Cinquante ans d'histoire, de combat collectif et de solidarité [retour sur les « grandes dates » et les porteurs de l'histoire du comité]
117 – 2013	Joyeux Noël. Meilleurs vœux 2014	Idem	Avis de tempête transfrontalière : assurance maladie, impôts à la source, populisme
118 – 2014	Dossier Spécial Impôts à la source 2013-2014	Idem	S'il est naturel de résister au changement, le préparer, c'est assurer l'avenir! [le GTE renonce à défendre le régime privé pour la sécurité sociale des frontaliers travaillant en Suisse]
119 – 2014	Assurance maladie : 7 AG et 3000 participants. Le GTE soutenu par ses adhérents	Idem	9 février : « Séisme en Helvétie » [votation restrictive sur la libre circulation des personnes]
120 – 2014	Libre circulation, Assurance maladie, Fiscalité... Le retour des frontières (avec un ciel d'orage)	Santé frontaliers suisses : MMA partenaire depuis 50 ans du groupement transfrontalier européen	Responsabilité, détermination, action : telle est notre devise!

Vie et mort d'une association transfrontalière de journalistes.
Le cas de l'Interregionale Presse/Presse Interrégionale (IPI)

Bénédicte Toullec (CRAPE-Université de Rennes 1)

1. Introduction

L'étude de la circulation des informations dans l'espace transfrontalier, au-delà de la multiplicité des circuits informationnels et de la médiatisation par les sources mêmes de l'information, ne peut faire l'impasse sur la place occupée par les journalistes. McQuail soulignait que « les médias ont tendance à servir de coordonnateur, de points de repères communs, pour diverses parcelles isolées d'expériences personnelles et de savoirs spécialisés; à tout ce que nous apprenons ou expérimentons nous-mêmes, ils ajoutent un supplément massif d'expérience et d'interprétation » (McQuail 1983 : 57, cité par Charron *et al.* 1991 : 14). C'est cette dernière dimension qui nous intéresse dans le cas de la Grande Région. Dans un contexte où la connaissance de l'Autre (autre région, autre pays, autre institution, autre *pattern* culturel, autre référent…) est importante, les médias « traditionnels » figurent comme des acteurs incontournables et également les plus repérables et identifiables dans le territoire grand-régional[1]. Leur rôle de médiateur « légitime » les conduit à endosser une place centrale dans la co-construction d'un territoire, comme celui de la Grande Région, voire plus largement dans la définition des pratiques de ses occupants. Les médias peuvent, par exemple, élargir leur zone de diffusion, nouer des partenariats plus ou moins formels avec des médias situés de l'autre côté de la frontière, développer des échanges informels, etc.

Pour accompagner ces médiations, une association, l'Interregionale Presse/Presse Interrégionale (IPI), a servi entre 1993 et 2011 de plate-forme transfrontalière et interculturelle de travail pour les médias, et plus

---

1 Les travaux sur l'étude des médias au sein de la Grande Région soulignent les déséquilibres informationnels au sein de ce territoire (Wiermer 2013; Zur Nieden 2008). L'objectif ici est d'appréhender les médias dans leur capacité à dépasser ces fractures.

spécifiquement pour les journalistes[2]. En 1997, elle comptait 87 membres jusqu'à en atteindre 115 en 2006.

Parmi les différentes associations (para-)professionnelles de journalistes (du syndicat au club de presse, en passant par les organisations professionnelles) dont certaines affichent clairement leur préoccupation à l'égard du transfrontalier, l'IPI avait pour particularité d'être dédiée à la dimension transfrontalière, ou plus spécifiquement, interrégionale, notamment par sa dimension participative et sa volonté de bilinguisme[3]. Ces spécificités méritent d'être analysées afin d'appréhender les enjeux et contraintes entourant la circulation de l'information dans l'espace transfrontalier et l'éventuel développement d'une pratique journalistique caractérisée par des savoirs et compétences spécifiques.

1.1. Les différences nationales de systèmes médiatiques

Chaque système journalistique présent au sein de la Grande Région s'inscrit dans un modèle national particulier. L'analyse de l'espace médiatique transfrontalier effectuée précédemment avec Vincent Goulet (Goulet / Toullec 2013) a conduit à constater l'impossibilité de parler de champ médiatique « grand-régional ». Explorant les différents éléments constitutifs de ce que pourrait être un champ médiatique à cet échelon, les quelques indicateurs permettant de laisser supposer l'existence d'un champ ne suffisent pas face aux constats de fragmentation, de diversité des habitus professionnels et d'absence d'investissement des acteurs présents. On relève ainsi des écarts notables tant du point de vue de la formation (volontariat, école de journalisme) que des pratiques professionnelles, mais également de la position dans un champ particulier et des relations pouvant exister entre journalistes et politiques notamment. On peut aussi souligner un centralisme de la régulation de la profession en France opposé à un « régionalisme » en Allemagne. Par ailleurs, l'un des modèles allemands de l'association journalistique (*Landespressekonferenz*), voué à orchestrer les pratiques professionnelles des journalistes, a un fonctionnement original reposant sur l'organisation régulière de conférences de presse au sein de chaque *Land* (voir l'article de Christoph Vatter dans cet ouvrage). Une de

---

[2] Cette association a été très peu étudiée. D. Gilmer (2004) en fait une courte présentation dans un ouvrage collectif.
[3] Communiqué de presse des 10 ans de l'IPI (2003).

ces spécificités est liée à la définition de la place et du rôle des journalistes : dans le cas allemand, les journalistes sont à l'initiative de la conférence de presse, les politiques n'ont pas l'ascendant étant donné que les journalistes ont tout à fait la possibilité d'interrompre la conférence de presse, alors que du côté français, celle-ci reste entre les mains d'attachés de presse et la place des journalistes y est moins centrale... Ainsi, un journaliste allemand témoigne de la difficulté du travail lors des conférences de presse françaises :

> « En France, ça c'est vrai, c'est vraiment un peu le... le contraire, quand il faut écouter. Le plus long c'était Monsieur Aillagon [alors Ministre de la Culture et de la Communication] pendant quatre heures... [...] Et en plus, le dossier de presse où souvent on trouve des choses intéressantes est rendu à la fin. C'est comme à l'école, il faut être gentil et sage, et à la fin on a le dossier de presse. Souvent, je l'ai piqué, parce que j'étais obligé de partir plus tôt pour la radio, on ne peut pas rester pendant quatre heures, euh... je l'ai piqué [rires]... En Allemagne, on te donne ça des jours avant... » (Journaliste allemand).

La diversité des médias propres à chaque territoire intervient enfin comme autre facteur pour expliquer la difficile mise en place de dispositifs de production de l'information « transfrontalière » ou de circulation de cette information. En témoignent, les contraintes liées à la gestion des ressources humaines (politiques de mobilité dans le cadre de promotions, priorisation et difficulté pour trouver des compétences culturelles et linguistiques lors de recrutement, nécessité de couverture d'un événement par un journaliste rédactionnel systématiquement accompagné d'un photographe dans certains cas français...). Dans les rédactions locales, les ressources temps s'amenuisent et les exigences des rédactions centrales entrent également dans ces calculs, malgré la prise en compte d'études portant sur la diversité des publics médiatiques et l'existence plus ou moins formalisée d'accords entre journaux[4]. Ces constats ont conclu à l'absence d'une culture journalistique et d'enjeux partagés suffisants pour que l'on puisse parler d'un champ médiatique transrégional, mais plutôt d'un espace fragmenté partiellement connecté.

---

4 Lors des entretiens, certains acteurs ont ainsi évoqué la réalisation d'études portant sur les publics transfrontaliers témoignant ainsi de l'intérêt des dirigeants de ces entreprises de presse (dans un contexte de concurrence accrue liée notamment au développement des gratuits – cf. les travaux de Christian Lamour).

1.2. L'expérience transfrontalière de l'IPI

La situation des médias au sein de l'espace grand-régional apparaît cloisonnée dans des espaces nationaux (à quelques exceptions près, dont les journaux gratuits), et leurs intérêts à traiter l'information transfrontalière reposent principalement sur une attitude défensive et protectrice à l'égard de leur double marché (information et publicité). Dans ce contexte, l'identification d'une association promouvant l'information transfrontalière, l'IPI, offre l'opportunité de comprendre les éventuelles conditions d'existence d'une dynamique contrant ces pesanteurs nationales. En d'autres termes, les lieux traditionnels de pratique de la profession journalistique semblant être contraints dans un territoire national, l'IPI a-t-elle contribué à long terme au développement d'une dynamique informationnelle transfrontalière ?

Il s'agit aussi, à la lumière de l'action de cette association, de questionner les conditions de réalisation d'un espace public transfrontalier (si ce n'est européen, Dacheux 2004), l'usage même de la notion d'information « transfrontalière » méritant par ailleurs d'être interrogée puisqu'elle pourrait refléter une diversité de pratiques allant du traitement de l'information du pays voisin à celle plus spécifique d'une rubrique dédiée à un public : existe-t-il un modèle unique d'information mobilisable dans différents pays ?

Ce que certains appellent « l'information transfrontalière » n'existe bien évidemment pas en soi. Outre la définition d'un objet transfrontalier, qui pose toujours question, on constate l'usage de différentes terminologies. Dans le cas de l'association étudiée, le terme d'« interrégional » a été préféré à celui de « transfrontalier » renvoyant à certains ancrages tels que celui d'Europe des régions, comme nous le verrons ultérieurement.

« L'information transfrontalière » relève ainsi de catégories différentes créées par leurs instigateurs selon des logiques et des publics spécifiques. Parmi ces derniers, le public des transfrontaliers (et plus spécifiquement des travailleurs transfrontaliers, l'adjectif ayant été un peu abusivement substantivé) va ainsi conduire au développement d'informations spécialisées : notamment concernant des éléments de droit comparé, des divers systèmes de retraite, de protection sociale, des informations concernant la circulation, etc. Ce public pose un problème majeur : celui du décalage avec le public « cœur de cible » des titres de presse locale ou nationale.

On peut également évoquer l'existence de *cross boundary topics*, catégorie d'information qui, du point de vue de certains journalistes, faciliterait l'évocation des pays/régions frontaliers en suscitant l'intérêt de la cible principale des journalistes : par exemple la pollution, le tourisme et la culture, les problèmes de circulation routière ou les transports en commun[5].

Le paradoxe entre les potentialités, notamment techniques, d'ouverture sur le monde et les processus de « repli » sur soi (Mattelart 2014) illustre la situation qui semble exister au sein de la Grande Région, à savoir l'importance de la dynamique transfrontalière vécue et l'écart avec la possible médiatisation de cette information, la frontière géographique recoupant une autre frontière, celle, plus psychologique, de l'intérêt porté à la région voisine de son bassin de vie (voir dans cet ouvrage l'article de Corinne Martin). Pour répondre à ce type d'écart, l'information transfrontalière peut également concerner des informations « étrangères » visant le pays voisin. Elle n'a de ce point de vue que peu de différences avec les informations internationales (et l'intérêt qui peut leur être porté), y compris dans leur mode de production, puisqu'elles peuvent alors être produites par des correspondants étrangers.

Ces exemples de sujets mobilisables dans des registres culturels différents n'exemptent pas des processus d'adaptation locale dans leur traitement informationnel, comme l'indique le travail d'identification du choix d'un angle spécifique. Aussi, l'IPI va nous permettre de comprendre en quoi la circulation de l'information dans cet espace grand-régional va, pour exister, non seulement reposer sur une diffusion de « données » au sein ou au sujet de la Grande Région et de son actualité, mais également sur un travail de réinterprétation, de relecture de cette information en fonction de chaque région et public visés. En cela l'association propose des pistes intéressantes de réflexion sur le travail de développement d'une catégorie informationnelle « transfrontalière », ces sous-catégories n'étant pas exclusives les unes des autres mais se recoupant afin d'atteindre « un public » hétérogène. L'IPI figure ainsi comme un dispositif organisationnel permettant d'encadrer le travail d'information au sens d'*informare*, de mise en forme, de création, voire de médiation, des *objets transfrontaliers*.

Si le concept de champ médiatique n'est pas sollicité pour appréhender la réalité médiatique grand-régionale, certaines notions s'y rapportant

---

5 Cette idée de sujets frontières est issue de la notion d'« objets-frontières » évoquée par Philippe Hamman en référence au « boundary object » développé par Susan L. Star et James R. Griesemer en 1989 (Hamman 2011).

semblent nécessaires pour appréhender les structures ayant contribué à la création puis à l'acte de décès[6] de cette organisation. Sans revenir sur l'histoire de la Grande Région et son origine historico-culturelle, la dimension politique a sans conteste eu une incidence sur le processus de développement de l'association. Ce travail interrogera les acteurs et les forces, les éventuelles négociations ayant permis d'assurer l'existence et la constitution de pratiques journalistiques qui vont contribuer à définir l'information transfrontalière (ou interrégionale), à orienter les pratiques journalistiques ou à instaurer les cadres d'une coopération professionnelle (dont on connait par ailleurs les limites[7]). L'initiative de cette association repose sur les relations entre des agents de champs journalistiques et politiques régionaux et nationaux, l'objectif étant de faciliter et dynamiser la circulation de l'information par-delà les frontières internes à chaque territoire de la Grande Région.

1.3. Méthode d'enquête

Une première approche exploratoire auprès des principales rédactions locales frontalières du *Républicain lorrain*[8] a consisté en quelques entretiens semi-directifs ainsi qu'une brève période d'observation conduite en juin 2011 lors des manifestations contre l'austérité à Luxembourg. Le constat de pistes de travail relativement réduites, circonscrites à des pratiques journalistiques individuelles, et la quasi absence d'information « transfrontalière » revendiquée comme telle, ont conduit à s'intéresser aux associations journalistiques œuvrant à la facilitation des pratiques journalistiques au sein de la Grande Région et reposant sur la convergence de pratiques individuelles.

Une étude des fonds déposés par l'IPI aux archives du Land de la Sarre a donc été menée en partant du dossier de presse du lancement de l'IPI jusqu'au communiqué de presse annonçant la fin de l'IPI en prenant en compte les articles recensés au sein des revues de presse (*Presseschauen*). La consultation de ces données a pu présenter quelques difficultés notam-

---

6 Officiellement lancée en 1993, l'IPI a connu une période de déclin à partir de 2002 jusqu'en 2007 pour perdurer jusqu'en 2011.
7 Cf. Jean-Michel Utard à propos d'Arte (2005).
8 Il s'agissait des rédactions de Longwy, Forbach et Thionville, la rédaction de Sarreguemines traitant le transfrontalier par l'intermédiaire de la rédaction de Forbach.

ment en raison de l'absence de classement de ces documents[9] ou encore de leur hétérogénéité. « Les archives ont avant tout pour elles de donner toujours une autre version des énoncés dont elles demeurent les scories. Elles proposent un revers à l'officialité d'un discours, une face cachée, voire un contre discours, la genèse d'une politique, d'un rapport de force, d'une négociation, d'un mouvement social, d'une création, d'une invention, c'est tout l'envers d'une société qui se dépose dans l'archive, c'est aussi ce qui lui confère sa profondeur. » (Rouquet 2005 : 7). Elles n'ont pas été recoupées avec d'autres archives, notamment celles des institutions politiques qui ont pu contribuer à l'émergence de financement, notre intérêt reposant principalement sur les discours des porteurs de l'association et leur confrontation avec les discours mêmes des acteurs de l'association, entre discours individuels et collectifs.

En complément, des entretiens semi-directifs ont été menés auprès d'acteurs de l'IPI : responsables, journalistes adhérents, acteurs administratifs. Seul l'acteur « fondateur » et premier responsable de l'association n'a pu être rencontré. Une observation participante a enfin été conduite au sein d'un réseau social informel, « les déjeuners franco-allemands », apparus peu de temps après la fin de l'IPI et qui a pour vocation à entretenir le réseau alors constitué.

Créée officiellement en 1993, l'IPI a contribué à définir et encadrer la production d'information journalistique. En lien avec les différentes institutions politiques, elle a également permis d'entretenir une réflexion sur les échanges entre différents modèles journalistiques, en particulier le modèle français et le modèle allemand :

> « On s'est enrichi de nos différences, des fois on se comprenait peut-être moins bien, on n'était pas là à s'engueuler, hein... Moi j'aime bien cette formule : on s'est un petit peu enrichi de nos différences, on a un petit peu regardé comment faisaient les autres, etc., etc., c'était très intéressant... Le fait que le journaliste allemand ait le droit à l'information, le fait qu'il procède parfois de manière très institutionnelle, euh... voire je dirais, « intègre », mais très institutionnelle et que le français n'ait pas le droit automatiquement à l'information institutionnelle fait qu'il est beaucoup plus débrouillard à la base... » (Journaliste luxembourgeois).

---

9 Sur ce point, se reporter à l'ouvrage de P. Delsalle sur *Les documents historique* (2000 : 75-80) qui permet de comprendre les difficultés rencontrées par les archivistes.

Nous nous interrogerons également sur le rôle des organisations professionnelles plus spécifiquement journalistiques qui affichent souvent, au sein de la Grande Région, une volonté d'apporter leur contribution à la dynamique transfrontalière et sur leur relation avec l'IPI.

Dans un premier temps, nous présenterons le contexte de création de l'association pour en expliquer ensuite son développement. Une troisième partie permettra de faire le point sur les activités conduites par cette association avant d'envisager le déclin de celle-ci et d'en expliquer les enjeux passés et actuels. Il s'agira ainsi de s'interroger sur la nature d'une organisation spécifiquement dédiée à la promotion de l'information transfrontalière pour enfin distinguer le passage d'une association (*Verband*) « traditionnelle » à un réseau d'intérêt mobilisant les gens autour des questions franco-allemandes.

2. La nécessité d'une information grand-régionale ?

Du développement de la Grande Région à la dynamique européenne, la philosophie et les valeurs de l'IPI vont prendre racines dans un contexte historique et politique qui a pu renforcer la volonté et les discours sur la nécessité de développer une information grand-régionale.

2.1. De SaarLorLux à l'Europe, développement de la Grande Région

Si d'autres expériences de journalisme dans des territoires transfrontaliers ont pu avoir lieu, comme celle du journalisme entre la France et l'Espagne (Ricaud, 2000), la situation de la Grande Région reste bien spécifique. Située au centre de l'Europe, la Grande Région bénéficie d'une culture européenne, fondée historiquement, quand bien même il ne s'agit que du 14ème Groupement européen de coopération territoriale (GECT) créé. Comme l'indique Alexander Neumann, « [l]a Grande Région fut au cœur de la Communauté Européenne du Charbon et de l'Acier, créée sur une base supranationale avec le soutien des syndicats […]. en 1951. » (Neumann 2010 : 11). À compter de 1975, date à partir de laquelle les Fonds Européens de Développement Régional (FEDER) ont été mis en place, la Grande Région s'est consolidée « avec l'objectif d'améliorer la coopération transfrontalière, notamment dans les domaines économique et politique. » (Carneiro Filho 2010), ce qui s'est traduit par la création de l'eurorégion « Saarlorlux » en 1985.

La Grande Région véhicule ainsi des marqueurs importants de l'Europe qui vont avoir une incidence non négligeable sur l'IPI tant du point de vue des discours qui la portent que des activités de l'association. Elle fait également figure de référence au niveau européen avec la présence au Luxembourg d'administrations européennes dont on peut supposer qu'elles peuvent contribuer à assurer du même coup une proximité géographique et psychologique auprès des citoyens grand-régionaux. Schengen situé au Luxembourg, mais relativement proche de la frontière française, fut l'un des autres lieux emblématiques de la Grande Région, avec les accords du 14 juin 1985. Symbolisant l'ouverture des frontières, ou du moins facilitant de façon importante le transport des personnes et des marchandises, cet accord fut marquant dans un territoire où les pratiques transfrontalières restaient relativement fréquentes. Creuset de l'Europe, région d'origine de l'un des pères fondateurs de l'Europe (Robert Schumann), échelon considéré comme le plus prometteur du point de vue du fonctionnement de l'Europe (parfois qualifié de laboratoire), tous ces éléments, aussi symboliques soient-ils, permettent de comprendre partiellement l'attachement de certains citoyens grand-régionaux à l'Europe et l'esprit dans lequel l'association de journalistes va se développer.

Pour résumer la situation, si l'Union Européenne prend la suite de la Communauté européenne en 1992, l'IPI voit le jour en 1993, et le 1er sommet de la Grande Région se tient à Mondorf-les-Bains (Luxembourg) le 20 septembre 1995. L'IPI progressera parallèlement à la Grande Région, le Comité Économique Social de la Grande Région apparaissant en 1997. L'histoire de l'IPI se révèle donc intrinsèquement liée à celle de la Grande Région et de l'Europe, et plus spécifiquement de l'Europe des régions.

Cependant, comme le rappelle Franz Clément (2010), la coopération qui existe dans la Grande Région est une coopération qui anime ses entités et non une intégration comme l'est, par exemple, l'Union Européenne. Les particularités de ces deux modèles de développement permettent ainsi d'appréhender différentes tensions et logiques à l'œuvre au sein de la Grande Région et ayant pu avoir une incidence sur l'IPI, reflétant une certaine complexité de fonctionnement de ces collectifs. Cette complexité est bien décrite par Romain Pasquier, qui recourt notamment à la notion de capacité politique territoriale, pensée comme « un processus de définition d'intérêts, d'organisation et de coordination de l'action collective qui permet à des institutions et à des groupes d'acteurs publics et/ou privés de réguler des problèmes collectifs sur un territoire donné » (Pasquier 2012 : 41), ce qui permet de rendre compte des inégalités dans les processus de fabrication de l'action politique. De même, la question du rapport des régions à l'Europe devrait peut-être échapper à une vision centralisatrice de l'Europe conduisant à plus ou moins réduire le rôle de ces mêmes régions dans les processus en cours, l'information interrégionale (et non plus seulement transfrontalière) étant alors soumise à ces choix politiques. Nous n'étudierons pas davantage dans cet article l'information européenne, même si parallèlement à l'Europe des régions, on peut s'interroger sur la question de l'information européenne des régions comme l'ont déjà fait Jean-Michel Utard et Roselyne Ringoot (2004).

2.2. La question d'un public transfrontalier

« Partagée entre culture latine et germanique, la Grande Région est aussi située au centre de l'axe ferroviaire du développement européen et présente un réseau urbain, rural et industriel, source de relations économiques et culturelles riches et permanentes » annonce le site internet de la Grande Région[10]. La Grande Région se caractérise effectivement par des flux importants de travailleurs et de consommateurs transfrontaliers. On compte un mouvement d'environ 121.000 travailleurs frontaliers dont 90.000 vers le seul Luxembourg[11]. Cette asymétrie dans les échanges, qui a déjà été étudiée par ailleurs (voir les travaux d'E. Auburtin 2006, M. Cavet *et al.* 2006) révèle une dépendance relativement importante de certains bassins tels que celui de Thionville par rapport à la situation économique du Luxembourg, mais pour l'heure cette attractivité du territoire peut avoir des effets bénéfiques. Dans une région, successivement frappée par différentes crises, l'arrivée de nouvelles populations pourrait ainsi paraître *a priori* comme une possibilité de remédier à la baisse du lectorat constatée

---

10 http://www.granderegion.net/.
11 Ces données sont issues de l'Observatoire Interrégional du Marché de l'Emploi (IBA/OIE) de 2009. Il y aurait environ 70.000 lorrains travaillant au Luxembourg. Le profil de ces salariés tendrait à évoluer vers des profils plus diplômés. « La hausse du travail frontalier est dopée par celle du marché luxembourgeois, dont le nombre de frontaliers lorrains est passé de 35 700 à 55 900 entre 1999 et 2006. » Julien DUBOIS-POT, Université Nancy 2, Le travail frontalier lorrain au diapason des économies limitrophes, *Insee Lorraine*, http://insee.fr/fr/themes/document.asp?reg_id=17&ref_id=16727 (consulté le 10 août 2011).

par la majeure partie de la presse quotidienne régionale française[12]. Le profil de la population de « navetteurs » (les travailleurs frontaliers) ne constituerait toutefois pas une solution aux yeux des journalistes notamment en raison de leurs centres d'intérêt :

> « Et puis on se rend compte que finalement la continuité du lectorat n'existe pas et le lectorat qui fait la jonction qui est le lectorat frontalier..., je sais pas si tu vois les *gaps* [...], parce que c'est une tranche de la population qui est très particulière aussi. Généralement, c'est plutôt « jeune actif », alors la PQR, c'est pas leur truc. » (Journaliste de la rédaction de Thionville)

Ce profil socioéconomique est renforcé par un rythme de vie particulier des travailleurs transfrontaliers, le temps passé dans les transports étant important, les individus disposeraient de moins de temps à accorder à des médias dont les préoccupations ne sont pas toujours à cheval sur deux pays, donc en lien avec leurs préoccupations. Cette situation conforterait alors la présence de concurrents distribués gratuitement dans les gares, comme le quotidien *L'essentiel*.

Cette question du lectorat reste toutefois centrale car les pratiques informationnelles des transfrontaliers restent méconnues par les journalistes. Les médias d'information se sont récemment multipliés et le développement de technologies d'information et de communication, ainsi que les offres proposées sur ces nouveaux supports, viennent bousculer ce paysage informationnel transfrontalier. Si ces transformations encouragent les journaux à évoquer plus souvent les questions liées au « voisin », il reste à concrétiser un réel projet médiatique transfrontalier.

3. L'IPI : une association journalistique dédiée au transfrontalier

3.1. Naissance de l'IPI : un contexte informationnel dense

Dans les médias, les journalistes ont été peu diserts sur les origines véritables de la « Presse Interrégionale / Interregionale Pressekonferenz », initialement baptisée PI/IPK[13]. Seul le *Républicain lorrain* apporte quelques

---

12 Pour la question du renouvellement du lectorat, voir l'étude de Dang Nguyen G. Dejean S., Souquet A. (2011).
13 On trouve de façon brève l'appellation PI/IPK (Presse Interrégionale/Interregionale Pressekonferenz), puis par la suite l'appellation IPI.

précisions concernant sa création, dans un article du 10/09/1993 intitulé « Oui à l'Europe des régions ! » :

> « Encourager et faciliter la coopération transfrontalière des journalistes dans l'esprit de l'unification européenne : tel est l'objectif de la « Presse Interrégionale – Interregionale Pressekonferenz.» (PI/IPK) qui, à la suite d'une initiative de l'Association de la presse parlementaire sarroise, a été portée sur les fonds baptismaux mercredi soir à Sarrebruck en présence d'une soixantaine de journalistes venus de Sarre, de Lorraine, du Luxembourg, de Wallonie et de Rhénanie-Palatinat. Une première en Europe qui fait fi des frontières pour affirmer sa volonté de contribuer au rapprochement et à une collaboration plus étroite de ces régions. »

La fondation de l'IPI est donc d'abord suscitée par la Sarre et plus spécifiquement la LPK (*Landespressekonferenz Saar*). La LPK est une association indépendante créée en 1956 et qui regroupe des journalistes travaillant plus particulièrement sur des questions politiques. La LPK est le lieu d'un double travail de représentation, avec d'un côté ses membres représentant les journaux, agences de presse et stations de radio et de télévision, et de l'autre un travail de représentation du côté des organismes gouvernementaux et municipaux ainsi que des partis politiques et autres organisations publiques. La LPK-Saar organise ainsi des conférences de presse auprès des groupes parlementaires et du gouvernement régional de Sarre. L'IPI a d'ailleurs eu pour premier responsable Michael Kuderna, alors également membre de la LPK Saar[14].

L'IPI est aussi née dans un contexte informationnel dense pendant l'été 1992 : la question du « tourisme » des déchets ménagers y est fortement traitée, ainsi qu'un autre événement marquant : un fait divers relatant l'histoire d'un policier allemand ayant tiré sur un policier français. Ces nouvelles qui secouent alors l'espace transfrontalier révèlent les difficultés des journalistes à travailler des deux côtés de la frontière : problèmes notamment liés à la pratique de la « tournée » en France et l'absence d'équivalence des relations entre journalistes et forces de l'ordre en Allemagne. Au-delà de cette dimension contextuelle, il s'agit également de promouvoir une interconnaissance et d'encourager la production d'informations

---

14 Michael Kuderna est en 2014 rédacteur en chef au *Saarländischer Rundfunk* et membre du conseil d'administration de la LPK Saar.

susceptibles d'amorcer la création d'un espace public transfrontalier, ou du moins de faciliter le rapport aux sources[15].

3.2. À la recherche d'un modèle original

Parmi les autres associations de journalistes, l'IPI se positionne entre l'association professionnelle dont l'objectif est de réguler la profession, d'élaborer et d'observer des règles déontologiques (comme l'AJP, l'Association des Journalistes Professionnels de Belgique), et le club de la presse, dont l'existence repose davantage sur l'établissement des liens amicaux (comme le Club de la Presse de Metz Lorraine). À la différence des syndicats d'entraide et de prévoyance sociale, comme le *Deutscher Journalisten-Verband,* elle ne se donne pas d'objectifs corporatistes : il s'agit surtout d'accompagner les journalistes dans leur travail, bien qu'elle impacte des questions d'ordre professionnel. François Demers évoquait la pression imposée par le référent normatif extérieur que représente l'identité professionnelle construite dans l'action collective. À cet égard, l'IPI occupe une place originale en ne travaillant pas directement sur l'identité professionnelle, mais conduit toutefois à une pression, une exigence du point de vue de l'objet traité et des conditions de production, conduisant à juxtaposer des conditions de production issues de traditions nationales différentes. L'IPI sera ainsi confrontée dès son origine à des tensions et contraintes non seulement externes, de la part des institutions politiques la finançant, mais également internes (Laville / Sainsaulieu 2013), les ressources de chaque membre étant différentes.

Pour rendre compte de sa particularité, nous définirons l'IPI comme une association professionnelle entendue comme un regroupement institutionnalisé d'individus contribuant au développement, à l'enrichissement des pratiques professionnelles centrées sur l'information transfrontalière. Par ses productions et par son accompagnement dans la production informationnelle, l'IPI va permettre une lecture normalisée des pratiques et représentations professionnelles journalistiques.

---

15 L'objectif de l'IPI est d'« inciter les journalistes à un travail transfrontalier afin d'améliorer les reportages transfrontaliers dans tous les médias par une mise en réseau des structures existantes et par le développement de moyens supplémentaires restant à créer » (source : dossier de demande de subvention européenne InterReg, archives IPI.).

Dès l'origine de sa création, l'association s'inscrit dans une dimension européenne. « L'idée fondamentale de l'IPI repose sur la conviction que, dans le processus d'unification européenne, les médias se doivent d'informer au-delà des frontières » (statuts de l'association). Pour ses fondateurs, la notion d'interrégionale est ainsi par essence liée à celle d'européanité, rejetant toute critique ou tout scepticisme à son encontre. Le communiqué de presse de lancement de l'IPI indique ainsi que « la coopération interrégionale signifie naturellement la coopération européenne ». Si certaines logiques financières permettent de comprendre cette situation, la volonté de dépasser le cadre national a conduit par ailleurs les porteurs du projet à s'inscrire au niveau d'un échelon qui ne pourrait être entravé par les cadres – notamment juridiques – nationaux propres à chaque pays. Par ailleurs, la proximité de l'*Institut für Europäisches Medienrecht* (l'Institut du droit européen des médias), créé en 1990 à Sarrebruck et situé aux pieds du site du *Saarländischer Rundfunk*, a pu contribuer à faciliter l'intégration de cette logique européenne.

La conférence liée au lancement de l'IPI a également permis de mettre au jour différentes réalités, telles que notamment l'importance de la culture pour faire fonctionner l'Europe. Cet ancrage révèle la philosophie dans laquelle s'est développée l'IPI et dépasse le simple cadre des pratiques journalistiques. Florian Gerster, Ministre des Affaires fédérales et européennes du Land de Rhénanie-Palatinat de 1991 à 1994, y rappelle ainsi la convention de Maastricht et l'importance des multiples coopérations locales qui vont de pair avec le renforcement du Parlement européen (régionalisation) : « Cela peut à vrai dire aller dans le sens de l'Europe des régions. Tout cela doit aller ensemble et ainsi l'Europe aura un avenir"[16]. Une certaine tension, et peut-être un « malentendu constitutif », se révèlent entre niveaux européens et interrégionaux. Il ne faut toutefois pas avoir une lecture réductrice du rapport entre État/régions/Europe, et lui privilégier une lecture révélant la complexité de l'objet comme nous y invite Romain Pasquier en évoquant deux processus d'européanisation, l'un normatif et l'autre stratégique. La place de l'IPI nécessite alors d'être resituée dans ce contexte évoqué par Romain Pasquier qui, se référant à Hooghe (Hooghe 1995), rappelle que l'intégration européenne est passée à une

---

16 „Es kann eigentlich nur gemeinsam in die Richtung des Europas der Regionen gehen. Da müssen alle mitwirken und dann wird Europa auch eine Zukunft haben. " Propos retranscrits dans le dossier de presse lors de la 1ère conférence de l'IPI (septembre 1993).

certaine époque par « la création d'associations et de réseaux de coopération interrégionale » (Pasquier 2012 : 235). Les tensions du local au régional voire au national ont ainsi conduit à encourager des dynamiques régionales, que l'on retrouve dans le choix de dénomination de l'association « interrégionale ».

La dynamique transfrontalière oscille ainsi entre dynamique régionale et nationale, comme nous l'indiquera l'exemple des pratiques de production informationnelle du *Saarländischer Rundfunk* (le SR, la radiotélévision publique sarroise) qui fait figure d'exception dans le paysage médiatique de la Grande Région parce que le Land de la Sarre lui a donné explicitement pour mission de développer les relations franco-allemandes. Ce cas permet de saisir l'opportunité pour les journalistes travaillant sur le transfrontalier de figurer comme interlocuteurs privilégiés au sein du réseau national de l'ARD[17] avec des interlocuteurs nationaux français. Comme le rappelait Michael Thieser (responsable du programme « Politique, Economie, France », correspondant à la radio sarroise – SR), le SR occupe une place particulière en Sarre et plus largement en Allemagne[18] : après avoir été placé sous contrôle français après la deuxième guerre mondiale (sous le nom de Radio Sarrebruck), le SR est actuellement considéré comme la station de l'ARD la plus légitime pour traiter de la France. Inversement, du point de vue de la France, le système centralisateur français ne semble admettre que peu d'interlocuteurs à l'échelon local si bien que, concernant les questions des échanges et de la coopération radiophonique franco-allemande, le SR a pour principal partenaire Radio France à Paris. De par sa position et son histoire, la Sarre a pu servir de pont entre la France et l'Allemagne. Aussi, les régions frontalières peuvent endosser un rôle particulier à un niveau national; cette dimension a pu être expérimentée lors du changement de nationalité liée à ces régions. Si une partie de la Lorraine a été allemande, la Sarre a également été française...

D'un point de vue institutionnel, le recours à l'Europe s'imposait afin que la Grande Région informationnelle puisse exister. Ainsi, dès les débuts, les instigateurs de l'IPI ont eu comme volonté d'inscrire l'association dans un cadre juridique qui puisse être identique pour tous les pays

---

17 *Arbeitsgemeinschaft der öffentlich-rechtlichen Rundfunkanstalten der Bundesrepublik Deutschland,* le premier réseau de chaines publiques en Allemagne, auquel appartient le SR.
18 Entretien conduit en septembre 2013.

membres. En 1993 cependant, la création d'une association de ***droit*** européen n'était pas possible. Finalement enregistrée comme association de droit allemand, l'IPI a néanmoins cultivé les références européennes, tant du point de vue des discours que des symboles graphiques mobilisés pour son identité visuelle.

Figure 1 : logo de l'IPI

Enfin, l'adhésion à l'esprit européen a permis à l'association de solliciter et obtenir des fonds Interreg : dans les années fastes de l'association, ces subventions européennes, complétées pour moitié par les financements de chaque territoire concerné et par quelques sources de revenu propres ont permis de réunir des montants annuels pouvant parfois dépasser les 100 000 euros. Ces subventions lui ont permis de fonctionner pendant quelques années, les seules cotisations de ses membres étant insuffisantes pour exister de façon plus autonome.

Il n'en demeure pas moins que l'accès difficile de la population à ce qu'est la Grande Région, la multiplication des échelons territoriaux et des compétences administratives ne facilitent pas la construction d'un espace public transfrontalier. Gérald Arboit, dans l'ouvrage collectif *Les journalistes et l'Europe* (Rouet 2009), constatait et analysait l'inexistence d'un espace public européen comme résultant notamment du peu d'intérêt des citoyens pour la chose politique, de la complexité institutionnelle de l'Union Européenne, de la récupération « nationale » des analyses, et de l'absence d'identité européenne... L'IPI va également se retrouver confrontée à ces freins et on ne peut écarter ces facteurs qui ont pu jouer un rôle important dans le développement de l'association.

Ramenées au niveau local, les asymétries en termes d'organisations politiques et administratives rendent la situation de la Grande Région encore plus complexe, la faible lisibilité des échelons administratifs français, la méconnaissance des spécificités belges ou luxembourgeoises pouvant déjà à elles seules poser problème. Néanmoins, afin de faire exister l'espace grand-régional en s'émancipant de ces difficultés, des solutions vont être recherchées.

3.3. La recherche de représentativité pour remédier à la disparité grand-régionale

Avant de développer les pistes mises en œuvre pour faire exister la Grande Région d'un point de vue informationnel, il est nécessaire de rappeler les déséquilibres existant au sein de ce territoire et qui vont bien évidemment influencer la dynamique médiatique. Le regroupement des quatre villes du « noyau fonctionnel » grand-régional (Luxembourg, Metz, Sarrebruck, Trèves) en un réseau appelé « Quattropole » illustre bien un premier déséquilibre : l'absence de tout référent belge. L'histoire de la province belge du Luxembourg, au passé industriel et forestier, et sa situation actuelle ne favorisent pas un dynamisme orienté vers la Grande Région, sachant que la Belgique se retrouve dans une multiplicité de situations transfrontalières à entretenir (frontières du côté de la France, des Pays-Bas, de l'Allemagne et du Luxembourg), et que les dynamiques métropolitaines ne se font pas toujours en faveur de la Grande Région. Les coopérations peuvent être beaucoup plus intenses entre la France et l'Allemagne ou encore autour du Luxembourg qui, en tant qu'État, aussi petit soit-il, présente une situation spécifique au sein de la Grande Région, avec une certaine autonomie renforcée par des caractéristiques aussi bien économiques que linguistiques.

Cette disparité de la Grande Région peut être saisie à travers ce graphique recensant l'origine des membres de l'IPI en 1997. On y constate la prédominance allemande, et plus particulièrement sarroise.

Graphique 1 : Répartition des membres de l'IPI par région en 1997.

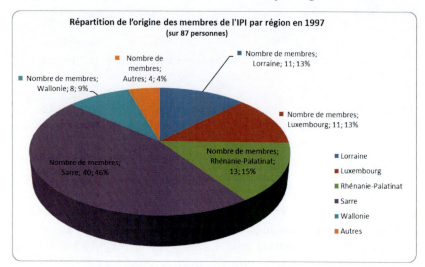

Cette spécificité s'explique notamment d'un point de vue historique, le *Land* de la Sarre accordant dans ses textes fondateurs une place particulière à la coopération dans l'espace SarLorLux[19]. Comme évoqué précédemment, la radio publique sarroise, le SR, est particulièrement impliquée dans cette coopération. L'un de ses membres en témoigne :

> « C'est notre identité... Dans le système des radios et des stations de télé en Allemagne, du *Saarländischer Rundfunk* on dit toujours « c'est la station la plus française en Allemagne »... et c'est notre identité et c'est fixé dans les statuts du *Saarländischer Rundfunk* et ça restera, et il n'y a personne absolument personne qui vient changer quelque chose parce que ça nous donne une spécialité, une autonomie, un poids extra dans le système de l'ARD, c'est pourquoi nous avons le prix franco-allemand ici situé à Sarrebruck, c'est pourquoi nous avons la présidence de la commission franco-allemande de radio, c'est pourquoi il y a cet institut *[Institut für Europäisches Medienrecht/ Institut du droit européen des médias (EMR)]* ici à Sarrebruck, c'est pourquoi

---

19 Voir par exemple le § 60a de la loi sarroise des médias (SMG 225-1 1Gesetz Nr. 1490 – Vom 27. Februar 2002) qui demande au Landesmedienanstalt Saarland (l'institution des médias du Land de la Sarre) de soutenir cette coopération : « (3) Zur Förderung des interregionalen Medienraumes SaarLorLux koordiniert und unterstützt die LMS grenzüberschreitende Aktivitäten in der Großregion SaarLorLux / pour promouvoir l'espace médiatique interrégionale SaarLorLux et soutenir les activités transfrontalières de la Grande Région SaarLorLux ".

nous avons notre propre bureau à Paris, c'est pourquoi nous faisons tellement de choses... ».

Pour tenter de contrer ce déséquilibre lié à la Sarre, l'IPI a opté pour un principe d'égalité représentative : il s'agit ainsi d'avoir un président qui appartiendra successivement à chaque région impliquée, à doter chacun de ces territoires d'un représentant, à organiser des rencontres se déroulant à un rythme bimestriel dans chaque territoire concerné, à solliciter une contribution financière à égale hauteur au budget de l'IPI, à veiller à ce que toute activité, tout sujet abordé concerne chaque territoire impliqué (même si cela se déroule dans une temporalité différente).

4. Propriétés socio-culturelles des membres de l'IPI

Les individus investis dans l'IPI, et participant particulièrement à la production de l'information dans l'espace grand-régional, ont des propriétés particulières par rapport aux autres journalistes. La difficulté de conduire une étude *a posteriori* ne doit pas nous empêcher de souligner la précarité – relative – de la plupart des personnes rencontrées : aux côtés des journalistes statuaires des différents médias régionaux, on trouve des journalistes *free-lance* particulièrement investis dans le transfrontalier, des permanents de l'association en contrat à durée déterminée.

4.1. L'hétérogénéité statutaire des acteurs

Tous les membres de l'IPI étaient ou avaient été journalistes, certains ont pu perdre ce statut, tout en restant membre de l'association. Le statut de journaliste a parfois pu avoir une incidence sur la légitimité et l'acceptation des idées de certains membres, de suggestions considérées comme inadéquates par rapport au statut de journaliste professionnel, ravivant quelques tensions légitimistes. Cette différence de statut contribue également à expliquer l'implication d'une certaine catégorie d'acteurs.

Comparer les différents statuts de journalistes entre les quatre pays de la Grande Région, n'est pas chose facile. D'un point de vue quantitatif, le rapport de Gerd Nies et Roberto Pedersini, *Les journalistes free-lances dans l'industrie médiatique européenne*, peut donner quelques chiffres de cadrage : en 2003, la part de journalistes free-lances par rapport au nombre total de journalistes était de 9,4% pour le Luxembourg, 17,9% pour la France, 21,1 % pour la Belgique et 35,7% pour l'Allemagne[20].

Les comparaisons du point de vue des salaires sont également difficiles, notamment en raison de l'absence d'équivalence de pratiques journalistiques : le salaire d'un journaliste travaillant dans un titre de PQR sera peu comparable à celui travaillant dans un quotidien – national – luxembourgeois ou dans une radio sarroise ou un quotidien suprarégional allemand, mais les différences de statut à elles seules nous permettent d'appréhender ces variations : si parmi les journalistes free-lance ou « précaires » on trouve ainsi le statut de pigiste en France, en Allemagne on évoquera celui de « *arbeitnehmerähnlich* » [21].

Ces différences conduisent donc à certains particularismes nationaux. Par ailleurs, le niveau de vie de ces journalistes[22] est souvent lié à leur lieu de résidence (et aux différents systèmes sociaux présents au sein de la Grande Région), ce qui rend tout comparatif encore plus compliqué. La di-

---

20 Notons qu'en Allemagne, il existe différentes catégories de journalistes free-lance. Isabelle Buckow (2011) rappelle ainsi la classification d'Annette Hörnig qui identifie 4 principaux types de journalistes indépendants : « 1. Les journalistes indépendants qui n'ont pas de médias fixes et livrent leur contribution aux médias selon honoraires. 2. Les journalistes „colporteurs" qui travaillent pour plusieurs clients fixes et écrivent en fonction de sujets bien spécifiques. 3. Les journalistes qui dépendent d'un client et qui travaillent dans des conditions similaires à des employés. 4. Les journalistes de rédaction qui ont sur leur propre initiative décidé d'unir leurs forces afin de proposer leurs services. » (notre traduction).
21 Nies et Pedersini précisent que les conventions collectives « dans les journaux fixent le salaire par ligne, les congés payés, les indemnités de maladie et de maternité; ne s'appliquent néanmoins qu'aux free-lances qui sont légalement considérés comme "économiquement dépendants et socialement en besoin de protection" (arbeitnehmerähnlich) ».
22 « Les journalistes font partie de la classe moyenne... c'est pour ça je pense, c'est pas pareil en France... En France, ils gagnent beaucoup moins. […] quelqu'un m'a dit, une Française, elle a fait des papiers pour Radio France International à Paris et... ils paient 90 euros... Disons tu travailles deux jours pour ça et en général tu travailles beaucoup pour faire un beau papier... tu peux pas vivre de 45 euros par jour... c'est pas possible, surtout pas à Paris... et j'ai dit comment vous faites pour vivre? Je comprends pas... Moi je refuse de me vendre en dessous de ma valeur, désolé, vous voulez avoir de l'expérience, il faut la payer...» (Journaliste free-lance allemand). Autre témoignage: « Si tu fais comme pigiste, si tu fais un sujet ici [en Allemagne], disons tu fais 2 reportages, un reportage de 2 minutes ou 3 minutes et l'autre pour les infos disons 1 minute, tu gagnes 300 euros par jour et si tu fais la même chose à Metz, tu as peut-être 50 euros ou 100 euros, c'est une différence. ».

versité des statuts est aussi remarquable au sens, où, comme on le vérifiera pas la suite, les contraintes professionnelles des salariés (liées au management des entreprises de presse et à la priorisation des sujets) conduisent souvent les journalistes les plus précaires à assumer le traitement d'une information relevant de la « proximité lointaine », celle du transfrontalier, interrogeant un éventuel processus de « transfrontaliérisation ».

Les acteurs présents au sein de l'IPI n'échappent pas à cette règle et la mobilisation qui s'effectue autour de l'association n'est pas exclusive mais repose en partie sur l'engagement de journalistes indépendants majoritairement allemands. Parmi ceux-ci, les *free-lances* du *Saarländischer Rundfunk* ont un statut particulier. Qualifié de « 12-a-Freie »[23], « l'employeur paye toutes les cotisations sociales et les congés payés, mais je suis payé à la journée »[24], résume l'un des journalistes interrogés, ce statut donne lieu à un triple discours sur un registre de légitimation/victimisation des acteurs : sentiment d'appartenir à « l' aristocratie » des journalistes *free-lances* (bénéfice de certains avantages tels que les vacances, la protection sociale), mise en avant de la liberté caractéristique du *free-lance* (possibilité de choisir ses sujets, etc.) mais cette liberté a bien évidemment un coût, associé à la précarité du statut. Le journaliste « 12-a-freie » repose sur un fragile équilibre entre liberté et stabilité. En choisissant de travailler sur un objet transfrontalier, il prend également sur son capital temps pour traiter ces sujets plus chronophages.

> « Si je fais un papier, je suis payée comme tous les autres, quelqu'un qui descend à Sarrebruck, il prend des sons, il monte, il écrit son papier, il fait les sons autres, et voilà, c'est fait... moi je me déplace à Metz, à Nancy, à Épinal, à Longwy euh... je sais pas trop où, ça dure... je rentre, j'ai des sons en français, il faut que je les traduise, que je les synchronise et que je fasse le montage... tout ça eux, ils n'ont pas à faire ça, ils peuvent se mettre à autre chose... [...] parce qu'il y a beaucoup de jeunes qui disent oui, je veux travailler sur la France et ils font deux ou trois papiers et ils voient que autrement ils peuvent gagner beaucoup plus facilement leur vie, ils laissent tomber... » (Journaliste *free-lance* allemand).

Ainsi, le journalisme transfrontalier suppose d'être compatible avec un certain volontarisme ou encore un *illusio* (système de valeur et engage-

---

23 Les personnes nommées « 12-a-Freie » correspondent aux individus pouvant répondre au paragraphe 12a Arbeitnehmerähnliche Personen (Tarifvertragsgesetz), en référence à la loi renvoyant à la négociation collective.
24 „Der Sender zahlt alle Sozialabgaben und auch Urlaubsgeld, ich werde aber pro Arbeitstag honoriert."

ment dans le jeu professionnel) qui dépasse les questions financières, sans doute fondé sur un processus de construction identitaire ouvert à l'Autre.

Parmi les membres de l'IPI, en fonction de leurs propriétés sociales et trajectoires, nous avons identifié trois « profils » de journalistes permettant de décrire leur place au sein de cet environnement : les « transfrontaliers », les « visionnaires », les « médiateurs ».

4.2. Les « transfrontaliers »

Investis dans les échanges transfrontaliers d'un point de vue pragmatique, les journalistes « transfrontaliers » jonglent entre les pratiques des différents pays. Souvent issus de l'espace frontalier, ils disposent d'un important capital linguistique (la maîtrise de leur langue maternelle et de la langue du voisin ou d'un dialecte local), ils ont une connaissance de la région voisine par des réseaux primaires qu'il s'agisse des réseaux familiaux ou amicaux, témoignant parfois d'un « *devoir de famille* » (expression utilisée avec humour par l'un des journalistes allemands). Cette interconnaissance est généralement relativement ancienne. Les personnes interrogées ont également pu vivre à travers le témoignage de leurs proches une période où les frontières étaient mouvantes et le rapport au voisin différent sur le curseur d'un axe identité/différence.

Dans ce groupe, on peut par exemple citer Lisa Huth, l'actuelle organisatrice des déjeuners franco-allemands et Gerd Heger, le « Monsieur Chanson » de la radio publique sarroise. Ils partagent le même bureau au SR, le même statut journalistique de « pigiste régulier » (« *12-a-Freie* ») et la même francophilie... Lisa Huth a des origines familiales françaises, un ancrage qui pourrait expliquer son engagement à promouvoir le dépassement des frontières : « Pour nous, pour ma famille, c'était évident et on a toujours lutté pour ça, l'indépendance de la Sarre, le rapprochement à la France et... qu'il n'y ait pas de frontière.». Pour Gerd Heger, l'attirance pour la France semble reposer sur un processus dialogique de construction identitaire : « Comme beaucoup d'Allemands de l'après-guerre, je ne voulais absolument pas être « allemand »! La France, par contre, avec son « Liberté, Egalité, Fraternité » me faisait rêver, bien plus que l'Amérique... » Et il ajoute que « l'exposition à la culture francophone m'a finalement aidé à être allemand. » (*Le Républicain lorrain*, 19/01/2014).

Les deux journalistes cumulent les signes de la reconnaissance et de l'excellence professionnelle. Ils sont l'un comme l'autre lauréats du prix franco-allemand du journalisme (section radio) : Gerd Heger en 1990 pour "F.R.A.D.I.O. – Relativ angenehme dramatische Inszenierung fürs Ohr – eine Enquête", Lisa Huth en 2001 pour "Mir gehn nur niwwer kaafe". Après avoir travaillé comme correspondante à l'étranger, notamment au Proche-Orient et en Bosnie, Lisa Huth est connue pour son intransigeance dans le traitement des questions politiques et ses questions sans concession en conférences de presse.

> « Je suis connue pour ça, je pose toujours des questions absolument insolentes pour eux, parfois ça leur coupe le souffle, mais ils savent quand j'arrive, ça... ça ravive la chose, ils le savent, ils me connaissent tous maintenant... Parce que ça mène à quoi tous ces discours préparés, ils peuvent envoyer un communiqué de presse. Je ne suis pas à une conférence de presse pour écouter l'homme politique, je suis là pour mes auditeurs, pour leur transmettre ce qui se passe vraiment et c'est pour ça qu'on pose des questions... ».

De son côté, « M. Chanson » fait office de personne référente concernant la chanson « française » au sein du SR (et notamment du SR 3 *Saarlandwelle*), il est ainsi sollicité par ses propres sources afin d'assurer la médiatisation d'artistes et de festivals en Sarre, voire au-delà (France, Belgique, Canada). Il a été fait chevalier des Arts et des Lettres en 2010.

Préférant travailler sur des sujets qui les intéressent et les stimulent, ces deux journalistes au caractère bien trempé sont donc prêts à effectuer certaines concessions matérielles afin de mener à bien leur travail. Leur positionnement transfrontalier est une ressource, cette spécificité leur apportant un capital symbolique fort et une reconnaissance dans d'autres secteurs autres que leur secteur professionnel. Tous deux essaient de faire perdurer cette pratique du journalisme « transfrontalier », Lisa Huth en organisant les déjeuners franco-allemands, Gerd Heger en proposant des formations dans le journalisme franco-allemand (fort de son expérience notamment à travers les projets mis en place avec France Bleu Lorraine Nord à Metz et avec ses homologues de Radio France Internationale à Paris).

Le parcours de Chris Mathieu rend lui aussi compte des multiples compétences que nécessite la pratique du journalisme à l'échelon transfrontalier. Né à Paris (d'un père parisien et d'une mère originaire d'Offenbach en Allemagne), il a effectué ses études en France et en Allemagne. Il acquiert une expérience professionnelle dans différents territoires de la Grande Région en travaillant au *Saarländischer Rundfunk*, au *Républicain lorrain*, au *Saarbrücker Zeitung*, au Marketing Factory Consulting GmbH, au *Tageblatt*. L'IPI a représenté une de ses premières étapes professionnelles : en 1994-95 il y a travaillé comme salarié à la mise au point de l'agenda des manifestations interrégionales. Président de l'IPI de 2007 à 2011, il incarne l'exemple même du travailleur transfrontalier puisqu'il vit à Differdange (en Lorraine). Il poursuit aujourd'hui son activité professionnelle au Luxembourg, comme rédacteur en chef de *L'essentiel Online*, un média qui reste très tourné vers l'ensemble de la Grande Région.

4.3. Les « visionnaires »

Relevant moins d'une pratique du transfrontalier que de l'intérêt pour le transfrontalier ou les questions européennes, le « visionnaire » endosse volontiers des responsabilités politiques au sein de l'IPI. Ce faisant, il se place aussi dans le microcosme du transfrontalier, avec les bénéfices symboliques associés.

C'est le cas de l'instigateur de l'IPI, Michael Kuderna, figure emblématique du paysage médiatique sarrois, qui a été président de l'association de 1993 à 2003. Originaire de Bavière, M. Kuderna reconnait préférer la langue de Goethe à celle de Molière (propos tenus lors de la séance d'ouverture de la première conférence de l'IPI). L'IPI a pu constituer pour lui une étape de son évolution professionnelle, contribuant à faire de lui un personnage central de la Grande Région pendant les dix années de sa responsabilité de l'IPI, et même au-delà, comme en témoigne notamment sa contribution à un ouvrage en 3 tomes portant sur l'histoire de la Sarre en Allemagne (Hudemann / Kuderna / Zimmermann 2010)[25].

Né en Palestine il y a 70 ans, dans un pays qui ne s'appelait pas encore Israël, Georges Wagner-Jourdain se définit comme un enfant adoptif de la Grande Région. Il se sent à la fois français et allemand, « sans la petite nuance sarro-mosellane » (il ne parle ni l'un ni l'autre dialecte), étant arrivé en Sarre, à l'époque où celle-ci était française. Son parcours combine une maîtrise d'allemand et d'histoire, obtenues à Strasbourg. Il a notamment été amené à travailler à la *Deutsche Welle* (l'équivalent de RFI) et s'est ensuite établi à son compte au sein du Studio français, ce qui l'a mené à travailler en France, aux Pays-Bas, au Luxembourg, en Allemagne, etc. Il se définit comme un véritable européen et a toujours cherché à défendre cette vision du monde. Lorsqu'il a rejoint le projet de l'IPI entre

---

[25] Malgré nos demandes, notre demande d'entretien auprès de M. Kuderna est restée sans réponse.

1992 et 1993, c'était pour lui « un impératif pour faire bouger un peu les choses et les frontières qui existaient toujours : le *Républicain lorrain* par exemple parlait des choses qui se passaient en France mais ne parlait que très peu de ce qui se passait en Sarre et l'inverse était vrai aussi. Et la même chose se passait au Luxembourg ». Responsable de l'IPI entre 2003 et 2007, Georges Wagner Jourdain se veut toujours un inspirateur politique et un promoteur du transfrontalier en se déclarant « un peu impliqué dans la stratégie France de la Sarre ».

Michael Thieser est également un homme qui a su prendre des responsabilités institutionnelles. Journaliste en charge des affaires politiques, économiques, environnementales et sociales au SR2 depuis 2005, directeur du prix franco-allemand du journalisme, il a été le « représentant » de l'IPI en Sarre. Michael Thieser a eu l'occasion d'apprécier la France lors de différents séjours ce pays ayant joué un rôle relativement tôt dans sa vie au niveau familial et amical. Il défend la place du français au SR d'autant plus qu'en tant que directeur de la commission franco-allemande de la radio, il sert d'interface entre des projets français et allemands liés au SR-ARD (que ce soit avec France Bleu ou plus largement avec Radio France).

Ces responsables étaient nommés par les membres de l'association et s'occupaient du bon fonctionnement de cette dernière. En fonction des périodes d'activité, certains ont pu être amenés à endosser un rôle plus proactif de recherche de financements/partenariats, mais ils sont également épaulés par des représentants choisis dans chaque région. La nécessaire maîtrise d'un certain nombre de compétences par ces responsables a pu rendre leur travail complexe, notamment concernant la partie financière et comptable de l'association. Ils opèrent à l'intersection entre vision politique et trajectoire institutionnelle.

4.4. Les « médiateurs »

Un dernier profil peut être identifié : celui des médiateurs. Il concerne principalement l'équipe administrative qui a géré le fonctionnement de l'IPI, composée au maximum de 2 personnes et demie, répartie sur des activités de secrétariat, coordination, rédaction et projets. Deux des membres de cette cellule ont connu un modèle de famille biculturel présentant quelques spécificités, à l'articulation des mondes du journalisme et de la communication.

Marie-Dominique Van den Kerckhove et Catherine Fabre sont toutes deux d'origine française, elles ont rencontré un conjoint allemand et journaliste. Marie-Dominique Van den Kerckhove a enseigné 12 ans dans une école de langues avant de devenir représentante pour une maison d'édition. Après avoir suivi une formation d'attachée de presse à Sarrebruck pendant un an, elle est devenue secrétaire générale de l'IPI. Elle a ainsi contribué à mettre en place l'IPI et une banque de données culturelles en lien avec la Fondation pour l'Entente Franco-Allemande en 1995. De son côté, Catherine Fabre est issue d'une famille franco-allemande : sa mère était sarroise, son père, pied noir, était militaire de carrière. Après un cursus en sciences politiques et anglais à l'université de Sarrebruck, elle a effectué en 1991-92 une formation complémentaire en relations publiques, marketing et publicité. Après avoir quelque peu travaillé à son compte pour des entreprises, agences, médias, elle a œuvré dans les relations publiques pour plusieurs entreprises et intègre l'IPI dans les années 2000.

Marie-Dominique Van den Kerckhove a quitté l'IPI en 2005. Elle est maintenant journaliste indépendante et travaille pour l'hebdomadaire francophone luxembourgeois *Le Jeudi* en tant que correspondante (en indépendante). De son côté, après avoir arrêté de travailler à l'IPI en mars 2007, Catherine Fabre a intégré en tant que salariée l'office de tourisme de la Sarre. Elle est également membre du Club des affaires Saar Lorraine et s'occupe de l'annuaire de la communication au club de la presse de Sarre. Elle continue à conserver la pratique professionnelle de *benchmarking* entre les médias qu'elle avait précédemment menée et apprécie ces moments de décentrement pendant lesquels elle peut se mettre à la place de son interlocuteur.

Les connaissances et compétences acquises lors de cette expérience leur ont permis d'alimenter leurs autres expériences professionnelles. Ainsi, Catherine Fabre a retenu beaucoup d'éléments de l'IPI, et notamment les efforts permanents d'adaptation aux différents publics cibles, la diversité n'étant pas que nationale, mais variant aussi selon le type de médias, de statuts, de fonctionnements juridiques et administratifs. Par ailleurs, la volonté d'ouverture de l'IPI conduisant à une multiplicité d'interlocuteurs l'a amenée non seulement à répondre aux journalistes mais également à renseigner les institutions ou entreprises ayant des besoins ou des demandes en lien avec le journalisme. Elle dit avoir apprécié la spécificité et la richesse de l'IPI, et met en garde contre un fonctionnement appauvrissant de l'information :

« c'est toujours des traductions et ça ne sert à rien de faire des traductions, parce que tu perds ton temps à faire toute une traduction, tu n'expliques pas. Donc quelqu'un qui ne connait pas ça se retrouve avec un texte bien traduit, peut-être, mais tu passes 3, 4, 5 heures à traduire quelque chose et l'autre ne pourra peut-être pas l'utiliser, tandis qu'en faisant ces brèves, tu pouvais, comme ça, donner des idées de sujets, tiens il se passe ça et ça et à ce moment-là quelqu'un pouvait appeler ou alors… si quelqu'un avait vraiment besoin d'une aide pour un sujet, il appelait en disant j'ai besoin d'un interlocuteur à tel ou tel niveau, ou alors qu'est-ce que ça veut dire, ou alors où est-ce que je trouve les chiffres, voilà ».

Elle définit son rôle non pas comme un *gatekeeper*, mais plutôt comme « un passeur d'informations », aux frontières du journalisme. « C'était un travail de journaliste, on peut dire… Oui c'était un travail de journaliste mais je n'étais pas une journaliste… »

Ainsi, ces deux personnes ont un profil se rapprochant davantage des relations presse et cumulant une expérience dans des activités journalistiques. C'est en additionnant une vision de deux cultures (française et allemande) et de deux compétences (communicationnelles et journalistiques, si la frontière entre les deux est imaginée comme étant peu poreuse) que ces « médiatrices » ont contribué au développement de l'IPI. Ce double profil de la cellule centrale de l'IPI permet ainsi de répondre à une double injonction. Elle conduit non seulement à effectuer des pratiques de réseautage au sein des milieux journalistiques, mais elle effectue surtout un travail de médiation entre communicants et journalistes.

5. Des activités diverses : du relationnisme au journalisme

Une des premières actions de l'IPI a été de proposer une carte de presse interrégionale (*Interregionaler Presseausweis*). Le statut de journaliste n'est pas commun à l'ensemble des pays de la Grande Région, même s'il tend à recouvrir la même notion (maintes fois critiquées pour sa dimension tautologique). En France et au Luxembourg, la carte de presse est distribuée par un organisme mandaté par l'État, et non par un syndicat ou par un employeur. Loin de vouloir nier certaines différences juridiques et culturelles, l'IPI les a respectées en optant pour un principe plus fédéraliste qu'intégrateur : l'obtention de la carte de presse interrégionale était soumise à l'obtention de la carte de presse nationale auprès de la structure idoine dans son propre pays d'exercice professionnel mais elle avait une valeur dans tous les autres pays de la Grande Région. Le poids symbolique de cette carte, initiée par les politiques, ne doit pas être sous-estimé, même si cette subsidiarité montre une nouvelle fois la faible autonomie de l'espace médiatique régional face aux logiques des champs journalistiques nationaux.

Tableau 2 : Répartition des journalistes en fonction de leur possession de la carte de presse de l'IPI.

Pays	Nombre de détenteurs de la carte « IPI » en 2001
Allemagne	38[26]
Belgique	1
France	11
Luxembourg	6
Total[27]	56

L'IPI restait aussi ouverte à des personnes non membres, voire parfois non journalistes, mais travaillant par exemple dans un service communication ou dans les relations presse et souhaitant bénéficier d'un conseil ou d'une certaine expertise de l'association.

Les activités orchestrées par l'IPI furent relativement variées et ont évolué au fur et à mesure de l'histoire de l'association et de l'évolution du contexte technologique (développement d'Internet), économique (fonds disponibles), et politique (opération « Un nom pour la Grande Région »). Un premier schéma permettra de cerner les différents versants de celles-ci.

---

[26] Dans l'ensemble on pouvait comptabiliser 11 journalistes se déclarant indépendants, 13 étaient membres du Saarländischer Rundfunk, et 26 émanaient de différents médias. Les inscriptions multiples étaient envisageables.

[27] Les membres de l'IPI travaillaient au sein des medias suivants : en Sarre : *Saarbrücker Zeitung, Saarländischer Rundfunk, Radio Salü, Antenne Saar;* en Lorraine : *Républicain Lorrain, Est Républicain, Ami Hebdo, Radio France, Radio Beffroi;* au Luxembourg :*Tageblatt, Revue, Letzebuerger Journal, RTL*; en Rhénanie-Palatinat : *Trierischer Volksfreund, Die Rheinpfalz, Rheinland-Pfalz Radio, Südwestfunk;* en Wallonie : *Avenir du Luxembourg, RTBF Arlon/Namur.*

Figure 2 : Schéma récapitulatif des activités conduites par l'IPI

5.1. Le réseautage

L'IPI encourage une pratique du réseautage à partir de la mise à disposition d'annuaires professionnels, de mise en contact avant ou pendant des conférences de presse, de l'envoi d'*IPI News* (newsletter permettant notamment de suivre l'évolution de carrière des professionnels de l'information de la Grande Région). Il s'agit d'une part importante du travail que le journaliste doit appréhender. Il s'agit d'être informé presque en temps réel des postes et responsabilités de chaque individu au sein de la Grande Région appartenant aux sphères politique, économique ou médiatique, ce qui peut être pris en charge à l'heure actuelle par des réseaux socio-numériques tels que LinkedIn, Viadéo ou Xing, ceux-ci présentant toutefois un frein lié aux spécificités nationales d'usages et de technologies (Xing étant par exemple plus présent en Allemagne qu'en France) et spécificités relationnelles.

L'un des journalistes témoigne des différences de rapport aux sources entre la France et l'Allemagne et de la nécessité pour un journaliste de les appréhender :

« Quand nous on regarde nos confrères à Berlin, là aussi, il y a des cercles euh, ça s'appelle des *Kamingespräche*, des « entretiens autour de la cheminée » et des trucs comme ça, où nous on leur reproche d'être trop proches des politiciens aussi et ça peut arriver partout, parce que quand tu travailles dans la politique, sur les sujets de la politique, il faut avoir des informations et tu cherches des contacts, c'est important, maintenant la façon de différencier et euh... être ami, là... je pense en Allemagne, on a un peu plus de distances... je généralise, hein, parce que je viens de parler de Berlin et tout... un peu plus de distance. En France, ça passe par des autres gens dans un cabinet, il y a des collaborateurs ou des gens qu'on connait, et chez nous c'est important, on s'adresse à la *Pressestelle*, au service de presse, et ils te donnent une information dans un délai de 5 minutes, 10 minutes, une demi-journée, au plus long d'une journée, et si c'est très compliqué, ils s'excusent mais la fonction du service de presse n'est pas pareille qu'en Allemagne et comme en France, et si tu as ça, il faut avoir d'autres astuces pour arriver à son but, maintenant pour donner des interviews ou des informations, chez nous aussi les hommes et les femmes politiques ont les moyens de... de décliner les... les réponses [...] Peut-être chez nous ils sont plus accessibles pour une interview mais ça veut pas dire qu'ils disent plus... ». (Journaliste allemand)

Au-delà de la pratique de réseautage qui va dépendre des modalités relationnelles à respecter dans le rapport journaliste-source des différents pays, l'accès aux données va également représenter une valeur ajoutée importante. Certains transferts de compétences ont ainsi pu se produire puisque les permanents de l'IPI endossaient un rôle pédagogique leur permettant non seulement d'apporter une réponse aux personnes demandeuses, mais également d'expliquer les processus permettant d'obtenir cette même réponse.

5.2. La médiation informationnelle : de la documentation à l'agenda-building

L'IPI a également alimenté et entretenu des banques de données dont *l'Annuaire grand-régional*, permettant aux acteurs du secteur de l'information et de la communication de se contacter. Ces banques de données portaient sur les adhérents de l'IPI, les médias et organes de presse de la Grande Région. L'association fournissait également des informations sur les institutions européennes (Parlement, organes de décision, etc.), sur les régions (habitants, structures, politique, villes, institutions, organismes divers...), sur les universités et entreprises régionales. *Le Registre de coopération* listait des coopérations non commerciales de la GR. Les institutions y étaient présentées avec toutes leurs coordonnées. *Le Registre des traités* offrait une base de données bilingue contenant les traités transfrontaliers, les déclarations de principe, les statuts ou autres textes officiels concernant la GR. De même, l'IPI conservait des informations diverses (activités transfrontalières, aéroports, hôtels, police, justice, tourisme, vie littéraire...) et proposait un accès à d'autres banques de données, comme le service de presse du Parlement Européen. L'IPI s'étant développée en parallèle d'Internet, l'impact des développements technologiques sur cette offre a été important. La migration de ces services s'est effectuée progressivement, les permanents de l'association continuant à alimenter et à tenir à jour ces bases de données et annuaires.

L'évolution du contexte technologique a conduit à opérer une mise en réseau cette fois moins sociale que technologique en développant un site Web, vitrine des activités de l'association. Celui-ci a connu deux périodes. Le premier site « ipi-presse.org » a vu le jour en novembre 1996 aux débuts du Web. Il proposait à partir d'avril 2000 des informations telles que les « Titres quotidiens/Tagesaktuelle Schlagzeilen ». Il fournissait également un service *Pressebox* délivrant les communiqués des exécutifs et thèmes (*Themenbox*) à savoir les communiqués des non-exécutifs et proposait enfin le fameux *Lexipi*, lexique permettant de se familiariser à des expressions, des termes spécifiques aux différents territoires de la Grande Région. Par la suite, le « kiosque de la presse interrégionale en ligne » (*Interregionale Netzzeitung*) s'est développé à partir du 25 juin 2003 : www.ipi-presse.net. Basé sur l'acceptation des médias de donner accès à certains de leurs titres au sein d'un même support grand-régional, il permettait une synergie de moyens par la mise en réseau des principales informations.

L'IPI proposait également dans sa newsletter une actualité des activités médiatiques grand-régionales (lancement d'une nouvelle émission radiophonique...), elle était également composée d'une partie lexique, *Lexipi* déjà évoqué précédemment (expliquant avec un brin d'humour certaines expressions françaises ou allemandes à l'image de l'émission « Karambolage » sur Arte). Dénommé *IPI-News*, ce bulletin mensuel d'information bilingue adressé aux membres et membres associés mentionnait également des manifestations, des publications et des liens sur le web.

L'agenda IPI, l'un des éléments centraux développés par l'IPI, adressé chaque semaine aux adhérents et disponible au sein de la banque de données, renseignait à long terme sur les principaux événements grand-régionaux. Si la notion d'agenda setting de McCombs et Shaw a pu être retravaillée (cf. notion d'agenda building[28], Charron 1995), le développement et le partage d'un agenda commun à l'ensemble des acteurs de la Grande Région a pu contribuer à la facilitation du traitement de l'information transfrontalière par les journalistes en mettant en avant la capacité à créer des controverses publiques transrégionales ou au moins à évoquer des questions spécifiques transversales à différentes régions. L'agenda était conçu comme un hebdomadaire bilingue, présentant un choix d'environ 30 dates avec indication du thème, du lieu, de l'horaire, des participants, des contacts, d'URL et d'adresses-courriels... Il fournissait également des informations générales sur les régions (jours fériés, vacances scolaires, élections, foires, expositions), qui aussi accessoires peuvent-elles paraître, sont nécessaires au bon fonctionnement des coopérations. Il s'agissait d'une sélection effectuée par les permanents de l'association des principales dates intéressantes pour les journalistes de chaque pays fixant les événements de portée « grand-régionale » ou susceptibles de mobiliser les journalistes couvrant ce territoire (*cross boundary topics*). Cette idée d'agenda de la presse grand-régionale a depuis été reprise par le belge Philippe Herman au sein de l'AJP Lux après son court passage en 2007 à la présidence de l'IPI.

Enfin, *des brèves bilingues* ont également été publiées après consultation des sites Internet de médias de la Grande Région, synthétisant ainsi les nouvelles importantes et simplifiant le travail des journalistes.

Au-delà de ces services de diffusion d'information, l'IPI a contribué à dynamiser un espace d'échanges grand-régional par différentes actions.

5.3. L'animation de l'espace public

L'une des principales activités de l'IPI repose sur l'animation de l'espace public grand-régional par des conférences de presse. Inspirées par le modèle du LPK de la Sarre, les conférences de l'IPI se présentent sous la forme d'une grande conférence de presse annuelle organisées exclusive-

---

[28] « Certains auteurs ont suggéré d'abandonner la notion d'agenda-setting au profit de la notion d'agenda-building, laquelle désigne un processus collectif d'élaboration d'un agenda impliquant une certaine réciprocité entre les médias, les décideurs et le public. Ce concept, mieux adapté à son objet parce que moins mécaniste, moins unilatéral et moins déterministe, pose encore quelques difficulté » (Charron, 1995 : 79).

ment par l'IPI permettant d'inviter à chaque fois d'importantes personnalités grand-régionales choisies en fonction de la thématique de l'année (sociale, culturelle…). Ces manifestations sont l'occasion de rencontres régulières des adhérents. C'est à la veille de l'une de ces conférences, réunissant en septembre 1993 Jacques Santer et Oskar Lafontaine autour du sujet : « Les régions peuvent-elles sortir l'Europe de la crise ? », que l'IPI a été fondée. Célébrée par les personnalités politiques en présence, elle a été saluée à l'unanimité comme un progrès considérable et original au sein de la Grande Région et plus largement en Europe. Les thèmes qui y furent traités furent multiples (culture, transport, crise, etc.). Ainsi, en mars 2004, celui-ci était : « La culture, un atout pour le développement économique ? ». Ces conférences vont par la suite donner lieu à des événements de grande ampleur tels que le Forum de Schengen.

D'autres manifestions plus ponctuelles et variant en fonction du contexte ont été organisées par l'IPI, par exemple un point presse avec le Président de la République Fédérale d'Allemagne, Roman Herzog, le 8 février 1995 à Völklingen dans la Sarre. Ces opérations méritent d'être soulignées, car si Christoph Vatter évoque la difficulté d'organisation d'une conférence de presse transnationale (des problèmes de calendrier jusqu'à la conception de ce qu'est une conférence de presse, et des problèmes plus basiques d'accès physique ou linguistique à certains espaces), l'IPI s'est placée au sein de cette organisation de façon centrale et a conduit non seulement au bon déroulement de ces « cérémonies » mais également à la facilitation des pratiques de réseautage et de rencontres entre journalistes, communicants et intervenants.

D'autres manifestations étaient organisées de façon plus restreinte portant sur des informations de fond sur des thèmes politiques, économiques, et culturels comme par exemple des informations sur les codes électoraux, sur le marché de l'emploi, sur des questions de droit d'auteurs, etc.

Par ailleurs l'IPI participait à certaines manifestations presse et média, comme par exemple aux Journées des Médias organisées en mai 1995 à Sarrebruck.

L'ensemble de ces manifestations a été extrêmement central du point de vue de l'IPI et lui ont donné une visibilité relativement importante, comme en témoigne la mobilisation de personnalités politiques centrales au sein de la Grande Région.

L'opération « Un nom pour la Grande Région » conduite en 2002, s'est aussi révélée être un moment important[29]. Conjointement avec les représentants politiques de la Grande Région, l'IPI a mobilisé l'ensemble de ses interlocuteurs médiatiques afin de lancer une campagne permettant de trouver un nom à ce territoire et ainsi de lui attribuer une « identité ». Le succès public fut à la hauteur des espérances, voire même les dépassait : la mobilisation et la participation citoyenne a donné lieu à de multiples propositions (autour de 300 selon un membre de l'IPI). En revanche, cette opération s'est soldée par un échec politique, aucun compromis n'ayant été trouvé entre les responsables des cinq régions pour choisir l'un des noms suggérés. Comme l'évoquait, non sans humour, l'un des journalistes interrogés « Les décideurs ont décidé de ne rien décider. ». Si certains noms ont semblé suscité l'intérêt tel que „Carolinga", „Lotharingia", „Centregio", „Centropa", „Rhesamemo", „MEMOSA" (pour MEuse, MOselle, SArre), l'absence de référence à certains territoires n'a pas permis de dépasser le stade de propositions.

Cette opération a fortement contribué à alimenter une certaine frustration de la part des journalistes et médias impliqués et à approfondir le fossé avec des structures institutionnelles complexes pouvant être considérées comme finalement peu efficaces.

5.4. La dimension professionnelle (formation & régulation professionnelle)

L'IPI a également été le support de pratiques journalistiques. Une formation continue des journalistes et des étudiants était assurée grâce à des stages au siège d'IPI, de même que des conférences et ateliers dans le cadre de manifestations extérieures, l'envoi de documentations auprès de journalistes. Il s'agissait de mettre en réseau les structures existantes et de développer d'autres moyens qui peuvent être considérés comme nécessaires : cours de langue spécifiques, accompagnement de certaines pratiques professionnelles...

L'IPI accompagnait également les journalistes dans leurs recherches d'informations transfrontalières et par la mise à disposition de contacts : promotion des enquêtes et des activités transfrontalières. Elle se donnait

---

29 Sur cette opération voir également C. Wille, 2009.

aussi comme objectif d'assister les journalistes membres et membres associés dans les tâches suivantes : administration, suivi des contacts, organisation. L'accompagnement des journalistes visait également à préparer, en lien avec les services de relation presse des pays concernés, les angles susceptibles d'intéresser les journalistes de chaque pays et de préparer les supports de communication adéquats pour chaque journaliste. La maîtrise par les permanents de l'IPI des modèles journalistiques différents a contribué à leur donner un rôle d'interface important entre le journaliste et le communiquant.

> « Ça, c'est aussi mon expérience de IPI de se dire de quoi a besoin un Français, de quoi aura besoin un Allemand [...] Moi, j'ai donné comme idée à mes collègues dans la brochure française de faire 2 pages sur la Sarre insolite parce que les Français aiment ça. En Allemagne, ça, c'est pas tendance. Donc on a fait ça, on a cherché qu'est-ce-qui pourrait être insolite par rapport aux Allemands et à la France, donc c'est ça... toujours cette question de savoir qu'est-ce-qui pourrait intéresser l'autre... » (Ancienne salariée de l'IPI).

Cette question du sujet, mais également de son cadrage, de l'angle de traitement, renvoie au processus même de construction de l'information. Ces sujets peuvent être sélectionnés en fonction de l'évaluation de leur importance politique (élections, mise en place de la conférence du Conseil Parlementaire Interrégional CPI-IPR, etc.), de leur intérêt touristique ou culturel, de leur potentiel comparatif, ou parce qu'ils ont une portée transrégionale (la question du nucléaire à Cattenom et Bure). Les permanents-médiateurs de l'IPI contribuent ainsi à accompagner le journaliste dans cette démarche d'organisation et de mise en mots du monde. Un processus de normalisation des sujets et des informations nécessaires à la rédaction des articles en découlant était réalisé en fonction des cultures de chaque participant. C'était par exemple le cas des informations routières dont les données concernant les bouchons nécessitent une définition commune entre les différents pays : bouchons calculés en amont de chaque sortie en Allemagne ou bien calculés de façon cumulative en France.

Enfin, les activités de l'IPI comprenaient également des présentations et services pour la Grande Région, activités sur demande et selon l'actualité : prix de journaliste pour élèves et étudiants, présentation des bases de données au Comité des Régions (U.E.), conférence auprès de l'Association des régions frontalières européennes (ARFE), aide apportée à des associations bénévoles (traductions, contacts). Certaines entreprises ou collectivités souhaitant intéresser la région voisine s'adressaient à l'IPI pour connaître l'identité des destinataires à privilégier et pouvaient également apprendre quelques savoir-faire leur permettant de s'adapter aux pratiques professionnelles de leurs interlocuteurs.

Ces sollicitations parfois trop nombreuses et non rémunérées se traduisaient par une charge de travail supplémentaire pour les permanents de l'association. Une incompréhension a alors pu naître entre les horizons d'attente des acteurs sollicitant l'IPI et les services proposés, assurés par une petite équipe d'au maximum 2 personnes et demie.

La temporalité nécessaire à la gestion de l'ensemble de ces services nécessite effectivement des ressources qui se sont progressivement amenuisées au fur et à mesure du succès de l'association. Par ailleurs, d'autres perspectives étaient envisagées, telles qu'un projet de journal de la Grande Région (développé à partir du site Web d'IPI), une base de données audiovisuelle pour la Grande Région... Mais certaines de ces idées n'ont pu aboutir en raison de l'évolution de l'IPI, qui ne faisait pas l'unanimité au sein de la Grande Région, ou bien en raison de besoins de financement trop importants.

6. La fin de l'IPI, une évolution inéluctable ?

Après 10 ans d'existence, les difficultés se sont accumulées pour l'IPI, qui va connaître une phase de déclin à partir de 2003 jusqu'à sa dissolution complète en 2011.

6.1. La dépendance vis-à-vis des institutions publiques

Lors du Sommet 2003 de la Grande Région à Sarrebruck, les membres constitutifs se sont mis d'accord sur un soutien dégressif qui expirerait fin 2006, incitant l'IPI à acquérir une plus grande autonomie :

> « Les membres du Sommet conviennent d'un subventionnement dégressif d'IPI à compter de 2004. Les demandes de subventions doivent être soumises régulièrement à chaque bailleur de fonds; elles seront instruites en fonction des dispositions budgétaires spécifiques aux composantes. Cela étant, le Sommet invite l'IPI, sur la base de son expérience de longue date de la presse in-

terrégionale, à modifier son profil de missions afin de ne plus être dépendante de l'octroi de subventions publiques à moyen terme. »[30].

Les réactions d'indignation devant le tarissement de la subvention publique semblent avoir été unanimes du côté des journalistes (l'IPI parle de « honte », le *Letzebuerger Journal* souligne « Dies sei inakzeptabel », le 10 juillet 2006) mais elles n'ont pas empêché le désengagement des régions.

Ce choix traduit une évolution dans la conception d'une Europe des régions clairement annoncée dans le rapport de 1999 de Gérard Marcou sur la régionalisation en Europe (Marcou 1999) :

> « Bien que certains auteurs continuent de s'y référer, l'idée d'une "Europe des régions" a perdu aujourd'hui une grande partie de son crédit et n'est plus guère soutenue, en raison des problèmes de définition que soulève la notion de région[31] et de la position que conservent les Etats, dont, notamment, continue de dépendre l'essentiel des moyens dont disposent les collectivités territoriales, y compris les régions les plus fortes et les Etats fédérés. ».

L'IPI va donc suivre les évolutions liées à des enjeux dépassant sa dimension territoriale pour suivre les fluctuations européennes.

Cependant, si les attentes de certains « partenaires » – notamment politiques – ont pu être à un certain moment déçues (sans doute aussi par la méconnaissance du travail mis en œuvre par les permanents de l'IPI), les actions de l'IPI semblent toutefois avoir bien répondu aux sollicitations institutionnelles : instauration d'une carte de presse grand-régionale, implication dans l'action « Un nom pour la Grande Région »…

Les politiques n'ont pas non plus caché leur intérêt pour la dimension communicationnelle de l'association : « il faut que les élus soient un peu plus proches des populations et c'est à vous de nous y aider », précisait Olivier Kirsch (président du Comité du Conseil Régional de Lorraine des Affaires étrangères en 1993) lors de la 1ère conférence de l'IPI. Il saluait par ailleurs l'exploit du lancement de l'association :

---

30 Déclaration commune du 7ème sommet de la Grande Région. [en ligne] http://www.granderegion.net/fr/documents-officiels/declarations-communes-finales/7_sommet_declaration_commune.pdf.
31 Marcou, G., 1999, *La régionalisation en Europe. Situation, évolution et perspectives dans les Etats membres de l'Union européenne et dans les Etats candidats d'Europe centrale et orientale*. Rapport au Parlement européen. En ligne : http://www.univ-paris1.fr/fileadmin/GRALE/PEregional1.pdf.

> « Je me félicite de la création de la Presse Interrégionale qui, à mon avis, est une idée géniale. Je le disais hier à quelques amis en citant un grand homme politique du 19ème siècle qui était Monsieur de Talleyrand, ministre des affaires étrangères de Napoléon : en politique, il y a le savoir, le savoir-faire et, le faire savoir. Nous, politiques, nous essayons d'avoir un peu de savoir. Nous essayons d'avoir le meilleur savoir-faire possible, mais c'est à la presse qu'il appartient de faire savoir l'action qui est menée. Et il est essentiel, à ce niveau-là, que nous collaborions et je vous remercie de tout cœur, au nom de la Région Lorraine, de votre initiative très originale et unique. »

De son côté, Florian Gerster (Commission des Affaires européennes du Conseil régional du *Land* de Rhénanie Palatinat) précise :

> « Nous attendons [des journalistes] leur accompagnement critique et leur soutien car sans public, l'ensemble ne ressemblerait qu'à un processus technocratique et bureaucratique, le résultat conduirait alors à l'absence de sensibilisation du public. C'est pourquoi ils doivent, et je les y enjoins, nous accompagner en critiquant mais aussi en suscitant l'intérêt. »[32]

Cette dépendance au politique a été bien illustrée par la mésaventure du bateau Moselle 3 lors d'une conférence de presse, un incident qui a suscité bien des débats au sein de l'IPI. Cette conférence de presse avait été organisée en automne 1997 par les Ministères sarrois et luxembourgeois de l'Environnement sur un bateau voguant sur la Moselle. A l'approche des eaux françaises, près de Schengen (!), le bateau a dû faire demi-tour sur ordre des autorités françaises. Une prise de position officielle de la part des membres de l'IPI a suivi cette mésaventure :

> « Le capitaine avait alors assuré que les autorités françaises avaient refusé l'entrée dans les eaux internationales. IPI aurait-elle du protester officiellement? Les informations étaient-elles correctes? N'y avait-il pas danger d'instrumentaliser les journalistes? Indépendamment de ce cas précis, les membres de l'AG se sont mis d'accord sur la ligne suivante : IPI n'a pas de mandat politique mais un mandat professionnel. Les prises de position sont certes possibles sur des questions interrégionales (par exemple sur des résolutions de Sommets. Mais IPI ne saurait s'épuiser dans des « prises de position multiples sur des sujets sans importance [sic]. L'arme principale du journaliste reste le reportage ». (Archives de l'IPI).

L'IPI reste donc dans une situation inconfortable à l'intersection de deux modèles : celui du reportage (qui s'avère coûteux et concernant un public

---

32 « Wir hoffen auf ihre kritische und fördernde Begleitung, denn ohne Öffentlichkeit bleibt das Ganze ein technokratischer und bürokratischer Vorgang, der letzten Endes dann auch nicht öffentliches Bewußtsein fördert. Deswegen müssen Sie, und ich bitte Sie darum, uns kritisch, aber auch interessiert begleiten. ».

au final restreint) ou celui d'observateur attentif et distancié qui se retrouve finalement dépendant des initiatives politiques, mais qui semble également vaciller entre dépendance et prise de position critique. « La « dépendance » ne pose problème que si elle sert à prendre de l'influence. » témoignait l'un des membres de l'IPI (journaliste luxembourgeois).

Toujours est-il que la forte dépendance aux institutions publiques n'était pas sans contreparties en termes de « service », et le rapport de force ne semblait pas totalement favorable à l'IPI. On peut donc s'étonner de l'absence ou de la faiblesse du lobbying de l'IPI envers les pouvoir publics et les politiques pour assurer la survie de l'association.

6.2. La recherche d'alternatives économiques

L'invite effectuée lors du Sommet de la Grande Région de 2003 a bien été entendue par les membres de l'IPI. L'un d'eux va effectuer quelques suggestions en août 2004. Il proposait de scinder l'IPI autour de deux pôles : l'un journalistique, IPI 1 (fondé sur l'existant), l'autre communicationnel (et à vocation de rentabilisation des activités de l'association), IPI 2. L'association IPI 1 aurait eu pour mission de gérer les bases de données, la liste de liens, la carte presse et les contacts, le reste des actions étant sinon dévolues au pôle communication.

Cette proposition concrète n'a toutefois pas trouvé écho, les journalistes de l'association ayant considéré qu'envisager une telle répartition n'était pas concevable. Une telle typologie renvoie aux différentes dimensions liées à la profession journalistique, et à son éventuelle - et problématique - proximité avec les services de communication, la position atypique de l'IPI la plaçait dans cette situation de médiateur non seulement interculturel, mais également interprofessionnel. La recherche de solutions a conduit le président de l'IPI à rappeler sa volonté d'une information indépendante et crédible, tandis que la majorité des membres s'accordait de fait sur un refus de devenir une agence de communication.

Le projet de séparation des activités de l'IPI a également permis de rendre visible les tensions existant entre les conceptions de l'interventionnisme de l'Etat, les limites liées aux entreprises de presse et les contours de la profession journalistique (situation liée à la régulation des médias d'après la seconde guerre mondiale et spécifique à chaque région étudiée).

> « Il y avait aussi un conflit entre certaines personnes qui trouvaient qu'on devait rester dans la lignée et dire c'est un service aux journalistes et donc on doit rester très clair là-dessus, et d'autres qui voulaient plus faire des événements euh... sponsorisés, plus des partenariats avec des privés, etc. Donc il y avait deux courants qui s'affrontaient peut-être, deux façons de voir les choses ... je ne sais pas si mon analyse est bonne mais peut-être que, même si certains, pourtant au niveau des Allemands, étaient très stricts à ce niveau-là, d'autres avaient plus cette tendance à dire on va s'allier avec tel ou tel pour faire quelque chose et alors que nous, les Latins je vais dire, on était plus réservé par rapport à cette manière de voir les choses parce qu'on se disait voilà, ou bien on est dans le domaine plus promotion publicité ou bien on est dans le domaine journalisme et on mélange pas quoi... » (Ancien responsable de l'IPI).
>
> « Un journaliste allemand a souvent tendance à voir d'un mauvais œil un sponsoring privé... Parce que si vous êtes sponsorisé par Coca-Cola, vous allez devoir faire de la promotion pour Coca-Cola, du publireportage, etc. C'est une façon de voir les choses qui peut très bien se justifier, je la comprends tout à fait... pour un journaliste francophone, ce raisonnement s'applique notamment pour les partenariats institutionnels, si vous êtes soutenu par, je sais pas euh... le Haut Conseil Culturel Franco-Allemand, vous allez devoir servir la source du Haut Conseil Culturel Franco-Allemand... Ça peut être vrai euh... personnellement, moi qui suis un petit peu au point de suture entre les deux, j'ai tendance à me dire : si on a réussi à intéresser une institution, c'est qu'on a fait du travail sérieux et si on a réussi à intéresser l'économie privée, c'est qu'on a fait preuve de professionnalisme, donc si on arrive à allier sérieux et professionnalisme euh... il n'y a aucune raison de servir la soupe ou de faire des publireportages ou bien de vendre son éthique... Mais, bon voilà, ça c'était le genre de discussions très, très intéressantes qu'on pouvait avoir parfois entre nous entre groupes de travail mais qui se passaient de façon très intelligente et très connivente... Toi tu vois ça comment, toi tu comprends ça comment et quelque part euh... Ça a créé des liens d'amitié tout ça aussi... » (Ancien responsable de l'IPI)

Un consensus s'est ainsi dégagé pour refuser le modèle entrepreneurial. Comme le rappelle Michael Thieser, l'indépendance, notamment vis-à-vis des entreprises ou de la communication des organisations est un critère essentiel de l'IPI :

> « Les statuts de l'IPI exigeaient d'être une organisation de journalistes indépendants, et la communication ça veut dire tous les travaux, promotions, ça veut dire le marketing et toutes ces choses-là, c'est quelque chose d'autre. Le journaliste indépendant ne peut pas organiser en même temps quelque chose de marketing pour n'importe qui, pour des entreprises ou des gens qui... qui veulent utiliser IPI pour organiser un marketing transfrontalier. ».

Cette position a été enregistrée de la manière suivante par les instances de direction de l'association :

> « L'IPI reste une association d'intérêt général servant des buts idéalistes voulant renforcer le sentiment d'appartenance des gens à la Grande Région en utilisant les possibilités de ses membres – les journalistes. [...] Une condition *sine qua non* pour ce faire demeure la crédibilité de ces journalistes. Le moindre soupçon d'un conflit d'intérêts leur porte un préjudice immense. Si IPI proposait au monde économique des prestations payantes, qui éventuellement feraient l'objet de reportages, on ne serait pas loin de croire qu'IPI aurait perdu son indépendance, ce qui signifierait qu'IPI a perdu sa crédibilité. » (Archives IPI, Renvoi aux propositions de financement, 29 août 2004)

6.3. Les répercussions des évolutions technologiques

La fin de l'IPI est également liée au développement des technologies de l'information et de la communication. L'IPI a su saisir le Web, mais le développement des réseaux sociaux numériques (RSN), tels que Facebook à partir de 2004, puis de Twitter, a pu contribuer à modifier les modalités de travail en réseau des professionnels de la communication en facilitant les communications asynchrones et les échanges d'informations. Michael Thieser estime par exemple que l'arrivée d'Internet et des réseaux sociaux numériques a eu un impact sur le fonctionnement de l'IPI conduisant à une plus ou moins grande désaffection de certaines activités : « Ces soirées ouvertes étaient moins fréquentées. Avec l'Internet, la possibilité d'organiser un échange s'est simplifiée beaucoup. Et c'est pour ça à, la fin, on doit dire IPI est mort à cause des réseaux sociaux. » Ce facteur semble toutefois devoir être pris avec prudence et de façon à écarter toute forme de déterminisme technique. L'existence des RSN ne suffit pas à faire exister *per se* un réseau social. Par ailleurs, cette vision semblerait réductrice au regard de la diversité des services apportés par l'IPI. Il n'en demeure pas moins que les RSN, parfois même de simples mails, ont pu se greffer sur un existant constitué à partir de réseaux sociaux impulsés ou développés par l'IPI. Comme en témoigne l'un de nos interlocuteurs, ancien membre de l'IPI, à propos des élections au Grand-Duché du Luxembourg :

> « Là, effectivement j'ai pu recourir à l'aide de journalistes que j'ai connus au moment de l'IPI et qui ont pu me donner des pistes et aussi qui ont pu intervenir, qu'on a pu interroger et qui ont pu faire une analyse de la situation avant et après les résultats électoraux. C'est toujours bénéfique. Par exemple, la Ra-

> dio Socioculturelle[33] m'a demandé le 20 juillet d'être l'invité d'une émission pour expliquer un peu la monarchie, l'abdication, le changement de roi, etc. Donc il y a des échanges malgré tout qui se poursuivent de manière plus ponctuelle, mais il y a un fond qui est resté... » (Journaliste belge).

Chris Mathieu évoque également la banalisation du réseau par interconnaissance, échanges, si bien que la réussite de l'association en termes de mise en contact a pu conduire à la fin de celle-ci. Dans ce cas, la dimension technique peut ensuite être un élément facilitateur du processus.

Par ailleurs, le développement d'Internet a conduit à augmenter la charge de travail des journalistes, la priorité du traitement local intervenant alors du point de vue du média principal, puis de son « extension » Web, reléguant alors le transfrontalier à une pratique occasionnelle.

> « Et c'est vrai que le gros problème auquel tout le monde est confronté chez nous, c'est que d'une part la charge de travail de tous les journalistes, bon, il y a le boulot principal mais maintenant les sites Internet, etc., le boulot ne cesse d'être de plus en plus important et on a de moins en moins de temps pour pouvoir le consacrer à ces choses-là quoi, ça c'est malheureusement la triste réalité... » (Journaliste belge).

7. Conclusion : un bilan en demi-teintes

> Entre originalité, innovation et normalisation, entre volonté d'indépendance et dépendance financière, entre cadre localo-régional et cadre grand-régional et européen, l'IPI laisse les journalistes de la Grande Région dans une situation incertaine, entre rêve et réalité (Gilcher 2004)[34].

Une partie des activités menées par la défunte IPI est aujourd'hui très partiellement prise en charge par les associations journalistiques régionales, mais sans répondre à une dynamique et une cohérence globale. Ainsi, le Club de la presse de Metz-Lorraine propose notamment un annuaire grand-régional; à l'AJP Lux, Philippe Herman porte une attention particulière quant à la tenue d'un agenda transfrontalier et la volonté d'y inscrire

---

33 La radio luxembourgeoise parapublique, au contenu proche des programmes de France Culture et France Musique.
34 « Das Zusammenwachsen Europas an der Grenzregion am Oberrhein betrifft mit oder gerade wegen all seinen Konflikten mehr und mehr den Alltag der Bewohner und kann gerade deswegen auch von den hier arbeitenden Journalisten nicht ignoriert werden – auch wenn zwischen Wunsch und Realität noch eine große Lücke klafft und der mitunter recht banale Arbeitsalltag allzu großen Idealismus schnell bremst. ».

des dates d'événements grand-régionaux. Ces activités permettent de conserver une attention portée aux questions transfrontalières, mais reste moins ciblées sur des actions précises. La définition de ces mêmes actions est toutefois problématique et doit répondre aux besoins de l'ensemble des membres impliqués dans ces associations. Les marges de manœuvre peuvent alors poser problème, limitées par les ressources dont disposent leurs instigateurs.

Les acteurs mobilisés par le transfrontalier semblent toujours ressentir le besoin de se retrouver afin d'entretenir leur réseau de façon plus conviviale. Les déjeuners franco-allemands qui sont apparus après la fin de l'IPI, révélant d'ailleurs l'évidence d'un axe binational (manifeste dans ce chapitre), rythment de façon bimestrielle cette dynamique, en organisant des rencontres ponctuées par des visites ou par l'accueil d'invités permettant de mettre le focus sur un point spécifique de la région voisine. Ces rendez-vous volontairement informels afin d'éviter les lourdeurs, contraintes et enjeux liés aux organisations associatives, se veulent ouverts et permettent ainsi de regrouper des individus sensibles à la problématique transfrontalière venus du journalisme, de la communication, de l'économie, etc. Lisa Huth, leur instigatrice, se révèle ainsi la médiatrice entre des acteurs qui ne se connaitraient pas encore ou comme une animatrice de réseaux. Toutefois, ces rencontres se basent sur une participation dont la reconnaissance officieuse repose sur la mobilisation plus ou moins importante des acteurs, toujours à reconquérir.

Sans doute l'association a-t-elle été victime de forces centrifuges propres à la Grande Région, en particulier la concurrence entre Sarrebruck et Luxembourg pour le leadership du Groupement Européen de Coopération Transfrontalier en cours de constitution. Si l'initiative de l'IPI a été sarroise, l'influence des Luxembourgeois ne pouvait être que grandissante : la dimension de bi-, voire de trilinguisme assumée par les Luxembourgeois et leur nécessaire familiarisation avec des systèmes politiques, économiques nationaux différents les placent à un autre niveau que les autres membres de la Grande Région. Les logiques proprement politiques ont pu l'emporter sur l'intérêt commun.

Citons les propos rapportés par l'un des journalistes interrogés témoignant des priorités politiques accordées au transfrontalier au niveau politique : « Il y a une phrase qui m'a vraiment frappée, un homme politique lorrain me disait : tu ne gagnes pas les élections avec le transfrontalier ». D'autre part, la possibilité voire la volonté des collectivités, acteurs ou associations de transfrontaliers de s'émanciper de tout intermédiaire, a pu contribuer à relativiser la place des journalistes de médias traditionnels au sein de l'espace grand-régional.

L'analyse permet enfin de mettre en avant les logiques à l'œuvre au sein de la Grande Région et la disparité des productions informationnelles. Si le Luxembourg au sein de ce paysage informationnel fait figure d'élément relativement autonome, combinant compétences linguistiques, compétences professionnelles multiples (liées à l'émergence d'un habitus résultant de ceux acquis lors des formations extra-nationales), la Wallonie se retrouve dans une position de marginalité, tout comme, à un degré moindre, la Rhénanie-Palatinat. Par ailleurs, à son niveau, la bonne volonté du journaliste ne suffit pas à promouvoir de façon individuelle l'information grand-régionale, les contraintes pesant sur lui étant alors trop importantes : manque de temps, de ressources financières, de reconnaissance.

Au sein de la Grande Région, la dynamique initiée par l'IPI mérite d'être soulignée et ses activités reflétaient bien la diversité des besoins existants pour élaborer des échanges voire des relations entre différents acteurs : s'assurer de l'interopérabilité tant du point des données que des *process*, assurer des échanges d'informations, mettre en œuvre ou faciliter des pratiques de réseautage. Toutefois, il est également nécessaire de souligner la fragilité de cette organisation ou des dispositifs qui pourraient la remplacer, l'absence même du « référent » transfrontalier au sein d'une rédaction pouvant s'avérer problématique. Cette situation résulte des stratégies mises en place au sein des entreprises et des politiques instaurées. La dimension transfrontalière s'établissait dans le cadre d'une priorité accordée à une politique européenne misant sur l'interrégional, le nom même de l'IPI en témoigne. Cet ancrage n'est pas que sémantique et pose effectivement des effets de réalité (cf. Hamez 2013). Aussi, une volonté politique ou économique forte et placée sur du long terme semble nécessaire afin de prolonger ces actions dans la durée. La situation spécifique et le contexte historique dans lequel s'est déroulé le développement de l'IPI peut laisser supposer quelques inquiétudes quant à la continuité de cette dimension « trans »-frontalière, peu d'acteurs « jeunes » ayant été rencontrés dans le cadre de cette étude (l'existence de nouveaux réseaux s'avérant alors très hypothétique)[35].

---

35 Comme évoqué précédemment et comme ont pu le témoigner différentes personnes interviewées, si la dimension transfrontalière peut attirer certains jeunes, sa mise en pratique requiert un investissement relativement conséquent conduisant

Il semble par ailleurs que la réussite de l'association reposait en partie sur ses permanents qui conjuguaient à la fois un profil biculturel et un profil de « double » compétence journalisme/communication opérant ainsi un travail de médiation portant tant sur les cultures régionalo-nationales que sur les cultures professionnelles. La méconnaissance des contraintes de leur travail a sans doute pu constituer un frein à sa valorisation et sa reconnaissance. La sensibilisation et la dynamisation des acteurs économiques semblent sur ce point nécessaire pour une implication collective dans la défense de l'information transfrontalière.

L'IPI, comme association journalistique, a opéré une double médiation d'un côté par la mise en réseau et par la facilitation des pratiques professionnelles des journalistes de régions différentes, mais également par le travail de médiation effectué entre les journalistes, les communicants et les relations publiques. Aussi, si un contrôle était effectué à l'entrée de la profession, les actions dépassaient ce seul public, formant un véritable creuset reposant sur une communauté d'intérêt de personnes de profils de statuts et de secteurs multiples. Par ailleurs, elle a également permis d'agir à un niveau autre qu'individuel, en réussissant à mobiliser des entreprises médiatiques de la Grande Région.

Les enjeux de développement de cet espace transfrontalier et les politiques mises en place sur ce territoire devraient contribuer à un processus de co-construction médiatico-politique laissant augurer quelques perspectives intéressantes qui mériteraient toutefois de sortir d'une certaine vision à court terme. Il s'agit au fond d'articuler conjointement capacité politique territoriale et capacité médiatique (voire informationnelle) territoriale, ne serait-ce que de façon bilatérale. La stratégie France de la Sarre semble en prendre la direction, en révélant toutefois un nouvel écart entre le niveau local et national et s'appuyant sur l'existant, dont notamment le rôle central du *Saarländischer Rundfunk*. Le transfrontalier risque-t-il au sein de la Grande Région de redevenir bilatéral et asymétrique, sans médiateur référent, pliant à la fois sous le poids d'institutions et d'histoires censées en structurer la dynamique et les logiques de concurrences économiques et politiques ?

---

ces jeunes à délaisser progressivement le « transfrontalier », à quelques exceptions près.

Bibliographie

Arboit, Gérald (2009) : « Les Journalistes et l'Europe », in : *Les Journalistes et l'Europe*, Gilles Rouet (dir.), Bruxelles : Bruylant, Orbicom.

Auburtin, Éric (2003) : « Les acteurs politique en Sarre Lorraine Luxembourg Rhénanie-Palatinat Wallonie », in : *Les Cahiers de l'Institut de la Grande Région*, 3, 6-32.

Auburtin, Éric (2005) : « Anciennes frontières, nouvelles discontinuités : les impacts du développement du travail frontalier sur les populations et les territoires du Nord Lorrain », in : *Espaces, Populations, Sociétés*, 2, 199-210.

Buckow, Isabelle (2011) : *Freie Journalisten und ihre berufliche Identität: Eine Umfrage unter den Mitgliedern des Journalistenverbands Freischreiber*, Wiesbaden : VS Verlag für Sozialwissenschaften.

Carneiro Filho, Camilo (2012) : « La Grande Région, région transfrontalière européenne », in : *Confins*, 16.

Cavet, Marine / *Fehlen*, Fernand / *Gengler*, Claude (2006) : *Vivre dans la Grande Région. Etudes des pratiques transfrontalières dans les espaces frontaliers intérieurs de la région SarLorLux/Rhénanie-Palatinat/Wallonie*, Luxembourg : Collection Forum Europa, 2.

Charron, Jean / *Lemieux*, Jacques / *Sauvageau*, Florian (1991) : *Les journalistes, les médias et leurs sources*, Montréal : Gaëtan Morin.

Charron, Jean (1995) : « Les médias et les sources. Les limites du modèle de l'agenda-setting. », in : *Hermès*, 17-18.

Clement, Franz (2010) : « La construction sociale du territoire de la Grande Région : une confusion entre les concepts de collaboration et d'intégration », in : *La construction des territoires en Europe. Luxembourg et Grande Région : Avis de recherche*, Gaëlle Crenn / Jean-Luc Deshayes (dir.), Nancy : Presses universitaires de Nancy, 29-42.

Dacheux, Éric (dir.) (2004) : *L'Europe qui se construit. Réflexions sur l'espace public européen*, Saint-Etienne : Presses de l'université de Saint-Etienne.

Dang Nguyen, Godefroy / *Dejean*, Sylvain / *Souquet*, Adrien (2011) : *La presse quotidienne face aux enjeux du numérique*. http://www.marsouin.org/spip.php?article434.

Delsalle, Paul (2000) : *Les documents historiques*, Nice : Ophrys.

Gilcher, Dagmar (2004) : « Grenzüberschreitende Berichterstattung in der Regionalpresse am Oberrhein – ein Bericht aus der Praxis », in: *Deutsche und französische Medien im Wandel*, Cornelia Frenkel / Heinz-Helmut Lüger / Stefan Woltersdorff (dir.), Landau : Knecht Verlag, 249-258.

Goulet, Vincent / *Toullec*, Bénédicte (2013) : « Ce que le concept de 'champ journalistique' peut dire de l'espace médiatique transfrontalier de la Grande Région », in : *Champs médiatiques et frontières dans la "Grande Région" SaarLorLux et en Europe/Mediale Felder und Grenzen in der "Großregion" SaarLorLux und in Europa*, Vincent Goulet / Christoph Vatter (dir.), Sarrebruck : Universaar. http://universaar.uni-saarland.de/ monographien/volltexte/2014/113/pdf/SaraviPontes_1.pdf

Hamman, Philippe (2011) : « Penser la différence à l'aune des espaces frontières », in : *Le moi et l'autre*, Sylvie Thiéblemont-Dollet / Laurence Denooz (dir.), Nancy : Presses Universitaires de Nancy, 29-41.

Hamez, Grégory (2013) : « Vers un modèle multiscalaire des territoires frontaliers intérieurs à l'Union européenne », in : *Belgeo*, 1. [en ligne : http://belgeo.revues.org/10558, consultée le 24/08/2014]

Hooghe, Liesbet (1995) : « The European Union and Multi-Level Governance in Practice: Patterns of Subnational Involvement: Expansion, Divergence, Complexity », in : *Unspecified*, Charleston : South Carolina.

Lamour, Christian / *Langers*, Jean (2012) : *La Presse Quotidienne Gratuite au Luxembourg. Vers un renouveau générationnel et populaire de la presse? Cahiers du CEPS/INSTEAD n°2012-01.*

Lamour, Christian / *Lorentz*, Nathalie (2012) : *La pratique de la presse payante papier au Luxembourg. Une fin programmable au temps numérique et métropolitain? Cahiers du CEPS/INSTEAD n°2012-3.*

Laumesfeld, Daniel (1996) : *La Lorraine francique. Culture mosaïque et dissidence linguistique*, Paris : Éd. L'Harmattan.

Laville, Jean-Louis / *Sainsaulieu*, Renaud (2013) : *L'association. Sociologie et économie*. Paris : Editions Fayard, Collection Pluriel.

Marcou, Gérard (1999) : *La régionalisation en Europe. Situation, évolution et perspectives dans les Etats membres de l'Union européenne et dans les Etats candidats d'Europe centrale et orientale*. Rapport Parlement européen. http://www.univ-paris1.fr/fileadmin/GRALE/PEregional1.pdf.

Mattelart, Tristan (2014) : « Les enjeux de la circulation internationale de l'information », in : *Revue française des sciences de l'information et de la communication*, 5. [consulté le 20 août 2014. URL : http://rfsic.revues.org/1145]

Neumann, Alexander (2010) : « Métropolitains navigants en SarLorLux : vers un espace public supranational? », in : *Multitudes*, 4:43, 78-85.

Nies, Gerd / *Pedersini*, Roberto (2003) : *Les journalistes free-lances dans l'industrie médiatique européenne*, http://www.ifj.org/pdfs/FinalFreelance2003FR.pdf [en ligne, consulté le 22. 12. 2012] et http://www.micenweb.com/assets/docs/049/075/cd3da31-7ec3d4b.pdf [en ligne, consulté le 22. 08. 2014].

Pasquier, Romain (2012) : *Le pouvoir régional. Mobilisations, décentralisation et gouvernance en France*, Paris : les Presses de Sciences Po.

Ricaud, Pascal (2011) : « Médias et langues régionales minoritaires dans les espaces transfrontaliers. Les exemples basque et catalan », in : *Les médias de la diversité culturelle dans les pays latins d'Europe*, Michel Mathien (dir.), Bruxelles : Editions Bruylant, 115-129.

Ringoot, Roselyne / *Utard*, Jean-Michel (2004) : « L'Europe vue par la presse quotidienne régionale. Les exemples comparés de Ouest-France et des Dernières Nouvelles d'Alsace», in : *En quête d'Europe. Médias européens et médiatisation de l'Europe*, Dominique Marchetti (dir.), Rennes : PUR, 245-262.

Rouquet, François (dir.) (2005) : *L'exploitation scientifique des archives*, Rennes : Editions Apogée.

Utard, Jean-Michel (2005) : « Inventer une télévision européenne : le cas de l'information sur Arte », in : *Revue d'Allemagne*, 87-100.

Utard, Jean-Michel (2008) : « Du 8 1/2 à Arte-info : le quotidien d'une rédaction binationale », in : *Les lucarnes de l'Europe. Télévisions, cultures, identités, 1945*-2005, Marie-Françoise Lévy / Marie-Noëlle Sicard (dirs.), Paris : Publications de la Sorbonne, 265-278.

Wiermer, Patrick (2013) : « Die Nachrichtengeografie des Saar-Lor-Lox-Raums –Zentrum und Peripherie der Großregion », in : *Champs médiatiques et frontières dans la "Grande Région" SaarLorLux et en Europe/Mediale Felder und Grenzen in der "Großregion" SaarLorLux und in Europa*, Vincent Goulet / Christoph Vatter (dir.), Sarrebruck : Universaar, 125-167. http://universaar.uni-saarland.de/monographien/volltexte/2014/113/pdf/ SaraviPontes_1.pdf

Wille, Christian (2009) : « Eine namenlose Region », in : *Forum für Politik, Gesellschaft une Kultur in Luxembourg*, 288, 30-31.

Zimmerman, Clemens / Hudemann, Rainer / Kuderna, Michael (dir.) (2010) : *Medienlandschaft Saar 1 – 3*, München / Oldenbourg : Wissenschaftsverlag.

Zur Nieden, Peter et alii (2010) : *Wahrnehmung von Nachbarschaft in des Großregion SaarLorLux durch Bürger und lokale Medien am Beispiel von Quattropole*, Trier: Universität Trier, Fachbereich Geographie. 2006. Consulté le 1er juillet 2010. http://www.quattropole.lu/bilder/Endbericht_01.09.06.pdf

Annexe

Liste des journalistes interrogés

- Responsable de l'édition Thionville-Hayange du Républicain Lorrain
- 1 adjoint au responsable de l'édition Thionville-Hayange du Républicain Lorrain
- 1 journaliste chargé du transfrontalier à l'agence de Thionville du Républicain Lorrain
- 2 journalistes de l'agence de Thionville du Républicain Lorrain
- 1 journaliste photographe de l'agence de Thionville du Républicain Lorrain
- Chef d'agence de Forbach du Républicain Lorrain
- 1 journaliste chargée du transfrontalier de l'agence de Forbach du Républicain Lorrain
- Chef d'agence de Longwy du Républicain Lorrain
- Responsable rédaction Saarländischer Rundfunk
- 2 Journalistes 12-a-freie Saarländischer Rundfunk
- 2 anciennes responsables administratives de l'IPI
- 1 ancien responsable de l'IPI, journaliste belge (AJP)
- 1 ancien responsable de l'IPI (basé en France et en Allemagne)
- 1 Journaliste luxembourgeois du Jeudi (ancien responsable de l'IPI)
- 1 responsable d'un club de presse

Die Pressekonferenz in Deutschland und Frankreich – eine interkulturelle Herausforderung für die grenzüberschreitende Medienkommunikation? Journalistische Praktiken und Kommunikationsinstrumente am Beispiel der Großregion

Christoph Vatter (Universität des Saarlandes)

Grenzüberschreitende Medienkommunikation ist auch in Grenzregionen keine Selbstverständlichkeit – im Gegenteil: Inhaltsanalysen zeigen, dass Informationen vornehmlich innerhalb des nationalen Rahmens zirkulieren und nur selten die Grenzen überschreiten. Neben politischen – wie Staatsgrenzen – gilt dies offensichtlich für sprachliche Grenzen in besonderem Maße (Prinzing / Blum 2014). Insbesondere Grenzräume, die sich wie die Großregion SaarLorLux um eine verstärkte Integration und eine identitäre Verankerung und Bewusstwerdung bei der Bevölkerung bemühen, stellt dies vor große Herausforderungen. Denn die mediale Repräsentation einer Region, auch in ihrer kulturellen Diversität, spielt eine zentrale Rolle für die Identifikation der Menschen mit ihr, insbesondere wenn verbindende Elemente medial abgebildet werden und auch Gebiete jenseits einer Grenze damit Bestandteil des eigenen lokal-regionalen Erfahrungsraums werden können (Zimmermann 2010).

Mögliche Gründe dafür, dass nur wenig Berichterstattung über Grenzen stattfindet, können in strukturellen und institutionellen Gegebenheiten, aber auch auf der Ebene der Akteure wie Mediennutzern und Journalisten liegen. Im Fokus unserer Überlegungen steht daher die berufliche Praxis von Journalisten, deren Handeln und Agieren auch als kulturelle Praktiken mit spezifischen Kommunikationsstrukturen und -gewohnheiten verstanden werden können. Mit Jürgen Bolten (2007) können diese auch als kulturelle Stile aufgefasst werden, die sich aus institutionellen Bedingungen und strukturellen Eigenheiten der jeweiligen Medien bzw. Mediensysteme, und auch durch unterschiedliche Journalismuskulturen (Hanitzsch e.a. 2011; Hanitzsch / Seethaler 2009) ergeben. Diese umfassen sowohl die individuelle journalistische Praxis als auch kollektive Aspekte wie die Funktionsweise und Organisation von Redaktionen.

Im Zentrum der folgenden Ausführungen steht also die Frage nach professionellen Grenzen, die Hindernisse für eine grenzüberschreitende Medienpraxis darstellen. Journalistische Praktiken und Kommunikationsstrukturen können, so die Hypothese, im Sinne kultureller Stile eine Barriere oder zumindest eine Herausforderung für die grenzüberschreitende Medienberichterstattung in Grenzräumen wie der Großregion SaarLorLux darstellen.

Exemplarisch soll die Pressekonferenz als Teil der professionellen Presse- und Öffentlichkeitsarbeit untersucht werden, die für Journalisten, v.a. auch in regionalen Medien, eine wichtige Rolle in der täglichen Arbeit einnimmt, insbesondere im Kontext der Recherche und Informationsbeschaffung. Im Zusammenhang mit der regionalen und lokalen grenzüberschreitenden Berichterstattung kommt diesem Instrument zudem eine besondere Bedeutung zu, da diese Form des Journalismus der Nähe in besonderem Maße auf lokalen politischen und kulturellen Institutionen und anderen Formen zivilgesellschaftlichen Engagements, z.B. in Vereinen, oder auch Kulturveranstaltungen und Freizeitaktivitäten sowie Tourismus beruht.

Pressekonferenzen bilden einen festen Rahmen in der journalistischen Arbeit und können in Anlehnung an Michel Foucault als Dispositiv bezeichnet werden.[1] Sie stellen eine institutionalisierte Form der Kommunikation dar, folgen impliziten Regeln und häufig einem quasi zeremoniellen Ablauf; in ihnen spiegeln sich Machtverhältnisse wider und sie können – sowohl auf journalistischer als auf institutioneller Seite – der Vergewisserung des jeweiligen Selbstverständnisses dienen, aber auch dieses in Frage stellen. Pressekonferenzen sind ihrerseits Teil eines komplexen Systems der Beziehungen zwischen Medien und Institutionen. Diese Rahmenstruktur des Dispositivs bezieht sich auf das jeweilige mediale Feld, das weitestgehend von national (oder regional) geprägten Bedingungen gekennzeichnet ist – von der Ausbildung der Journalisten und PR-Verantwortlichen bis zu professionellen Praktiken und Produktionsbedingungen von Medien. Auf der Ebene der regionalen Berichterstattung erscheint dies – beispielsweise im Vergleich zu internationalen Institutionen wie der

---

[1] Neuere Forschungen unterstreichen, häufig auf Grundlage einer umfassenderen Einordnung in Foucaults Werk, die Vernetzung des Dispositiv-Konzepts mit den Begriffen Diskurs, gesellschaftlicher Praxis und vor allem Macht und verweisen auf die Produktivität des Ansatzes für die Diskursanalyse (vgl. Busch 2013; Bührmann / Schneider 2008; sowie kritisch Gavillet 2011).

EU (Baisnée 2000) – als besonders relevant. In einer Region wie der Großregion SaarLorLux stellen die kulturspezifischen Dispositive der Pressekonferenzen dies- und jenseits der Grenze eine besondere interkulturelle Herausforderung für die grenzüberschreitende Medienkommunikation zwischen Deutschland und Frankreich dar. Denn die erfolgreiche Interaktion im Dispositiv der Pressekonferenz jenseits der Grenze verlangt Journalisten wie auch Veranstaltern in besonderem Maße sprachliche und interkulturelle Kompetenzen ab. Schließlich beruhen Pressekonferenzen einerseits auf *face-to-face*-Kommunikation, sind aber andererseits in der Regel keine Einzelgespräche, in denen Bedeutungen kommunikativ ausgehandelt werden können, eventuelle Verständigungsprobleme durch metakommunikative Strategien gelöst werden können etc. In der grenzüberschreitenden Lokalberichterstattung stellen Pressekonferenzen daher eine privilegierte interkulturelle Kontaktzone zwischen Akteuren und Journalisten von beiden Seiten der Grenze dar. An ihnen, so die hier zu Grunde liegende These, kristallisieren sich kulturspezifische kommunikative Praktiken von Journalisten wie PR-Verantwortlichen als kulturelle Stile in prägnanter Art und Weise, da sie als Dispositiv auf Grundlage einer ritualisierten Form mit Regeln, Diskursen und auch Machtverhältnissen Handlungsspielräume der Akteure begrenzen.

1. Zur Geschichte und Funktion von Pressekonferenzen

Pressekonferenzen waren bislang eher selten und sporadisch Gegenstand wissenschaftlicher Forschung. Unter den wenigen einschlägigen Untersuchungen sind vor allem Dokumentationen von Pressekonferenzen zu finden, insbesondere aus Politik und Wirtschaft, beispielsweise als Gegenstand sprachwissenschaftlicher Studien, v.a. da es sich häufig um leicht zugängliche Korpora institutionalisierter Kommunikationsformen handelt, die oft auch schon gut dokumentiert und aufbereitet, bisweilen sogar transkribiert sind. In Handbüchern und anderen praktischen Handreichungen für Journalisten werden Pressekonferenzen unter Recherche-Werkzeugen aufgeführt. Einige wissenschaftliche Aufsätze liegen vor (Haegel 1992; Lévêque 1992), die sie aber im Kontext des Verhältnisses zwischen Journalisten und ihren Quellen eher am Rande behandeln (Schlesinger e.a. 1992). Einschlägige interkulturelle oder kulturvergleichende Studien konnten nicht ausfindig gemacht werden; insbesondere in deutsch-französischer oder auch lokal-regionaler Perspektive liegen bislang kaum Vorarbeiten vor.

Die ersten Pressekonferenzen wurden von Unternehmen in den USA am Anfang des 20. Jahrhunderts durchgeführt, um die immer wichtiger werdende Berichterstattung in einer aufstrebenden Medienindustrie unter Kontrolle zu halten. Als „Erfinder" dieser Maßnahme gilt der PR-Pionier Ivy Lee, der 1906 die Pennsylvania Railroad Company davon überzeugte, nach einem verheerenden Zugunglück in Atlantic City (New Jersey), das 53 Menschenleben kostete, der Presse am Ort des Unglücks selbst Auskunft zu geben (Lévêque 1992). Pressemitteilungen und „news conferences" galten fortan für Unternehmen und Institutionen als Weg, die eigenen Positionen in die Berichterstattung einzubringen und diese damit zu beeinflussen, und wurden fester Bestandteil insbesondere der angelsächsischen journalistischen Praxis. Die Pressekonferenz stellt so ein zentrales Werkzeug in der Gestaltung der Beziehungen zwischen Akteuren unterschiedlichster Art und den Medien dar und ist zugleich Wegbereiter als auch Symptom einer professionellen Presse- und Öffentlichkeitsarbeit, die im beruflichen Alltag vieler Journalisten sehr präsent ist.

In der Bundesrepublik Deutschland wurden Pressekonferenzen nach dem heutigen Verständnis vor allem nach dem 2. Weltkrieg nach angelsächsischem Vorbild etabliert. Insbesondere die Landespressekonferenzen, die ab 1947 zunächst in verschiedenen Ländern der amerikanischen Besatzungszone eingeführt wurden,[2] und die 1949 gegründete Bundespressekonferenz[3] zeugen von einer eindeutigen Machtverteilung zu Gunsten der Journalisten, die in diesen Organen Politiker einladen, um von diesen Informationen zu erhalten (Krüger 2005). Diese Form der Pressekonferenz knüpft an Traditionen aus der Weimarer Republik an, die jedoch unter dem Nazi-Regime ausgesetzt wurden, um mit der „Reichspressekonferenz" ein Mittel zur Propaganda sowie zur Kontrolle und Lenkung der Presse zu etablieren.

Im Vergleich mit Frankreich stellen die Landes- bzw. Bundespressekonferenzen in Deutschland ein spezifisches Phänomen dar, das prägend für das Selbstverständnis der Journalisten ist und auch ihre berufliche Praxis beeinflusst. In ähnlicher Weise stärkt die in Deutschland geltende Aus-

---

[2] Die Landespressekonferenz Saar wurde 1956, d.h. kurz vor der Eingliederung des Saarlandes in die Bundesrepublik gegründet. Vgl. http://www.lpk-saar.de/.
[3] Vgl. auch die Homepage der Bundespressekonferenz (http://www.bundespressekonferenz.de/.).

kunftspflicht öffentlicher Einrichtungen und Behörden gegenüber Journalisten deren Position als Gesprächspartner auf Augenhöhe. Neben diesen institutionalisierten Sonderformen sind natürlich auch Pressekonferenzen im klassischen Sinne verbreitet, die zumeist auf Initiative von Unternehmen, Verbänden u.a. einberufen werden, um die Pressevertreter über eigene Angelegenheiten und Belange zu informieren bzw. auf Entwicklungen oder Ereignisse zu reagieren.

In Frankreich wurden Pressekonferenzen von de Gaulle ab 1947 als Mittel zur Inszenierung politischer Rede eingeführt. Ein mit der Bundespressekonferenz vergleichbares Forum besteht in Frankreich allerdings nicht; hier dominieren in der Regel die einladenden Institutionen bzw. ihre Vertreter das Terrain einer Pressekonferenz.

Bezüglich der Funktion von Pressekonferenzen kann mit Lévêque ihre Bedeutung als Instrument der Professionalisierung der Presse- und Öffentlichkeitsarbeit und als Mittel zur Regelung der Beziehungen zwischen Journalisten und Institutionen unterstrichen werden:

„La conférence de presse peut être considérée [...] comme un instrument cognitif. Elle semble bien ici permettre une ‚stabilisation des attentes réciproques et [rendre] possible une standardisation tendancielle des pratiques, [offrant ainsi] des économies de temps et d'efforts, [s'assimiliant] à des réducteurs d'angoisse, et [permettant aussi] de mieux prédire l'avenir'"[4] (Lévêque 1992: 125)

Pressekonferenzen erlauben es also, die gegenseitigen Erwartungen transparent zu machen und Unwägbarkeiten in der Kommunikation zu minimieren. Sie sind damit Teil der „techniques de communication", wie PR-Instrumente vor allem seit 1968 bezeichnet werden (Lévêque 1992: 124f.), und tragen zu einer effizienteren Gestaltung der journalistischen Praxis mit entsprechenden Kosten- und Rationalisierungseffekten auf beiden Seiten bei.

Haegel betont dagegen den Aspekt der Kontrolle der Informationen seitens der Institutionen und Unternehmen und bezeichnet die Pressekonferenz im oben skizzierten Sinne als „dispositif d'encadrement" (Haegel 1992: 103), das einen geschlossenen Raum des privilegierten Kontakts

---

4 „Die Pressekonferenz kann als kognitives Instrument betrachtet werden. Sie scheint 'hier eine Stabilisierung der gegenseitigen Erwartungen und eine tendenzielle Standardisierung der Praktiken zu ermöglichen, in dem sie Zeit und Aufwand, aber auch Unsicherheit reduziert und außerdem ermöglicht, die Zukunft besser vorherzusagen.'" [Übersetzung C.V.].

zwischen Journalisten und Quellen darstellt.⁵ Diese Einschätzung der Pressekonferenz als Möglichkeit, einem eng beschränkten und exklusiven Kreis Zugang zu Informationen zu ermöglichen, steht in einem Spannungsverhältnis zu ihrer Funktion der Herstellung von Transparenz und Öffentlichkeit, so dass sich in ihr kulturell divergierende Repräsentationen abzeichnen, die in der grenzüberschreitenden Medienpraxis aufeinandertreffen. Diese Wahrnehmung der Pressekonferenzen als Dispositive mit jeweils kulturell spezifischen Erwartungen und Spielregeln spiegelt sich auch in den in den Interviews wiedergegebenen Erfahrungen mit journalistischen Praktiken im Nachbarland wider. Auch der erschwerte Feldzugang im Rahmen dieser Untersuchung bestätigt dies, denn während die Teilnahme an Pressekonferenzen auf deutscher Seite problemlos möglich war, scheiterte das Bemühen bei französischen Institutionen immer wieder.

2. Pressekonferenzen in der Großregion SaarLorLux – Kontextualisierung und methodische Überlegungen

Die Großregion SaarLorLux stellt einen heterogenen, stark fragmentierten Raum dar, zu dem ein Nationalstaat (das Großherzogtum Luxemburg), eine französische *région* (Lothringen), zwei deutsche Bundesländer (Rheinland-Pfalz und das Saarland) und eine Region Belgiens (Wallonien) mit ihren beiden Sprachgemeinschaften (Französische Gemeinschaft Belgiens und Deutschsprachige Gemeinschaft Belgiens) gehören. Die auf diesem Gebiet vertretenen Medien sind in erster Linie lokal verankert und – von wenigen Ausnahmen wie der Luxemburger Gratispresse abgesehen – eher punktuell oder in institutionell getragenen Projekten wie der deutsch-französisch-luxemburgischen Jugendbeilage *Extra* grenzüberschreitend auf die Großregion ausgerichtet (Vatter / Goulet 2015). Gleichzeitig handelt es sich um eine Region, die das höchste Grenzpendleraufkommen der Europäischen Union aufweist und in der zahlreiche zivilgesellschaftliche Akteure auf unterschiedlichen Ebenen, insbesondere auch in den Bereichen Freizeit, Kultur und Tourismus, sich dezidiert grenzüberschreitend positionieren, v.a. im deutsch-französischen Kontext. Aus historischen Gründen, aber auch getragen von einem starken politischen Willen ist das

---

5 Er spricht von Pressekonferenzen als „lieu d'un rapport privilégié, espace clos et familial, cercle restreint" (Haegel 1992: 103).

Saarland hier besonders engagiert. Die grenzüberschreitende Zusammenarbeit ist jedoch geprägt von den jeweiligen politisch-administrativen Systemen, deren spezifische strukturelle und institutionelle Bedingungen zu Problemen in der Kooperation beitragen oder sich gar als inkompatibel erweisen können (vgl. Halmes 2014). Aufgrund der regional-lokalen Ausrichtung der Medien der Großregion einerseits und zahlreicher systembedingter Disparitäten andererseits präsentiert sich das Feld auch in Bezug auf Kommunikationsinstrumente wie die hier im Fokus stehenden Pressekonferenzen als sehr heterogen: von institutionalisierten Formen wie der Landespressekonferenz Saar oder auch Pressekonferenzen der Landesregierung über deutsch-französische Institutionen bis hin zu kleineren Initiativen und Vereinen, die sich auch an Medien jenseits der Grenze wenden wollen, um Veranstaltungen oder andere Anliegen bekannt zu machen.

Im Rahmen der vorliegenden Untersuchung von Pressekonferenzen als Teil der grenzüberschreitenden Medienkommunikation in der Großregion SaarLorLux wurden zunächst nationale und grenzüberschreitende Pressekonferenzen im Saarland und in Lothringen im Zuge einer teilnehmenden Beobachtung besucht. Diese dienten als Grundlage für die in einem zweiten Untersuchungsschritt vorgenommen Befragungen von Journalisten aus Deutschland, Frankreich und Luxemburg, die für unterschiedliche Medien in der Großregion, vor allem aber im Saarland und in Lothringen, tätig sind. Die 13 Leitfadengestützten semi-direktiven Interviews betrafen viele Journalisten, die über sehr große Erfahrung in der grenzüberschreitenden Berichterstattung verfügen oder sogar darauf spezialisiert sind, andere können auf keine oder lediglich sporadische berufliche Erfahrungen im anderen Land zurückgreifen (vgl. Abb. 1).

Abb. 1: Übersicht über die Interviewpartner

Land	Mediensektor	Nationale / grenzüberschreitende Tätigkeit
D	Print (Tageszeitung)	national
D	Print (Tageszeitung)	National / international
D	Print (Tageszeitung)	grenzüberschreitend
L	Print (Tageszeitung)	grenzüberschreitend
F	Print (Tageszeitung)	national
F	Print (Tageszeitung)	grenzüberschreitend
F	Print (Tageszeitung)	grenzüberschreitend
F	Print (Tageszeitung)	grenzüberschreitend

Land	Mediensektor	Nationale / grenzüberschreitende Tätigkeit
D	Print (Wochenzeitung)	grenzüberschreitend
D	Audiovisuell	grenzüberschreitend
D	Audiovisuell	grenzüberschreitend
D	Audiovisuell	grenzüberschreitend
F	Audiovisuell	National / grenzüberschreitend

In den vom 12. Juni bis 30. August 2012 durchgeführten Befragungen standen zunächst die Rolle und die Bedeutung von Pressekonferenzen im beruflichen Alltag der Journalisten im Vordergrund. Mit der Frage nach einer aus Sicht der Interviewpartner „idealen Pressekonferenz" und Details hinsichtlich Ablauf, Medien, Rahmenbedingungen, Vorbereitung, Erwartungen etc. sollten individuelle Vorstellungen und Repräsentationen über das PR-Instrument sowie dessen Verankerung in der professionellen Praxis nachgezeichnet werden. In einem weiteren Schritt wurde – wenn vorhanden – nach Beobachtungen und Erfahrungen mit Pressekonferenzen im jeweils anderen Land gefragt. Den Abschluss der Interviews bildete die Einschätzung des grenzüberschreitenden Journalismus in der Großregion.

3. Interkulturelle Perspektiven auf Pressekonferenzen im grenzüberschreitenden Journalismus in der Großregion

Nahezu alle befragten Journalisten schreiben Pressekonferenzen eine bedeutende Rolle in ihrem beruflichen Alltag zu, insbesondere für die regionale Berichterstattung scheinen sie nach wie vor einen zentralen Weg zur Informationsbeschaffung darzustellen. Auch hinsichtlich der Erwartungen an die Organisation, Ausgestaltung und Durchführung einer Pressekonferenz ließen sich keine eindeutig kulturellen Vorlieben oder Gepflogenheiten entsprechende Präferenzen in den Interviews herausarbeiten. Vielmehr dominierte die Formulierung einer von Professionalität geprägten PR-Arbeit, die den Journalisten die Arbeit erleichtert. Dazu gehörten z.B. eine langfristige Planung, aussagekräftige Materialien wie Pressemappen oder auch digital zur Verfügung gestelltes Bildmaterial etc., die Bereitschaft, für O-Töne zur Verfügung zu stehen, und die Erwartung einer Komplementarität zwischen schriftlichem Material oder Pressemitteilung und der Pressekonferenz selbst, die einen wahren „Mehrwert" bieten müsse, damit sich die Anreise lohne. Auch Erwartungen hinsichtlich äußerer Umstände wie angebotene Getränke, Speisen oder auch Präsente wurden von allen befragten Journalisten unabhängig davon, in welchem Land sie tätig sind, als unwesentlich bezeichnet. Die weitgehende Konvergenz in den nahezu einem Handbuch entsprechenden Angaben deutscher, französischer und luxemburgischer Journalisten, wie aus ihrer Perspektive eine ideale Pressekonferenz gestaltet werden sollte, ist sicherlich teilweise auf sozial erwünschtes Antwortverhalten sowie den Abstraktionsgrad des Themas zurückzuführen. Sie stellt aber auch in gewisser Weise die Hintergrundfolie dar, vor der die eigene berufliche Praxis und die Erfahrungen im grenzüberschreitenden Journalismus reflektiert werden.

3.1 Pressekonferenzen in Lothringen aus der Perspektive deutscher Journalisten

Die Aussagen der befragten deutschen Journalisten über die Gestaltung von Pressekonferenzen im benachbarten Frankreich und dort beobachtete Spezifika betreffen vor allem drei Bereiche:

- Ausgestaltung der Pressekonferenz
- Kommunikationsstile
- Zugang zu Informationen

Unter Ausgestaltung der Pressekonferenz sind hier insbesondere Beobachtungen einzelner Journalisten zu Getränken und Speisen gemeint. So berichtet ein deutscher Radio- und Fernseh-Journalist:

> „In Frankreich passiert es dann manchmal – es ist in Frankreich eigentlich ganz häufig – dass hinterher noch ein ‚vin d'honneur' oder ein Aperitif geboten wird. Das ist für uns eigentlich unnötig. Gut, da knüpft man dann nochmal Kontakte und so, aber da gibt es dann auch Alkohol. Da gibt es wirklich einen Unterschied in Deutschland und in Frankreich." (deutscher Journalist, Print)

Er beschreibt die Darreichung alkoholischer Getränke, insbesondere bei einem Umtrunk nach einer Pressekonferenz, als für Frankreich spezifische Praxis, der er den Wert eines kulturellen Unterschiedes zuschreibt, der – zumindest kann die mehrfache Nennung „in Frankreich" so gedeutet werden – auch über den Bereich des Journalismus hinaus Geltung hat. Er lehnt diese Praxis jedoch nicht pauschal ab, sondern verweist auch mit einer gewissen interkulturellen Sensibilität auf die Funktion des Umtrunks für die Kontaktpflege zwischen den Beteiligten.

In Bezug auf den Konsum alkoholischer Getränke im Anschluss an französische Pressekonferenzen bestätigt dies auch ein Vertreter der französischen regionalen Presse aus der Innensicht. Nicht ohne Ironie verweist er auf die Bedeutung des Trinkens für den Berufsstand des Journalisten und stellt ebenfalls fest, dass dies in Frankreich üblicher sei als im Nachbarland:

> « Ici [au Luxembourg] ce n'est pas tellement ça, ils considèrent que les gens ont besoin de boire de l'eau pendant la conférence de presse, c'est assez marrant. Chez nous cela n'existe pas. Il y a à boire après et c'est du pinard et puis on en parle plus. Ou alors du jus d'orange, mais si on prend du jus d'orange, on vous regarde et on se demande si on est malade. » (französischer Journalist, Print)

Auch er unterstreicht die Funktion der Kontaktpflege zwischen Journalisten und ihren Quellen durch den Umtrunk – oder auch eine Essenseinladung –; denn trotz der Gefahr einer Beeinflussung und des Verlusts der journalistischen Unabhängigkeit sieht er den Einfluss auf die Arbeit eher positiv :

> « Il y a le côté « acheter le journaliste en l'invitant à manger », mais par contre le repas permet de nouer des contacts plus étroits. On se raconte des choses, on discute de la famille, se crée un lien plus personnel qui peut être plus tard important pour le travail du journaliste. » (französischer Journalist, print)

In den beiden zitierten Einschätzungen mögen zwar auch althergebrachte Frankreich-Klischees mitschwingen, sie verweisen jedoch auf eine Praxis, die im Zusammenhang mit Pressekonferenzen zwar nicht (mehr) als Standard gelten mag, im grenzüberschreitenden Kontext zumindest aber als Beobachtung berichtenswert erscheint – zumal interkulturelle Fremdheitserfahrungen auf dieser augenfälligen Ebene zum Standardrepertoire des deutsch-französischen Austausches gehören.

Der zweite Bereich, der als charakteristisch für Pressekonferenzen in Frankreich genannt wurde, geht über die Beobachtung offensichtlicher Phänomene wie des Getränkeangebots hinaus. Sie betreffen das Kommunikationsverhalten und Kommunikationsstile. Mit der gebotenen Vorsicht vor stereotypisierenden Verallgemeinerungen beschreibt der Journalist einer deutschen Wochenzeitung seine Eindrücke vom Frageverhalten deutscher und französischer Kollegen auf Pressekonferenzen:

> „Manchmal sind sie [Fragen] auch mit einem gewissen Pathos versehen. Bei grenzüberschreitenden Pressekonferenzen fragen die Deutschen natürlich immer ‚was kostet das, was bringt uns das […]?' und die Franzosen fragen dann eher: ‚Dann ist das ja eine Brücke zwischen Deutschland und Frankreich, sehen sie das genauso…?' Also, es kommt immer so ein bisschen Pathos mit

rein. Ich weiß nicht, ob man das so verallgemeinern kann, aber es ist so ein erstes Gefühl." (deutscher Journalist, Print)

Etwas belastbarer erscheinen Aussagen zum Kommunikationsverhalten seitens der Organisatoren einer Pressekonferenz, die gleich von mehreren Vertretern vorgebracht werden. So führt ein Printjournalist beispielsweise an, dass es in Frankreich „relativ wenig Pressemitteilungen und vor allem hinterher kein Résumé [der Veranstaltung]" gebe und drückt so gleichzeitig eine enttäuschte Erwartung hinsichtlich der Vorabinformationen und der Nachbereitung einer Pressekonferenz aus, die in Frankreich weniger seinen Bedürfnissen entsprechen mögen.

Für die kommunikative Gestaltung einer Pressekonferenz selbst stellen einige der befragten Journalisten dagegen einen höheren Grad an Formalisiertheit und Steuerung der Veranstaltung seitens der Ausrichter fest, wie folgende Aussagen zeigen:

„Ich habe das Gefühl, dass französische PKs formeller sind, es hat eher etwas Schulisches, alle schreiben sehr viel mit. [...] Das Dozieren ist ganz wichtig in Frankreich." (deutscher Journalist, audiovisuell)

„En France c'est beaucoup plus straight, beaucoup plus formel [qu'au Luxembourg]." (französischer Journalist, Print)

Diese Beobachtungen entsprechen auch häufig berichteten interkulturellen Erfahrungen aus anderen Bereichen wie dem Schüler- oder Studierendenaustausch und lassen tendenziell – zumindest aus deutscher Perspektive – auf einen höheren Formalisierungsgrad der Informationsvermittlung in vielen französischen Pressekonferenzen schließen. Diese Tendenz steht nur in scheinbarem Widerspruch zu einem höheren Grad an Mündlichkeit auf französischer Seite, der ebenfalls von einigen Befragten berichtet wird:

„Was mein Eindruck, nicht nur auf Grund von Pressekonferenzen, ist, ist, dass in Frankreich viel mehr mündlich kommuniziert wird und Informationen weitergegeben werden." (deutscher Journalist, Print)

„Es standen keine Schilder dort [bei der Pressekonferenz], wer wer ist und von welchem Verein, es wurde nur mündlich vorgestellt, es gab auch keine gescheiten Unterlagen, in denen die Vereine und Vertreter vorgestellt wurden." (deutscher Journalist, Print)

Diese Tendenz zur mündlichen Weitergabe von Informationen kann insbesondere im grenzüberschreitenden Bereich die journalistische Arbeit erschweren – neben eventuellen der Fremdsprache geschuldeten sprachlichen Schwierigkeiten wären z.B. auch der erhöhte Aufwand und eventuelle Unsicherheiten bei Angaben wie Namen etc. zu nennen. Die Befragten verweisen hier aber auch auf ein exklusiveres Verhältnis zwischen Informant und Journalist, das durch den höheren Grad an Mündlichkeit gefördert wird, da so übermittelte Informationen die Anwesenheit beim Ereignis der Pressekonferenz selbst unabdingbar machen, während schriftliche Unterlagen in Pressemappen u.Ä. belastbarer sind und auch an andere ohne Informationsverluste weitergegeben werden können. So spiegeln sich in diesen Beobachtungen ein anderes Verständnis von Öffentlichkeit sowie Spezifika in der journalistischen Praxis dies- und jenseits des Rheins wider, die die beständige Pflege von Kontakten zu Informanten für einen Journalisten in Frankreich als essentieller erscheinen lassen als in Deutschland, wo beispielsweise die Auskunftspflicht in vielen Bereichen den Fluss von Informationen erleichtert.[6]

Die Problematik des Zugangs zu Informationen in Frankreich stellt schließlich auch den dritten und am häufigsten von deutschen Journalisten genannten Bereich deutsch-französischer Unterschiede dar. Insbesondere Vertreter der audiovisuellen Medien, die in der Regel auf O-Töne und Bilder angewiesen sind, merken an, dass sich Informationsbeschaffung und -zugang im Kontext der regionalen grenzüberschreitenden Berichterstattung in Frankreich bisweilen als schwierig erweisen können, wie die folgenden Aussagen deutscher Journalisten mit umfassenden grenzüberschreitenden Erfahrungen belegen:

> „Es ist sehr schwierig in Frankreich überhaupt O-Töne zu bekommen. Bis zum kleinen Orts-Bürgermeister ist es wirklich ein Kampf bis man an ihn rankommt. Das ist in Deutschland etwas einfacher." (deutscher Journalist, audiovisuell)

Noch stärker formuliert es dieser deutsche Radio- und Fernsehjournalist:

> „Die meisten Pressestellen in Frankreich sind Informationsverhinderer. Eindeutig. Viel mehr als in Deutschland." (deutscher Journalist, audiovisuell)

Sicherlich stellt der Befragte hier die Situation stark überzeichnet dar. Sie kann jedoch in der grenzüberschreitenden Medienkommunikation als symptomatisch betrachtet werden und verweist auf Divergenzen in den Journalismuskulturen und der beruflichen Alltagspraxis in Deutschland und Frankreich; denn auch in diesem Zusammenhang spielen der Aufbau und die Pflege von Beziehungen zwischen Journalisten und den Vertretern

---

6 Vgl. auch den Beitrag von Vincent Goulet zu „faits divers" in diesem Band.

von Institutionen offensichtlich jenseits der Grenze eine wichtige Rolle. Als mögliches Erklärungsmuster führt der deutsche Journalist eine mangelnde deutsch-französische Einstellung seitens der Akteure an, wie er am Beispiel seiner Erfahrungen mit einer grenznahen französischen Kommune ausführt:

> „Schlimmstes Beispiel ist seit über 10 Jahren – die Kommunikationsabteilung von [französische Stadt], die nun wirklich ein Interesse an grenzüberschreitender Berichterstattung hätte. Und wir wollen alle grenzüberschreitend berichten. Wir wollten gerne über [diese französische Stadt] berichten. Sie bekommen es nicht fertig, sie schaffen es noch nicht einmal gezielt E-mails zu verschicken und es ist mir schleierhaft warum. Das ist das schlimmste Beispiel. Das heißt, Antwort auf die Frage ist: ein Pressemensch ist normal nicht deutsch-französisch drauf, außer er ist auf Leute getroffen, zufällig." (deutscher Journalist, audiovisuell)

Das Beispiel verweist auf eine auch in der Grenzregion stark an nationalen Maßstäben orientierte Berufspraxis in der PR- und Medienarbeit. So kann die Klage über die fehlende deutsch-französische Perspektive sicherlich nicht nur auf PR-Verantwortliche, sondern umgekehrt auch auf viele Journalisten angewandt werden, denen eine systematische Einbeziehung der interkulturellen Situation in der Großregion in ihre alltägliche journalistische Praxis fehlt. Der Aufbau und die Pflege eines „interregionalen Mindsets" für die Medienkommunikation in einer stark integrierten Grenzregion scheint damit ein zentrales Desiderat für die Aus- und Weiterbildung von Journalisten und PR-Vertretern zu sein.

3.2 Pressekonferenzen im Saarland aus der Perspektive französischer Journalisten

Die Beobachtungen französischer Journalisten bezüglich Pressekonferenzen in Deutschland sind insgesamt weniger ausgeprägt als umgekehrt. Dies mag zum einen an einer etwas stärkeren Orientierung am Modell einer „idealen Pressekonferenz" nach angelsächsischer Tradition liegen, zum anderen aber auch an einer generell etwas geringer ausgeprägten Berichterstattung aus Deutschland in den regionalen lothringischen Medien.

Die genannten Spezifika, die französischen Journalisten bei deutschen Pressekonferenzen aufgefallen sind, betreffen in erster Linie einen eher auf Schriftlichkeit basierten Kommunikationsstil, womit sie die Beobachtungen ihrer deutschen Kollegen in Frankreich spiegeln:

> „Ce que j'aime bien aussi – et je crois que c'est assez germanique et en tout cas au Luxembourg c'est très courant – dans beaucoup de conférences de presse, devant chaque poste de travail, vous vous trouvez avec un dossier de presse, même avec que deux feuilles et trois fois rien marqué dessus, avec un beau stylo, une clé usb. » (französischer Journalist, Print)

Die Aussage verweist auf eine Ausgestaltung der Pressekonferenz im oben beschriebenen Sinne, die aufgrund der zur Verfügung gestellten Materialien die journalistische Arbeit erleichtert. Dies bestätigt auch ein weiterer Journalist, der dafür zudem (stereotype) Erklärungsmuster anführt:

> « Du côté allemand, j'ai l'impression que c'est mieux préparé. Il y a des petites boissons, vous avez déjà un petit dossier de presse. En France c'est un peu plus travaillé comme ça... je ne veux pas dire que c'est préparé au dernier moment, mais on laisse plus venir les choses. En Allemagne, il y a plus de rigueur. Là, je reconnais la rigueur allemande. Quand on arrive, vous avez les points qui seront abordés... En France, la dernière fois je suis arrivée à une conférence de presse, et on nous a demandé : „Qu'est-ce que vous voulez savoir?" » (französischer Journalist, Print)

Der Rückgriff auf stereotype Erklärungsmuster, die hier jedoch – trotz der Bemühung der „rigueur allemande" – durchaus als wertschätzend verstanden werden können, zeigt, wie der Befragte versucht, seine Beobachtungen mit dem althergebrachten Fremdbild in Einklang zu bringen, so dass Elemente, die eingangs mit einer im professionellen Sinne gut vorbereiteten Pressekonferenz in Verbindung gebracht wurden, nun als kulturspezifische Eigenheiten dargestellt werden.

Mit dem Selbstverständnis der Journalisten in beiden Ländern wird ein weiterer Aspekt angesprochen, der hier auch mit dem Kommunikationsstil auf Pressekonferenzen verknüpft wird:

> « Je pense que les Allemands prennent moins de gants pour critiquer. Chez nous, c'est aussi très dans les milieux politiques – la presse est très politisée. La presse de gauche ne fera jamais de cadeau à un homme politique de droite et vice versa. Chez vous, j'ai l'impression qu'on est d'abord journaliste et qu'on a ensuite une petite coloration que l'on garde plus ou moins pour soi, je ne sais pas. » (französischer Journalist, Print)

Der französische Journalist verweist auf das Selbstverständnis öffentlicher Medien als „vierte Gewalt" im Staat, die eine gewisse Kontroll- und Aufklärungsfunktion ausübt; in Frankreich stehe dem eine stärker von politischen Ideologien geprägten Haltung der Journalisten gegenüber, die sich auch in der beruflichen Praxis niederschlage. Hier greift der Befragte den in vielen vergleichenden Betrachtungen der deutschen und französischen Medien vorzufindenden Gemeinplatz einer weitaus mehr politisierten

(Meinungs-)Presse in Frankreich auf, der zwar einer gewissen Realität entspricht, bei genauerer Untersuchung jedoch nicht als absolutes Kriterium aufrechterhalten werden kann, sondern stark differenziert betrachtet werden muss, wie jüngere Forschungsarbeiten zeigen (Robert 2011). Während für die deutsche regionale Berichterstattung im Saarland aufgrund der strukturellen Merkmale der föderalen Bundesrepublik mit den relativ großen Machtbefugnissen eines Bundeslandes, der Erklärungsansatz sicher nicht unangebracht ist, hat das Argument der starken politischen Ideologisierung der Journalisten für die regionale Presse Frankreichs sicherlich weniger Geltung als auf der nationalen Ebene.

3.3. Grenzen und Grenzüberschreitung in der interregionalen deutsch-französischen Medienberichterstattung

Trotz der starken Integration in einem Raum wie der Großregion SaarLorLux, in der die ehemaligen Staatsgrenzen prinzipiell kein Hindernis mehr für grenzüberschreitende Mobilität sind – die höchste grenzüberschreitende Arbeitnehmermobilität in der EU belegt das –, stellen die kulturellen und vor allem sprachlichen Grenzen erhebliche Hürden für die Zirkulation medialer Informationen dar, wie in einigen der zitierten Aussagen bereits angeklungen ist. In der Tat fallen diese sprachlichen und kulturellen Grenzen für den Fall der deutsch-französischen Medienarbeit weitgehend mit den ehemaligen Staatsgrenzen zusammen – zumal die deutsche Sprache auch im Grenzraum deutlich zurückgegangen ist –, während sich im Falle des mehrsprachigen Luxemburgs erhebliche Überschneidungsfelder und Kontaktzonen in die angrenzenden Sprach- und Kulturräume ergeben.[7]

So berichten die befragten Journalisten auch von der immer noch vorherrschenden Repräsentation der Grenze als Barriere, deren Überwindung als besondere Schwierigkeit wahrgenommen wird:

> „Die Chancen sind ohnehin schon minimal, dass überhaupt ein deutscher Journalist beispielsweise zu einer Pressekonferenz in Bouzonville [direkt an der deutsch-französischen Grenze] geht, alleine schon weil man über die Grenze muss." (deutscher Journalist, Print)

---

7 Luxemburg nimmt daher in vielerlei Hinsicht eine gewisse Vorreiterrolle für die mediale Integration in der Großregion ein, wie das Beispiel der Gratiszeitung *L'essentiel* zeigt, die gezielt Grenzgänger mit ansprechen will (vgl. Lamour 2014).

Ein Radio- und Fernsehjournalist fasst die zentralen Probleme grenzüberschreitender Berichterstattung wie folgt zusammen:

> „Es gibt ein Riesen-Defizit im Bereich grundsätzlicher Informationsvermittlung. Zweites Defizit: grenzüberschreitende Arbeit kostet mehr Geld als normale Information." (deutscher Journalist, audiovisuell)

Er verweist damit zum einen auf das oben diskutierte Problem des Zugangs zu Informationen jenseits der Grenze, zum anderen auf die höheren Kosten im grenzüberschreitenden Journalismus. Insbesondere in den audiovisuellen Medien, in denen in der Regel nach Länge eines Beitrags bezahlt wird, reichen nämlich individuelle Kompetenzen des Journalisten nicht aus; denn während im regionalen Printjournalismus individuelle fremdsprachliche und interkulturelle Kompetenzen zum Verständnis und zur Informationsbeschaffung in vielen Fällen genügen mögen, sind für Radio- und Fernsehberichte der Weg über die Grenze, um O-Töne (bzw. Bilder) zu erhalten, sowie deren Übersetzung und Synchronisation im Beitrag selbst unabdingbar. Dieser organisatorische und technische Mehraufwand, der in der Regel nicht gesondert bezahlt wird, verlangt dem Journalisten also eine hohe intrinsische Motivation ab, um grenzüberschreitend tätig zu werden. Diesem Defizit ist prinzipiell nur durch einen erklärten Willen der Institutionen für die interregionale Medienberichterstattung beizukommen (vgl. auch Prinzing / Blum 2013):

> „Grenzüberschreitend ist immer eine politische Grundentscheidung. Ich will das machen! Hauspolitisch oder auch grundsätzlich politisch." (deutscher Journalist, audiovisuell)

Die Vorstellung der Grenze als Hindernis ist folglich noch sehr wirksam und erscheint vielen Journalisten als schwierig zu überwinden; vor allem im Bereich der audiovisuellen Medien erweist sich die Sprache als Haupthinderungsfaktor für die grenzüberschreitende Medienarbeit. Denn trotz der guten Fremdsprachenkenntnisse der grenzüberschreitend arbeitenden Journalisten, insbesondere auch des Saarländischen Rundfunks, bleibt ein in der Regel nicht vergüteter Mehraufwand.

4. Fazit: Die Pressekonferenz als interkulturelle Herausforderung für die grenzüberschreitende Medienkommunikation

Der grenzüberschreitende, deutsch-französische Journalismus in der Großregion SaarLorLux ist in einem Umfeld verortet, das von starken Asymmetrien geprägt ist, die auch eine abschließende Einschätzung der Rolle eines Dispositivs mit kulturell spezifischen kommunikativen Merkmalen wie der Pressekonferenz erschweren. Diese Asymmetrien, die sich zunächst aus unterschiedlichen Verwaltungsstrukturen und Gebietskörperschaften mit spezifischen Kompetenzen ergeben, behindern nicht nur die grenzüberschreitende Kooperation (Halmes 2014); auch die regionale Berichterstattung in einem deutschen Bundesland wie dem Saarland, in dem die *Saarbrücker Zeitung* quasi eine Monopolstellung inne hat, und einer französischen Region wie Lothringen, in der nicht alle *départements* in gleicher Weise von der Grenznähe betroffen sind, ist von diesen Gegebenheiten im Selbstverständnis der Medien, aber auch in der journalistischen Praxis geprägt. So lässt sich eine Institution wie die Landespressekonferenz Saar nicht ohne weiteres auf Lothringen oder das *département* Moselle übertragen und sicherlich unterscheidet sich auch die Presse- und Öffentlichkeitsarbeit eines deutschen Bundeslandes von der einer *région* in Frankreich. In anderen Bereichen wie der Wirtschaft oder auch im Fall von Vereinen und Verbänden ist die Ausgestaltung von Pressekonferenzen im hier betrachteten regionalen Zusammenhang ebenfalls von stark divergierenden Praktiken, häufig auch individueller Art, geprägt, die generalisierende Aussagen nur in eingeschränktem Maße erlauben.

Aus den Interviews konnten dennoch einige Tendenzen in der Wahrnehmung der befragten Journalisten aus Lothringen und dem Saarland herausgearbeitet werden: In Bezug auf die Perzeption von Pressekonferenzen im benachbarten Frankreich äußerten sich die Befragten aus Deutschland in Bezug auf den Kommunikationsstil und die Rahmenbedingungen. Letzteren scheint eine tendenziell größere Bedeutung zugemessen zu werden, auch um die Kontakt- und Beziehungspflege zu erleichtern. Der kommunikative Stil französischer Pressekonferenzen scheint dagegen durch einen höheren Grad von Mündlichkeit sowie eine etwas größere Personen- und Beziehungsorientierung gekennzeichnet zu sein; hierfür führen die deutschen Medienvertreter mit Frankreicherfahrung Erklärungsmuster an, die auf das Bildungssystem und die dort verbreitete Art einer eher frontalen, schulischen Wissensvermittlung verweisen, der trotz einer großen Dynamik in diesem Bereich in Frankreich noch ein großer Stellenwert beigemessen wird. Das zentrale Problem für die grenzüberschreitende Medienberichterstattung stellt jedoch der schwierige Zugang zu Informationen und auch zu Pressekonferenzen dar, das sich u.a. aus unterschiedlichen beruflichen Praktiken v.a. im regionalen Journalismus sowie aus einem divergierenden Verständnis von Öffentlichkeit dies- und jenseits der Grenze ergibt. Im französischen Kontext stellen Informationen aus dieser Perspektive eher eine „Holschuld" dar, für die Journalisten Verantwortung tragen, während die impliziten Erwartungen in den Interviews eher von einer „Bringschuld" auf deutscher Seite ausgehen.

Umgekehrt berichten die befragen französischen Medienvertreter in geringerem Ausmaß von beobachteten Spezifika deutscher Pressekonferenzen. Im Vordergrund der Antworten stehen Kommentare zum Kommunikationsstil, der als direkter und sachorientierter bezeichnet wird und der schriftlichen Dokumenten und einer gewissen Formalisierung einen größeren Stellenwert einräumt, so dass er der Arbeitsweise der Journalisten tendenziell eher entgegenkommt. Da in der regionalen Berichterstattung häufig die Ankündigung von Veranstaltungen und Ereignissen von lokal-regionalen Institutionen und Akteuren verschiedenster Art einen großen Raum einnimmt, erklärt sich diese arbeitsökonomische Sicht. Bei konfliktuelleren Themen könnte sich dies dagegen als unflexibler und ggfs. auch nachteilig erweisen.

Hinsichtlich der Wahrnehmung des „transfrontalier" in der Medienpraxis der Großregion zeigt sich durchweg, dass die Grenze noch als sehr präsent und wirkmächtig wahrgenommen wird. Ein zentraler Faktor stellt die Notwendigkeit höherer Investitionen und großen Engagements – auf individueller wie auf institutioneller und politischer Ebene – dar. Denn neben sprachlichen und interkulturellen Kompetenzen der Journalisten erfordert grenzüberschreitende, interregionale Berichterstattung auch einen höheren Kosten- und Zeitaufwand in Bezug auf Anreise, Recherche und Erstellung eines Beitrags, insbesondere für audiovisuelle Medien.

Zurück zur Ausgangsfrage: Stellen Pressekonferenzen nun ein unüberwindbares Hemmnis für die grenzüberschreitende Medienkommunikation in der Großregion dar? Sicherlich nicht – denn trotz möglicher interkultureller Interferenzen und kulturell spezifischer Ausprägungen tragen Pressekonferenzen als professionelles PR-Instrument eher zur Verbreitung der Information als zu ihrer Verhinderung bei. Allerdings zeigen die Erfahrungen der Journalisten beidseits der Grenze auch, dass das ihnen innewohnende Potenzial als Katalysator und Förderer der grenzüberschreitenden Berichterstattung nur unzureichend genutzt wird. Denn das Dispositiv der Pressekonferenz bleibt in der Praxis bleibt stark von nationalen Traditionen und kommunikativen Stilen geprägt, die vor allem in Frankreich deutschen Journalisten den Zugang zur Information erschweren können. Zwar konnten vereinzelt Tendenzen zur Herausbildung hybrider Formen beobachtet werden, insbesondere bei deutsch-französischen oder multilateral aufgestellten „großregionalen" Akteuren des „transfrontalier"; doch diese scheinen eher kulturelle Oberflächenstrukturen zu betreffen – anekdotisch berichtet z.B. eine Journalistin, dass in einem Fall auch in Frankreich Milch zum Kaffee angeboten würde (was sonst nicht üblich ist) – oder auf persönlichen Erfahrungswerten und Beziehungen zu beruhen. Zu einer konsequenten Umsetzung einer auf die Bedürfnisse der Berichterstattung auf beiden Seiten der Grenze abgestimmte Kommunikationspolitik ist es dagegen noch ein weiter Weg.

Unter den Journalisten, die sich für die grenzüberschreitende Berichterstattung engagieren, zeichnen sich jedoch Initiativen ab, um mit eigenen Netzwerken Abhilfe gegen unzureichende institutionelle Strukturen zu schaffen und so die impliziten Regeln des Dispositivs zu unterlaufen, wenn sie die grenzüberschreitende Berichterstattung behindern. So besteht ein reger Austausch unter Journalisten, die sich beispielsweise regelmäßig auch mit Akteuren der grenzüberschreitenden Zusammenarbeit bei sog. „déjeuners franco-allemands" (vgl. Toullec in diesem Band) vernetzen, um eventuelle Hürden zu kompensieren. Für die bei der Europäischen Union in Brüssel akkreditierten Journalisten stellt Olivier Baisnée (2000) eine ähnliche Tendenz fest, die auch auf die Großregion SaarLorLux und die Berichterstattung im deutsch-französischen Grenzraum übertragen werden kann. Denn er beschreibt einerseits eine enge Kooperation und enge Beziehungen zwischen diesen Journalisten, die sich täglich zu „les rendez-vous de midi", der „grande messe", zum Briefing der EU-Kommission zusammenfinden und die auch eine große Nähe zur Institution pflegen; andererseits weist er darauf hin, dass ein mangelndes Interesse an europäischen Themen in ihren Heimatländern – die fehlende europäische Öffentlichkeit – dazu führt, dass sie sich gegenseitig stark helfen und einen eigenen, stark vernetzten Mikrokosmos bilden. In der Großregion beruht grenzüberschreitende Berichterstattung ebenfalls weitgehend auf persönlichem Engagement für das „transfrontalier" und einem engen Zusammengehörigkeitsgefühl unter den Akteuren, dem häufig ein gewisses Desinteresse entgegengebracht wird. Ein übergreifendes „interregionales Mindset" bei Journalisten und PR-Verantwortlichen bleibt ein Desiderat, für dessen Umsetzung neben individuellem Engagement auch institutionelle und politische Unterstützung notwendig ist.

Bibliographie

Baisnée, Olivier (2000): „Les journalistes, seul public de l'Union européenne?", in: *Critique internationale*, 9, 30-35.

Bolten, Jürgen (2007): *Einführung in die interkulturelle Wirtschaftskommunikation*, Göttingen: Vandenhoeck & Ruprecht.

Bührmann, Andrea D. / *Schneider*, Werner (2008): *Vom Diskurs zum Dispositiv. Einführung in die Dispositivanalyse*, Bielefeld: transcript.

Busch, Dominic (2013): *Im Dispositiv interkultureller Kommunikation. Dilemmata und Perspektiven eines interdisziplinären Forschungsgegenstands*, Bielefeld: transcript.

Gavillet, Isabelle (2011): „Michel Foucault et le dispositif : questions sur l'usage galvaudé d'un concept", in: *Les dispositifs d'information et de communication. Concepts, usages et objets, Questions de communication*, 19, Violaine Appel / Hélène Boulanger / Luc Massou (Hg.), 17-38.

Galtung, Johan (1985): „Struktur, Kultur und intellektueller Stil. Ein vergleichender Essay über sachsonische, teutonische, gallische und nipponische Wissenschaft", in: *Das Fremde und das Eigene*, Alois Wierlacher (Hg.), München: Iudicum, 151-193.

Goulet, Vincent / *Vatter*, Christoph (Hg.) (2013): *Champs médiatiques et frontières dans la „Grande Région" SaarLorLux et en Europe. Mediale Felder und Grenzen in der Großregion SaarLorLux und in Europa*, Saarbrücken: Universaar.

Goulet, Vincent / *Vatter*, Christoph (2015): „L'espace médiatique transfrontalier: médias, flux d'information et pratiques journalistiques", in: *Lebenswirklichkeiten und politische Konstruktionen in Grenzregionen. Das Beispiel der Großregion SaarLorLux: Wirtschaft – Politik – Alltag – Kultur*, Christian Wille (Hg.), Bielefeld: transcript, 229-248.

Haegel, Florence (1992): „Des journalistes «pris» dans leur source. Les accrédités à l'Hôtel de Ville de Paris", in: *Politix*, 5:19, 102-119.

Halmes, Gregor (2014): „Deutschland–Frankreich: Kooperation der politisch-administrativen Systeme", in: *50 Jahre Elysée-Vertrag (1963–2013): Traditionen, Herausforderungen, Perspektiven. Les 50 ans du traité de l'Elysée (1963–2013): Traditions, défis, perspectives*, Mechthild Gilzmer / Hans-Jürgen Lüsebrink / Christoph Vatter (Hg.), Bielefeld: transcript, 147-160.

Hanitzsch, Thomas / *Hanusch*, Folker / *Mellado*, Claudia / *Anikina*, Maria / *Berganza*, Rosa / *Cangoz*, Incilay / *Coman*, Mihai / *Hamada*, Basyouni / *Hernandez*, Maria Elena / *Karadjov*, Christopher D. / *Virginia Moreira*, Sonia / *Mwesige*, Peter G. / *Lee Plaisance*, Patrick / *Reich*, Zvi / *Seethaler*, Josef / *Skewes*, Elizabeth A / *Vardiansyah Noor*, Dani / *Wang Yuen*, Kee (2011): „Mapping Journalism Cultures across Nations: A Comparative Study of 18 Countries", in: *Journalism Studies*, 12:3, 273-293.

Hanitzsch, Thomas / *Seethaler*, Josef (2009): „Journalismuswelten: Ein Vergleich von Journalismuskulturen in 17 Ländern", in: *Medien & Kommunikationswissenschaft*, 57:4, 464-483.

Krüger, Gunnar (2005): *Wir sind doch kein exklusiver Club! Die Bundespressekonferenz in der Ära Adenauer*, Münster: LIT.

Lamour, Christian (2014): *L'essentiel et le « super-flux ». Mouvements et tremblements dans la civilisation métropolitaine des gratuits sur les marges étatiques et démocratiques de l'Europe.* Thèse de doctorat, CREM, Université de Lorraine, soutenue le 17 novembre 2014.

Lévêque, Sandrine (1992): „La conférence de presse. Les transactions entre syndicalistes et journalistes sociaux", in: *Politix*, 5:19, 120-134.

Prinzing, Marlis / *Blum*, Roger (2013): „Transnationale Regionen mit Sprachbarrieren: Wie überwindet der Journalismus die Grenzen?", in: *Champs médiatiques et frontières dans la „Grande Région" SaarLorLux et en Europe. Mediale Felder und Grenzen in der Großregion SaarLorLux und in Europa*, Vincent Goulet / Christoph Vatter (Hg.), Saarbrücken: Universaar, 109-122.

Robert, Valérie (2011): *La presse en France et en Allemagne*, Paris: Presses de la Sorbonne Nouvelle.

Schlesinger, Philip / *Zeitlin*, Edith / *Rizzi*, Suzanne (1992): „Repenser la sociologie du journalisme. Les stratégies de la source d'information et les limites du média-centrisme", in: *Réseaux*, 10:51, 75-98.

Zimmermann, Clemens (2010): „Einführung in Band 3". In: *Medienlandschaft Saar von 1945 bis in die Gegenwart. Band 3: Mediale Inhalte Programme und Region (1955-2005)*, Clemens Zimmermann / Rainer Hudemann / Michael Kuderna (Hg.), München: Oldenburg, 1-9.

Nationale Abgeordnete, transregionale Abgeordnete?
Mobilisierung und politische Repräsentation der Großregion in
den Hauptstädten Berlin und Paris[1]

Martin Baloge und Nicolas Hubé (CESSP-Université Paris 1)

In einer ihrer Veröffentlichungen stellt sich die Großregion SaarLorLux als ein Raum vor, welcher „ein Europa ohne Grenzen bildhaft, mit reichhaltiger Zusammenarbeit und verschiedenen Austauschmöglichkeiten zum Ausdruck [bringt]"[2]. Die Broschüre hebt zudem hervor, dass die Großregion sich sowohl auf demographische Kriterien (11,4 Millionen Einwohner) als auch auf geographische (65 401 km^2 in vier Ländern), ökonomische (2,6% des europäischen BIP und 200.000 Grenzpendler) und historische Eigenschaften stützt, welche bis auf die gallische bzw. römische Epoche zurückgehen. Durch die Hervorhebung dieser Elemente, bestätigt durch Zahlen, beabsichtigen die Autoren des Dokuments die Existenz dieses Raums zu legitimieren. Wie Jacques Lagroye und Johanna Siméant (2003) betonen, sind diese Legitimationsstrategien dem Fortbestand der politischen Institutionen und der Zustimmung ihrer Mitglieder inhärent.

Diese Legitimationsprozesse können auf unterschiedliche Weise untersucht werden – etwa indem man die institutionellen Diskurse, Repräsentationsstrategien oder auch die Art und Weise der Rechtfertigung der Mitglieder betrachtet (Aldrin et al. 2013). Ein aussagekräftiger Ansatzpunkt zur Analyse besteht in der Frage, wie die Großregion an anderen Orten verteidigt wird. Philippe Aldrin und Dorota Dakowska untersuchen beispielsweise in einem anderen Zusammenhang die Arbeit kleiner Entrepreneure der europäischen Sache. Dabei zeigen sie auf, wie sich eine Vielzahl institutioneller und außerinstitutioneller Akteure mobilisiert hat, um die Akzeptanz der europäischen Integrationsprozesse zu fördern und zu erhalten (Aldrin / Dakowska 2011). Diese Fragestellung lässt sich auch auf den

---

[1] Der Text wurde von Katja Schlangen übersetzt. Die Autoren bedanken sich herzlich.
[2] Das Dokument ist unter folgendem Link einseh- und abspeicherbar: http://www.granderegion.net/de/grande-region/Die_Grossregion_stellt_sich_vor.pdf.

Kontext der Großregion übertragen, indem man untersucht, wie sich jene, die sich für deren Gründung und Institutionalisierung engagiert haben, mobilisiert haben, um das Projekt erfolgreich abzuschließen. Es ist im Besonderen interessant, die Mediatoren dieser geopolitischen Realität zu beobachten. Denn diese Realität wird meist um einen historischen Sockel der europäischen Integration konstruiert: einerseits um den grenzüberschreitenden Raum, die deutsch-französische Aussöhnung und die Involvierung von vier der sechs Gründerstaaten Europas, andererseits um das industrielle Standbein der Europäischen Gemeinschaft für Kohle und Stahl (EGKS), deren Fundament bereits seit den 1940er Jahren besteht (Grundert 2012).

Es erscheint in diesem Fall jedoch zielführender, den Blick auf einen anderen Typus von Akteuren zu lenken: auf die Abgeordneten aus der SaarLorLux-Region und die Korrespondenten der regionalen Presse. Diese verfolgen andere Interessen in ihrer Positionierung zur Frage der Großregion als etwa von ihr unmittelbar betroffene lokale und regionale Mandatsträger. Man könnte in der Tat annehmen, dass die saarländischen, rheinland-pfälzischen und lothringischen Abgeordneten in den nationalen Parlamenten mit einem Bein innerhalb der Institution Großregion stehen (sie wurden dort gewählt) und mit einem Bein außerhalb, da sie ihr Mandat auf nationaler Ebene ausüben – in Paris oder Berlin. Das Engagement der aus der Großregion stammenden Abgeordneten erfolgt also auf unterschiedlichen Ebenen. Diese Arbeit konzentriert sich auf zwei Räume: die parlamentarische Arena und die Medienarena. Beide haben eine Gemeinsamkeit: Es handelt sich in beiderlei Fällen um Repräsentationsräume, in welchen Verteidigungsstrategien und Stellungnahmen ausgedrückt werden können. Sie operieren zudem in Interaktion miteinander: Der Medienraum stellt den Ort dar, an welchem die parlamentarische Arena sichtbar wird. Und während die Legitimation des parlamentarischen Raums von der öffentlichen Sichtbarkeit durch die Medien abhängig ist, findet die mediale Arena ihre demokratische Legitimation im Politischen (Strömbäck 2008).

Demnach könnte man denken, die Großregion fände auf nationaler Ebene eine Plattform im Parlament oder auch – durch den Einsatz regionaler Korrespondenten in Paris oder Berlin – in den Medien. Der Ansatz, sich auf die nationalen Mandatsträger und deren Wechselbeziehungen mit den Akteuren des Medienfeldes zu konzentrieren, birgt einen weiteren Vorteil: Es lässt sich so feststellen, ob die Großregion eine rein transregionale Institution darstellt, welche wenig Beziehungen mit anderen institutionellen Ebenen und politischen Unterfeldern unterhält, oder ob sie es im Gegenteil schafft, sich in andere politische Felder einzubringen, um so ihre Legitimität zu untermauern. Anders gesagt interessiert hier die Frage, inwieweit die Großregion einem politischen Gut entspricht, welches dem Beispiel der von Daniel Gaxie und Patrick Lehingue (1984) untersuchten Kommunalpolitik folgend, eine auswechselbare Herausforderung auf dem politischen Markt darstellt. Dieser wurde bis jetzt meist innerhalb nationaler Grenzen und Bezirke definiert. Sowohl der mediale als auch der parlamentarische Raum stellen Räume dar, in welchen politische Güter im politischen Wettbewerb getauscht werden. Die politischen Märkte und Entrepreneure werden in der Tat von Michel Offerlé wie folgt definiert:

> „Les marchés politiques [sont] des lieux où s'échangent des produits politiques contre des soutiens (matériels, symboliques) et des votes. Pour que l'on puisse parler de marchés politiques, il faut qu'apparaisse et soit reconnu un type particulier d'activité en voie d'autonomisation. [...] Il faut donc qu'il y ait des entrepreneurs politiques, des individus qui se reconnaissent le droit et à qui il est socialement reconnu le droit d'intervenir dans ce type de compétition symbolique où la bataille se livre au nom d'idées, de programmes spécialisés. [...] Il est aussi indispensable que ces producteurs de biens spécifiques rencontrent des consommateurs suffisamment réceptifs aux produits qui leur sont offerts" (Offerlé 1997: 28-30).[3]

Es geht in dieser Studie weniger darum, die Entstehung des politischen Feldes zu beobachten, welches bereits sehr autonom ist. Vielmehr steht die Frage im Vordergrund, ob der Raum der Großregion eine autonome politische Existenz außerhalb ihrer institutionellen Wahrnehmung auf dem politischen Markt inne hat, oder ob sich dieser Raum, mehr noch als die Europäische Union, auf die bürokratische, unpolitische Sphäre beschränkt (Georgakakis / Rowell 2013). Dieser Beitrag befasst sich mit der Zirkulation der politischen Güter über die Grenze hinaus und mit deren Nutzung im lokalen Raum. Zu diesem Zweck wurde versucht, die journalistischen und politischen Praktiken (und die Interaktionen zwischen beiden Räu-

---

3 „Politische Märkte sind Orte, an denen politische Produkte gegen (materielle, symbolische) Unterstützungen und Wahlstimmen getauscht werden. Um von politischen Märkten reden zu können, muss ein bestimmter Typus von Aktivität im Begriff der Autonomisierung erscheinen und anerkannt werden. [...] Notwendig sind demnach politische Entrepreneure, Individuen, welche sich einerseits selbst das Recht zuschreiben, in diesen Typ des symbolischen Wettkampfes einzugreifen, in welchem der Kampf im Namen von Ideen und spezialisierten Programmen stattfindet, und denen andererseits dieses Recht sozial anerkannt wird. [...] Des Weiteren ist ein Zusammentreffen zwischen diesen Produzenten spezifischer Produkte und Verbrauchern, welche auf jene angebotenen Produkte ansprechen, unverzichtbar" (Offerlé 1997: 28-30).

men) sowohl in Lothringen und im Saarland als auch in den Hauptstädten (Paris und Berlin) zu untersuchen. Den Bemühungen, lothringische und saarländische Abgeordnete sowie Korrespondenten der regionalen Presse in den Hauptstädten zu treffen, stellte sich ein erhebliches Problem entgegen: Der Zugang zum französischen Terrain war unmöglich[4]. Diese Schwierigkeit ist bereits aus früheren Arbeiten bekannt. Die Beschränkung auf lediglich die lothringischen Abgeordneten erschwerte die erfolgreiche Akquise noch weiter. Dieses Hindernis konnte zum Teil durch die empirischen Materialien auf der Webseite der Assemblée Nationale, durch Blogs und persönliche Webseiten der Abgeordneten sowie durch Presseartikel umgangen werden. Dadurch konnten die Standpunkte der Abgeordneten zur Großregion erhoben werden. Auf deutscher Seite konnten dagegen sechs saarländische Abgeordnete (und deren Teams) im Bundestag befragt werden (zwei SPD-Abgeordnete und ein SPD-Team, ein grüner Abgeordneter, ein FDP-Abgeordneter, sowie der zuständige Referatsleiter für Presse- und Öffentlichkeitsarbeit der Vertretung des Saarlandes beim Bund in Berlin, und ein Parlamentarierteam der CDU). Der Zugang zu den Journalisten erwies sich in Paris ebenfalls als unmöglich, während in Berlin Kontakte hergestellt werden konnten. Im Zentrum stehen also in dieser Untersuchung die Aktivitäten der Abgeordneten in Frankreich und Deutschland anhand institutioneller Dokumente. Anschließend rückt der Bundeswahlkampf 2013 im Saarland in den Fokus.

1. Nationale Besonderheiten, transnationale Besonderheiten?

Der Vergleich zwischen deutschen und französischen Mandatsträgern aus der Großregion bringt sowohl theoretische als auch methodologische Schwierigkeiten mit sich. Der deutsch-französische Vergleich wirft automatisch die Frage nach den unterschiedlichen administrativen Maßstäben

---

[4] Wir haben drei Reihen von Briefen verschickt und die Abgeordneten per Mail und Telefon erinnert. Aus dem Umfeld der Mandatsträger wurden verschiedene Argumente hervorgebracht, um die Ablehnung eines Gesprächs zu rechtfertigen: der volle Terminplan, die politische Agenda der Assemblée Nationale, das Desinteresse für die Forschung sowie die prinzipielle Weigerung, Interviews zu gewähren. Sehr oft geben die Mitarbeiter keine Erklärung ab und verfolgen eine andere Strategie: Sie bitten darum, später noch einmal anzurufen, wenn der Abgeordnete eine Entscheidung getroffen haben wird (eine Entscheidung, die auch nach mehreren Telefonaten nicht fällt).

beider Länder auf. Um transregionale Phänomene sowohl im föderalen als auch im zentralisierten Kontext untersuchen zu können, müssen die unterschiedlichen symbolischen Repräsentationen dieser Räume für die jeweiligen Akteure, die sich zu diesem Thema engagieren, systematisch berücksichtigt werden (Baloge 2013). Das Verhältnis zwischen nationalen Institutionen und regionaler Repräsentation unterscheidet sich deutlich in beiden Ländern. Man könnte demnach zu dem Schluss kommen, dass die transregionale Frage in Deutschland und Frankreich unterschiedlich begriffen wird. Die Vorstellungen der Abgeordneten von der transregionalen Ebene hängen zum Teil an der politischen und symbolischen Wichtigkeit der regionalen Ebene innerhalb des nationalen politischen Gefüges. In Deutschland ist der Bundesrat „davantage une institution confédérale où sont représentés les pouvoirs exécutifs des Länder" (Croisat 1999: 53)[5]. Die Funktion des französischen Senats hingegen konzentriert sich auf „la représentation des collectivités territoriales de la République"[6] (Art. 24 der französischen Verfassung). Anders gesagt: Aufgrund der unterschiedlichen administrativen und politischen Organisation beider Länder nimmt die regionale Ebene in Deutschland einen deutlich wichtigeren Platz innerhalb der nationalen Institutionen ein als in Frankreich.

Diese Beobachtung kann zweierlei Auswirkungen haben. Betrachtet man beispielsweise das Vorkommen von einflussreichen, regionalen Parteien wie etwa die CSU in Bayern, kann man zu dem Schluss gelangen, die regionale Bindung sei in Deutschland stärker. Unter diesem Aspekt würden sich die deutschen Abgeordneten eher auf rein regionale Belange konzentrieren und sich weniger innerhalb transregionaler Institutionen engagieren. In Frankreich hingegen kann die relativ geringe Gewichtung der regionalen Ebene in den nationalen Institutionen dazu führen, dass die entsprechenden Belange an die Regionalräte delegiert werden. Die Webseite der Assemblée Nationale betont beispielsweise, dass die Funktion der Abgeordneten sich nicht in der Repräsentation lokaler Interessen erschöpfen kann: „Chaque député, bien qu'élu dans un cadre géographique déterminé, est le représentant de la Nation tout entière. Ainsi, à l'Assemblée nationale et dans sa circonscription, chaque député agit et parle au nom de l'intérêt

---

5 „Eher eine staatenbündische Institution, in welcher die ausführenden Gewalten der Länder repräsentiert werden". So wird es auch im Grundgesetz festgehalten wird: „durch den Bundesrat wirken die Länder bei der Gesetzgebung und Verwaltung des Bundes und in Angelegenheiten der Europäischen Union mit" (Art. 50).
6 „Die Repräsentation der Gebietskörperschaften der Republik".

général et non pas au nom d'un parti politique, d'un groupe d'intérêt ou d'une région"[7]. In der Tat vernachlässigen die Parlamentarier häufig die regionalen Interessen, stützen sich jedoch deutlich auf die Verteidigung ihres Wahlkreises[8]. Dies lässt anderen Räumen, wie etwa der Großregion, wenig Platz.

Des Weiteren unterscheiden sich die Modalitäten der Wahlmodi in Frankreich und in Deutschland deutlich. Dies impliziert eine unterschiedliche Repräsentation des nationalen Mandats und der regionalen Ebene in beiden Fällen. In Frankreich werden die Abgeordneten in einer Mehrheitswahl mit zwei Wahlgängen auf Wahlkreisebene gewählt. Letztere ist demnach das Referenzgebiet der Abgeordneten, für das sie in Paris sprechen. In Deutschland hingegen verschiebt sich das Verhältnis der Abgeordneten zur Region durch den Modus der personalisierten Verhältniswahl (eine Stimme zur Wahl des Kandidaten im Wahlkreis durch Mehrheitswahl in einem Wahlgang, eine zweite Stimme zur Wahl einer Partei auf Länderebene durch Verhältniswahl). Die Abgeordneten mit Direktmandat haben – wie auch die französischen Abgeordneten – ein sehr lokalbasiertes Verhältnis zu ihrem Wahlkreis. Da es nur einen Wahlgang gibt, ist die Wahl durch Erststimme meist den CDU/CSU oder SPD-Abgeordneten vorbe-

---

[7] „Jeder Abgeordnete repräsentiert, obwohl er in einem bestimmten geographischen Rahmen gewählt wurde, die gesamte Nation. So spricht und handelt jeder Abgeordnete vor der Nationalversammlung und in seinem Wahlkreis im Namen des Allgemeinwohls und nicht im Namen einer politischen Partei, einer Interessensgruppe oder einer Region": http://www.assemblee-nationale.fr/connaissance/travail_depute .asp. Diese Dimension wird ebenfalls im deutschen Grundgesetz betont, ohne jedoch die regionale Ebene explizit zu erwähnen: Die Abgeordneten „sind Vertreter des ganzen Volkes, an Aufträge und Weisungen nicht gebunden und nur ihrem Gewissen unterworfen" (Art. 38.).

[8] In einem anderen Kontext erklärte uns Christian Caresche, Abgeordneter von Paris, dass die parlamentarische Arbeit sich seiner Meinung nach immer mehr durch die Repräsentation lokaler Interessen definiert: „Moi je pense que surtout ce qui est vraiment important, le fond du problème c'est pas tellement le lobbying c'est les députés qui sont... c'est les collectivités locales. C'est-à-dire qu'il y a un lobbying de défense des intérêts des collectivités locales. Voilà. Donc c'est la péréquation."/ „Ich persönlich denke, dass das, was wirklich wichtig ist, dass der Kern des Problems nicht wirklich das Lobbying ist, es sind die Abgeordneten die ... es sind die Gebietskörperschaften. Das bedeutet, dass es eine Lobbyarbeit gibt, die Interessen der Gebietskörperschaften zu verteidigen. So ist es eben. Das ist der Ausgleich".

halten⁹. Die Kandidaten der Listenwahl werden jedoch auf Länderebene gewählt. Sind sie gleichzeitig für einen Wahlkreis aufgestellt, sind sie nach ihrer Wahl von den Listen abhängig, die ihre Partei auf regionaler Ebene erstellt hat. Die Kandidaten kleinerer Parteien verdanken ihre Wahl dieser zweiten Stimme – insbesondere im Saarland, wo es lediglich neun Abgeordnete gibt¹⁰.

Demnach hat die Bedeutung der regionalen Ebene innerhalb der deutschen, föderalen Institutionen Einfluss auf das Delegieren der Frage der Großregion zwischen Bundestag und Bundesrat (und auch im geringeren Maße zwischen der Assemblée Nationale und dem Senat). Sollte die Großregion also in den nationalen Institutionen vertreten werden, würde diese Repräsentation eher in Bundestag und Assemblée Nationale erfolgen. Nebenbei bemerkt sind die beiden letzten Präsidenten der Großregion Mitglieder im Senat und im Bundesrat. Malu Dreyer, SPD Ministerpräsidentin von Rheinland-Pfalz und Mitglied des Bundesrats, wurde 2013 Nachfolgerin von Jean-Pierre Masseret, Senator des französischen *département* Moselle.

Zu den unterschiedlichen Mandatsmodi und den entsprechend unterschiedlichen Praktiken (als Abgeordneter von einem Wahlkreis gewählt zu werden oder durch die Partei auf Länderebene) gesellt sich eine weitere substanzielle Diskrepanz in der politischen Arbeit und deren Mediatisierung: die Häufung der Mandate. In diesem Punkt unterscheiden sich beide Länder deutlich. Nach der Reform von 2012 betrifft die Ämterhäufung in Frankreich nur noch 76,4% der Mitglieder der zweiten Kammer (2007 waren es noch 90,8%), während sie in Deutschland lediglich 22% der Mitglieder betrifft (Quellen: eigene Zählungen für Frankreich; SENAT 2012, für Deutschland). Die Verknüpfung dieser Faktoren hat Einfluss auf die Bestrebungen eines Abgeordneten, die medialen und politischen Felder zu besetzen und zu beherrschen. Ein Abgeordneter, welcher mehrere Mandate hält, hat in Frankreich in mehr als einer Hinsicht einen recht einfachen Zugang zur regionalen Tagespresse: als lokaler Abgeordneter und/oder Abgeordneter des Departements und/oder der Region sowie als nationaler Abgeordneter. Wird sein Handeln nicht in Paris mediatisiert, so kann er

---

9 2013 wurden die 299 Sitze zur Erststimmenwahl wie folgt aufgeteilt: 236 Abgeordnete der CDU/CSU, 58 Abgeordnete der SPD, und lediglich vier Abgeordnete der Linken und ein Abgeordneter der Grünen.
10 2013 wurde sowohl der Abgeordnete der Linken als auch jener der Grünen durch die Zweitstimme gewählt.

leicht einen Platz in den Lokalzeitungen bekommen. Sein Zugang zum Markt der mediatisierten politischen Güter ist demnach unmittelbar und unbegrenzt. Die Journalisten finden sich in diesem Fall in einer relativ untergeordneten Stellung wieder (Frisque 2010). Deutsche Parlamentarier haben hingegen einen schwierigeren Zugang zur regionalen Medienebene. Die Berichterstattung ist auf die politischen Belange des Landes oder der Gemeinden fokussiert, wo die nationalen Abgeordneten weniger präsent sind. Zudem sehen sie sich mit einem begrenzten medialen Raum konfrontiert, in welchem eine regionale Tageszeitung wie die *Saarbrücker Zeitung* mit dem Programm des öffentlich-rechtlichen Rundfunks (*Saarländischer Rundfunk*) um das Monopol der politischen Berichterstattung konkurriert. Das Bundesland ist eine begrenzte politisch-mediale Figuration, in welcher der Informationsaustausch und die informellen Verbindungen im Rahmen des Landtages und der Landespressekonferenz stattfinden (Grunden 2009). Alle befragten saarländischen Bundes-Politiker klagen über diese Schwierigkeit: Entweder kritisieren sie die Einflussnahme der großen Parteien auf die öffentlichen Rundfunkprogramme (Robert 2013), oder sie bemängeln das fehlende Interesse der regionalen Zeitungen. Die nach Berlin gesandten Journalisten erklären hingegen im Interview, dass ihr Mehrwert gerade nicht darin bestehe, lokale Berichterstattung zu machen – dies könnten sie auch von Saarbrücken aus – sondern vielmehr in einer Übertragung der Probleme auf eine allgemeinere Ebene und einer lokalen Anpassung der verabschiedeten Texte. Sie decken demnach nicht primär oder ausschließlich die lokalen Abgeordneten medial ab.

Diese Beobachtung wiederholt sich ebenfalls in der Praxisökonomie: Die Journalisten versammeln sich um einen Pool von Generalisten, die für die regionale Presse arbeiten. Die Presseagentur BMS (Berliner Medien System GmbH) für regionale Presse wurde von der *Saarbrücker Zeitung* gegründet. Sie arbeitet mit drei exklusiven, auftraggebenden Zeitungen (dem *Pfälzischen Merkur* (Zweibrücken), der *Lausitzer Rundschau* (Cottbus), dem *Trierischen Volksfreund* (Trier)) und einer Reihe von abonnierten Kunden zusammen (*Darmstädter Echo, Aachener Nachrichten, Pirmasenser Zeitung, Offenburger Tageblatt, Ludwigsburger Kreiszeitung, Nordsee Zeitung, Pforzheimer Zeitung, Wetzlarer Neue Zeitung, Tageblatt* (Luxemburg), *Westdeutsche Zeitung, Solinger Tageblatt, Remscheider General Anzeiger).* Ihr Konkurrent, die *Rheinpfalz,* teilt ihre Büroräume mit den Korrespondenten der *Stuttgarter Zeitung,* der *Rhein-Neckar-Zeitung* und anderer Tagesblätter aus dem südwestdeutschen Raum. Die Berichterstatter in diesem Pool sind – zwar inoffiziell, aber doch sehr formalisiert –

als Hauptstadtredaktion organisiert. Die unterschiedlichen Themen werden im Laufe des Tages unter den Journalisten des Pools verteilt. Diese Zusammenlegung und gemeinsame Nutzung der Ressourcen ermöglicht eine größere Abdeckung mehrerer Themen, auch wenn jeder Journalist seine Titel frei wählen kann. In beiden Fällen müssen die Korrespondenten über die aktuelle parlamentarische Politik berichten und gleichzeitig die politischen Themen auf eine generelle Ebene übersetzen, so dass sie auch auf Länderebene einen politischen Sinn ergeben. Es geht also weniger darum, aufzuzeigen, welche Folgen ein bestimmtes Gesetz auf das Saarland hat, sondern vielmehr den Einfluss dieses Gesetzes (zur Budgetpolitik zum Beispiel) auf den Ausgleich zwischen Bund und Ländern zu besprechen. Ein Artikel (für die *Saarbrücker Zeitung*), welcher einen saarländischen Leser interessiert, soll also ebenfalls einen Leser aus Bremen interessieren (*Nordsee Zeitung*). Die zentralen Redaktionen müssen anschließend nur einen lokalen Interviewpartner finden, um den Fall zu spezifizieren. Des Weiteren sind die Journalisten in Verbänden und informellen Gruppen zwischen Journalisten der regionalen Tagespresse (der „Provinz") organisiert (vgl. Hubé 2013). Diese Praxis verhindert bei den Korrespondenten der regionalen Tagespresse einen zu starken Regionalzentrismus. Sie können somit die Legitimierungs- und Hervorhebungsstrategien ihres Postens gegenüber ihrer Zentralredaktion stärken.

Auf Seiten der Politiker sind die parlamentarischen Geschäftsstellen in Frankreich und in Deutschland sehr unterschiedlich aufgebaut und organisiert. Mit Ausnahme einiger *Frontbencher* setzen die Abgeordneten die Assemblée Nationale selten ein. Ihre Teams stellen sich aus eineinhalb Assistentenstellen in Paris und ein bis zwei parlamentarischen Assistenzposten in ihrem Wahlbezirk zusammen[11]. Der Ausbau der Beziehungen zur Presse ist von Paris aus weder vorgesehen noch möglich. Allerhöchstens wird eine lokale Zeitung im Stile „Ihr Abgeordneter und Sie" produziert – sofern nicht das Stadtblatt genutzt wird, welches von den Mitarbeitern aus den Wahlbezirken heraus gedacht und geschrieben wurde, um eine sehr aseptische lokale Ebene zu generieren (Legavre 2013). Im Falle der befragten saarländischen Abgeordneten konnte man zwei bis vier Mitarbeiter in Berlin und einen Mitarbeiter im Wahlkreis zählen. Oft ist bei Ersteren ein ganzer Posten der PR-Arbeit gewidmet, welcher aufgrund re-

---

[11] Patrick Le Lidec betont die Schwierigkeit, die Assistenten zu zählen. Doch im Durchschnitt kämen 3,6 Assistenten auf einen Abgeordneten (alle Stellen eingerechnet, ohne zwischen Voll- und Teilzeitstellen zu unterscheiden) (2008, 150).

daktionellen Könnens besetzt wird. Ein Abgeordneter gab an, er habe ein Schlupfloch in der Prekarität des regionalen Journalismus gefunden: Er schickt Gratiszeitungen – wöchentlichen Anzeigeblättern mit redaktionellem Inhalt oder lokalen Webseiten im Stil der saarländischen Community sol.de – Artikel, die von seinem Pressebeauftragten geschrieben wurden. Da dieser die journalistischen Formate kennt und eine dementsprechende Ausbildung genossen hat, werden diese Artikel meist ohne nennenswerte Veränderungen oder Korrekturen gedruckt. Auf diesem Weg können die Medien erreicht werden, ohne einen privilegierten Zugang zu haben. Einem ähnlichen Gedankengang folgend erklärte ein Abgeordneter aus der Listenwahl, dass Pressekonferenzen oder sich wiederholende Veranstaltungen nicht dazu geeignet seien, einen Zugang zur lokalen Presse zu finden. Vielmehr müssten diese Wiederholungen mit der Geographie des Landes und der Ereignisgebundenheit der Journalisten abgestimmt werden: Der Abgeordnete organisiert sein Auftreten im Hinblick auf die Chancen, an einem Tag in einer lokalen Ausgabe zu erscheinen und an einem anderen Tag in einer anderen lokalen, nicht benachbarten Ausgabe präsent zu sein. Es handelt sich hier demnach um ein Bestreben, den politischen Markt auf Länderebene zu besetzen. Auch wenn während der Interviews auch eine bestimmte Selbstheroisierung eine Rolle gespielt haben mag (oder auch nicht), sind diese Aussagen insofern aufschlussreich, als dass die Arbeit der Mediatisierung als eine Vollzeitbeschäftigung erscheint, um auf dem Markt der politischen Güter präsent zu sein. Im Gegensatz dazu braucht ein Abgeordneter der vorderen Reihen (Minister oder Exminister) und/oder ein (durch Erststimme) direkt gewählter Abgeordneter eine solche Strategie der lokalen Verankerung nicht. Eine ehemalige Staatssekretärin der SPD erklärt den (schwierigen) Balanceakt, zwei Rollen zugleich zu erfüllen: eine lokale Rolle im Wahlkreis und eine Rolle als *Frontbencher* in Berlin. Diese Abgeordneten teilen ihre Internetpräsenz auf, in dem sie beispielsweise Facebook nutzen, um ihre lokale Anbindung zu zeigen (durch Fotos und *Selfies* von lokalen Festen). Ihrer Rolle als *Frontbencher* werden sie hingegen auf ihrer Internetseite (welche gemäß den Parteilinien aufgebaut ist) gerecht. Elke Ferner (SPD) und Nadine Schön (CDU) nutzen beispielsweise genau diese Vorgehensweise. Um die Verbindung und den Austausch zwischen Presse und Politik wirklich zu erforschen, müsste man diese – mehr noch als in diesem Beitrag – im jeweiligen politisch-juristischen Rahmen (und dessen konkreter Umsetzung) verankern, in welchem die politischen Güter ausgetauscht werden (Kocks / Raupp 2014).

2. Die Großregion im Bundestag und in der Assemblée Nationale

Um zu begreifen, wie die Abgeordneten die Großregion im Parlament thematisieren, wurden die entsprechenden Standpunkte und Anfragen in den parlamentarischen Archiven des Bundestags und der französischen Assemblée Nationale untersucht. Insbesondere die schriftlichen und mündlichen Anfragen an die Regierung sind ein wirkungsvolles Mittel für die Abgeordneten, um lokale und regionale Interessen zu verteidigen. In der öffentlichen Debatte sowie seit Kurzem auch im *Mainstream* der politischen Soziologie (Navarro et al. 2012) gelten diese Anfragen als einer von zwei Indikatoren, mit welchen man die Effizienz der Abgeordneten messen kann (der Zweite ist die Anwesenheit in dem Plenarsaal). Dies gilt besonders für die schriftlichen Fragen, da die Abgeordneten davon so viele stellen können, wie sie wollen, ohne dabei von der Zustimmung ihrer Partei abhängig zu sein. Im Falle Frankreichs konzentrieren sich die folgenden Untersuchungen auf die letzten drei Legislaturperioden (2002 bis 2014), im deutschen Fall auf die letzten fünf Legislaturperioden (1998 bis 2014).

In beiden Fällen sind die Ergebnisse aussagekräftig. Im Laufe der letzten sechzehn Jahre kommt die Frage der Großregion so gut wie gar nicht auf. In dem untersuchten Zeitraum finden sich im Bundestag lediglich sechs Anfragen zur Großregion. Drei dieser Fragen drehen sich nicht zentral um die Großregion, sondern viel eher um die nationalen politischen Belange in dieser Region. Luxemburg wird nach der Verabschiedung einer europäischen Richtlinie in 2005 in der Frage der Kontrolle der Bankaktivitäten erwähnt. Zwei weitere Anfragen dienen politischen Strategien der parlamentarischen Obstruktion (2002 stellte jedes einzelne CDU/CSU-Oppositionsmitglied aus den Grenzregionen dieselbe Frage zur Verabschiedung neuer ökologischer Maßnahmen zum Benzinpreis) oder dem Wahlkampf (2013 stellte die SPD-Gruppe geschlossen die Frage zur Zukunft der Schiffsschleuse Güdingen im Saarland). In Frankreich fanden sich insgesamt fünfzehn Treffer, also innerhalb des untersuchten Zeitraums nur etwas mehr als eine Anfrage pro Jahr. Von diesen fünfzehn Fragen erwähnen nur zwei die Großregion namentlich. Die anderen befassen sich eher mit den Grenzpendlern und konzentrieren sich insbesondere auf diejenigen, die in Luxemburg arbeiten. Die beiden Anfragen, die die Großregion explizit erwähnen, befassen sich mit völlig unterschiedlichen Themen:

Frage 1 am 02.04.2013 im Journal officiel (JO – Amtsblatt der französischen Regierung) veröffentlicht	**Gestellt von Dominique Poitier, PS (Parti Socialiste), Abgeordneter des Departements Meurthe-et- Moselle.** Die Frage befasst sich mit dem Rückgang der Schüler, die in Lothringen Deutsch lernen (von 36% auf 25%). Der Abgeordnete betont, dass „die Entwicklung der Großregion (Lothringen, Saarland, Luxemburg, Rheinland-Pfalz, Wallonien) zu vermehrten binationalen Partnerschaften führt sowie zur internationalen Öffnung der Firmen und zur Entwicklung des Tourismus in Lothringen. Die Beherrschung dieser Sprache ist also hier, mehr als sonst wo, ein Vorteil auf dem Arbeitsmarkt". Er fragt die Regierung also, welche Maßnahmen ergriffen werden können um den Deutschunterricht in den nordöstlichen Regionen zu unterstützen.
Frage 2 am 16.06.2009 im JO veröffentlicht	**Gestellt von Marie-Jo Zimmermann, UMP (Union pour un Mouvement Populaire), Abgeordnete des Departements Moselle** Die Frage befasst sich mit dem Status von Grenzgängern, welche ein Mandat halten, denn „die lokalen Abgeordneten eines Landes, die im Nachbarland arbeiten, können weder in dem Land, das sie gewählt hat, noch in dem Land, in dem sie arbeiten, den Status des lokalen Abgeordneten einnehmen". Die Abgeordnete stützt sich auf die Äußerungen der luxemburgischen Regierung zu diesem Thema „im Zuge des Treffens mit der gewerkschaftlichen Plattform der Großregion am 29. Oktober 2008" und fragt die Regierung, welche die Vorhaben zu diesem Thema seien.

In diesen beiden Fällen erscheint die Großregion als ein eher zweitrangiges Thema, mehr als ein politischer und juristischer Rahmen als ein Belang an sich. Dies bedeutet jedoch nicht, dass die Entwicklungen und Ereignisse in der Großregion die Abgeordneten nicht interessieren. Ihre Fragen zu den Grenzpendlern in Frankreich und in Deutschland zeigen auf, dass transnationale Belange auch innerhalb nationaler Institutionen präsent sind. Man muss jedoch betonen, dass diese Anfragen aus einer nationalen Perspektive heraus gestellt werden. Dies wird an den Fragen des Abgeordneten aus Meurthe-et-Moselle deutlich, welche die deutschen, luxemburgischen und belgischen Grenzpendler nicht einbeziehen. Auch die Anfragen der saarländischen Abgeordneten, welche sich im Jahr 2001 lediglich für die finanzielle Zukunft einer Schule für Kinder deutscher Grenzpendler in Luxemburg interessieren, weisen darauf hin.

3. Die Großregion als politische Institution und Ressource?

Wie lässt sich dieser geringe Einsatz der Abgeordneten für die Großregion erklären? Olivier Costa zeigt auf, dass regionale Themen auf europäischer Ebene in letzter Zeit im europäischen Parlament vermehrt auftreten. Er betont: „[L]a recherche par les députés européens d'un ancrage territorial répond aux difficultés auxquelles ils ont toujours été confrontés dans l'affirmation de leur représentativité et la définition de leur rôle"[12] (Costa 2003). Überträgt man diese Analyse auf den Fall der nationalen Abgeordneten, lässt sich die Hypothese aufstellen, dass der Nicht-Einsatz für die Großregion zum Teil dadurch erklärt werden kann, dass die Repräsentativität und die Definition der Abgeordnetenfunktion von verschiedenen Ebenen abhängen (zumeist vom Wahlkreis, in Deutschland auch vom Bundesland), welche keinen Raum für die transnationale Ebene lassen. In dieser Perspektive ist die Frage interessant, inwieweit der Einsatz für die Belange der Großregion eine lohnende Investition für die Abgeordneten darstellt.

In seinem Werk über die Region als Institution definiert Olivier Nay diese als „l'ensemble des combinaisons stables de valeurs, de normes, de comportements, de pratiques, de rôles et de sanctions assurant l'intégration des acteurs dans une structure complexe de relations sociales"[13] (Nay 1997: 13-14). Demnach könnte man zu dem Schluss kommen, dass der Institutionalisierungsprozess der Großregion (noch) nicht weit genug fortgeschritten ist, dass sich dieser grenzübergreifende Raum bei den Abgeordneten ausreichend durchsetzt, um sie entsprechende Repräsentationsstrategien für die Großregion auf nationaler Ebene entwickeln zu lassen. Eine weitere Erklärung für den geringen Einsatz für die Belange der Großregion liegt darin, dass diese Institution zum großen Teil außerhalb der Mechanismen liegt, welche die Beziehungen zwischen dem zentralen politischen Feld und dem peripheren politischen Feld bestimmen. Die Großregion ist weder vollkommen regional, noch lokal, noch national und verfügt auch nicht über eigenständige repräsentative Institutionen. Sie ist da-

---

12 „Das Streben der Abgeordneten nach territorialer Verankerung ist eine Antwort auf die beständigen Schwierigkeiten, auf welche sie in der Behauptung der Repräsentativität und der Definition ihrer Funktion stoßen".
13 „Die Gesamtheit der Verbindungen der Werte, Normen, Verhaltensweisen, Praktiken, Funktionen und Strafmaßnahmen, welche die Integration der Akteure in eine komplexe Struktur sozialer Beziehungen ermöglicht".

her als eine hybride Institution zu betrachten, deren Verbindungen mit den nationalen Organisationen eher nicht institutionalisiert sind, sondern von dem Interesse der Abgeordneten abhängen. Schematisch gesehen verläuft die Laufbahn deutscher und französischer Abgeordneter linear, aufsteigend und von obligatorischen Etappen geprägt. Der Abgeordnete beginnt mit einem lokalen Mandat (Gemeinderat, Stadtrat, Bürgermeister, Vorsitzender des Generalrats, etc.) und steigt anschließend zum nationalen Mandatsträger auf. Die Zugehörigkeit zu einem europäischen Verbund für territoriale Zusammenarbeit (EVTZ) wie der Großregion scheint nicht zum *cursus honorum* eines Abgeordneten aus einer Grenzregion zu gehören. Bestenfalls erreicht er dadurch ein etwas größeres symbolisches Kapital und vor allem einen Zugang zu den Netzwerken auf der anderen Seite der Grenze. Selbst wenn einige Parlamentarier dieser Institution angehören, scheinen sie wenig über ihre Tätigkeiten in diesem Rahmen bekannt zu geben. Jean-Pierre Masseret, 2011 und 2013 Vorsitzender der Großregion und Abgeordneter der Moselle, veröffentlichte auf seiner persönlichen Webseite beispielsweise nur zwei Artikel zu diesem Thema. Der erste stellte die Großregion vor, der zweite steuerte der von Nicolas Sarkozy gewollten Schließung der Grenzen entgegen, hier diente die Großregion als Beispiel. Allerdings können für einen lokalen Abgeordneten mit nur einem Mandat andere Regeln gelten. In diesem Fall kann die Großregion zum symbolischen Kapital werden, welches dem Abgeordneten ermöglicht, innerhalb der interkommunalen Zusammenschlüsse wichtigere Funktionen zu erfüllen. Dies stellt eine wichtige Etappe dar, um anschließend ein Mandat auf der Ebene des Départements, der Region oder auf nationaler Ebene zu bekommen.

Ein weiterer Erklärungsansatz zum geringen politischen Einsatz für die Großregion in beiden Ländern liegt in ihrer Beschaffenheit. Sie scheint eher eine juristische als eine politische Institution zu sein. Durch eine Entscheidung des Europäischen Parlaments und des Rats der Europäischen Union eingerichtet, erscheinen die Europäischen Verbünde für territoriale Zusammenarbeit aus Abgeordnetensicht eher als juristische Kooperationsrahmen denn als Räume des politischen Einsatzes zur Förderung der Integration. Unter diesem Aspekt ist der Vorteil, in diese Räume zu investieren, weniger augenfällig. Implizit erkennen die Abgeordneten dadurch, dass diejenigen, die zur Erschaffung und Steuerung dieser Räume beigetragen haben, keine Mitglieder der Assemblée Nationale oder des Bundestages sind.

Einer der Hauptgründe für die geringe Mobilisierung der deutschen und französischen Parlamentarier zur Frage der Großregion liegt in der Tatsache, dass dieser grenzübergreifende Raum in der Regel nicht als einschlägige politische Ressource für die Mandatsträger beider Länder betrachtet wird. Daniel Gaxie und Patrick Lehingue betonen zu Recht: „[L]es prises de position politiques des entrepreneurs sont avant tout guidées par leurs intérêts politiques spécifiques"[14] (Gaxie / Lehingue 1984: 15). Diese müssen mit der Situation eines jeden Entrepreneurs innerhalb der Machtverhältnisse und Autoritätsverhältnisse in Verbindung gebracht werden (cf. ibd.). Um die Großregion innerhalb der nationalen Institution präsent zu machen, müsste dieser Einsatz einen wahlrelevanten politischen und/oder symbolischen Gegenwert für diejenigen darstellen, die sich dieser Frage annehmen. Da die Großregion jedoch maßgeblich als transregionaler, juristischer Rahmen betrachtet wird, wird sie von den Abgeordneten nicht als gewinnbringender Raum verstanden, in welchem politische Güter (Mandate, Unterstützungen, Netzwerke, etc.) zu erlangen sind.

Richtet man das Augenmerk auf die Interessen, die im Spiel sind, erklärt sich, weshalb in Frankreich mehr Fragen zu den Grenzgängern gestellt werden als zur Großregion im Allgemeinen. Im Jahr 2009 arbeiteten laut den Angaben von INSEE 100.000 lothringische Grenzgänger in Luxemburg (75% der Fälle), Deutschland (18,6%) und Belgien (5,2%)[15]. Für die lothringischen Abgeordneten ist dieses Thema demnach wichtig, da sie einen Teil ihrer politischen Klientel betrifft. Die Situation im Saarland ist ähnlich. Das Aufwerfen der Grenzarbeiterfrage kann somit als Versuch gewertet werden, ein konkretes Problem der Gesetzgeber beider Länder zu lösen, welches sowohl den Sozialschutz als auch die Entlohnungspolitik, die Arbeitslosigkeit und viele weitere Themen betrifft, deren Lösung den lokalen Rahmen überschreitet. Es geht also primär um die Vertretung von grenzüberschreitenden Interessen vor den (nationalen) Ministerien oder den gewerblichen Aufsichtsräten (Hamman 2009). Die Großregion ist in diesem Fall nur von geringem politischem Interesse. Im Zuge dieser Beobachtung erscheint es sinnvoll, den Blick auf andere Mobilisierungsmöglichkeiten zu richten, welche stabiler in der regionalen und/oder lokalen Ebene verankert sind.

---

14 „Die politischen Standpunkte der Entrepreneure werden vor allem von ihren spezifischen politischen Interessen geleitet.".
15 http://www.insee.fr/fr/themes/document.asp?reg_id=17&ref_id=19926.

4. Die Großregion im Wahlkampf – Fallbeispiel Bundestagswahl 2013

Die Bundestagswahlen 2013 sind ein interessanter Ansatzpunkt, um zu verstehen, wie und warum sich die Kandidaten für die Großregion einsetzen (oder auch nicht). Aufgrund des besonderen Wahlmodus in Deutschland steigt während der Wahlkampfzeit der Einsatz für die regionale Ebene. Dies gilt besonders für die Kandidaten, die um die Zweitstimmen konkurrieren (FDP, Grüne und Die Linke). Dieser politische Einsatz lässt sich durch verschiedene Ansätze erforschen. Die mediale Präsenz, die Arten der Darstellung der Aktivitäten der Kandidaten auf ihren persönlichen Webseiten und die politischen Programme – ergänzt durch Informationen aus den geführten Interviews – erweisen sich als aussagekräftige Möglichkeiten zur Erforschung dieser wahlkampfbasierten Mobilisierung. Die unterschiedlichen Strategien der Kandidaten je nach Mandatstypus wurden bereits beschrieben. Nun richtet sich das Augenmerk auf die Frage, ob die Großregion – oder zumindest die grenzüberschreitenden Belange – eine politische Relevanz haben, zu welcher die Kandidaten Stellung beziehen.

Man muss feststellen, dass die Großregion bestenfalls kaum, meist jedoch absolut keine Relevanz für die Kandidaten hat. Während der Interviews haben Abgeordnete und deren Mitarbeiter zugegeben, dass sie ihnen „nicht viel bringt". Mit dieser überraschenden Tatsache konfrontiert, wurde zum einen versucht, die geographische Präsenz von Markus Tressel – Abgeordneter der Grünen und Kandidat zur Wiederwahl – nachzuvollziehen. Dieser hat das Erfordernis eines Zweitstimmenkandidaten – territoriale Präsenz im gesamten Raum des Landes – angenommen und perfekt ausgeführt. So zeigt ihn seine Internetseite[16] mit hochgekrempelten Ärmeln vor einem Bild der Saarschleife – einer, wenn nicht *der* grüne Tourismusort des Landes, welcher auf jeder Informationsbroschüre der Region zu finden ist. Von allen interviewten Abgeordneten richtet er als einziger seine gesamte Kommunikation auf diese Präsenz vor Ort aus. Sowohl seine Webseite als auch sein Facebook-Konto zeigen ihn überall im Land, während er sich über regionale Themen äußert (Züge, Flugzeuge, Infrastruktur etc.). Seit 2013 ist er ständiges Mitglied der Ausschüsse für Tourismus, Transport und Infrastruktur sowie stellvertretendes Mitglied im Ausschuss für Ernährung und Landwirtschaft. Er ist Sprecher der Grünen zur Tourismuspolitik und zur Organisation der ländlichen Räume. Seine Standpunkte

---

16 http://www.markus-tressel.de/

entsprechen der Bedeutung seines Amtes: politische Äußerungen zur Regierung, die auf eine allgemeine Ebene übertragen werden. Die Großregion wird nicht, oder nur am Rande, erwähnt.

Auf nationaler Ebene finden die Auftritte auf lokalen Festen indessen wenig Beachtung in seiner Informationskommunikation und medialen Präsenz. Diese finden eher ihren Platz in seiner Zeitung *Berlin Express*, welche er an den Grünen nahestehende Netzwerke und Aktivisten verschickt. Dort dokumentiert er diese zweite, wichtige Aufgabe des Abgeordneten: auf dem gesamten lokalen Territorium präsent zu sein. Dies lässt sich leicht objektivieren, in dem man seine Mobilität im Zuge der Wahlkampagne 2013 auf einer Karte festhält. Diese erscheint in der Rubrik mit dem bezeichnenden Namen die *SaarLandTour* von Markus Tressel, begleitet von der Facebook-Seite *Markus unterwegs*. Das aufgenommene Bewegungsmuster gibt nicht die vollständigen Bewegungen des Kandidaten wieder, sondern nimmt jene auf, die er selbst im Laufe einer Kampagne auf dem Markt der symbolischen Güter anbietet. Um dieses Bewegungsmuster besser zu visualisieren, wurden die Orte auf einer Karte eingetragen, die in der Broschüre von Markus Tressel fotografisch angegeben wurden.

Karte 1: Das Bewegungsmuster zur Wahlkampagne von Markus Tressel im ersten Halbjahr 2013

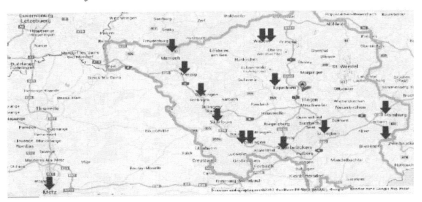

Quellen: Markus Tressel, *Berlin Express*, 2013. Kartenhintergrund: Google maps.

Man sieht deutlich, dass sich seine Bewegungen maßgeblich auf das Saarland beschränken. Selten ist er auch in Zweibrücken im Nachbarbundesland Rheinland-Pfalz zu sehen. Lothringen erscheint in diesem Bewegungsmuster nur ein einziges Mal. Doch der Grund dieses Besuchs liegt eher in der Verfolgung politischer Ziele der grünen Partei: im Kampf gegen die Atomkraft. Demnach ist es der umweltbewusste Abgeordnete, der in Metz für die Schließung des Atomkraftwerks Cattenom demonstriert, welches sich *zufälligerweise* in Lothringen befindet. Er hätte wahrscheinlich genauso agiert, hätte sich das Kernkraftwerk im Saarland oder in Luxemburg befunden. Der regionale Raum wird also nur eingesetzt, um einem politischen Ziel zu dienen. Auf Markus Tressels Internetseite wird dieser Einsatz übrigens auch in diesem Sinne beschrieben.

Auch wenn der regionale Raum der Großregion im Zuge der Wahlkampagne nicht genutzt wird, bekommt ein einziges, grenzüberschreitendes, lokales Problem die Aufmerksamkeit aller Kandidaten: die Schleuse Güdingen. Diese alte Schleuse befindet sich in Saarbrücken, direkt vor der französischen Grenze. Sie sollte kostenaufwändig renoviert werden, doch die Regierung – CDU-FDP unter der Kanzlerin Angela Merkel – wollte diese Arbeiten im Zuge ihrer Politik der Nichtinvestition in Infrastrukturen rationalisieren. Da die Schleuse nur vom Flusstourismus und nicht für den Gütertransport genutzt wird, wurde im Frühjahr 2013 beschlossen, nicht mehr darin zu investieren. Dieses Thema mobilisierte bis in den Sommer 2014 hinein alle lokalen politischen Akteure. Der Eurodistrikt Saar-Moselle, großteils aus lokalen Abgeordneten bestehend, nimmt hierzu sehr entschiedene Standpunkte ein und betont die Dimension der Großregion. In der Kampagne zur Bundestagswahl ist der Einsatz zu dieser Frage jedoch distanzierter. Alle Abgeordneten sind für den Erhalt der Schleuse. Die Abgeordneten der CDU sind jedoch in dieser Frage – wenig überraschend – sehr wenig fordernd und beschreiben die Schleuse als nur ein Problem von vielen, welche Resultate der Unstimmigkeiten in den deutsch-französischen und europäischen Beziehungen seien. Die Kandidaten der SPD hingegen machen einen sehr politischen Gebrauch von diesem Thema, um – wie auch der Kandidat der Grünen – die liberale Politik und fehlende Investitionen in die Infrastruktur der Regierung unter Merkel zu bemängeln. Dies ist ein zentrales Wahlkampfthema, welches unter anderem von der SPD-nahen Wochenzeitung *Die Zeit* mitgetragen wird. So veröffentlichte diese im Juni 2013 die Reportage „Deutschland geht kaputt"[17]. Die lokale Angelegenheit der Schleuse wird von der SPD als Ganzes ebenfalls eingesetzt: Am 21. August 2013 stellte die Partei eine Anfrage an die Regie-

---

17 *Die Zeit*, „Deutschland geht kaputt", 26, 2013.

rung[18]. Diese wurde von dem damaligen SPD-Fraktionsvorsitzenden und aktuellen Bundesaußenminister Frank Walter Steinmeier und fünfzehn weiteren Abgeordneten unterzeichnet (von welchen nur zwei aus dem Saarland stammten). Wie bereits beim Einsatz von Markus Tressel in der Frage von Cattenom, spielte auch hier die Großregion keine zentrale Rolle, sondern diente vornehmlich zur politischen Positionierung gegen die Kanzlerin.

Der Kandidat der FDP bezieht zweifellos am häufigsten Stellung zur Problematik der Schleuse. Zum einen um die Wähler seiner Partei zu gewinnen (Handwerker und Geschäftsleute, Unternehmer, für welche die Realität der grenznahen Lage täglich bemerkbar ist), zum anderen verfolgt er damit auch innerparteiliche Strategien. Oliver Luksic, an der Sciences Po in Paris und am King's College in London ausgebildet, nimmt sich innerhalb der Partei der europäischen Fragen an. 2009 bis 2013 war er Mitglied der Ausschüsse für europäische Angelegenheiten, für Transport und für Infrastruktur. Aufgrund dieser Spezialisierungen interveniert er oft zu Fragen der europäischen Politik und Richtlinien. Im Zuge des Wahlkampfes – wie auch während der Interviews – betont er wiederholt die Absurdität mancher europäischer Regelungen, welche bestimmte Berufe, wie etwa Taxifahrer, Krankenwagenfahrer, Gastwirte, etc. betreffen. Die Schleuse wird demnach bei ihm zu einem europäischen Belang, für welchen man sich im Namen der Verteidigung des Tourismus und der lokalen Wirtschaft, also für seine lokale Wählerschaft, einsetzen kann. Die Frage der Großregion bleibt also wieder nur zweitrangig.

5. Die Märkte der politischen und symbolischen Güter im Kontext von Zentralismus und Föderalismus

In diesem Beitrag wurde versucht, die unterschiedlichen Gründe für das fehlende Engagement und die schwache Mobilisierung deutscher und französischer Abgeordneter für die Großregion zu ergründen. Der Erklärungsansatz durch die Problematik der symbolischen und politischen Gratifikationen (Gaxie 2005) macht begreiflich, weshalb sich Abgeordnete und Aktivisten als Entrepreneure der politischen Mobilisierung einsetzen.

---

18 Bundestag, Kleine Anfrage „Sicherung der Schiffbarkeit der Bundeswasserstraße Saar durch den Erhalt der Güdinger Schleuse und der Wehranlage in Güdingen", n°17/14598, 21 August 2013.

Einem ähnlichen Ansatz folgend betont Pierre Bourdieu, dass das Verstehen der Entrepreneure des internationalen Ideenflusses die Interessen der Importeure dieser Ideen mit einbeziehen muss (Bourdieu 2002). Überträgt man diesen Ansatz auf den Fall der saarländischen und lothringischen Abgeordneten, welche sich nur sehr wenig für die Großregion engagieren, kann man die Frage von Pierre Bourdieu und Daniel Gaxie umkehren: Weshalb reichen die entsprechenden Interessen nicht aus, um die politischen Akteure zu mehr Einsatz zu bewegen? Die vergleichende Analyse der Großregion unter den Aspekten des Marktes und der politischen Güter scheint die beidseitig der Grenze beobachteten regionalen Logiken besser verständlich zu machen.

In dieser Perspektive scheint die Verbindung zwischen Feld und Markt als besonders erkenntnisbringend, um die Beziehung zur (trans)regionalen Ebene in Deutschland und in Frankreich zu verstehen. Romain Pasquier unterstreicht: „[L]es espaces infra-étatiques – régions, métropoles, villes, localités diverses – se présentent comme des espaces emboîtés dont les frontières sont soumises à un processus constant de redéfinition. Les acteurs territoriaux doivent s'adapter à ces changements d'échelle, ces enchâssements multiples et recomposer sans cesse de nouvelles frontières pour l'action publique"[19] (Pasquier 2012: 61). Dieses Spiel auf unterschiedlichen Ebenen variiert umso mehr, wenn die politische staatliche Organisation zentralisiert oder föderalistisch ist. Das Verhältnis der Abgeordneten zur regionalen Ebene wird zum großen Teil von den Strukturen und Verstrickungen zwischen den zentralen und den subnationalen politischen Märkten bestimmt. Unter diesem Aspekt ist die Beobachtung interessant, dass die Beziehungen zwischen den verschiedenen Ebenen und die unterschiedlichen Verbindungen zwischen nationalen politischen Feldern und regionalen Märkten in beiden Fällen dieselben Folgen haben: das fehlende Engagement für die Großregion. Die unterschiedlichen Mechanismen in beiden Ländern treten deutlich hervor, wenn man die Handlungen der Abgeordneten in ein „System der Prioritäten und der Interaktion" einbettet. Dies lässt sich wie folgt veranschaulichen:

---

19 „Die subnationalen Räume – Regionen, Städte, Metropolen, unterschiedliche Lokalitäten – als ineinander verschachtelte Räume erscheinen, deren Grenzen einem immerwährenden Prozess der Neudefinition unterworfen sind. Die territorialen Akteure müssen sich an diese unterschiedlichen Ebenen und mehrfachen Verschachtelungen anpassen und permanent neue Grenzen für die öffentlichen Maßnahmen schaffen".

Nationale Abgeordnete, transregionale Abgeordnete?

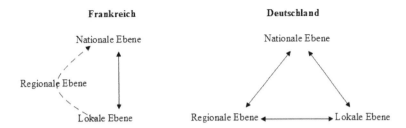

Im Fall der französischen Abgeordneten findet die Verbindung zwischen dem Zentrum und dem subnationalen Raum an der Überschneidung der lokalen Ebenen (Wahlbezirke) und der Hauptstadt statt. Die regionale Ebene stellt hier, in einem Umfeld, in dem die Mandatshäufung dazu führt, dass die regionale Dimension auch in der Assemblée Nationale Einzug findet[20], eine symbolische Ressource und eine Etappe im politischen *cursus honorum* dar. Dies wird im obigen Schema durch die gepunktete Linie deutlich. In Deutschland ist die politische Beschaffenheit dieser unterschiedlichen Ebenen komplexer. Aufgrund des bereits vorgestellten Wahlmodus tritt hier ein Prozess zu Tage, der auf verschiedenen Ebenen agiert und die lokalen, regionalen und nationalen Ebenen miteinander verschränkt. Diese unterschiedlichen politischen Unterfelder implizieren die Existenz von relativ unabhängigen politischen Märkten, innerhalb welcher differenzierte politische Güter in Konkurrenz zueinander treten. Anders ausgedrückt involvieren die lothringischen und saarländischen Märkte politische und symbolische Güter, die bei den Abgeordneten der beiden Länder nicht das gleiche Interesse wecken. Dies wird in folgenden Tabellen deutlich:

---

20 2003 war der Großteil jener Abgeordneten, die mehrere Ämter innehatten, auch Bürgermeister (41,1%). Dies zeigt im Übrigen die Wichtigkeit der lokalen Ebene in der Nationalversammlung. Die Regionalräte machten 6,1% dieser Abgeordneten aus, und 1,7% waren zugleich Lokalräte, Regionalräte und Abgeordnete (Costa / Kerrouche 2007: 93). Laut unseren Zählungen 2014 geht die Ämterhäufung zwar zurück, doch die regionale Ebene bleibt vorrangig: 9,4% der Abgeordneten halten beide Mandate, und 2,8% sind sowohl lokale als auch regionale als auch nationale Abgeordnete.

Martin Baloge und Nicolas Hubé

Frankreich

Unterfelder	Politischer Markt	Politische Güter	Interaktionen mit Journalisten	Mediale Güter
Nationale Ebene	Unumgänglich	Unterstützungen, Prestige, Netzwerke, Expertisen, etc.	Wenig Kontakte – mit Ausnahme der *frontbencher* (mit den nationalen Medien)	Nationale politische Güter
Transregionale Ebene	Kein Einsatz	Keine	Nicht vorhanden	Nicht vorhanden
Regionale Ebene	Konkurrenz-behaftet	Mandate (Ämterhäufung)	Häufiger Kontakt zur regionalen Tagespresse (lokale Ausgaben)	Lokale Handlungen als lokaler Abgeordneter, Verteidigung des lokalen Gebiets in Paris oder in der Region
Lokale Ebene	Stark Konkurrenzbehaftet			

Deutschland

Unterfelder	Politischer Markt	Politische Güter	Interaktionen mit Journalisten	Mediale Güter
Nationale Ebene	Unumgänglich	Unterstützungen, Prestige, Netzwerke, Expertisen, etc.	Wenig Kontakte – mit Ausnahme der *frontbencher*	Nationale Güter oder Güter auf Länderebene, auf ein allgemeines Niveau übertragen (Budgetausgleich)
Transregionale Ebene	Kein Einsatz	Keine	Nicht vorhanden	Nicht vorhanden
Regionale Ebene	Stark Konkurrenzbehaftet	Listenmandat (durch Zweitstimme)	Keine ständigen Kontakte	Verteidigung der Interessen des Landes, Vorführung der Präsenz in der Gesamtheit des Landes
Lokale Ebene	Stark Konkurrenzbehaftet	Direktes Mandat (durch Erststimme)	Keine ständigen Kontakte	Lokale Handlungen, Verteidigung des lokalen Gebiets / der lokalen Belange

Die parlamentarische Tätigkeit ist zeitaufwändig und innerhalb der Grenzen der Ressourcen beschränkt, die Abgeordnete aufbringen können. Aus diesem Grund versteht man, dass manche Märkte, innerhalb welcher die ausgetauschten Güter keinen rentablen Einsatz auf anderen Märkten darstellen, außer Acht gelassen werden. Dies ist der Fall des transregionalen Raums. Kann eine wenig repräsentierte transregionale Institution demnach überhaupt auf nationaler Ebene präsent sein? Wenn diese Institution einen vor allem juristischen Charakter hat, ist man versucht, mit Nein zu antworten. In Anbetracht dieser Feststellung und der geringen politischen Investition der Abgeordneten in die Großregion lässt sich vermuten, dass diese sich „von unten" bei den Abgeordneten durchsetzen könnte: durch die lokalen Mandatsträger und Promoter der Großregion. So würde sie zu einem politischen Gut, welches innerhalb des nationalen politischen Markts mobilisiert werden kann. Folgt man dem in diesem Text benutzen ökonomischen Vokabular, würde dies durch ein verstärktes Gefühl der „politischen Nachfrage" bei den Abgeordneten beider Länder funktionieren. Dieses Gefühl könnte noch gesteigert werden, würden die Promoter der Großregion die Entstehung grenzübergreifender Kooperationen, Netzwerke und Beziehungen beschleunigen, oder wären die Grenzbewohner (Grenzgänger und Grenzpendler) eine einheitliche Gruppe, die zu den lokalen Wahlen politisch mobilisierbar wäre. In diesen Fällen könnten die Abgeordneten diese Institution als einen Raum der Mobilisierung zur Wahl begreifen. Diese hypothetische „politische Nachfrage" könnte auf die Akteure der saarländischen und lothringischen journalistischen Felder übertragen werden. Durch die vermehrten politischen Aktionen könnten diese das Interesse ihrer Leserschaft wecken. In diesem Sinne ist die Großregion, wie jede andere politische Institution auch, eindeutig von den Entrepreneuren abhängig, die sich dafür einsetzen, sie zu einem dauerhaften und mobilisierbaren politischen Gut auf diesem Markt zu machen.

Bibliographie

Aldrin, Philippe / *Dakowska*, Dorota (2011): « Légitimer l'Europe sans Bruxelles? Un regard sur les petits entrepreneurs d'Europe, entre décentrement et recentrages », in: *Politique Européenne*, 2: 34, 7- 35.

Aldrin, Philippe / *Hubé*, Nicolas / *Ollivier-Yaniv*, Caroline / *Utard*, Jean-Michel (Hg.) (2013): *Les mondes de la communication publique. Légitimation et fabrique symbolique du politique*, Rennes: Presses Universitaires de Rennes.

Baloge, Martin (2013): « Outils de la comparaison et intérêts à la circulation dans le cadre franco-allemand », in: *Champs médiatiques et frontières dans la « Grande Région » SaarLorLux et en Europe*, Vincent Goulet / Christoph Vatter (Hg.), Sarrebruck: Presses universitaires de la Sarre.

Bourdieu, Pierre (2002): « Les conditions sociales de la circulation internationale des idées », in: *Actes de la Recherche en Sciences Sociales*, 3-8.

Costa, Olivier / *Kerrouche*, Eric (2007): *Qui sont les députés français? Enquête sur des élites inconnues*, Paris: Science Po les presses.

Costa, Olivier, (2003): « Le travail parlementaire européen et la défense des intérêts locaux. Les députés européens dans la gouvernance multi-niveaux », in:, *Le gouvernement du compromis: courtiers et généralistes dans l'action politique*, Olivier Nay / Andy Smith (Hg.), Paris: Economica.

Croisat, Maurice, (1999): *Le fédéralisme dans les démocraties contemporaines*, Paris: Montchrestien.

Frisque, Cégolène (2010): « Des espaces médiatiques et politiques locaux? », in: *Revue française de science politique*, 60: 5, 951-973.

Gaxie, Daniel (2005): « Rétributions du militantisme et paradoxes de l'action collective »,in: *Revue Suisse de Science Politique*, 11: 1, 157-188.

Gaxie, Daniel / *Lehingue*, Patrick (1984): *Enjeux municipaux, la constitution des enjeux politiques dans une élection municipale*, Paris: Presses universitaires de France.

Georgakakis, Didier / *Rowell*, Jay (Hrsg.) (2013): *The Field of Eurocracy. Mapping EU Actors and Professionals*, Houndmills: Palgrave Macmillan.

Grunden, Timo (2009): *Politikberatung im Innenhof der Macht. Zu Einfluss und Funktion der persönlichen Berater deutscher Ministerpräsidenten*, Wiesbaden: Verlag für Sozialwissenschaften.

Grunert, Robert (2012): « Autoritärer Staatenbund oder nationalsozialistischer Großraum? „Europa" in der Ideenwelt faschistischer Bewegungen », in: *Zeithistorische Forschungen / Studies in Contemporary History*, 9, 442-448.

Hamman, Philippe (2009): « Représenter les travailleurs transfrontaliers: Enjeux de formation et transformations de l'action collective en Europe », in: *Cahiers du CRESS*, 10, 99-138.

Hubé, Nicolas (2013): « Aus naher Quelle einer nahen Quelle… Die Codifizierung des off in der deutschen Politik », in: *Pierre Bourdieu und die Kommunikationswissenschaft. Internationale Perspektive,* Thomas Wiedemann / Michael Meyen (Hg.), Köln: Herbert von Halem Verlag.

Kocks, Jan Niklas /·*Raupp*, Juliana (2014): « Rechtlich-normative Rahmenbedingungen der Regierungskommunikation – ein Thema für die Publizistik- und Kommunikationswissenschaft », in: *Publizistik*, 59: 3, 269-284.

Lagroye, Jacques / *Simeant*, Johanna (2003): « Gouvernement des humains et légitimation des institutions », in: *Être gouverné. Études en l'honneur de Jean Leca*, Favre Pierre et al. (Hg.), Paris: Presses de Sciences Po.

Legrave, Jean-Baptiste (2013): « Des effets paradoxaux de stratégies de communication: quelques réceptions inattendues d'un magazine territorial », in: *Questions de communication*, 24, 199-217.

Le Lidec, Patrick (2008): « Les députés, leurs assistants et les usages du crédit collaborateurs. Une sociologie du travail politique », in: *Sociologie du travail*, 50: 2, 147-168.

Navarro, Julien / *Vaillant*, Nicolas Gérard / *Wolff*, François-Charles (2012): « Mesurer l'efficacité des députés au sein du parlement français. L'apport des techniques de frontières non paramétriques », in: *Revue française de science politique*, 62: 4, 611-636.

Nay, Olivier, (1997): *La région une institution. La représentation le pouvoir et la règle dans l'espace régional,* Paris: L'Harmattan.

Offerlé, Michel (1997): *Les partis politiques*, Paris: PUF.

Pasquier, Romain (2012): « Comparer les espaces régionaux: stratégie de recherche et mise à distance du nationalisme méthodologique », in: *Revue internationale de politique comparée*, 19: 2, 57-78.

Robert, Valérie (2013): « Staatsfreiheit ou intervention de l'État? Le modèle allemand de l'audiovisuel public », in: *Sur le journalisme*, 2: 2, mis en ligne le 15 décembre 2013 http://surlejournalisme.com

Sénat (2012): *Le cumul des mandats électoraux et des fonctions électives*, Étude de législation comparée, 228.

Strömbäck, Jesper (2008): « Four phases of mediatization: An analysis of the mediatization of politics », in: *International Journal of Press/Politics*, 13: 3, 228-246.

Autorinnen und Autoren

Contributeurs

Martin Baloge est doctorant et ATER en science politique à l'université Paris 1 Panthéon Sorbonne (CESSP-CRPS). Ses travaux se concentrent sur le travail parlementaire en France et Allemagne, la représentation politique et les politiques publiques fiscales. Il a récemment publié dans les revues Trajectoires, Politiques Européennes *et* Politique et Sociétés.

Martin Baloge ist Doktorand im Fachbereich Politikwissenschaft an der Université Paris-1 Panthéon Sorbonne (CESSP-CRPS). Er forscht zur Arbeit von Parlamentariern in Frankreich und Deutschland, zur politischen Repräsentation und zu fiskalen *public policies*. Er hat Artikel in verschiedenen Zeitschriften veröffentlicht wie *Trajectoires, Politiques Européennes* und *Politique et Sociétés*.

Vincent Goulet (Dr.) est sociologue, ancien maître de conférences à l'université de Lorraine. Il a piloté entre 2010 et 2014 le programme de recherche « Infotransfront », sur la circulation des informations dans la Grande Région SaarLorLux. Il mène actuellement des recherches sur le marché du travail transfrontalier dans le Rhin Supérieur.

Vincent Goulet (Dr.) ist Soziologe und war Dozent an der Université de Lorraine. Von 2010 bis 2014 leitete er das Lehr- und Forschungsprogramm „Infotransfront" über den Nachrichtenaustausch in der Großregion SaarLorLux. Aktuell führt er Untersuchungen zum grenzüberschreitenden Arbeitsmarkt in der Oberrheinregion durch.

Philippe Hamman (Prof. Dr.) est sociologue, professeur à l'Institut d'urbanisme et d'aménagement régional de l'Université de Strasbourg, où il est directeur-adjoint du laboratoire Sociétés, acteurs, gouvernement en Europe (UMR 7363 CNRS-UdS). Il a participé entre 2010 et 2014 au programme « Infotransfront », et conduit des recherches comparatives franco-allemandes sur la ville et l'environnement.

Contributeurs

Philippe Hamman (Prof. Dr.) ist Soziologe und Professor am Institut für Stadt- regionale Planung der Université de Strasbourg. Dort ist er Co-Direktor des Forschungslabors Gesellschaft, Akteure, Regierungen in Europa (UMR 7363 CNRS-UdS). Von 2010 bis 2014 nahm er am Programm „Infotransfront" teil. Er forscht über vergleichende deutsch-französische Untersuchungen zu Stadt und Umwelt.

Nicolas Hubé (Dr.) est politiste, maître de conférences à l'université Paris 1 Panthéon Sorbonne. Il est professeur invité à la Europa-Universität Viadrina (Francfort/Oder) et chercheur au Centre Européen de Sociologie et de Science Politique de la Sorbonne et au Centre Marc Bloch Berlin. Ses recherches portent sur la sociologie comparée de la communication politique et sur les pratiques journalistiques en France, en Allemagne et à Bruxelles.

Nicolas Hubé (Dr.) lehrt Politikwissenschaft an der Universität Paris 1 Panthéon-Sorbonne und als Gastprofessor an der Europa-Universität Viadrina (Frankfurt/Oder). Er ist Mitglied des Centre Européen de Sociologie et de Science Politique de la Sorbonne und des Centre Marc Bloch Berlin. Er forscht über die politische Kommunikation und journalistische Praktiken in Frankreich, Deutschland und Brüssel.

Christian Lamour (Dr.) est chercheur en Géographie et en Sciences de l'Information et de la Communication au Luxembourg Institute of Socio-Economic Research (LISER). Il analyse les mutations spatiales des aires urbaines transfrontalières ainsi que les pratiques culturelles et médiatiques dans les territoires métropolitains.

Christian Lamour (Dr.) ist Forscher in den Disziplinen Geographie sowie Informations- und Kommunikationswissenschaften am Luxembourg Institute of Socio-Economic Research (LISER). Er arbeitet zu räumlichen Umbrüchen in grenzüberschreitenden urbanen Zonen sowie kulturellen und medialen Praktiken in Metropolregionen.

Corinne Martin (Dr.) est maître de conférences en Sciences de l'Information et de la Communication à l'université de Lorraine, membre du CREM. Ses recherches sont centrées sur l'analyse des usages des TIC (téléphone portable, réseaux sociaux, médias numériques) et de leurs implications sociales, culturelles, économiques et techniques.

Corinne Martin (Dr.) ist Dozentin in Informations- und Kommunikationswissenschaften an der Université de Lorraine und Mitglied des CREM (Centre de recherche sur les médiations). Ihre Forschung konzentriert sich auf die Analyse der Nutzung der Informations- und Kommunikationstechnologien (Mobiltelefone, soziale Netzwerke, digitale Medien) und deren soziale, kulturelle, wirtschaftliche und technische Auswirkungen.

Michael Scharkow (Dr. phil.) est collaborateur scientifique à l'Institut des Sciences de la Communication de l'Université de Hohenheim à Stuttgart. Ses recherches portent sur les méthodes empiriques en sciences sociales (notamment analyse de contenu), l'analyse statistique, ainsi que les usages des médias en ligne.

Michael Scharkow (Dr. phil.) ist wissenschaftlicher Mitarbeiter am Institut für Kommunikationswissenschaft der Universität Hohenheim. Seine Forschungsschwerpunkte liegen in sozialwissenschaftlichen Methoden (insb. Inhaltsanalyse) und Statistik sowie Mediennutzungs- und Onlineforschung.

Bénédicte Toullec (Dr.) est maître de conférences en Sciences de l'Information et de la Communication à l'Université de Rennes 1. Elle est membre du Centre de Recherches sur l'Action Politique en Europe (CRAPE), correspondante du Centre de recherche sur les médiations (CREM). Ses recherches portent principalement sur la communication et les pratiques journalistiques liées aux usages des TIC, aux territoires locaux et régionaux.

Bénédicte Toullec (Dr.) ist Dozentin in Informations- und Kommunikationswissenschaften an der Université de Rennes 1. Sie ist Mitglied des Centre de Recherches sur l'Action Politique en Europe (CRAPE) sowie des Centre de recherche sur les médiations (CREM). Sie arbeitet zu Kommunikationsprozessen und journalistischen Praktiken, insbesondere in Bezug auf die Nutzung neuer Medien sowie in lokaler und regionaler Perspektive.

Christoph Vatter (Prof. Dr.) est professeur de communication interculturelle à l'université de la Sarre. Il fait partie de l'école doctorale transatlantique IRTG Diversity : Mediating difference in transcultural spaces et est chercheur associé au Centre de recherche sur les médiations (CREM). De 2010 à 2014, il a co-dirigé le programme de recherche « Infotransfront ».

Contributeurs

Christoph Vatter (Prof. Dr.) ist Juniorprofessor für interkulturelle Kommunikation an der Universität des Saarlandes. Er ist Mitglied des internationalen DFG-Graduiertenkollegs *Diversity: Mediating difference in transcultural spaces* und assoziiertes Mitglied des Centre de recherche sur les médiations (CREM). Von 2010 bis 2014 war er mitverantwortlich für das Forschungsprogramm « Infotransfront ».

Thilo von Pape (Dr. phil.) est collaborateur scientifique à l'Institut des Sciences de la Communication de l'université de Hohenheim à Stuttgart et membre associé du Centre de recherche sur les médiations (CREM). Ses recherches actuelles portent sur les usages des médias mobiles et numériques et les innovations médiatiques.

Thilo von Pape (Dr. phil.) ist wissenschaftlicher Mitarbeiter am Institut für Kommunikationswissenschaft der Universität Hohenheim in Stuttgart und assoziiertes Mitglied des Centre de recherche sur les médiations (CREM). Seine Forschungsschwerpunkte liegen in Mediennutzungsforschung (insbes. Mobil- und Onlinekommunikation) und Medieninnovationsforschung.